AF436309

LA LIBERTAD DE EXPRESIÓN EN VENEZUELA

Freddy J. Orlando S.

Abogado egresado de la UCV
Doctor en Derecho
Profesor de Derecho Administrativo
Universidad Central de Venezuela y Católica Andrés Bello
Coordinador de la Especialización en Derecho Tributario del Centro de
Estudios de Postgrado de la Universidad Central de Venezuela

LA LIBERTAD DE EXPRESIÓN EN VENEZUELA

COLECCION ESTUDIOS JURÍDICOS
N° 107

Editorial Jurídica Venezolana
Caracas, 2015

ISBN 978-980-365-291-3
Depósito Legal lf5402015340756

Edición por: Editorial Jurídica Venezolana
Av. Francisco Solano, Torre Oasis, Local 4, P.B., Local 4, Sabana Grande,
Apartado Postal 17.598, Caracas 1015-A, Venezuela
Teléfonos: 762.2553/762.3842 - Fax: 763.5239
Email fejv@cantv.net
http://www.editorialjuridicavenezolana.com.ve

Impreso por: Lightning Source, an INGRAM Content company
para Editorial Jurídica Venezolana International Inc.
Panamá, República de Panamá.
Email: ejvinternational@gmail.com

Diagramación, composición y montaje por: Mirna Pinto de Naranjo,
en letra Times New Roman 11, Interlineado 12, mancha 11,5x18

"No vayan a creerse que por años y años pueden estar haciendo de serviles propagandistas del régimen soviético o de otro cualquiera y después pueden volver repentinamente a la honestidad intelectual. Eso es prostitución y nada más que prostitución".

George Orwell

DEDICATORIA

A los comunicadores sociales que ejercen su profesión con rectitud y se esmeran en presentar las informaciones con estricto apego a los principios de oportunidad, veracidad e imparcialidad. A los que resisten las presiones del poder y no claudican ante éste cuando deforma, tergiversa o manipula las informaciones. A quienes estudian comunicación social, animados por el deseo de enaltecer la profesión cuando alcancen su grado académico.

A los abogados que no desmayan en acudir a los tribunales de nuestro país en defensa de la libertad de expresión, a sabiendas de que éstos carecen de independencia para resolver las causas conforme a Derecho.

A todo aquel a quien la información aquí contenida le pueda resultar útil.

AGRADECIMIENTOS

Al Profesor Allan R. Brewer-Carías por abrirme las puertas de la prestigiosa Editorial Jurídica Venezolana, para la publicación de esta obra.

A la Lic. Gabriela Oquendo, Gerente General de la Fundación Editorial Jurídica Venezolana, por la labor de coordinación que con tanta amabilidad y eficacia llevó a cabo para materializar la edición de este libro.

Al Dr. Oswaldo Romero M., Director de la Biblioteca de los Tribunales del Distrito Federal, Fundación Rojas Astudillo, por el apoyo que me dispensó al proporcionarme, con prontitud y eficacia, información del siglo XIX que reposa en esa institución

Al personal de las bibliotecas de la Universidad Católica Andrés Bello, de la Universidad Central de Venezuela, Escuelas de Derecho y de Humanidades y Educación de esta última Casa de Estudios, y de la Biblioteca de los Tribunales del Distrito Federal, Fundación Rojas Astudillo, por haber atendido con especial esmero los requerimientos formulados para acceder a las obras que era necesario consultar.

A la hoy abogada Ana Aular, por el empeño que puso en la búsqueda de algunos documentos que ameritaba tiempo y dedicación para obtenerlos.

A Helbetia por el permanente apoyo recibido para efectuar este trabajo.

A mis hijos, porque cada palabra de aliento que de ellos proviene, es un estímulo para materializar, con entusiasmo, los proyectos en los que nos involucramos por muy difíciles que parezcan.

I.   INTRODUCCIÓN

La circunstancia de que en los últimos quince años, la libertad de expresión en nuestro país se haya visto duramente acosada, especialmente por las acciones que con tal propósito realiza o lleva a cabo el gobierno de la "revolución bolivariana", con antelación y con posterioridad al 7 de diciembre de 2004, fecha de la entrada en vigencia, de la Ley de Responsabilidad Social en Radio y Televisión y sus posteriores modificaciones[1], nos ha llevado a efectuar el presente estudio con el propósito de analizar cuál ha sido el tratamiento que la garantía relativa a la libertad de expresión ha tenido en el derecho venezolano, incluso con anterioridad a que nos independizáramos de España. De esta manera pretendemos contrastar lo que ha ocurrido en nuestro país durante los años previos y posteriores a la llegada al poder del "socialismo del siglo XXI", con especial referencia a los denostados cuarenta años –1959 al 1998– de los gobiernos civiles y democráticos de esos años.

La libertad de expresión ha sido, por siempre, uno de los derechos más preciados del hombre desde que hace vida en sociedad. Se trata de la posibilidad que tiene todo ser humano de comunicar sus

---

[1]   Publicada en la *Gaceta Oficial* N° 38.081 del 7 de diciembre de 2004 y reformada el 15 de noviembre de 2005 cuya publicación, en la *Gaceta Oficial* N° 38.333, tuvo lugar el 12 de diciembre de 2005; vuelta a reformar el 22 de diciembre de 2010 según consta en la *Gaceta Oficial* N° 39.579 de esa misma fecha y reimpresa esta reforma, por los errores que contenía, en la *Gaceta Oficial* N° 39.610 del 07 de febrero de 2011. Fue en esta reforma que el precitado texto legal cambió pasó a denominarse "Ley de Responsabilidad en Radio, Televisión y Medios Electrónicos".

ideas y pensamientos, independientemente de que sean compartidas o no por sus destinatarios. De allí que este derecho implique, no sólo la viabilidad que poseen todas las persona de difundir informaciones, sino igualmente de inquirirlas y obtenerlas por las vías o medios que mejor estimen para ello, teniendo por límites, como lo dispone, por ejemplo, el artículo 13, numeral 2, literales "a" y "b", de la "Convención Americana de Derechos Humanos", *"el respeto de los derechos o la reputación de las demás personas, la protección de la seguridad nacional, el orden público o la salud o la moral públicas"*.[2]

Tanto la libertad expresión, como la libertad de información, abstracción hecha de que se trata de dos garantías reguladas, como ocurre en nuestro caso en dos disposiciones diferentes: los artículos 57 y 58 de la vigente Ley Fundamental de la república, respectivamente, constituyen derechos fundamentales del hombre; ambos son inherentes al Estado de Derecho y consustanciales con la forma democrática de gobierno. De allí que no sea suficiente su consagración como garantías que recogen los Textos Constitucionales en favor de los ciudadanos, sino que es menester –para que sean efectivas y tengan vigencia– que se las respete, se las proteja y no se obstaculice su ejercicio a través de coacciones, intimidaciones o

---

[2]   La Convención Americana de Derechos Humanos fue firmada por Venezuela el 02/11/1969. El depósito del instrumento de ratificación se efectuó el 09/8/1977. La aceptación de la competencia de la Corte Interamericana tuvo lugar el 24/6/1981. Ingresó al ordenamiento jurídico interno, por medio de la Ley Aprobatoria publicada en la *Gaceta Oficial* Nº 31.256 del 14/6/1977. En fecha 10 de setiembre de 2012, el gobierno nacional denunció la Convención Americana sobre Derechos Humanos conforme al contenido de la nota oficial diplomática número 000125 emanada del Ministro del Poder Popular para las Relaciones Exteriores de fecha 6 de septiembre de 2012, conforme a instrucciones impartidas directamente por el fallecido Presidente de la República. El gobierno, para este temerario proceder, arguyó, fundamentalmente, que el llamado Sistema Interamericano de los Derechos Humanos "está en decadencia", que "ni la Comisión ni la Corte son imparciales cuando conocen denuncias de venezolanos y que pretende pasar por encima de la Constitución de la república Bolivariana de Venezuela". Este paso dado por el gobierno nacional, constituye, sin lugar a dudas, una grave violación al artículo 31 del Texto Fundamental que nos rige, consagratorio del derecho denominado de petición, tutela, protección o amparo internacional de los derechos humanos.

sanciones provenientes, sobre todo, de quienes detentan el poder, ya sea éste político, económico o de cualquier otra índole.

Por ello, pues, es necesario resaltar que el derecho a la libertad de expresión, e igualmente el relativo a la libertad de información, implica tener en cuenta que, uno u otro, como derechos humanos que son, pueden ser ejercidos por cualquier persona, natural o jurídica, sin que el Estado o un particular, repetimos, pueda restringirlos, limitarlos, impedirlos o prohibirlos cuando son ejercidos dentro del marco de la Constitución y de la ley.[3]

El binomio, libertad de expresión y libertad de información está conformado por cuatro elementos esenciales e íntimamente relacionados. Estos cuatro elementos son los siguientes: en primer lugar, el sujeto emisor; es decir, el que produce o emite el mensaje. En segundo lugar, el receptor del mensaje, o sea, aquél a quien va dirigido, el que debe recibirlo. En tercer lugar, el contenido del mensaje, o lo que es lo mismo, lo que se quiere transmitir. En cuarto, y último lugar, la vía o el medio, a través del cual se difunde o transmite el mensaje.

Los enemigos de la libertad de expresión y de la libertad de información cuando atentan contra dichas garantías, lo hacen perturbando, simultánea o indistintamente, cualquiera de los referidos cuatro elementos: a) el emisor del mensaje o lo que es lo mismo, la persona, natural o jurídica que quiere difundir el mensaje; b) los destinatarios del mismo; o sea, aquellos a quienes va dirigido el mensaje, casi siempre grupos de personas, determinadas o no; c) la idea, la opinión o el conocimiento que se desea difundir, ya sea

---

[3]   El Profesor Héctor Faúndez Ledezma, dice que los derechos humanos son "las prerrogativas que, conforme al Derecho Internacional, tiene todo individuo frente a los órganos del poder para preservar su dignidad como ser humano, y cuya función es excluir la interferencia del Estado en áreas específicas de la vida individual, o asegurar la prestación de determinados servicios por parte del Estado, para satisfacer sus necesidades básicas, y que reflejan las exigencias fundamentales que cada ser humano puede formular a la sociedad de que forma parte". Véase su obra: "*El Sistema Interamericano de Protección de los Derechos Humanos. Aspectos institucionales y procesales*". Instituto Interamericano de Derechos Humanos. Segunda edición revisada y puesta al día. San José de Costa Rica. 1999. p. 28.

hablado, impreso, así como también una imagen o un sonido; y d) el instrumento que se emplea para propagar la información, la herramienta que se utiliza; verbigracia, los medios de comunicación social: prensa, radio, cine, televisión, internet y también, en nuestros tiempos, las llamadas redes sociales, tales como Twitter, Facebook, etc.

La lucha que ha existido entre los que propugnan la idea del ejercicio de las libertades de expresión y de información sin más restricciones que las previstas en un Texto Constitucional y en la ley, y los que hacen todo lo que esté a su alcance para limitarla, censurarla y castigar a quienes obran con base en tales derechos, por temor a que desnuden las tropelías y corruptelas en que incurren en el ejercicio del poder, caso de los gobiernos autocráticos, dictatoriales y totalitarios, e incluso, lo que pudiéramos llamar de vocación y praxis democrática, ha hecho que el Derecho Internacional legisle sobre la materia pero con la idea de proteger a los ciudadanos en el ejercicio de las citadas garantías.

De igual manera, habría que agregar que, motivados por la razones antes anotadas, han venido surgiendo en los últimos años, no sólo en Venezuela, sino también en otros países del orbe, una diversidad de organizaciones que tienen entre sus objetivos preservar la democracia, el estado de derecho, el régimen de libertades ciudadanas y, de manera particular, la libertad de expresión, la protección a los comunicadores en el ejercicio de sus labores de información, así como también a las empresas editoras o propietarias de medios impresos, radiales y televisivos. A título de ejemplo pueden mencionarse, entre otras organizaciones internacionales de la índole antes citada, "Konrad Adenauer Stiftung"; "Reporteros sin Fronteras"; "Human Rights Watch"; "Freedom House"; la "Federación Internacional de Periodistas"; la "Sociedad Interamericana de Prensa" (SIP); la "Red Intercambio Internacional por la Libertad de Expresión"; "Artículo XIX"; "Instituto Prensa y Sociedad"; "Comité para la Protección de Periodistas"; y la "Fundación Nuevo Periodismo Iberoamericano".

En Venezuela, por ejemplo, han surgido: "Expresión Libre ONG"; "Espacio Público", "Provea", el "Sindicato de Trabajadores de la Prensa" que, aunados al "Colegio Nacional de Periodistas", se han constituido en baluartes fundamentales de la libertad de expresión y de información, particularmente en estos años de la "revolución bolivariana socialista del siglo XXI" debido a que ambas garantías –expresión e información– ha sido violentada como jamás había ocurrido.

En conexión con esto último, no sobra dejar establecido que gobiernos latinoamericanos, fundamentalmente aquellos cercanos al modelo político venezolano, han copiado para sus respectivos países, las mismas prácticas obstruccionistas contra la libertad de expresión y de información; las mismas persecuciones contra medios y comunicadores independientes. Es el caso, principalmente, de Ecuador, Bolivia, Argentina y Nicaragua que han propugnado "leyes mordazas", similares a la "ley resorte" venezolana[4]. Pero, no es sólo esto, los gobiernos de los citados países –y con ellos Venezuela– han venido propugnando la necesidad de "restringir las facultades de dos organismos que son fundamentales en nuestro hemisferio en la materia que nos ocupa: por una parte, la Relatoría Especial

---

[4]   La Asamblea Nacional ecuatoriana aprobó el 14 de junio de 2013 la Ley Orgánica de Comunicación que fue publicada luego en el Registro Oficial el 25 de junio de 2013, fecha en que entró en vigencia. Este texto legal ha sido duramente criticado, tanto en el ámbito interno como internacionalmente, particularmente por contener normas que habilitarían la censura previa y un conjunto de disposiciones de censura y de demandas penales contra periodistas, amén de crear un organismo dependiente del gobierno para regular los medios de comunicación. La citada ley fue consultada en la dirección electrónica que más abajo se indica, el 18 de diciembre de 2013:
http://alainet.org/images/Ley%20Org%C3%A1nica%20Comunicaci%C3%B3n.pdf.

En Argentina, la Ley 26.522 de Servicios de Comunicación Audiovisual fue promulgada el 10 de octubre de 2009 por la presidenta Cristina Fernández de Kirchner, en medio de un diversidad de críticas, tanto internas como de organizaciones internacionales, que la consideraron atentatoria de la libertad de información. El grupo editorial argentino "Clarín" impugnó este texto legal ante la Corte Suprema de Argentina, arguyendo que era inconstitucional, pero el pasado 29 de octubre de 2013, el máximo tribunal de justicia argentino, falló a favor del gobierno.

El 28 de julio de julio de 2013, en Bolivia se aprobó el controvertido proyecto de "Ley General de Telecomunicaciones, Tecnologías de Información y Comunicación", que le otorga al Estado un mayor control sobre los medios electrónicos e intervenciones telefónicas.

para la Libertad de Expresión y, por la otra, la Comisión Interamericana de Derechos Humanos (CIDH). Para lograr esta aspiración han recomendado modificaciones a la estructura de financiamiento de la CIDH a objeto de que recursos económicos para el funcionamiento de las Relatorías los reciba la CIDH y ésta los distribuyan por igual a las demás Relatorías, con lo cual la Relatoría Especial para la Libertad de Expresión vería mermadas sus posibilidades, no sólo de dar a conocer el resultado de las investigaciones que lleva a cabo sobre esta materia, sino las propias investigaciones que puede adelantar. Otras propuestas han estado dirigidas –como lo ha sostenido Ecuador– a suprimirle a la CIDH y a las Relatorías las posibilidades de emitir medidas cautelares.

El peligro que se cierne sobre la libertad de expresión en nuestro país y, en otros países del hemisferio, está latente.

1. *Los precedentes históricos de las normas consagratorias de la libertad de expresión*

En conexión con todo lo que antecede, y a título de antecedentes históricos, no sobra señalar que los revolucionarios franceses constituidos en la Asamblea Nacional Constituyente el 26 de agosto de 1789, proclamaron ambos derechos –expresión e información– en un documento de singular importancia como lo fue la "Declaración de los Derechos del Hombre y del Ciudadano", en los siguientes términos:

"X. Ningún hombre debe ser molestado por razón de sus opiniones, ni aun por sus ideas religiosas, siempre que al manifestarlas no se causen trastornos del orden público establecido por la ley.

XI. Puesto que la comunicación sin trabas de los pensamientos y opiniones es uno de los más valiosos derechos del hombre, todo ciudadano puede hablar, escribir y publicar libremente, teniendo en cuenta que es responsable de los abusos de esta libertad en los casos determinados por la ley".

Apenas tres años antes, había estallado en Norteamérica la revolución de independencia, cuyos principios filosóficos también influyeron en esta materia. Así, por ejemplo, la Declaración de Derechos de Virginia, adoptada el 12 de junio de 1776, un mes antes de la Declaración de Independencia –4 de julio de ese mismo año–

proclamó que los hombres son libres e independientes por naturaleza, y, por lo tanto, gozan de una serie de derechos que le son inherentes sin que puedan ser privados de ellos. El artículo 12 de la Declaración citada en primer término, consagró, en forma expresa, la libertad de expresión al señalar: *"Que la libertad de prensa es uno de los grandes baluartes de la libertad, y nunca puede ser restringida sino por gobiernos despóticos"*.

Esta garantía quedó incorporada en la Constitución de los Estados Unidos de Norteamérica al tener lugar su primera enmienda, el 15 de diciembre de 1791. La redacción fue de esta manera: *"El Congreso no legislará respecto al establecimiento de una religión o a la prohibición del libre ejercicio de la misma; ni impondrá obstáculos a la libertad de expresión o de la prensa; ni coartará el derecho del pueblo para reunirse pacíficamente y para pedir al gobierno la reparación de agravios"*.

Venezuela tiene un puesto de honor en esta materia, toda vez que en la Declaración de los Derechos del Pueblo del 1º de julio de 1811 y en la Constitución Federal para los Estados de Venezuela del 21 de diciembre de 1811 –nuestra primera Constitución– se incluyeron regulaciones atinentes a la libertad de expresión y de información. Así, el artículo 4 de la aludida Declaración, consagró como un derecho del hombre en sociedad: *"El derecho de manifestar sus pensamientos y opiniones por voz de la imprenta debe ser libre, haciéndose responsable a la ley si en ellos se trata de perturbar la tranquilidad pública o el dogma, la propiedad y honor de los ciudadanos"*. En cuanto a nuestro primer Texto Constitucional, su artículo 180, expresó: *"Será libre el derecho de manifestar los pensamientos por medio de la imprenta; pero cualquiera que lo ejerza se hará responsable a las leyes si ataca y perturba con sus opiniones la tranquilidad pública, el dogma, la moral cristiana, la propiedad, el honor y estimación de algún ciudadano"*.

No sobra indicar que la Constitución gaditana del 19 de marzo de 1812, en su artículo 371, reconoció que "Todos los españoles tienen libertad de escribir, imprimir, y publicar sus ideas políticas sin necesidad de licencia, revisión, o aprobación alguna anterior a la publicación, bajo las restricciones y responsabilidad que establezcan las leyes". Por ello influyó en los Textos Constitucionales de Argentina, Chile, Uruguay e incluso, a través de la portuguesa de

1822, en la brasileña de 1824. "La Pepa", como se le llegó a conocer en España por haber sido aprobada por las Cortes el 19 de marzo de 1812 –día de San José– consagró, además, "la igualdad entre españoles peninsulares y americanos, negros e indios, y declaró como obligación de la nación española "conservar y proteger con leyes y justas la libertad civil, la propiedad y los demás derechos legítimos"".[5]

En el siglo veinte, fundamentalmente como consecuencia de las atrocidades cometidas por los nazis durante la segunda guerra mundial, en particular contra los judíos y también contra otros grupos étnicos o religiosos, la Asamblea General de la Organización las Naciones Unidas, reunida en Paris, el 10 de diciembre de 1948, aprobó la "Declaración Universal de los Derechos Humanos", con el propósito de velar y promover la vigencia de tales derechos, lo cual se ha materializado con la aprobación de diversos tratados sobre la materia.

Agréguese a todo lo anterior, el hecho de que en 1948, con antelación a la Declaración Universal antes referida, la "IX Conferencia Internacional Americana" celebrada en la ciudad de Bogotá el 30 de marzo de 1948[6], además de adoptar la "Carta de la Organización de los Estados Americanos", proclamó, con carácter previo, la "Declaración Americana de los Derechos y Deberes del Hombre", que estableció las condiciones para que en 1959 se creara la "Comi-

---

     [5]   *Cfr*. AGUIAR, Asdrúbal "Los Derechos Humanos en la Convención Americana". Cuadernos Funtrapet. UCAB. 2010. p. 37; véase, igualmente, "La Constitución de Cádiz de 1812: Hacia los orígenes del constitucionalismo iberoamericano y latino". Unión Latina/Agencia Española de Cooperación Iberoamericana/UCAB. Caracas. 2004. Véase también una obra de singular importancia como lo es la edición facsímil bilingüe –inglés y español- del libro editado en Londres en 1812, intitulado: *Interesting Official Documents Relating to the United Provinces of Venezuela*"/ "Documentos interesantes relativos a Caracas", con estudios preliminares de los profesores José Ignacio Hernández G. y Allan Randolph Brewer Carías. Editorial Jurídica Venezolana. Caracas 2012.

     [6]   Téngase presente que la IX Conferencia Internacional Americana sesionó por espacio de treinta y cuatro días, toda vez que durante su desarrollo –el 09 de abril de1948– ocurrió el asesinato de Jorge Eliecer Gaitán que, a su vez, desató los desmanes populares conocidos como "El Bogotazo".

20

sión Interamericana de Derechos Humanos" y se adoptara en 1969, como dijimos, la "Convención Americana sobre Derechos Humanos"[7].

No está de más recordar en este momento, lo expresado por el Jurista Carlos Ayala Corao cuando señala que "la OEA nace en una Bogotá convulsionada en medio de los acontecimientos que se derivan del asesinato del importante líder político y candidato presidencial del liberalismo, Eliécer Gaitán. (*Omissis*) el propio Congreso cae en llamas y la asamblea de la OEA tiene que mudarse el 26 de mayo, para un gimnasio en las afueras de Bogotá, donde continúan las deliberaciones. En esas deliberaciones que se celebran entre el 2 y el 4 de junio de ese año de 1948, se adopta la Declaración Americana de los Derechos Humanos"[8]. A pesar de la situación traumática que vivieron las delegaciones que se encontraban en Bogotá para la celebración de la "IX Conferencia Internacional Americana" por los sucesos comentados, la voluntad de adoptar una declaración de índole señalada, como finalmente ocurrió, fue superior y, sin lugar a dudas, echó las bases de lo que más tarde sería el Sistema de protección de Derechos Humanos como lo conocemos en la actualidad.

---

[7]   Del material intitulado "Documentos Básicos en Materia de Derechos Humanos en el Sistema Interamericano" que aparece en la página web de la Corte Interamericana de Derechos Humanos, copiamos lo que sigue a continuación: "*Los primeros antecedentes se encuentran en algunas de las resoluciones adoptadas por la Octava Conferencia Internacional* Americana *(Lima, Perú, 1938), tales como la relacionada con la 'Libre Asociación y Libertad de Expresión de los Obreros,' la 'Declaración de Lima en favor de los Derechos de la Mujer', la Resolución XXXVI en la que las Repúblicas Americanas declararon que 'toda persecución por motivos raciales o religiosos... contraría los regímenes políticos y jurídicos [de América]' y, especialmente, la 'Declaración en Defensa de los Derechos Humanos'. En esta Declaración los gobiernos de las Américas expresan su preocupación por el inminente conflicto armado y sus posibles consecuencias y porque cuando se recurra a la guerra en cualesquiera otra región del mundo, se respeten los derechos humanos no necesariamente comprometidos en las contiendas, los sentimientos humanitarios y el patrimonio espiritual y material de la civilización*". *Cfr.* http://www.corteidh.or.cr/tablas/20087.pdf

[8]   *Cfr.* Ayala Corao, Carlos: "*La Comisión Interamericana de Derechos Humanos*" en la obra colectiva "Venezuela y El Sistema Interamericano de Derechos Humanos. Libro Homenaje al Doctor Alirio Abreu Burelli". Konrad Adenauer Stiftung y Universidad Monteávila. Caracas. 2011.

Pues bien, en todos esos instrumentos jurídicos precedentemente citados se ha garantizado la libertad de expresión y la de información, no de manera absoluta, pues se exceptúan las limitaciones concernientes al derecho de las demás personas y las relativas al orden público y social.

El artículo 19 de la "Declaración Universal de los Derechos Humanos de fecha el 10 de diciembre de 1948", reza textualmente así:

"Toda persona tiene derecho a la libertad de opinión y de expresión; este derecho incluye la libertad de sostener opiniones sin interferencia y buscar, recibir y difundir informaciones e ideas por cualquier medio y sin consideración de fronteras".

Por su parte, el Artículo IV de la "Declaración Americana de los Derechos y Deberes del Hombre", expresa lo siguiente:

"Toda persona tiene derecho a la libertad de investigación, de opinión y de expresión y difusión del pensamiento por cualquier medio"[9].

El "Pacto Internacional de Derechos Civiles y Políticos" en su artículo 19, de manera, amplia y detallada, dispone en sus numerales 1 y 2, lo que se copia a continuación:

"1. Nadie podrá ser molestado a causa de sus opiniones.

2. Toda persona tiene derecho a la libre expresión; este derecho comprende la libertad de buscar, recibir y difundir informaciones e ideas de toda índole, sin consideración de fronteras, ya sea oralmente, por escrito o en forma impresa o artística, o por cualquier otro procedimiento de su elección".

---

[9] En las postrimerías del pasado siglo, el cuerpo jurídico de protección de los derechos fundamentales del hombre se robusteció aún más con la inclusión de acuerdos complementarios surgidos de las convenciones contra la tortura, contra la discriminación de la mujer, de los derechos del niño y de las minorías.

A los derechos individuales y colectivos de las personas se han adicionado, también en las últimas décadas, los derechos de los pueblos cuyo titular es la Humanidad, mejor conocidos como derechos de solidaridad porque comprenden, entre otros, el derecho al desarrollo y el derecho al patrimonio común de la humanidad, con especial referencia al derecho al ambiente y el derecho a la paz. Así han sido incorporados en la mayoría de los textos constitucionales modernos.

De igual manera la "Convención Europea para la Protección de los Derechos Humanos y de las Libertades Fundamentales", la cual quedó abierta para la firma el 4 de noviembre de 1950 en Roma, dice en su artículo 10 lo que se trasunta de inmediato:

"1. Toda persona tiene derecho a la libertad de expresión. Este derecho comprende la libertad de opinión y la libertad de recibir o de comunicar informaciones o ideas sin que pueda haber injerencia de autoridades públicas y sin consideración de fronteras. El presente artículo no impide que los Estados sometan a las empresas de radiodifusión, de cinematografía o de televisión a un régimen de autorización previa.

2. El ejercicio de estas libertades, que entrañan deberes y responsabilidades, podrá ser sometido a ciertas formalidades, condiciones, restricciones o sanciones, previstas por la ley, que constituyan medidas necesarias, en una sociedad democrática, para la seguridad nacional, la integridad territorial o la seguridad pública, la defensa del orden y la prevención del delito, la protección de la salud o de la moral, la protección de la reputación o de los derechos ajenos, para impedir la divulgación de informaciones confidenciales o para garantizar la autoridad y la imparcialidad del poder judicial"[10].

Finalmente, la "Carta Africana Sobre Los Derechos Humanos y De Los Pueblos" (Carta De Banjul), en su artículo 9, numerales 1 y 2, reza así:

1. Todo individuo tendrá derecho a recibir información.

2. Todo individuo tendrá derecho a expresar y difundir sus opiniones, siempre que respete la ley"[11].

Como bien lo señala el Profesor Ayala Corao, no obstante la existencia de estos documentos, se va a requerir de un sistema que proteja a las personas frente a las violaciones de los derechos humanos en general, pues no va a ser suficiente que los derechos

---

[10] Este Convenio que entró en vigor en 1953 ha sido objeto de revisión en diferentes épocas, razón por la cual tiene adicionado varios protocolos, siendo el último de ellos, el N° 14 que entró en vigor el 1 de Junio de 2010.

[11] Este instrumento fue aprobado, durante la celebración de la XVIII Asamblea de Jefes de Estado y Gobierno de la Organización de la Unidad Africana, reunida en Nairobi, Kenya el 27 de julio de 1981

humanos aparezcan en Constituciones, tratados, declaraciones, etc., si no hay una verdadera voluntad de respetarlos; se va a requerir –dice– "de un sistema que vaya más allá del deber de protección nacional, que suponga la obligación internacional de respeto y garantía de los estados, junto con una obligación de supervisión y protección colectiva. Esto es lo que motivará la creación del Sistema Interamericano de Derechos Humanos con instituciones concretas dirigidas al citado fin, primero la Comisión Interamericana de Derechos Humanos, luego la Corte Interamericana de Derechos Humanos. 'El Sistema Europeo se construye sobre la base de la integración, el estado de derecho, la democracia y los derechos humanos, como los cuatro pilares de la reconstrucción de Europa. El Sistema de Naciones Unidas va a comenzar a evolucionar de una manera no convencional (sin tratados) con la creación en el ECOSOC (Consejo Económico y Social de las Naciones Unidas) de una Comisión –intergubernamental– de Derechos Humanos, que va a dar lugar a las primeras actividades de Naciones Unidas en materia de derechos humanos antes de que nacieran los tratados que van a venir en la década de los 60'"[12].

De las normas precedentemente referidas, se pone de manifiesto, de manera clara, que la libertad de expresión y la de información son de la esencia de un Estado de Derecho y, al mismo tiempo, una materia estrechamente vinculada con el sistema democrático de gobierno. De allí que sea absolutamente pertinente afirmar que donde no exista democracia, tampoco existirá libertad de expresión, ni de información.

Como lo veremos a lo largo de este trabajo, la libertad de expresión, de comunicación, de recibir y emitir información, la libertad de prensa, han recibido tratamiento hostil, no sólo de gobiernos dictatoriales surgidos de golpes de Estado, sino también de gobiernos nacidos al amparo de elecciones libres y democráticas. Ejemplo de lo antes dicho, lo encontramos a lo largo de los últimos quince años del gobierno del "Socialismo del Siglo XXI" o de la "revolución bolivariana". En efecto, lo característico de este gobierno con

---

¹² *Cfr*. Ayala Corao, Carlos: "La Comisión Interamericana de Derechos Humanos" *Ob. Cit.* pp. 25 y 26.

respecto a la mencionada garantía constitucional ha sido el impedir, a toda costa, el acceso a la información gubernamental; la imposibilidad de que los reporteros se acerquen a las autoridades gubernamentales para obtener de estos los pareceres, opiniones o puntos de vista sobre las materias de su competencia, pues dichas autoridades no conceden entrevistas, salvo aquellos que, dada la posición que ostentan no pueden eludir acceder a dialogar con comunicadores, siempre que sea en los canales oficiales y previa certeza de que no habrá "preguntas incómodas". Se suma a lo anterior, la eliminación de las oficinas de prensa en los organismo públicos; un ejemplo de este insólito proceder, lo encontramos en la desaparición de la que existió durante la época de los cuarenta años de gobiernos democráticos en el Palacio de Miraflores.

En efecto, la mencionada Oficina de Prensa le permitía a los comunicadores allí acreditados, cumplir a cabalidad su labor informativa, Es de grata recordación, por ejemplo, la columna que tuvo el conocido reportero JJ. Lossada Rondón en el diario "El Nacional", "**Miraflores a la Vista**"; en ella, el nombrado comunicador daba cuenta de las entrevistas que realizaba a ministros, visitantes del Palacio y demás altos funcionarios del gobierno; incluso, hasta la agenda presidencial era informada en su citada columna.

Todo esto desapareció con la "revolución bolivariana". Al igual que en Cuba, los medios de comunicación no cuentan para nada, estorban; salvo los que son propiedad del gobierno, éstos funcionan pero no como órganos informativos sino propagandísticos del régimen, a imagen y semejanza del que imperó en la Alemania Nazi.

Agréguese a todo lo antes mencionado, otras acciones que han estado dirigidas a lograr el mismo fin, es decir, a acallar las voces críticas y disidentes de la "acción de gobierno": agresiones físicas a comunicadores sociales, amenazas de muerte, cierre de emisoras, tanto de radio como de televisión, entre otras.

2. *El caso del primer comunicador expulsado del país*

Ahora bien, con independencia de la consagración que ha tenido en las diferentes Constituciones dictadas en nuestro país a lo largo de su historia la materia que nos ocupa, lo cierto es que los intentos que se han hecho para limitar o restringir el derecho a la libertad de expresión y el derecho a la información, tienen antecedentes de muy vieja data, incluso con anterioridad a la lucha por la independencia del reino de España, es decir, cuando éramos apenas una pequeña porción de ultramar de dicho reino.

Veamos seguidamente como sostén de este aserto, lo que refiere el periodista José Ratto-Ciarlo en su obra *Historia Caraqueña del Periodismo Venezolano*: "En Trinidad[13] se habían establecido grupos de emigrados de las islas vecinas a las cuales estaban llegando el flujo y el reflujo de las mareas revolucionarias. Tras los nuevos desembarcados venían informaciones, cartas, periódicos, documentos que divulgaban las novedades de la gran revolución jacobina. Sin duda, para contrarrestar la propaganda de las ideas 'subversivas' la Gobernación insular había permitido la instalación de la imprenta: una por lo menos estaba ya funcionando desde 1789. Sin embargo el periodismo que allá se hacía no agradó al Brigadier José María Chacón, Gobernador local, quien tomó medidas drásticas. Él mismo se las comunicó con fecha 29 de enero de 1790 a Juan Guillelmi, Capitán General de Venezuela: 'Por lo que respecta a los artículos de Gacetas Extranjeras que se han copiado en la de esta isla, tenía ya tomada la providencia y habiendo reincidido el redactor, proveí auto en 14 de los corrientes echándolo de esta isla, lo que hice saber reservadamente para evitar que ni aun se hablara del asunto en público, quedando de este modo cortado el mal de raíz'. A su vez, don Juan Guillelmi informó a sus superiores. El 2 de marzo de 1790 escribía al bailío Antonio Valdés, miembro del Consejo de Indias: 'La imprenta de Trinidad que yo estimaba perjudicial cesó por providencia de aquel gobernador'"[14].

---

[13] La isla de Trinidad (hoy República de Trinidad y Tobago) fue una de las provincias que conformó la Capitanía General de Venezuela, creada por Real Cédula expedida por el rey Carlos III el 8 de septiembre de 1777. Como consecuencia del Tratado de Amiens firmado el 25 de marzo de 1802 entre Gran Bretaña y la Primera Republica Francesa y sus aliados, uno de ellos España, la isla de Trinidad fue segregada del dominio español y quedó anexada a Gran Bretaña que la mantenía ocupada desde 1797.

[14] RATTO-CIARLO, José: *"Historia Caraqueña del Periodismo Venezolano"*. Ediciones del Cuatricentenario de Caracas. Caracas 1967, p.17

3. *Surge el primer medio impreso en nuestro país: "La Gazeta de Caracas"*

Por lo que respecta a la época correspondiente a la lucha por la independencia, hay que decir que la libertad de expresión resultó perturbada en la misma medida en que aquella se fue intensificando. Así, por ejemplo, el primer periódico que tuvo Venezuela –la "**Gazeta de Caracas**"– fue afectado por la situación política imperante durante el tiempo de su circulación, concretamente debido a la inestabilidad de los gobiernos de turno. En efecto, desde su aparición, lo cual ocurrió el 24 de octubre de 1808, propagó ideas en pro de la monarquía porque era el órgano oficial de la Capitanía General de Venezuela; a fin de cuentas se trataba de una publicación surgida de la iniciativa del Capitán General interino, Juan de Casas para contrarrestar la propaganda subversiva contenida en libros, panfletos y noticias que daban cuenta de las incesantes transformaciones que seguían produciéndose en Norteamérica y en Europa como consecuencia de los procesos políticos derivados, respectivamente, de la revolución de independencia de los Estados Unidos de Norteamérica y de la revolución francesa. Las informaciones que daban cuenta de los cambios que proseguían sucediéndose, comenzaba a ser introducida fundamentalmente por viajeros o visitantes que tocaban el Puerto de la Guaira.

De allí que el contenido de la **Gazeta**, en el que la población podía colaborar con trabajos o ensayos, estaba sujeto a la censura previa de las autoridades coloniales. Esta publicación va a pasar "de las manos de los realistas a las de los patriotas, y viceversa, ocho

---

A propósito de este punto, refiere el Dr. José Gil Fortoul en su obra "Historia Constitucional de Venezuela", lo siguiente: "... El Consejo de Indias, los Capitanes Generales y la Audiencia impedían por todos los medios posibles su entrada y circulación (libros y periódicos extranjeros) especialmente si trataban de materias filosóficas y políticas. Los que poseían libros o papeles considerados 'subversivos' se exponían a las penas más severas" *Cfr*. FORTOUL, José Luis: *"Historia Constitucional de Venezuela"*. Quinta edición. Tomo primero. Ediciones Sales. Caracas, 1964. p. 152. (paréntesis nuestro).

veces. De esos avatares salía algunas veces fortificada; las más, debilitada"[15].

Por supuesto que a partir de abril de 1810, la orientación de la **"Gazeta de Caracas"**, será en pro de las ideas de libertad e independencia que comienzan a propugnar los autores de la causa patriótica. Pero en julio de 1812, con la pérdida de la primera república, la **Gazeta** estará nuevamente al servicio de los realistas. La entrada de Bolívar a Caracas en agosto de 1813, la vuelve a poner en manos de los patriotas para difundir sus triunfos y proclamas. Así permanecerá hasta diciembre de 1814, fecha que marca el fin de la segunda república.

4.   *Se dicta el primer texto regulador de la libertad de imprenta*

Adicionalmente debe señalarse que el 25 de julio de 1811, se publicó en **"El Publicista de Venezuela"**, órgano divulgativo del Congreso de la República dirigido por Francisco Isnardi, el primer texto regulador de la referida garantía constitucional: ***"Reglamento de la Libertad de Imprenta en Venezuela"***. Se trató de una normativa con disposiciones sancionatorias extremadamente severas, como tendremos oportunidad de analizarlo posteriormente.

Otro instrumento legal que va a regular esta materia, será la ***"Ley de 14 de setiembre sobre la extensión de la libertad de imprenta y sobre la calificación y castigo de sus abusos"***, dictada en el año 1821.

La **"Gaceta de Caracas"** tendrá otro período –el comprendido entre 1815 y 1821– en el que aparte de cambiar la letra "Z" por la "C", estará orientada hacia la causa realista como resultado de la incursión de Boves en Caracas. Luego volverá a ubicarse del lado de los patriotas entre el 14 de mayo de 1821 y el 26 de ese mismo mes y año; es decir, durante los trece días que duró la ocupación de

---

[15]   *Cfr.* "100 años de la *Gaceta Oficial* 1872-1972 y sus Precursores 1808-1827". Oficina Central de Información. Caracas. 1972. p. 15.

Caracas por las tropas del general José Francisco Bermúdez[16]. La alternabilidad entre uno y otro gobierno prosiguió ocurriendo según la ciudad de Caracas estuviera en manos de las fuerzas realistas o de las patriotas. El último número de la "**Gaceta de Caracas**", tuvo lugar el 09 de enero de 1822[17]. Sin embargo, puede afirmarse, como lo han hecho los historiadores de la comunicación en Venezuela, que la "**Gaceta de Caracas**" fue reemplazada o sustituida por otra publicación que se conoció con el nombre de "**Iris de Venezuela**", pues comenzó a circular cinco días después de haber cesado la "**Gaceta de Caracas**". En efecto, el primer ejemplar salió a la luz el lunes 14 de enero de 1822. Se trató de un semanario que, más adelante, aparecerá no los lunes sino los jueves, hasta que sea el viernes el día definitivo de su circulación. El último número de "**Iris de Venezuela**" tuvo lugar el viernes 26 de diciembre de 1823.

Otros periódicos irán apareciendo en el transcurso de los años, pero de igual manera conocerán en algún momento el acoso y persecución a sus hacedores dependiendo, no sólo de los vaivenes de la lucha independentista, es decir, de sus éxitos o fracasos, sino también de las luchas de individuos y grupos por alcanzar y mantener el poder. Así, por ejemplo, el "**Correo del Orinoco**" fundado por el Libertador en Angostura, surge precisamente para contrarrestar la información que suministraban los realistas en "**La Gaceta de Caracas**"[18]. Circuló desde el 27 de junio de 1818 hasta el 23 de marzo

[16]   El General José Francisco Bermúdez nacido en San José de Areocar, Provincia de Cumana, el día 23 de enero de 1782, será uno de los personajes que toma parte en los sucesos del 19 de abril de 1810. A pesar de haber desconocido la autoridad de Bolívar cuando se organizaba la expedición de los Cayos en 1813, aceptará más adelante su liderazgo; por ello, tendrá figuración importante en otros sucesos durante la gesta de la independencia. Murió asesinado en Cumaná el 15 de diciembre de 1831.

[17]   *Cfr.* "100 años de la *Gaceta Oficial* 1872-1972 y sus Precursores 1808-1827". Oficina Central de Información. Caracas. 1972. pp. 23-24.

[18]   "El 'Correo del Orinoco' fue la más importante publicación de los patriotas venezolanos durante los terribles años de 1818 a 1822. (…) Durante casi cuatro años cumplió con su misión de informar desde la capital de los patriotas, pero al decidirse trasladar a Cúcuta el Gobierno de la Gran Colombia, a la vez que su Congreso Nacional, liberado, por otra parte el territorio venezolano, la misión del Correo del Orinoco había terminado…". *Ibídem.* pp. 61- 62.

de 1822. Entre sus colaboradores se encuentran Juan Germán Roscio, Francisco A. Zea, Juan Martínez, José Luis Ramos, Manuel Palacio Fajardo y José Rafael Revenga, entre otros. Otro caso fue, igualmente, **"El Semanario de Caracas"**, fundado el 4 de noviembre de 1810 por Miguel José Sanz y José Domingo Díaz, éste último abrazará luego la causa realista[19]; **"El Patriota de Venezuela"**, publicado en 1811 y vocero de la Junta Patriótica. **"El Mercurio de Venezuela"** y **"El Publicista de Venezuela"**; este último recogió los debates de la Asamblea Nacional y en el número 2 publicó el Acta de la Independencia[20].

Consolidada la separación de Venezuela de la Gran Colombia, la prensa que se va a desarrollar en esos subsiguientes años a 1830, se va a distinguir por su equilibrio y moderación. En efecto, la característica fundamental de publicaciones de circulación mensual, quincenal o semanal como fue el caso de **"El Argos"**[21], **"El Colombiano"**, **"El Astrónomo"**, **"El Observador Caraqueño"**, **"El Republicano"**, entre otros, será el tono mesurado de la información vertida.

---

[19] "En el primer número de este semanario los redactores expresan: 'El Semanario será libre; pero lo será como debe ser, amando y respetando la ley, y obedeciendo a sus ejecutores: el será libre con dignidad'". *Cfr.* CANELÓN, Juan Saturno: *"Biografía de José Miguel Sanz"*. Colección Biografías Escolares. Ministerio de Educación. Caracas, 1973. p. 28.

[20] "El Semanario de Caracas" publicó treinta números entre el 4 de noviembre de 1810 y el 21 de julio de 1811. "El Patriota de Venezuela duró de enero de 1811 a enero de 1812, con un total de siete números. "El Mercurio de Venezuela", circuló de enero a marzo de 1811". *Ibídem*, p.16.

[21] En la biografía de Antonio Guzmán Blanco, escrita por la Profesora María Elena González Deluca, encontramos el siguiente comentario: "...el periódico que comenzó a publicar en marzo de 1825, *El Argos*, que pronto se aseguró buena publicación (...) ventilaba los temas centrales de la política: el supuesto proyecto monárquico de Bolívar; el personalismo político; los temas electorales. En sus páginas campeaban los ataques al vicepresidente Francisco de Paula Santander y, desde luego, el apoyo a Páez. Aunque las notas eran anónimas, era Guzmán quien las escribía, a veces con consecuencias indeseables". *Cfr.* GONZÁLEZ DE LUCA, María Elena: *"Antonio Guzmán Blanco"*. Biblioteca Biográfica Ediciones El Nacional. N° 53. Caracas, 2007. p. 21.

Pero una vez que se desate la lucha por la conquista del poder entre liberales y conservadores y la prensa, el cambio será radical.

5. *Entra en vigor el primer "código de imprenta"*

El 27 de abril de 1839, entró a regir el **Código de Imprenta**, instrumento legal regulador de la libertad de expresión, consagrada en el artículo 194 de la Constitución de 1830. El precitado Código estaba conformado por cinco leyes: la primera, sobre la extensión de la libertad de imprenta y la calificación de sus abusos; la segunda, relativa a las penas correspondientes por los abusos de la libertad de imprenta; la tercera, atinente a la responsabilidad personal en el abuso de la libertad de imprenta; la cuarta, concerniente a los modos de proceder en los juicios por abuso de la libertad de imprenta; y la quinta inherente a los recursos concedidos en los juicios por abuso de la libertad de imprenta. La materia contenida en las referidas cinco leyes, ponen de manifiesto el propósito de regular, *in extremis*, el ejercicio del derecho a la libertad de expresión y de información.

El 24 de Agosto de 1840, Antonio Leocadio Guzmán y Tomás Lander, fundan "**El Venezolano**", cuyo lema era: "**Más quiero una libertad peligrosa que una esclavitud tranquila**"[22]. Este periódico vino a ser el órgano de divulgación del partido Liberal, franco opositor del gobierno del General Páez y del de Soublette. Como lo señala el Profesor Carlos Alarico Gómez en su biografía sobre José Tadeo Monagas, en el editorial del primer número se expresó que surgía "...para combatir con el lenguaje de la razón los principios de la oligarquía política que aflige a Venezuela; los errores de la administración y los extravíos de las legislaturas pasadas; sostener y consolidar la opinión de los que forman el partido de los verdaderos

---

[22] "Antonio Leocadio Guzmán (Caracas 1801-1884) y fundador del Partido Liberal en Venezuela, y de su vocero, el periódico *El Venezolano*, fue de los primeros en reconocer a la prensa como arma política". *Cfr.* DONIS, Ríos Manuel: "*Ezequiel Zamora*". Biblioteca Biográfica Ediciones El Nacional. N° 72. Caracas, 2007. pp. 23-24.

principios constitucionales; y favorecer y sostener la marcha franca y liberal de la República"[23].

Sin embargo, como lo veremos luego, el General Soublette prefirió que lo tildaran de pusilánime, antes que actuar en contra de los que de él denostaban en ejercicio de la libertad de expresión.

A medida que la pugna entre Liberales y Conservadores por el ejercicio del poder se fue incrementando, otros órganos de comunicación fueron surgiendo para recoger las ideas de uno u otro sector y para servir, recíprocamente, de instrumento de ataque a las candidaturas de quienes aspiraban a la presidencia de la república[24].

El distanciamiento que se va a producir paulatinamente entre Juan Vicente González y Antonio Leocadio Guzmán a partir del 9 de febrero de 1844, con ocasión de la decisión absolutoria dictada por el juez que conocía de la querella incoada por el banquero Juan Pérez en contra de Guzmán, debido a los ataques difamatorios que desde "**El Venezolano**" éste le lanzaba; y que aprovechará Guzmán para comenzar a construir su candidatura a la presidencia de la república en las elecciones que tendrán lugar en 1846, se ahondará intensa y definitivamente, cuando Juan Vicente González, desde "**El Diario de la Tarde**", cuyo primer número salió el 1º de junio de 1846, inicie una campaña de descrédito contra Guzmán. Ambos medios de comunicación se constituirán en el campo de batalla de los antiguos aliados de la causa liberal.

"**El Venezolano**" cesó su publicación en mayo de 1845; por su parte, "**El Diario de la Tarde**" circulará hasta el 29 de octubre del mismo año 1846, después que el mismo González hace preso a Guzmán por conspirador. Habiendo considerando que su enemigo

---

[23] *Cfr*. GÓMEZ, Carlos Alarico: "*José Tadeo Monagas*". Biblioteca Biográfica Ediciones El Nacional. Nº 26. Caracas, 2006. p. 42.

[24] Fue el caso, como lo expresa José Gil Fortoul, de "periodiquitos -que pululan a la sombra de El Venezolano- desenfrenados y mordaces que vuelan de mano en mano. Llámanse Las Avispas, El Rayo, El Zancudo, La Centella, El Sincamisa..." *Cfr*. FORTOUL, José Luis: *Ob. Cit.* "*Historia Constitucional de Venezuela*". Quinta edición. Tomo segundo. Ediciones Sales. Caracas, 1964. p. 263.

político, tras las rejas, dejará de ser *"la gangrena de que puede morir Venezuela"*[25], y que **"El Diario de la Tarde"** "había sido concebido para atacar y destruir", funda un nuevo periódico intitulado **"La Prensa"** dirigido a *"crear, conservar, predicar doctrinas sociales, vendar las heridas de la guerra civil, libertar la patria para siempre del inminente peligro de que milagrosamente se ha salvado"*[26] En efecto, en febrero de 1847, aparece este nuevo medio de comunicación, esperanzado en los destinos que tomará el país con el arribo al poder de José Gregorio Monagas, vencedor de los comicios presidenciales. Sin embargo, el giro que a su gobierno le dará Monagas, acogiendo las políticas del liberalismo y conmutando la pena de muerte a Antonio Leocadio Guzmán a la que había sido condenado por las insurrecciones que habían tenido lugar en 1846, por la de expulsión del territorio nacional, hace que Juan Vicente González emplee **"La Prensa"** para comenzar a atacar al gobierno que recién se iniciaba.

6. *Los Monagas y la prensa*

En el año 1847, el **Código de Imprenta** anteriormente mencionado, convertido en letra muerta dada su menguada aplicación, será objeto de una reforma consistente en sustraer del juicio de jurados las causas surgidas de "grabados, litografías y caricaturas", para someterlas a la "jurisdicción de los tribunales ordinarios y autoridades de policía"[27]

Después del "Asalto al Congreso", el 24 de enero de 1848, González se retira de la política y deja de publicar **"La Prensa"**.[28]

---

[25] *Cfr.* RAYNERO, Lucía: *"Juan Vicente González"*. Biblioteca Biográfica Ediciones El Nacional. N° 31. Caracas, 2006. p. 53.

[26] *Ibídem.* p. 53.

[27] FORTOUL, José Luis: *op. cit.* pp.50 y 51.

[28] Se conoce en la historia de Venezuela con el nombre de "El Asalto al Congreso", los violentos sucesos ocurridos el 24 de enero de 1848, cuando turbas armadas partidarias del Presidente José Tadeo Monagas, apostadas en las inmediaciones de la sede del Congreso, sabotearon la sesión extraordinaria de la Cámara de Diputados que conocía el Mensaje Anual Presidencial, rendido por intermedio de su Ministro del Interior y Justicia, al correr la voz de que éste había

Otras modificaciones al referido Código de imprenta se harán en 1849. En esta oportunidad será para suprimir las calificaciones de "escritos sediciosos y subversivos" y para tratar los denominados "escritos que injurien a alguna persona o vulneren su honor y reputación, tachando su conducta privada y escritos que ofendan la moral y decencia pública"[29].

El triunfo de José Gregorio Monagas en las elecciones para regir el período 1851-1855, sucediendo a su hermano José Tadeo quien había ejercido la presidencia de la república entre 1847 y 1850, y la pretensión de éste último, como ocurrió, de volver a desempeñar la primera magistratura para un nuevo período de cuatro años –1855-1858–, pero que una vez en el ejercicio del poder promovió en 1857 la reforma de la Constitución para elevarlo a seis años, trajo consigo un rechazo de tal magnitud que los liberales y los conservadores se unieron para fraguar su salida de la presidencia, como efectivamente sucedió. El 15 de marzo de 1858, José Tadeo Monagas renunció al cargo y el Congreso nombró con carácter provisorio para sustituirlo a Pedro Gual, hasta tanto el General Julián Castro, el protagonista del alzamiento contra Monagas, hiciera su entrada a Caracas.

El Profesor Miguel Hurtado Leña en su biografía sobre Manuel Felipe de Tovar, al aludir al decenio de los hermanos Monagas, dice

------

sido detenido y luego asesinado en ese recinto. El ambiente de agitación reinaba desde el día antes, habida cuenta la decisión que se había tomado de trasladar las sesiones del Congreso a la ciudad de Puerto Cabello, para así enjuiciar al Presidente acusado de violar la Constitución. Iniciados los disparos contra el Congreso, los diputados que trataron de salir a la calle fueron agredidos por las milicias armadas de Monagas. Ese día fueron asesinados los parlamentarios José Salas, Juan García y Francisco Argote; el diputado Santos Michelena, herido por bayoneta, murió dos meses después. Otras personas asesinadas fueron los civiles Julián García, el Dr. Manuel María Alemán, Juan Maldonado, el Capitán de Milicias Miguel Riverol y el sargento Pedro Pablo Azpúrua. Sobre este punto, puede consultarse, entre otros autores, los siguientes: FORTOUL, José Luis: Ob. Cit. pp. 293 y ss.; RAFAEL ARRÁIZ LUCCA, Rafael: "*Venezuela: 1830 a Nuestros Días*". 2ª edición, Editorial Alfa. Caracas, 2007. p. 93. y TOSTA, Virgilio: "*Fermín Toro*", Tipografía Americana, Caracas, 1954. pp. XXV y ss.

[29] FORTOUL, José Luis: *op. cit.* p.51.

que *"fueron 10 años de un gobierno personalista y autoritario que no permitió la libertad de prensa ni las elecciones libres y desacató muchos mandatos de la Constitución, la cual, según dijo el propio Monagas, 'servía para todo "*[30].

El turbulento período de gobierno de los hermanos Monagas, propició importantes lesiones a la libertad de expresión como consecuencia de la reforma que se fue operando en los Códigos de Imprenta a medida que la lucha política iba cobrando vigor.

En 1854 se reforma el Código de Imprenta que databa de 1849 para tipificar el delito de sedición. José Tadeo Monagas por segunda vez en la presidencia de la república, dicta otro Código de Imprenta con regulaciones semejantes a las del año 1849.

Juan Vicente González vuelve a la carga en 1859 al fundar un nuevo medio de comunicación. Esta vez lo denominará "**El Heraldo**"; lo concibe como un instrumento para la lucha política a la cual se vuelca de manera total, al extremo de sufrir agresiones en la calles de Caracas, por sus encendidos escritos de opinión

La libertad de expresión será objeto de nuevas regulaciones al aprobarse el Código de Imprenta de 1864. Así, se estableció que los editores debían tener propiedades por un valor de mil pesos o presentar fianza equivalente, a dicha suma para responder de las acciones intentadas en su contra por quienes se sintieran afectados con los escritos publicados en los órganos de prensa. Se previeron penas para los editores que atribuyeran falsamente un escrito a alguna persona que no fuera realmente su autor. Se estableció el derecho a réplica, y se les concedió a los gobernadores el derecho a designar los jurados de imprenta que, con anterioridad, competía a los concejos municipales.

La pugnacidad del General Cipriano Castro contra empresas norteamericanas, y, en particular contra la *"New York and Bermúdez Company"*, por el apoyo que ésta le brindó al alzamiento del General Matos, lo extrema con la expulsión de nuestro país del se-

---

[30]   *Cfr.* HURTADO LEÑA, Miguel: *"Manuel Felipe de Tovar"*. Biblioteca Biográfica Ediciones El Nacional. N° 86. Caracas, 2007. pp. 76.

ñor Albert Félix Jaurett, director del periódico editado en inglés *"Venezuelan Herald"* y el cierre de dicho medio de comunicación[31].

7. *Leoncio Martínez (Leo) y Francisco Pimentel (Job Pim), van a la cárcel*

Nada distinto a lo antes referido dejó de ocurrir, durante la dictadura del General Juan Vicente Gómez. El semanario humorístico **"Fantoches"**, por ejemplo, fundado por los escritores Leoncio Martínez (Leo) y Francisco Pimentel (Job Pim) en abril de 1923, fue cerrado en varias ocasiones debido a las veladas críticas que hacían desde allí a Gómez –y más tarde a López Contreras– uno y otro fueron perseguidos y sufrieron cárcel por sus ácidas críticas contra ambos gobernantes. Nueve años fue el tiempo que duró preso en diferentes cárceles Francisco Pimentel por expresar su oposición al General Gómez[32].

8. *Pérez Jiménez, enemigo de la libertad de expresión*

La dictadura militar del general Marcos Pérez Jiménez, se especializó, como todo gobierno de esa naturaleza, en atropellar a sus anchas la libertad de expresión desde el mismo momento en que el triunvirato militar del cual él formó parte, derrocó al maestro Rómulo Gallegos de la presidencia de la República.[33] En efecto, como bien lo afirma el escritor Manuel Felipe Sierra en su biografía sobre el general Pérez Jiménez: "Desde las primeras horas de su constitución, la Junta (integrada por los tenientes coroneles Carlos Delgado Chalbaud, Marcos Pérez Jiménez y Luis Felipe Llovera Páez) establece una rígida censura de prensa, se clausuran periódi-

---

[31] *Cfr. Vid.* GARCÍA PONCE, Antonio, *"Cipriano Castro"*. Biblioteca Biográfica Ediciones El Nacional. Nº 30. Caracas, 2006. p. 57.

[32] *Cfr.* PALENZUELA; Juan Carlos: *"Leoncio Martínez"*. Biblioteca Biográfica Ediciones El Nacional. Nº 21. Caracas, 2005. pp. 57-58.

[33] La misma logia militar que orquestó el golpe de estado contra el Presidente Medina, derrocó al presidente Rómulo Gallegos el 24 de noviembre de 1948. El Maestro Gallegos apenas gobernó durante nueve meses y nueve días.

cos y hasta las noticias sociales y deportivas son filtradas con lupa"[34]. (Paréntesis nuestro).

De manera que ha sido constante en nuestro país, incluso durante el período de los gobiernos civiles y democráticos del pasado siglo –1958-1998– la tendencia a irrumpir contra la libertad de expresión; sobre todo cuando los gobernantes de turno son cuestionados en sus ejecutorias y se niegan a admitir las críticas, especialmente las provenientes de los medios de comunicación social. En la parte pertinente de este trabajo, analizaremos los diferentes gobiernos del citado período y pondremos de manifiesto las limitaciones que debió sufrir la libertad de expresión en cada uno de ellos.

9. *La "revolución bolivariana", persigue con saña a los medios y a los comunicadores*

No sobra tener presente que la persecución desatada desde las más altas esferas del gobierno contra la libertad de expresión en Venezuela por el régimen que en la actualidad ejerce el poder desde hace dieciséis años, ha ocurrido luego de que aquella hubiere alcanzado importantes niveles de difusión, sobre todo a través de los diferentes medios de comunicación social, en especial, la prensa, la radio y la televisión; no por concesiones de nadie, sino por la lucha librada por esos sectores, particularmente por los propios comunicadores sociales para conquistarla, incluso durante los más férreos periodos dictatoriales que hemos padecido.

En el desarrollo de este trabajo, nos proponemos reseñar, como ya lo afirmamos, el tratamiento que le ha dado la legislación de Venezuela a la garantía de la libertad de expresión, al tiempo que mencionaremos diversos casos que revelan los atentados de que ha sido objeto dicha garantía, no obstante su consagración constitucional. De allí que hayamos previsto elaborarlo con fundamento en una amplia investigación documental llevada a cabo y siguiendo el siguiente esquema:

---

[34] *Vid.* SIERRA, Manuel Felipe. "*Marcos Pérez Jiménez*". Biblioteca Biográfica Ediciones El Nacional. N° 112. Caracas, 2009. p.43.

En una primera parte analizaremos cuál ha sido el tratamiento que se le ha dado a la libertad de expresión en los diferentes Textos Constitucionales que hemos tenido a partir del momento en que se inició la gesta emancipadora de España en 1810, con especial referencia a los medios de comunicación que fueron surgiendo bajo la vigencia de dichos Textos. Para ello, los hemos agrupado en cuatro grandes momentos de la historia patria.

El primero, comprensivo de las Constituciones que se corresponden con el proceso independentista, esto es 1811, 1818 y 1821. El segundo, que abarca la Constitución surgida a raíz de la separación de la gran Colombia y las dictadas a lo largo del siglo XIX, es decir, 1830, 1857, 1858, 1864, 1874, 1881, 1891 y 1893. El tercero, caracterizado por tratarse de Constituciones que responden a los intereses de los gobiernos autocráticos de la hegemonía andina (1901, 1904, 1909, 1914, 1922, 1925, 1928, 1929, 1931, 1936). El cuarto y último momento, el de las Constituciones, con excepción de la perezjimenista de 1953, que propugnan un régimen de libertades y sistemas democráticos de gobierno (1945, 1947, 1961 y 1999).

En la segunda parte, expondremos las regulaciones, restricciones y violaciones a la libertad de expresión en diferentes épocas y gobiernos y bajo la vigencia de los respectivos Textos Constitucionales, conforme a la mencionada agrupación que antecede.

La tercera y última parte, está conformada por las conclusiones a las que arribemos, luego del estudio realizado.

En conexión con el trabajo de investigación efectuado para elaborar el presente estudio, proseguimos en la actualidad revisando los casos más expresivos de comunicadores y de medios que, víctimas de atropellos a dichas garantías constitucionales, tuvieron la necesidad de acudir al Sistema Interamericano de Derechos Humanos buscando el amparo que la justicia venezolana, controlada por el "gobierno de la revolución bolivariana", les ha negado. El punto central de esta nueva investigación está dirigido a estudiar la jurisprudencia, "administrativa" y contenciosa, con especial énfasis en las decisiones más relevantes dictadas por la Corte Interamericana de Derechos Humanos en dicho ámbito.

PRIMERA PARTE:

EL TRATAMIENTO QUE SE LE HA DADO A LA LIBERTAD DE EXPRESIÓN EN LOS DIFERENTES TEXTOS CONSTITUCIONALES DE VENEZUELA

PRELIMINAR

Después de doscientos años del inicio del proceso independentista del Reino de España, Venezuela ha tenido veintiséis Constituciones, incluyendo la de 1999. En su mayoría, han sido producto de las distintas crisis políticas que se han suscitado en nuestro país a lo largo de la historia. Tales crisis han conducido a reformas o modificaciones, concretas y específicas, de parte del articulado del Texto Fundamental y muy pocas a la elaboración de una Carta Magna que se caracterice por su originalidad con respecto a las que le anteceden[1].

---

[1]   El siempre recordado Profesor Gustavo Planchart Manrique, fallecido el 08 de diciembre de 2012, en un estudio sobre la Constitución de 1961, sostuvo lo siguiente: "...es la número 25, si contamos desde nuestra primera Constitución de 1811. (*omissis*) Pero, por otro lado no es quizás sino la séptima u octava, si aun tomando en cuenta la primera de 1811, pensamos sólo en aquellas que han significado una estructura constitucional con real eficacia ya por su duración -diez o más de vigencia- (las de 1830,1864,1881 y 1961), ya porque aunque con vigencia menor no eran o son un simple disfraz para la hegemonía absoluta de algún cau-

Ahora bien, todas las Constituciones anteriormente aludidas han consagrado, como lo veremos más adelante, la garantía constitucional concerniente a la libertad de expresión. Sin embargo, las amenazas contra el ejercicio de esa garantía, y de igual manera contra el derecho a recibir información, han estado presentes en forma permanente; siempre se han dejado sentir, con mayor o menor intensidad, dependiendo del talante democrático o no de los gobiernos de turno.

En efecto, los gobiernos respetuosos de la Constitución y de las leyes que conforman el ordenamiento jurídico de sus respectivos países; que entienden que sus ejecutorias se encuentran sujetas a los preceptos legales que allí rijan; que tienen conciencia de encontrarse limitados por el deber de respetar el "Bloque de la Legalidad" y a los restantes órganos del Poder Público; que comprenden que no pueden interferir ni pretender avasallar el accionar de éstos; que respetan las garantías ciudadanas que el respectivo Texto Fundamental establezca, son más proclives a tolerar el derecho ciudadano a informar y a ser informado. No así, aquellos cuyo fundamental propósito es permanecer en el poder indefinidamente, servirse de él e incurrir en las más variadas formas de corrupción.

Por todo esto, uno de los esfuerzos en el que no desmayan los gobiernos de la índole antes anotada, es el que está dirigido a anular

---

dillo, tirano o dictador, como quiera llamársele (las de 1811,1936,1947), ya porque significaron o significan una concepción constitucional importante o un rompimiento con las que sustituyeron (las de 1811,1830,1858,1864,1947y1961). Todas las otras Constituciones en una forma u otra son meras enmiendas de las que existieron en ese momento, para acomodarlas a caprichos del tirano o caudillo de turno o necesidades políticas pasajeras". Esta opinión del Profesor Planchart aparece en una cita que de ella hace el profesor Brewer-Carías en su obra *"Las Constituciones de Venezuela. Estudio Preliminar"*. Universidad Católica del Táchira, Instituto de Estudios de Administración Local, Centro de Estudios Constitucionales Madrid, 1985, p. 13.

Como dice el Profesor Brewer-Carías en la citada obra, los años en que sucesivamente se dictaron textos constitucionales en nuestro país son los siguientes: "1811, 1819, 1821, 1830, 1857, 1858, 1864, 1874, 1881, 1891, 1893, 1901, 1904, 1909, 1914, 1922, 1925, 1928, 1929, 1931, 1936, 1945, 1947, 1953 y 1961". *Ibídem*, p. 13.

el derecho de los ciudadanos a expresarse libremente, de conformidad con lo que, en esa materia, establezcan las leyes. No existe democracia plena, si no se garantiza el libre ejercicio del derecho a la expresión libre del pensamiento y a la difusión de las ideas a través de cualquier medio, bien sea, impreso, radioeléctrico, televisivo, así como también a través de los modernos sistemas de comunicación de redes sociales.

Los gobiernos no democráticos –dictaduras de derecha o de izquierda, totalitarios, neofascistas, neo nazistas o neo comunistas– e incluso muchos que podrían calificarse de democráticos, tanto por su origen como por su desempeño, a menudo obstaculizan o impiden el libre debate de las ideas, porque su gestión suele estar reñida con la transparencia y con los eternos valores de la probidad, de la rectitud, del bien común. De allí que, como lo dijimos en la parte introductoria de este trabajo, voces de alerta contra esta nefasta práctica se han dejado oír a través de organizaciones privadas que se han constituido en el plano interno de cada país y también en el plano internacional. Es el caso, en este último supuesto, del "Comité para la Protección de Periodistas", así como de "Reporteros sin Fronteras", por citar a título de ejemplo sólo esas dos organizaciones, que desde los años 1981 y 1995, respectivamente, luchan en todo el mundo para controlar los excesos de los gobiernos contra el derecho a la información, la libertad de prensa, la libertad de expresión.

Tanto el derecho a la información, como el derecho a la libertad de expresión, aparte de la fundamentación que encontramos en los Textos Constitucionales modernos, tienen su asidero como lo dijimos en la parte introductoria del presente estudio, en las Revoluciones independentistas de Norteamérica, de Francia y de Venezuela: concretamente en el *Bill of Rights of Virginia de 12 y 29 de junio de 1776*; en la Declaración de Independencia de los Estados Unidos del 4 de julio de 1776 y en la primera enmienda a esta Constitución el 15 de diciembre de 1791; en la Declaración Universal de los Derechos del Hombre y del Ciudadano, dictada a raíz de la Revolución Francesa del 14 de julio de 1789; en la Declaración de los Derechos del Pueblo dictada en Caracas el 1º de julio de 1811 y en la Constitución Federal para los Estados de Venezuela del 21 de diciembre de 1811.

Como bien lo expresó el Dr. Asdrúbal Aguiar en la Cumbre de Líderes celebrada en Paris, el 22 de septiembre de 2010, las interrogantes que siguen son absolutamente pertinentes cuando se trata de evaluar el grado de respeto a las mencionadas garantías. Dijo el profesor Aguiar en esa ocasión: "... *¿Qué valor tiene el consenso donde el disenso está prohibido? ¿Qué hacemos con las personas que disienten y piensan de manera diferente a nosotros? ¿Las aniquilamos o las dejamos sobrevivir? Y si las dejamos sobrevivir ¿las detenemos, las hacemos circular, las amordazamos, las dejamos hablar; las rechazamos como desaprobadas o las dejamos entre nosotros como ciudadanos libres, con el riesgo de que usen la libertad para acabar con la misma libertad?*"[2]

Es por ello que la Corte Interamericana de Derechos Humanos, en diferentes momentos ha expresado criterios como el contenido en su Opinión Consultiva OC5-85: "*la libertad de expresión se inserta en el orden público primario y radical de la democracia, que no es concebible sin el debate libre y sin que la disidencia tenga pleno derecho de manifestarse*". Luego, con ocasión del caso Ivcher Bronstein vs. Perú, la misma Corte en sentencia del 6 de febrero de 2001, estableció lo que se trasunta seguidamente

> "(*Omissis*) g) La prensa, en una sociedad democrática, tiene el derecho de informar libremente y criticar al Gobierno, así como el pueblo tiene el derecho de ser informado de lo que ocurre en la comunidad." (*Omissis*).

Abstracción hecha del análisis más detenido que haremos a lo largo del presente trabajo acerca de las normas reguladoras de la garantía constitucional relativa a la libertad de expresión, según la previsión que esta haya tenido en los distintos textos constitucionales de Venezuela, procederemos de inmediato a hacer un breve recuento de esas veintiséis Constituciones de nuestro país, con especial mención de la fecha en que fueron sancionadas o promulgadas e indicación de las causas que las motivaron.

---

[2] El texto completo de la exposición del doctor Aguiar en la Cumbre de París, puede ser consultado ingresando al diario El Universal, en la siguiente dirección electrónica: http://www.eluniversal.com/2010/09/22/pol_ava_asdrubal-aguiar-aler_22A4505491

Comenzaremos por dejar claramente establecido que durante el siglo **XIX** se aprobaron **once** Constituciones, mientras que las **quince** restantes entraron en vigor a lo largo del siglo XX.

En efecto, en el siglo XIX fueron dictadas en nuestro país las siguientes once Constituciones: **la primera**, sancionada el 21 de diciembre de 1811, cinco meses después de la firma del Acta de la Independencia del Reino de España; fue a la vez, la tercera prescrita en el mundo en un estado constitucional republicano y moderno, luego de la de los Estados Unidos de América de 1776 y la Francesa de 1791[3].

La segunda Constitución que ha tenido nuestro país, fue la aprobada en la ciudad de Angostura, hoy Ciudad Bolívar, el 17 de diciembre de 1819 por el Soberano Congreso de Venezuela, el cual procedió, en la misma fecha, a decretar la Ley Fundamental de la República de Colombia que fue la que consagró jurídicamente la integración en una sola república con el nombre de República de Colombia, los territorios de la antigua Capitanía General de Venezuela y del Virreinato del Nuevo Reino de Granada y dispuso la creación de tres departamentos: Venezuela, Quito y Cundinamarca. Esta Constitución previó en el artículo 15 de las Disposiciones Generales, la celebración de un Congreso que es el que se reunirá en la Villa del Rosario de Cúcuta después del triunfo de la batalla de Carabobo.

La tercera Constitución es, pues, la sancionada por el primer Congreso General de Colombia reunido en la Villa del Rosario de Cúcuta el 30 de agosto de 1821 y promulgada por el Libertador el

---

[3]   El 3 de mayo de 1791, cuatro meses antes de que la Asamblea surgida de la Revolución Francesa dictara la Constitución -hecho que tuvo lugar el 13 de setiembre de 1791- el parlamento del Reino de Polonia dictó una Constitución que previó una monarquía parlamentaria. Este Texto, adoptó el principio de la separación de poderes propugnado por Montesquieu, aun cuando atribuyó el ejercicio del poder ejecutivo al rey, procedente de una monarquía hereditaria. Los peligros para los sistemas políticos de los estados vecinos, que vieron este modelo de Estado con excesivo recelo, hicieron que Catalina II de Rusia librara una guerra contra Polonia. Al triunfar Rusia, el territorio de Polonia fue repartido entre sus vecinos: Austria, Prusia y Rusia. La vigencia de la monárquica Constitución del 3 de mayo, fue sólo de quince meses.

06 de octubre de 1821. El Congreso de Cúcuta había ratificado días antes la precitada Ley Fundamental de la República de Colombia aprobada en Angostura en 1819. En efecto, el 12 de julio de 1821, dicho Congreso dictó la "Ley Fundamental de la Unión de los Pueblos de Colombia", mandada a ejecutar por Carlos Soublette el 15 de agosto de 1821, cuyo primer artículo expresa: "Los pueblos de la Nueva Granada y Venezuela quedan reunidos en un solo cuerpo de nación, bajo el pacto expreso de que su gobierno será ahora y siempre popular representativo". De allí que la Constitución de 1821, previera en su artículo 6º lo siguiente: "El territorio de Colombia es el mismo que comprendían el antiguo Virreinato de la Nueva Granada y Capitanía General de Venezuela".

La cuarta Constitución es la que surge después de la separación de Venezuela de la Gran Colombia, proceso que se inició con el movimiento de la **Cosiata**[4] en 1826 y terminó concretándose con el Decreto de Reorganización del Gobierno emanado del general José Antonio Páez en su condición de Jefe Civil y Militar de Venezuela, en fecha 13 de enero de 1830. Este Texto Constitucional que regirá los destinos de Venezuela durante veintisiete años, se dictó en la ciudad de Valencia.

Luego, el 18 de abril de 1857, entró a regir una Constitución –**la quinta**– que tendrá apenas un año de duración, pues fue producto de las maniobras del general José Tadeo Monagas para lograr su reelección inmediata y ejercer el poder por dos años más, lo cual no pudo materializar debido a la presión que ejerció el general Julián Castro para que abandonara el poder, como en efecto sucedió el 15 de marzo de 1858.

El 5 de julio de 1858, la Convención Nacional reunida en Valencia, además de haber elegido al general Julián Castro como Presidente Provisional, aprobó el 24 de diciembre de ese mismo año un

---

[4]   Con el nombre "La Cosiata", se ha denominado el movimiento que se inició en la ciudad de Valencia el 30 de abril de 1826, con el propósito reformar la Constitución de Cúcuta para desvincularse de las autoridades de Bogotá. El general José Antonio Páez fue el líder de ese movimiento que en los años subsiguientes se transformó en un proceso de secesión que terminó con la separación de Venezuela de la Gran Colombia en 1830.

nuevo Texto Fundamental de la República –**el número seis**– cuya vigencia será hasta 1864; año en el que entra en vigor **la séptima** Constitución que une veinte provincias autónomas –en lo sucesivo llamadas Estados– bajo la denominación de "Estados Unidos de Venezuela" y que fue consecuencia inmediata de la "Guerra Larga" o "Guerra Federal".

En efecto, al concluir la Guerra Federal se convocó a una Asamblea Nacional Constituyente que sancionó el 28 de marzo de 1864 una nueva Ley Fundamental de la República y que fue promulgada en Coro por el Mariscal Falcón el 13 de abril de ese mismo año.

Diez años después, encontrándose Guzmán Blanco en el Poder, promueve una nueva Constitución, **la número ocho**, que va a ser promulgada el 27 de mayo de 1874. Es de destacar que este Texto Fundamental de la República, reduce el período presidencial de cuatro a dos años y establece la prohibición de la reelección inmediata y elimina el voto secreto. En lo sucesivo este será directo, público, escrito y firmado[5]; sin embargo, la duración de esta Constitución será de apenas ocho años, ya que el 27 de abril de 1881, todavía Guzmán en la primera Magistratura de la República, promulga un nuevo Texto Constitucional –**el número nueve**– que será conocido con el mote de "Constitución Suiza", habida cuenta las semejanzas con la Carta Magna de ese país, sobre todo por las facultades que le fueron concedidas al denominado Consejo Federal, conformado por miembros de las Cámaras legislativas para designar al Presidente de la República, tal como lo había procurado el general Guzmán Blanco[6]. Además, redujo lo veinte estados "federados", creados con base en la Constitución de 1864, a nueve entidades políticas.

Esta Constitución regirá los destinos del país durante diez años. En efecto, el 16 de abril de 1891, el doctor Andueza Palacio, ordena el ejecútese de la reforma del Texto Constitucional vigente, que pa-

---

[5]   Art. 63, concordado con el numeral 23 del artículo 13 del mismo Texto Constitucional.

[6]   *Cfr.* RAFAEL ARRÁIZ LUCCA, Rafael: *"Venezuela: 1830 a Nuestros Días"*. 2ª edición, Editorial Alfa. Caracas, 2007. p. 93.

sa a ser **la décima** Constitución del siglo XIX, cuyo propósito no fue otro que el de aumentar el período presidencial a cuatro años. La modificación de su período presidencial, que concluía en 1892 y no en 1894 como lo pretendió, para lo cual propuso otra reforma constitucional que no llegó a contar con la aprobación del Congreso, fue la que produjo el alzamiento del general Joaquín Crespo. Forzada la separación de su cargo, Andueza Palacio viajará a la isla de Martinica el 17 de junio de 1892 y el general Joaquín Crespo asumirá, una vez más, la conducción de los destinos de Venezuela.

El 12 de junio de 1893, la Asamblea Nacional Constituyente convocada por el general Crespo sancionó una nueva Constitución. Esta Ley Fundamental de la República, entre otros particulares, designa al general Crespo Presidente para el período 1894-1898, y es él quien ordena su ejecución

Este texto Constitucional –**el último del siglo XIX**– totaliza la cantidad de **once** Constituciones que fueron dictadas durante dicho siglo, reveladoras en su mayoría, por una parte, de la enorme inestabilidad política que caracterizó a Venezuela en ese período y, por la otra, las apetencias de los gobernantes de turno por aferrarse al poder sin importarles las consecuencias de atraso que, en el orden institucional, político, social y económico, significó para el desarrollo del país.

Durante el siglo **XX** Venezuela tendrá **quince** Constituciones. En efecto, en 1901, encontrándose el general Castro en el poder, producto de la llamada "Revolución Liberal Restauradora", la Asamblea Nacional Constituyente por él convocada, decreta el 26 de marzo del citado año, una nueva Constitución –**la primera del siglo XX**– que tendrá una duración muy breve, ya que el 27 de abril de 1904, el Presidente Castro hace aprobar otra Constitución, –**la segunda**–; fundamentalmente, para establecer una nueva división político territorial que consistió en reducir los veinte Estados a trece, conformados cada uno de ellos por Distritos.

Durante el mandato del general Juan Vicente Gómez, después que su compadre Castro lo deja temporalmente encargado de la Presidencia de la República, sin recuperarla jamás[7], la Constitución fue reformada, atendiendo sus particulares intereses, **en siete ocasiones**, concretamente en los años **1909, 1914, 1922, 1925, 1928, 1929 y 1931**[8]. El general Juan Vicente Gómez comenzó a ejercer la presidencia de la república en 1908 y la culmina en 1935, año en el que fallece a la edad de 78 años.

Muerto el general Gómez, su sucesor en el poder, el general Eleazar López Contreras, llevó adelante el llamado **"Programa de Febrero"** con el propósito de resolver las ingentes necesidades del país, especialmente en los ámbitos de la asistencia social, inmigración, vías de comunicación, educación, agricultura y política fiscal y comercial. Para sentar las bases de lo que fue una verdadera transición, impulsó la redacción de una nueva Constitución –**la número diez**– que fue aprobada por el Congreso de los Estados Unidos de Venezuela el 16 de julio de 1936; fue promulgada por el Presidente López Contreras el 20 de julio de 1936 y salió publicada en la Gaceta Oficial, el 21 de julio de 1936.

El 5 de mayo de 1945, el Presidente Isaías Medina Angarita, puso el ejecútese a la reforma de la anterior Constitución, fundamentalmente para establecer las normas que le permitieran dictar medidas económicas de emergencia. Esta Constitución –**la número once** del siglo XX– fue realmente efímera. Cinco meses y 19 días fue el tiempo de su vigencia, ya que el 18 de octubre se consumó el golpe de estado que dio al traste con el hilo constitucional.

---

[7]   El general Castro viajó a Europa con el propósito de someterse a una operación de los riñones: Dejó encargado de la Presidencia de la República al General Juan Vicente Gómez y, éste, sin que hubiera transcurrido ni un mes ausente, decidió hacerse del poder sin disparar un tiro. Bastó promover un juicio por traición a la Patria para ahuyentarlo de Venezuela. El mensaje que le envió era claro: no volvería a tomar el poder como en efecto ocurrió. Luego de mucho peregrinar, el General Castro murió en el exilio -concretamente en Puerto Rico- el 6 de diciembre de 1924. *Cfr.* GARCÍA PONCE, Antonio: *"Cipriano Castro"*. N° 30. Biblioteca Biográfica Venezolana. Ediciones El Nacional. Caracas, 2006. pp. 63 y ss.

[8]   *Vid.* BREWER-CARÍAS, A.R: *"Las Constituciones de Venezuela"*. Coedición de la Universidad Católica del Táchira, (Venezuela), Centro de Estudios Constitucionales e Instituto de Estudios de Administración Local (Madrid). 1985. pp.85-89.

La Junta Revolucionaria de Gobierno, como se autodenominó
el grupo conspirativo que comenzó a ejercer el poder[9], impulsó la
celebración de una Asamblea Nacional Constituyente que se instaló
el 17 de diciembre de 1946 y que concluyó sus labores con un nuevo Texto Fundamental que resultó aprobado seis meses después: el
5 de julio de 1947.

La vigencia de esta Constitución –**la número doce**– también
fue breve, pues derrocado el Presidente Gallegos por las Fuerzas
Armadas, la Junta Militar de Gobierno convocó una Asamblea
Constituyente que elaboró una nueva Carta Magna. Su ejecución
fue ordenada por el general Marcos Pérez Jiménez, en su condición
de Presidente Provisional, el 15 de abril de 1953. Esta Constitución
va a ser la número **trece** del pasado siglo.

Depuesto el general Marcos Pérez Jiménez por un movimiento
cívico-militar, el 23 de enero de 1958, y efectuadas las elecciones
para la escogencia del Presidente Constitucional de la República
once meses después, resultó electo Rómulo Betancourt. El Congreso que surgió de esa consulta electoral, se abocó a la tarea de redactar un nuevo Texto Constitucional. La Comisión de Reforma Constitucional, que quedó integrada con representantes de todos los sectores y grupos políticos presentes en ese Congreso, inició sus labores el 2 de febrero de 1959 y el 23 de enero de 1961 entró a regir la
Constitución **número catorce** del siglo XX, redactada por dicha
Comisión y que estará en vigor hasta que entra a regir la **número
quince**, promulgada el 20 de diciembre de 1999.

Así las cosas, la Constitución de 1999, actualmente en vigencia,
viene a ser, como hemos dicho, **la número quince** del pasado siglo[10], la **número veintiséis** de todas las que se han dictado en Venezuela y **la primera** aprobada por el pueblo por vía de referéndum y

---

[9]   La Junta Revolucionaria de Gobierno quedó integrada por siete miembros: Rómulo Betancourt, Raúl Leoni, Luis Beltrán Prieto Figueroa y Gonzalo
Barrios, todos pertenecientes al partido Acción Democrática; el capitán Mario
Vargas en representación de las Fuerza Armadas Nacionales y el médico Edmundo Fernández.

[10]   La Constitución vigente tiene una enmienda, publicada en la *Gaceta
Oficial* Nº 5908, Extraordinario, de fecha 19 de marzo de 2009.

sancionada por una Asamblea Nacional Constituyente, electa democráticamente. Sin embargo, es necesario señalar que, independientemente de las causas que las motivaron, todas las veintiséis Constituciones antes referidas, han consagrado de manera clara y sin ambages la libertad de expresión.

En efecto, como pretendemos evidenciarlo de inmediato, no ha habido una Constitución que haya proscrito o eliminado el derecho humano relativo a la libertad de expresión. Con base en esta afirmación, y a los fines de este estudio, referiremos las disposiciones relacionadas con la garantía de la libertad de expresión previstas en las Constituciones dictadas durante cuatro grandes períodos de nuestra historia republicana, que indicamos de inmediato: **el primer período**, que es el que concierne, fundamentalmente, al de la gesta emancipadora (1811-1821); **el segundo período** lo ubicamos entre el momento de la separación de Venezuela de la Gran Colombia y el final del siglo XIX (1830-1891), es el lapso que atañe al siglo de caudillos, montoneras y búsqueda del poder por medios violentos con ropaje de Estado de Derecho; **el tercer período** es el que concierne al comienzo del siglo XX y el final del gomecismo, incluyendo la etapa de transición de López Contreras (1901-1936); y **el cuarto período** es el comprendido entre la segunda mitad del siglo XX y las postrimerías de dicho siglo (1945-1999), y se corresponde con la primigenia experiencia de gobiernos que propugnan la institucionalidad democrática, exceptuando el período dictatorial de Marcos Pérez Jiménez, así como también el correspondiente a los años de la llamada "Revolución Bolivariana", como tendremos oportunidad de evidenciarlo[11].

---

[11] Marcos Pérez Jiménez llegó a la presidencia de la República a través de las írritas elecciones del año 1952. En efecto, el pueblo votó mayoritariamente por el candidato opositor Jóvito Villaba del partido Unión Republicana Democrática (URD), quien al lograr mayoría en la asamblea constituyente, ésta debía elegirlo presidente de la república. Sin embargo, el gobierno desconoció el triunfo opositor. El 2 de diciembre de 1953, Pérez Jimenez fue proclamado presidente provisional de la república hasta la fecha en que la Asamblea Constituyente, surgida de las referidas elecciones e instalada el 9 de enero de 1953, lo designó presidente constitucional para el período que concluía en 1958.

Adicionalmente, nos hemos propuesto listar algunos de los principales medios de comunicación, referidos en forma particular a la prensa escrita, surgidos durante los lapsos de vigencia de los precitados Textos Constitucionales; todo ello con la finalidad de reflejar la tesonera actitud, principalmente de muchos venezolanos, para fundar, periódicos, revistas y más adelante medios radiofónicos y televisivos que le permitieran ofrecer a la población la información que manejaban, muchas veces desafiando regímenes, autoridades, o sobreponiéndose a adversidades de toda índole.

La lista es larga, mas no es un inventario de tales medios de comunicación lo que queremos llevar a cabo. Esta labor ya ha sido realizada por eminentes periodistas, entre los que destacan, a título de ejemplo, José Ratto Ciarlo, Pedro Grases, José E, Machado, Eloy G. González, Rafael S. Guerra, José López De Sagredo y Brú, J. Saert D' Hérguert, Santos Erminy Arismendi y Eleazar Díaz Rangel, conforme a las obras consultadas y reseñadas en la bibliografía de este trabajo.

I.   LAS CONSTITUCIONES DEL PRIMER PERÍODO

1.   *Constitución de 1811. Comienzan a aparecer diversos medios de Comunicación*

Iniciamos este punto haciendo referencia a la Constitución sancionada el 21 de diciembre de 1811 por los representantes de las provincias de Margarita, Mérida, Cumaná, Barinas, Barcelona, Trujillo y Caracas, reunidos en Congreso General en esta ciudad de Caracas[12]. Todo ello como corolario de la declaración de independencia que tuvo lugar el 19 de abril de 1810; consecuencia a su vez, sin lugar a dudas, de la gesta independentista Norteamericana de 1776 y de la Revolución Francesa de 1789, de la insurrección de los mestizos y negros de Coro en 1795, con José Leonardo Chirinos como líder supremo de esa revuelta, de las intentonas de Gual y España de 1797 y de las invasiones fracasadas de Francisco de Miranda ocurridas en 1806.

---

[12]   Las provincias de Guayana, Coro y Maracaibo no se incorporaron en esa fecha al proceso de independencia, sino que lo hicieron con posterioridad.

50

Una de las repercusiones, fundamentales e importantes del movimiento del 19 de abril de 1810, fue la posibilidad que tuvo el pueblo que a él se adhirió, de expresar abiertamente sus opiniones, su apego a la libertad y su rechazo al régimen monárquico imperante en la Capitanía General de Venezuela, desde la época del descubrimiento y la colonización por parte de España.

La libertad de expresar, por vía escrita u oral, el parecer que se tenía acerca de temas conexos con la independencia del régimen peninsular español, fue rápidamente apreciado y valorado, en toda su extensión e implicaciones, como un derecho fundamental del hombre en sociedad; sobre todo porque la censura característica del *statu quo* existente era severo. La prohibición de entrada y circulación de libros y periódicos extranjeros, particularmente cuando abordaban temas de filosofía o política, era estricta. Quienes poseían obras de la señalada índole se les consideraban subversivos y, por ende, expuestos a las correspondientes sanciones. La labor que llevaba a cabo el Consejo de Indias, los Capitanes Generales y la Audiencia para mantener la censura era intensa[13].

Como lo señala el historiador patrio José Gil Fortoul, "...el 11 de diciembre de 1797 la Audiencia de Caracas declara que los que recibieren tales libros o papeles 'y no los entregaren inmediatamente a las justicias, los que tuvieren noticias de ellos y no los comunicaren a las mismas justicias, los que los pasaren a otras manos, o de cualquier forma divulgaren sus doctrinas o no impidieren su extensión, cuando esté de su parte', incurrirán 'en las penas de azotes, presidio y en la de muerte según las circunstancias del caso'".

De allí que en el artículo 180 de nuestro primer Texto Fundamental, la regulación de la libertad de expresión quedó establecida en los siguientes términos:

"Artículo 180. Será libre el derecho de manifestar los pensamientos por medio de la imprenta; pero cualquiera que lo ejerza se hará responsable a las leyes si ataca y perturba con sus opinio-

---

[13] *Cfr.* GIL FORTOUL, José: *"Historia Constitucional de Venezuela"*. Tomo I. Quinta edición. Ediciones SALES. Caracas, 1964. p. 152.

nes la tranquilidad pública, el dogma, la moral cristiana, la propiedad, honor y estimación de algún ciudadano"[14].

La anterior disposición se correspondía con la previsión que sobre esta materia tuvo la "Declaración de los Derechos del Pueblo de 1811", dictada por el Supremo Congreso de Venezuela el 1º de julio de ese mismo año. Este documento, principista y filosófico, estaba conformado por cuarenta y tres artículos, comprendidos en las siguientes cuatro secciones, precedidas de un Preámbulo: "Soberanía del pueblo", "Derechos del Hombre en Sociedad", "Deberes del Hombre en Sociedad", y "Deberes del Cuerpo Social".

El artículo 4, relativo a la referida sección sobre los Derechos del Hombre en Sociedad, rezaba así:

> "El derecho de manifestar sus pensamientos y opiniones por voz de la imprenta debe ser libre, haciéndose responsable a la ley si en ellos se trata de perturbar la tranquilidad pública o el dogma, la propiedad y el honor del ciudadano"[15].

De manera que podríamos afirmar que la declaración de Independencia del 19 de abril de 1810 y el texto del precitado artículo 180 de nuestra primera Constitución, sirvieron del principal acicate para que desde el mismo mes de noviembre del año de 1810, comenzaran a aparecer nuevos medios de comunicación que vinieron a sumarse a la **"Gazeta de Caracas"**. Este periódico va a circular durante catorce años. Como se dijo con anterioridad, desde el 24 de octubre de 1808 hasta el 9 de enero de 1822, pero va a ser después de la declaración de independencia el medio fundamental para divulgar los acontecimientos del movimiento emancipador.

"La *Gazeta* será testigo –dice Don Mariano Picón Salas– del tremendo terremoto de 1812, de la capitulación de Miranda y de la entrada de las furiosas mesnadas de Monteverde a la capital. La imprenta en que se edita y los operarios que la manejan son embarga-

---

[14]   *Vid.* BREWER-CARÍAS, A.R: *"Las Constituciones de Venezuela"*. Co-edición de la Universidad Católica del Táchira, (Venezuela), Centro de Estudios Constitucionales e Instituto de Estudios de Administración Local (Madrid). 1985. p. 199.

[15]   *Ibídem*, p. 175

52

dos como bien mostrenco por las tropas que invaden Caracas en nombre del Rey o en nombre de la Patria. La tinta habrá de mezclarse de sangre. Van a vivirse días de intenso dramatismo"[16].

Dentro de los nuevos medios que saldrán a la luz pública, precisamente como consecuencia del referido movimiento emancipador, destacan los que se indican a continuación[17]:

"El Semanario de Caracas", fundado por Miguel José Sanz y José Domingo Díaz[18], como un periódico libre e independiente del sector oficial. Se publicaron "treinta números entre el 4 de noviembre de 1810 y el 21 de julio de 1811"; **"El Patriota de Venezuela"**, órgano divulgativo de la Sociedad Patriótica, redactado por Vicente Salías y Antonio Muñoz Tébar, que duró de enero de 1811 a enero de 1812, con un total de siete números"; **"Mercurio Venezolano"**, dirigido por Francisco Isnardi que estuvo en circulación de enero a marzo de 1811 y **"El Publicista de Venezuela"**, creado con el propósito de divulgar las sesiones del Congreso Constituyente, a cargo del mismo, Francisco Isnardi secretario de citado Congreso Constituyente y que apenas duró medio año"[19]. Luego de la pérdida de la Primera República, con excepción de la **"Gazeta de Caracas"**, ninguno de estos medios sobrevivirá a ese acontecimiento[20].

---

[16]   PICÓN SALAS, Mariano: *"Suma de Venezuela"*. Ediciones de la Contraloría General de la República. Caracas. 1984. p. 55

[17]   Acerca de este punto puede consultarse el estudio de Manuel Segundo Sánchez ,*"La Prensa Periódica de la Revolución Emancipadora"*, pág. 59, que forma parte de la obra colectiva intitulada *"Materiales para la Historia del Periodismo en Venezuela Durante el Siglo XIX"*, Compilación, Prólogo y Notas de PEDRO GRASES, Ediciones de la Escuela de Periodismo de la Universidad Central de Venezuela. Caracas 1950.

[18]   José Domingo Díaz, considerado como uno de los precursores de periodismo en Venezuela, muy pronto se identificó con la causa realista y desde la Gazeta de Caracas, hizo todo lo que estuvo a su alcance para denostar de la gesta emancipadora y del Libertador Simón Bolívar.

[19]   *Cfr. "100 años de la Gaceta Oficial 1872-1972 y sus Precursores 1808-1827"*. Oficina Central de Información. Caracas. 1972. p. 16.

[20]   *Cfr.* GONZÁLEZ, Juan Vicente, *"Biografía de José Félix Ribas"*. Editorial González González. Caracas, 1956. pp. 290 y ss.

2. *Constitución de 1819. Surge el "Correo del Orinoco"*

Después de la pérdida de la segunda república, el Libertador luchó denodadamente para restaurarla. Sus triunfos en los campos de batalla, sobre todo la liberación de Guayana en 1817 y la campaña del Centro en 1818 y su consolidación como jefe político y militar, lo llevó a plantear ante el Consejo de Estado en fecha 1º de octubre de 1818[21], la necesidad de convocar un Congreso Constituyente, con miras a dotar al país de un nuevo orden legal. Como dice el historiador José Gil Fortoul, *"...no bien regresó a Angostura (5 de junio) concibió un vasto plan que semejaba en tan tristes circunstancias pura insensatez: convocar un Congreso, establecer el gobierno Constitucional... y trasmontar los Andes, libertar a Nueva Granada, fundar a Colombia, dándole al propio tiempo el golpe de gracia a la dominación española. Todo se realizó"*[22].

Como lo vamos a ver de inmediato, la prensa será un arma fundamental en su propósito de lograr la anhelada independencia de Venezuela. En efecto, El Libertador, expresó en diversos momentos y circunstancias el papel preponderante que podía jugar la imprenta en la lucha por la independencia. Bolívar era un convencido de que la prensa era un valioso instrumento de propaganda y de difusión del pensamiento, un arma psicológica y moral capaz de contribuir con éxito a la estrategia de la lucha que llevaba a cabo para lograr, en esta nueva etapa, la definitiva independencia del imperio español.

Por ello, el 27 de junio de 1818, fundó en Angostura el **"Correo del Orinoco"**, para que, principalmente divulgara noticias relativas a la causa patriota y neutralizara la propaganda adversa que se hacía desde la **Gaceta de Caracas**, para ese momento en manos realistas,

---

[21] *Cfr. Vid. "Obras Completas de Bolívar"*, Vol. III. E. Requena Mira. Librero Editor. Caracas, s/f, p. 667.

[22] *Cfr.* GIL FORTOUL, José: *"Historia Constitucional de Venezuela"*. Tomo I. Quinta edición. Ediciones SALES. Caracas, 1964. p. 405.

falseando hechos, tergiversando situaciones y denostando de la causa patriota y de sus líderes[23].

En la edición N° 12, del **Correo del Orinoco**, correspondiente al 10 de octubre de 1818, salió publicado el discurso pronunciado por Bolívar el 1° de octubre de 1818 en la sesión de ese día del Consejo de Estado: *"Señores... Yo he convocado a V.E. para que delibere sobre los saludables objetos que tengo el honor de ofrecer a su consideración, y llamo muy particularmente la atención del Consejo sobre la inmediata convocación del Congreso Nacional, yo no me he atrevido a resolverla sin oír su dictamen, no sintiéndome capaz de tomar sobre mí solo la responsabilidad, o el mérito de tan importante medida"*.

El 15 de agosto de 1819, luego de siete meses de haberse instalado el Congreso en la ciudad de Angostura, fue sancionada la Constitución que iba a regir los destinos de la segunda república[24]. Este Texto Fundamental, como se sabe, fue propuesto por el Libertador en circunstancias verdaderamente extremas, en el sentido de que la inmensa mayoría del territorio patrio se encontraba bajo el dominio de los realistas. Solamente las Provincias de Margarita y Guayana estaban realmente liberadas.

____

[23]   Una interesante opinión sobre el **Correo del Orinoco**, la plasmó el profesor Elías PINO ITURRIETA, en un artículo intitulado *"El Correo del Orinoco. Conviene un análisis profundo de sus contenidos, a los cuales no les ha faltado la manipulación"*. *Vid.* "El Universal. Caracas. Edición del 01 de julio de 2012. Opinión; 4-8.

[24]   Esta Constitución, como lo refiere el prenombrado historiador, "siguió en sus líneas generales el proyecto que presentó Bolívar. Abandona el sistema federalista de 1811, y a ejemplo de los revolucionarios franceses, declara que la república de Venezuela es 'una e indivisible' (omissis); respecto del 'poder moral' se dijo y acordó (sesión del 23 de julio): 'El Poder Moral estatuido en el proyecto de Constitución presentado por el general Bolívar, como Jefe Supremo de la República, en la instalación del Congreso fue considerado por algunos diputados como la idea más feliz y la más propia a influir en la perfección de las instituciones sociales. Por otros como una inquisición moral, no menos funesta ni menos horrible que la religiosa. Y por todos como de muy difícil establecimiento, y en los tiempos presentes absolutamente impracticables (omissis). Decretose, en consecuencia, que el título del Poder Moral se publicase por apéndice de la Constitución...". *Vid.* GIL FORTOUL, José: *"Historia Constitucional de Venezuela"*. Tomo I. Quinta edición. Ediciones SALES. Caracas, 1964. pp. 418-419.

Por supuesto que el "**Correo del Orinoco**" fue la fuente que proporcionó información acerca del desarrollo del Congreso, al darle cabida dentro de sus páginas al cuerpo de Actas de las distintas sesiones desde el 15 de febrero de 1819 hasta el 20 de enero de 1820. Aparte del texto de la Constitución, las Actas daban cuenta de los numerosos decretos y leyes acerca de aspectos diversos de la organización del Estado, tal como lo deseaba el Libertador para que, además de contar con ejércitos, se supiera que existía una estructura organizativa en la que sus instituciones cumplían sus cometidos.

En el Título 1º de la Constitución de Angostura se reguló lo relativo a los Derechos y Deberes del Hombre y del Ciudadano, Sección Primera, Derechos del Hombre en Sociedad, y plasmó en el artículo 4º, concretamente en materia de la libertad de expresión, el siguiente texto:

> **"El derecho de expresar sus pensamientos y opiniones de palabra, por escrito o de cualquier otro modo es el primero y más inestimable bien del hombre en sociedad. La ley misma no puede prohibirlo, pero debe señalarle justos términos haciendo a cada uno responsable de sus escritos y palabras y aplicando penas proporcionadas a los que lo ejercieren licenciosamente en perjuicio de la tranquilidad pública, buenas costumbres, vida, honor, estimación y propiedad individual"[25].**

Pues bien, el **Correo del Orinoco**, reprodujo en cuatro entregas, el discurso que pronunció el Libertador el 15 de febrero de 1819 con motivo de la instalación del Congreso; el que ha conocido la historia con el título de "Discurso de Angostura". Por otra parte, debe tenerse presente que el "**Correo del Orinoco**" que aparecía semanalmente, emitió en distintos momentos números extraordinarios; uno de ellos fue el que circuló el 25 de Julio de 1821, para publicar en español, inglés y francés, el Parte del Libertador Simón Bolívar sobre la batalla de Carabobo. También se tradujo al inglés y al francés *El Discurso de Angostura*. La publicación de esta pieza se hizo en los números 19, 20, 21 y 22 del 20 de febrero al 13 de marzo de 1819. De igual manera, se le dio cabida al anuncio del Gene-

---

[25] *Vid.* BREWER-CARÍAS, A.R: *"Las Constituciones de Venezuela..."* *op. cit.* p. 247.

ral Carlos Soublette acerca de la victoria de Boyacá; éste fue publicado en castellano e inglés el 19 de setiembre de 1819.

Las ediciones que salieron del **"Correo del Orinoco"**, además del castellano, en inglés y francés, perseguían divulgar el estado de la lucha por la independencia con miras a obtener el apoyo moral y material que tanto ansiaba de Estados Unidos e Inglaterra, como en efecto se logró. El **"Correo del Orinoco"** Circuló, como se dijo precedentemente, hasta el día 23 de marzo de 1822.

Por último, debe señalarse que el Congreso de Angostura acogió la proposición del Libertador de reunir en una sola República las Provincias de Venezuela y de la Nueva Granada bajo el título de "República de Colombia". Dividida en tres grandes departamentos: Venezuela, Quito y Cundinamarca y cuyas capitales serían las ciudades de Caracas, Quito y Bogotá, respectivamente. Esta idea quedó plasmada en la "Ley Fundamental de la República de Colombia" sancionada el 17 de diciembre de 1819. Su texto fue publicado en el número 47 del **"Correo del Orinoco"**, correspondiente al sábado 18 de diciembre de 1819.

3. *Constitución de 1821. Texto Fundamental de la Gran Colombia*

La Constitución de 1821, fue consecuente con la "Ley Fundamental de la República de Colombia" sancionada, como se dijo anteriormente, el 17 de diciembre de 1819 en la ciudad de Angostura. Materializó el nacimiento de una nueva república con el precitado nombre, unificando los territorios coloniales del Virreinato de la Nueva Granada, la Capitanía de Venezuela y la Audiencia de Quito en tres grandes Departamentos denominados, respectivamente, Cundinamarca, Venezuela y Quito.

La Constitución de 1821 fue aprobada el 30 de agosto por el Congreso General de Colombia que sesionó en la Villa del Rosario de Cúcuta el 6 de mayo al 14 de octubre de 1821.

Esta Constitución previó la garantía de la libertad de la libertad de expresión en su artículo 156, con el siguiente texto:

"**Todos los colombianos tienen el derecho de escribir, imprimir y publicar libremente sus pensamientos y opiniones, sin necesidad de examen, revisión o censura alguna anterior a la publicación. Pero los que abusen de esta preciosa facultad sufrirán los castigos a que se hagan acreedores conforme a las leyes**"[26].

La norma antes copiada, si bien prescribe en términos amplios y precisos la garantía relativa a la libertad de expresión, con una redacción más sencilla que la manera como la concibió el anterior Texto Constitucional, no por ello deja de hacer mención de las consecuencias que acarrea el abuso de dicha libertad. Esta no es otra que "los castigos a que se hagan acreedores conforme a las leyes". Es decir, la infracción de dicha garantía, consistente en el "abuso" que se haga cuando sea ejercida, trae consigo los "castigos" que estén previstos en otros textos legales.

El órgano oficial de Congreso va a ser "**La Gazeta de Colombia**", fundado en Cúcuta el 6 de setiembre de 1821 y que a partir de su número 13 pasará a denominarse "**Gaceta de Colombia**". Este medio estaba compuesto por tres secciones: La primera, reservada a la publicación de leyes, órdenes del gobierno, actos del Congreso y demás comunicaciones oficiales derivadas del Estado en proceso de conformación. La segunda sección, estaba destinada a la publicidad de las contiendas bélicas que continuaban desarrollándose en el territorio de la Gran Colombia. De igual manera, se le daba cabida en esta parte a las noticias provenientes de América y de Europa. La tercera sección estaba abierta a todas las personas que querían compartir sus opiniones "políticas". Claro, los editores se encargaron de advertir que bajo ese concepto sólo tendrían cabida los escritos dirigidos a difundir los genuinos principios de la libertad que, a toda costa, el gobierno estaba dispuesto a conquistar y apuntalar, sin menoscabo de la garantía relativa a la libertad de prensa que la Constitución de Cúcuta había consagrado de manera amplia.

Con el transcurrir del tiempo, este medio impreso llegará a ser el periódico oficial más importante del período de la Gran Colombia. Su última publicación tuvo lugar el 28 de diciembre de 1831.

---

[26] *Ibídem.* p. 287

Ahora bien, por lo que respecta al territorio correspondiente al Departamento de Venezuela y con base en el precepto constitucional antes copiado, entre el 14 de enero de 1822 y el 26 de diciembre de 1823, estará saliendo en la ciudad de Caracas, como lo afirmamos precedentemente, el semanario intitulado "**Iris de Venezuela**", para servir de "órgano de publicidad de los patriotas" con el lema "*En nova nascitur aestas*" (nace una nueva era) que a partir del 24 de octubre de 1822 será sustituido por este otro: "Todas las barreras civiles, políticas y judiciales llegan a ser ilusorias sin la libertad de imprenta".

Oro medio que verá la luz pública durante el período al cual nos estamos refiriendo, será "**El Venezolano**". Aparecerá en junio de 1822 y cerrará sus puertas el 1º de mayo de 1824. Este medio, cuyo nombre originalmente fue el "Anglo-Colombiano", tuvo entre sus redactores a Tomás Lander, Pedro Pablo Díaz, Francisco Carabaño y Juan Nepomuceno Chávez, entre otros. Desde sus páginas se hacían fuertes críticas al gobierno centralista de Bogotá, razón por la cual aupará la separación de Venezuela de la Gran Colombia.

Entre el 7 de mayo de 1823 y el 29 de noviembre de 1826, va circular "**El Colombiano**". Se trata de una publicación bilingüe –inglés y español– como órgano oficial del gobierno. Para el año 1827, no había ningún periódico que circulara en Caracas y por ello no hubo reseña alguna de la entrada de Bolívar a esta ciudad, salvo el que hizo el Concejo Municipal en un folleto.

Otro medio impreso que salió a la luz pública encontrándose en vigor la Constitución de 1821 fue "**El Reconciliador**" el cual estuvo auspiciado por el Libertador. La necesidad de darle publicidad a los documentos oficiales a objeto de que la población los conociera y diera cumplimiento a los mismos, llevó a Bolívar a ordenar la creación de un nuevo semanario que circulará los días martes. Se denominó con el nombre arriba mencionado – "**El Reconciliador**"– y el primer número apareció el 20 de marzo de 1827. Su lema era el siguiente pensamiento de El Libertador: "*Sólo el pueblo conoce su bien y es dueño de su suerte; pero no un poderoso ni un partido, ni una fracción. Nadie, sino la mayoría es soberana. Es un tirano el que se pone en lugar del pueblo: y su potestad usurpación*". En la edición de la "**Gaceta de Colombia**" correspondiente al domingo 6 de mayo de 1827, apareció una breve reseña de la aparición de este nuevo medio impreso con la salutación de rigor y el siguiente comentario: "Congratulaciones a Colombia por la aparición de este *Reconciliador* que ¡ojalá sea capaz de reconciliar los ánimos displicentes y de cerrar la puerta a las arterias con que se procura desacreditar a los viejos patriotas y romper los vínculos que los unen entre sí!"[27]. La clara alusión al movimiento separatista que cada vez se hacía más fuerte, es más que evidente.

La Constitución de 1821 va a estar vigente durante nueve años ya que será derogada por la de 1830, surgida del movimiento separatista conocido como "La Cosiata" que condujo a la desintegración o desmembramiento de la "Gran Colombia"[28].

II.   LAS CONSTITUCIONES DEL SEGUNDO PERÍODO

1.   *Constitución de 1830. La pugna entre Liberales y Conservadores*

Entre 1830 y el final del siglo XIX, Venezuela tuvo ocho Constituciones y diversos actos de rango constitucional, casi todos producto de las ideas continuistas de los caudillos de turno. El 24 de setiembre de 1830, el General José Antonio Páez le puso el ejecúte-

---

[27]   *Cfr.*   http://angelalmarza.files.wordpress.com/2012/02/gaceta-de-colombia-1827.pdf. De igual manera, MACHADO José E. ,"*Lista de Algunos Periódicos que vieron la luz en Caracas de 1808 a 1900*", p. 78, que forma parte de la obra colectiva intitulada "*Materiales para la Historia del Periodismo en Venezuela Durante el Siglo XIX*", Compilación, Prólogo y Notas de PEDRO GRASES, Ediciones de la Escuela de Periodismo de la Universidad Central de Venezuela. Caracas 1950. Aparte de los periódicos arriba mencionados, el prenombrado autor, lista los siguientes medios: "Venezolano" (1822); "El Vigía" (1822); "El Relámpago"; "El Observador Caraqueño" (1824); "El Astrónomo" (1824); "El Constitucional Caraqueño" (1824); "El Argos" (1825); "La Aurora de Caracas" (1826); "La Lira" (1827); "El Antecristo" (1827); "El Alba" (1828) y "El Copiador" (agosto de 1830). *Ibídem,* pp. 79 y ss.

[28]   *Vid.* SALCEDO BASTARDO, J.L: "en el acápite correspondiente al capítulo intitulado "La Formación", de su obra "*Historia Fundamental de Venezuela*". 5ª edición. (1ª reimpresión). Actualizada. Universidad Central de Venezuela y Ediciones del Banco Central de Venezuela. Caracas. 1976. p. 377. Véase también RAFAEL ARRÁIZ LUCCA, Rafael: *cit.* p. 20

se a la Constitución de Venezuela sancionada dos días antes por el Congreso Constituyente reunido en la ciudad de Valencia, como consecuencia de la decisión adoptada el 23 de noviembre de 1829 por una asamblea popular congregada en dicha ciudad. Esa asamblea popular fue la que aprobó la separación de Venezuela de la Nueva Granada y de Quito, la cual venía gestándose a raíz de estallido del movimiento de "La Cosiata" en la misma ciudad de Valencia el 30 de abril de 1826.

La Constitución de 1830, regirá hasta el año de 1857, cuando entre en vigor la Constitución de 1857. La libertad de expresión la reguló en los siguientes términos:

> **"Artículo 194. Todos los venezolanos tienen derecho de publicar sus pensamientos y opiniones de palabra o por medio de la prensa sin necesidad de previa censura, pero bajo la responsabilidad que determine la ley"[29].**

Ahora bien, durante la vigencia de esta Carta Magna entraron en circulación muchos periódicos que hacían hincapié en diversas materias, tales como las atinentes a la literatura, la política y la comercial. Ejemplo de ello son los siguientes periódicos: "Los Venezolanos" (1832); "El Patriota Venezolano" (1832); "El Nacional"(1833); "El Republicano" (1834); "El Eco de Venezuela" (1834); "Gaceta Constitucional de Caracas" (1834); "El Constitucional" (1834); "El Conciso" (1835); "El Liberal" (1836"; "La Oliva" (1836); "Reformas Legales" (1837); "El Cajón de Sastre" (1837); "La Bandera Nacional"; "La Guirnalda" (1838); "El Promotor", (1843), "El Independiente" (1845); "Las Avispas" (1846); "El Diario de la Tarde" (1846); "El Heraldo" (1850); sin embargo, hay uno en particular al cual queremos hacer especial mención. Se trata de **"El Venezolano"**. Este fue un diario fundado por Antonio Leocadio Guzmán, padre de Antonio Guzmán Blanco quien más adelante será presidente de Venezuela en tres oportunidades diferentes: de 1870 a 1877, período conocido como el septenio; luego de 1879 a 1884, lapso denominado el quinquenio y, el último, de 1879 a

---

[29] *Vid.* BREWER-CARÍAS, A.R: *"Las Constituciones de Venezuela..."* *op.cit.* p. 353.

1884, que es el tiempo llamado el bienio, todos estos calificativos, como puede apreciarse, con clara referencia a la duración de sus respectivos mandatos.

Pues bien, el 24 de agosto de 1840 sale a la calle el primer número de "**El Venezolano**" que será de inmediato el instrumento fundamental para constituir el Partido Liberal. Como lo expresa el historiador José Gil Fortoul, "*el programa de El Venezolano lo resume Guzmán en el primer número diciendo: 'Hoy, en 1840, oímos, cómo se oyó en 1830, el grito de hombres nuevos, principios nuevos, principio alternativo'. Y a demostrar la necesidad de ambas cosas consagra desde luego su propaganda*"[30].

En efecto, desde el mismo instante en que comenzó la circulación de este medio de comunicación, hubo total coincidencia con los fines y objetivos del Partido Liberal. Por esta circunstancia, el Profesor Rogelio Altez, en su biografía sobre Antonio Leocadio Guzmán, dice lo siguiente: "Con El Venezolano y el Partido Liberal, Venezuela se ubicó políticamente, por primera vez y de manera pública, observando de una manera realmente crítica su vida interior. Cada lugar social estaba comenzando a posicionarse frente a sus ambiciones de poder. Y Antonio Leocadio colocaba las piezas en el espacio que creía conveniente"[31].

Por medio de este periódico Antonio Leocadio Guzmán llevará sus pensamientos e ideales a todos sus lectores. Será un medio muy influyente en la política nacional de la época. Todas las campañas que adelanta "**El Venezolano**" desde sus páginas, se harán para favorecer la posición del Partido Liberal, al extremo de que el vocero de este partido será dicho medio de comunicación.

En seis años de intensa actividad como redactor de "**El Venezolano**", de analista de la situación de país como ningún otro, Antonio Leocadio Guzmán pondrá incluso de manifiesto sus aspiraciones a

---

[30] *Cfr.* GIL FORTOUL, José: "*Historia Constitucional de Venezuela*". Tomo II. Quinta edición. Ediciones SALES. Caracas, 1964. p. 237.

[31] *Cfr.* ALTEZ, Rogelio: "*Antonio* Leocadio *Guzmán*". Nº 52. Biblioteca Biográfica Venezolana. Ediciones El Nacional. Caracas, 2007. p. 72.

la presidencia de la República para las elecciones de agosto de 1846, pero será derrotado por el General José Tadeo Monagas[32].

Los artículos de Guzmán, al principio fueron de tono mesurado pero a medida que se fue aproximando la fecha de las elecciones presidenciales del señalado año, se tornaron de una acritud sin igual, debido al enfrentamiento entre conservadores y liberales. Incluso la amistad personal que existía entre Guzmán y Juan Vicente González, llegará a su fin, por las posiciones que ambos tenían en materia política "como una de las controversias periodísticas más violentas que haya sacudido el país"[33].

"El Venezolano" ha sido quizás el medio de comunicación social más influyente en el curso de nuestra historia. Hombres de gran personalidad, como Tomás Lander, como Blas Bruzual, fundadores con Antonio Leocadio Guzmán del Partido Liberal, lograrán que su movimiento político persista durante varias décadas, no obstante que **"El Venezolano"** circulará hasta el 12 de abril de 1846.

Otro importante semanario fue *"EL Americano"*, cuyo primer número salió a la luz pública el 27 de octubre de 1855, con la advertencia que se copia de inmediato: "El Americano insertará en sus columnas todos los escritos que se le dirijan con tal fin, y siempre que, por ningún motivo se ataque en ellos la vida privada de ningún ciudadano, ni los intereses del pueblo, para quien con especialidad se redacta."

No es posible dejar de referir que durante la vigencia de la Constitución precedentemente mencionada, entró en circulación el **"Diario de la Tarde"**. Se trató del primer vespertino, el cual comenzó a circular el 1º de Junio de 1846.

---

[32]   Páez suscribió la candidatura de José Tadeo Monagas y éste resultó ganador de las elecciones correspondientes al citado año de 1846. Al asumir la presidencia de la república, el General Monagas conmutó la pena de muerte de Guzmán por el destierro, y comenzó a delinear una política de acercamiento con los liberales que terminó produciendo una ruptura con Páez. Se daba comienzo a una nueva etapa en la historia de Venezuela que va a estar signada por el odio y la violencia.

[33]   *Cfr.* RAYNERO, Lucía: *"Juan Vicente González"*. Nº 31. Biblioteca Biográfica Venezolana. Ediciones El Nacional. Caracas, 2006. p. 28.

Su fundador fue Juan Vicente González quien no escatimó absolutamente nada para atacar desde ese medio de comunicación a Antonio Leocadio Guzmán.

Como lo afirma la historiadora Lucía Raynero en su biografía sobre Juan Vicente González, "Desde el Diario de la Tarde declaró la guerra a muerte al que consideraba impostor de la ideología liberal, al conspirador que deseaba destruir la República. Desde allí le arrostró estas palabras: 'Hombre sin fe, trastornador público, empleado sin probidad, azote de su propia familia, la guerra entre nosotros va a ser a muerte. Yo le denuncio a usted como conspirador, y usted sabe que me consta. ¡Malvado!. Conozco que soy el brazo de Venezuela contra su peor enemigo'"[34]. El **"Diario de la Tarde"** va a circular durante cinco meses, concretamente hasta el 29 de octubre de 1846.

En el año de 1847, concretamente el 1º de febrero, Juan Vicente González dirige un nuevo periódico **"La Prensa"**; desde este medio atacará al gobierno y al presidente José Tadeo Monagas. Dejará de circular en enero de 1848.

Por último, es menester expresar que entre 1855 y 1857, Monseñor Mariano Talavera y Garcés, quien había sido un conspicuo colaborador de la **"Gazeta de Caracas"** durante su primera etapa, y a quien se le atribuye, igualmente la creación en 1822 del segundo periódico de Maracaibo titulado "Concordia del Zulia", se constituye en el fundador y director del primer periódico eclesiástico de nuestro país: **"La Crónica Eclesiástica De Venezuela"**. En efecto, el primer número salió a la luz pública el 14 de marzo de 1855 y el último, el 17 de junio de 1857[35].

---

[34] *Ibídem.* p. 41

[35] *Cfr.* MACHADO, José E: *op. cit.* pp. 92-93. Según este autor, Monseñor Talavera afirmó con ocasión de la salida de este medio de difusión lo siguiente: "Notándose la falta de un periódico eclesiástico en Venezuela, y no habiendo quien quiera encargarse de su redacción (porque los eclesiásticos capaces o están enfermos o recargados de ocupaciones del ministerio), he resuelto, a pesar de no tener toda la capacidad necesaria, y hallarme abrumado por los años y achaques, de acuerdo con el Ilmo. Sr. Arzobispo, tomar a mi cargo la empresa bajo los términos que van a expresarse…". Monseñor Mariano Talavera y Garcés, contaba para esa fecha con 84 años de edad ya que nació en Coro el 22 de setiembre de 1777 y murió en Caracas el 23 de diciembre de 1861.

2. *Constitución de 1857. Una reforma para buscar la reelección presidencial*

El Texto Constitucional de 1857 es uno de los de más breve vigencia que ha tenido la república. Fue sancionada el 16 de abril de 1857 y dispuesto su cúmplase por el presidente José Tadeo Monagas dos días después, es decir, el 18 de ese mismo mes y año. Su duración será apenas de ocho meses, ya que, como lo afirma el Profesor Brewer-Carías, su razón de ser no será otra que el deseo del Presidente José Tadeo Monagas de lograr la reelección inmediata. En efecto, el Profesor Brewer-Carías, dice acerca de este particular, lo siguiente: "...con la reforma constitucional promovida por Monagas en 1857 para reelegirse antes de finalizar su período, se inicia la larga historia de reformas constitucionales circunstanciales que caracteriza nuestra evolución constitucional desde 1857".

Pagó muy caro el presidente José Tadeo Monagas su autoritarismo y su deseo de perpetuarse en el poder, pues si bien es verdad que logró derogar la Constitución de 1830 e imponer en la que la sustituyó la posibilidad de la reelección inmediata –prohibida expresamente por el artículo 108 del Texto anterior, "...sino después de un período constitucional por lo menos"– y consiguió igualmente aumentar el período constitucional de cuatro a seis años, entre otras novedades, no es menos cierto que la conspiración para derrocarlo no se hizo esperar. El 15 de marzo de 1858, Monagas se vio obligado a renunciar a la presidencia de la república. La rebelión que había iniciado Julián Castro el día 5 de ese mismo mes y año para deponerlo, logró su cometido: ¡lo echó del poder!

Por lo que respecta a la regulación de la garantía de la libertad de expresión esta Constitución dispuso lo que se copia de inmediato:

"Artículo 101. Todos tienen la libertad de publicar sus pensamientos y opiniones de palabra por medio de la prensa o de cualquier otra manera sin previa censura. La Ley determinará, junto con el procedimiento, la responsabilidad de aquellas publicaciones que no sean relativas únicamente a los actos públicos de los funcionarios de la Nación"[36].

---

[36] *Vid.* BREWER-CARÍAS, A.R: "Las Constituciones de Venezuela..." *op. cit.* p. 372

Ahora bien, diversos medios de comunicación, en distintos estados del país, empezaron a circular durante la vigencia de la norma constitucional antes copiada. En efecto, a título de ejemplo, pueden mencionarse los siguientes: "**El Foro**", periódico de jurisprudencia, cuyo redactor fue el Dr. Luis Sanojo y que circulará entre el 15 de abril de 1857 y el 28 de noviembre de 1863; "**El Eco del Ejército**", fundado en setiembre de 1859 por el entonces Comandante Antonio Guzmán Blanco con el objeto de honrar a los miembros del ejército que apoyaba la causa federal. Este medio cesó su publicación en noviembre de ese mismo año; "**Auras Corianas**", publicado en la ciudad de Coro; "**El Ensayo Periodístico**", en Tovar; "**El Eco Científico de Venezuela**", órgano de divulgación de la Academia de Ciencias Físicas y Naturales que estaba recién creada; "**El Eco del Comercio**", en Carabobo, especializado en materia agrícola e industrial; "**El Eco de la Juventud**", editado en Maracaibo y divulgador de temas políticos, religiosos, artes-ciencias, enseñanza pública y privada, comercio y variedades[37].

3. *Constitución de 1858. La versión actualizada de la Constitución de 1830*

El General Julián Castro, una vez que asume como presidente provisional de Venezuela, en medio de grandes revueltas populares que reclamaban el enjuiciamiento de Monagas, convoca a elecciones para la instalación de una Asamblea Constituyente el día 19 de abril; ésta se instala en Valencia tres meses después; concretamente, el 5 de julio del mismo año 1858. Luego de las deliberaciones de rigor y mientras se aprueba una nueva Constitución, deroga la de

---

[37] Los datos arriba referidos han sido extraídos de los trabajos intitulados: "*Informe sobre el Periodismo en Venezuela*"; "*Lista de algunos periódicos que vieron la luz en Caracas de 1808 a 1900*"; "*Apuntes para la Historia del Periodismo de Carabobo*"; "*Índice de Periódicos y Revistas Publicados en el Estado Zulia, desde 1821 hasta 1948*", cuyos autores son Eloy G. González; José E. Machado; Rafael S. Guerra y José López De Sagredo y Brú, respectivamente, todos incluidos en la obra colectiva "**Materiales para la Historia del Periodismo en Venezuela Durante el Siglo XIX**", compilación y Prólogo de Pedro Grases, Ediciones de la Escuela de Periodismo de la Universidad Central de Venezuela. Caracas. 1950.

Monagas y pone en vigencia la de 1830. De manera que la Constitución que surge de la Convención de Valencia, sancionada el 24 de diciembre de 1858 y promulgada el 31 de ese mismo mes y año por el general Julián Castro, es una versión actualizada de la Constitución de 1830.

Atinente a la previsión de la garantía de la libertad de expresión, el artículo 14 de este nuevo Texto Constitucional, dispuso lo que se copia a continuación.

"Todos los venezolanos tienen el derecho de expresar sus pensamientos y opiniones, por medio de la imprenta, sin necesidad de previa censura, y también de palabra o cualquier otro modo; pero bajo la responsabilidad que determine la ley para los casos en que se ofenda la moral pública, ó se ataque la vida privada. El juicio en materias de imprenta será por jurados"[38].

La regulación que antecede es la primera que hace utiliza las expresiones *ofensas a la moral pública y ataques la vida privada*; además, es la primera que prevé que el juicio concerniente a esta materia, cuando haya lugar a ello, *"será por jurados"*. Dice el historiador José Gil Fortoul que "En el debate parlamentario, el Representante por Cumaná, Manuel Norberto Vetancourt, había propuesto que la libertad de prensa fuese absoluta, y se añadiese que la ley no podría restringirla en ningún caso"

Ahora bien no obstante la redacción que tuvo la garantía de la libertad de expresión en el referido Texto Fundamental de la República, lo cierto es que varios medios de comunicación comenzaron a circular. Pueden nombrarse, entre otros, **"El Heraldo"** cuyo fundador va a ser Juan Vicente González; su circulación se iniciará el 1º de abril de 1859.

La prenombrada historiadora Lucía Raynero, dice al respecto que "La aparición de *El Heraldo*, marcó un hito en la historia del periodismo venezolano. Lisandro Alvarado, en su obra *Historia de la Revolución Federal en Venezuela*, estima que hasta ese momento no había nada que se le asemejara, 'porque la *Gaceta de Caracas* y

---

[38] *Vid.* BREWER-CARÍAS, A.R: *"Las Constituciones de Venezuela..."* *op.cit.* p. 384

El Venezolano, que vivieron también días tempestuosos, no alcanzaron con todo a igualar el estilo impetuoso, la irresistible diatriba, el análisis penetrante y la fecunda imaginación de González'"[39].

Juan Vicente González fue objeto de agresiones físicas en varias oportunidades como consecuencia de los ataques que desde las páginas de este medio de comunicación hacía contra el General José Antonio Páez y contra Pedro José Rojas, político vinculado a Páez y redactor del periódico **"El Independiente"**, que, muy pronto, resultó ser un instrumento fundamental para apoyar la dictadura del General Páez. Mientras que este periódico inició su circulación el 9 de abril de 1860, **"El Heraldo"** dejó de circular en 1861[40].

4. *Constitución de 1864. El Producto de la Guerra Federal*

La Asamblea Constituyente, reunida en Caracas, sancionó el 28 de marzo de 1864 este nuevo texto Constitucional, luego de concluida la llamada "Guerra Federal"[41]. Fue promulgada en Santa Ana

---

[39]   *Cfr*. RAYNERO, Lucía, *op.cit*. p. 75.

[40]   Después de esta fecha de 1861, el nombre de "El Heraldo" reaparecerá en otros momentos de nuestra historia patria, cuando nuevos medios que irán surgiendo emplearán ese mismo nombre.

[41]   La "Gran Guerra", la "Larga Guerra" o la "Guerra de los cinco años", como también se la denomina, estalló el 20 de febrero de 1859, cuando el comandante Tirso Salaverría, al frente de 40 hombres, asaltó exitosamente la guarnición de Coro lanzando el "Grito de la Federación" y se apoderó de un importante armamento. "En 1859 entra el país en esa grave crisis de anarquía, inseguridad y destrucción. Una guerra social, enfebrecida de odios de raza y de clase, se extiende durante cinco años a casi todo el territorio. Los trabajadores rurales se transforman en guerrilleros, la garantía de la propiedad desaparece, tornan a extinguirse los densos rebaños de ganados que se habían venido fomentando en los llanos, el bandolerismo, el robo y los hechos ilícitos proliferan como una infección incontenible. Pueblos y ciudades quedan arrasados. Emigran poblaciones enteras. Los colonizadores de las llanuras de Barinas y de Portuguesa buscan refugio en las montañas andinas protegidas por sus barreras naturales. La situación económica regresó a un estado acaso más atrasado y bajo que el que existía antes de la fundación de la Guipuzcoana. La miseria, el atraso y la adversidad parecían haber paralizado todas las actividades útiles". El anterior párrafo, contentivo de una opinión sobre la Guerra Federal, pertenece al Dr. Arturo Uslar Pietri y consta en unos apuntes de clase tomados por sus alumnos de la cátedra de Economía Política en la UCV, que él regentó durante la década de los 40. Luego de haberlos revi-

de Coro por el General Juan Crisóstomo Falcón el 13 de abril de 1864 en su carácter de presidente de la República. La Constitución de 1864, en su artículo 14, ordinal 6°, consagró la libertad de expresión en los siguientes términos:

"Artículo 14. La Nación garantiza a los venezolanos: (…) 6ª. La libertad de pensamiento, expresada de palabra o por medio de la prensa; está sin restricción alguna"[42].

Como puede observarse de lo antes transcrito, la consagración de la libertad de expresión fue concebida de manera verdaderamente amplia; exceptuando el siguiente Texto Constitucional, es decir,

---

sado y con su autorización, fueron publicados en forma de folleto mimeográfico con el título de "Apuntes de Economía Venezolana" en 1944. La Contraloría General de la República lo reeditó en 1983 en la serie Presencia, N° 11, Ediciones de la Contraloría General de la República. Caracas, 1983. p.13.

Otra opinión de la Guerra Federal que estimamos importante es la que nos ofrece el Dr. MARIANO PICÓN SALAS en un trabajo intitulado *"La Aventura Venezolana"*, cuyo texto es como sigue: "…encubierta bajo el mágico nombre de 'Federación', la guerra de los cinco años desea completar radicalmente lo que no realizó la independencia. Fue un poco la guerra de los pobres contra los ricos, de los que no podían pagar sus deudas contra los ávidos acreedores, de los que no tenían linaje contra los que abusaban de él, de la multitud preterida contra las oligarquías. Naturalmente, la guerra -aunque la hayan predicado los intelectuales- la hacen los hombres de armas, y el auténtico igualitarismo social que el país logra después de la revuelta federal no se equilibra con los abusos del nuevo caudillismo militar y con esa turbulenta sociedad de compadres armados, de 'jefes civiles y militares' que se rebelan en sus provincias y continuamente quieren cambiar el mapa político del país. Sobre la 'catarsis' del desorden y el igualitarismo a cintarazos que se abre con la Guerra Federal y en los diez años que la siguen, se erigirá, finalmente, en 1870 la fanfarrona omnipotencia de Guzmán Blanco, una mezcla de César y Napoleón III. Habían desaparecido ya los primeros actores del drama: Zamora, Falcón, el viejo Monagas, Bruzual, el 'soldado sin miedo'; comenzaba a ponerse 'chocho' el viejo Guzmán, y más hábil e intrigante que todos los peludos caudillos de la Sierra de Carabobo, de Coro y del Guárico, resultará el 'Ilustre Americano, Regenerador y Pacificador' ". *Vid.* Suma de Venezuela. Ediciones de la Contraloría General de la República. Caracas. 1984. p.17.

Vid. STRAKA, Tomás: *"Julián Castro"*. N° 55. Biblioteca Biográfica Venezolana. Ediciones El Nacional. Caracas, 2007. p. 46

[42]   *Vid.* BREWER-CARÍAS, A.R: *"Las Constituciones de Venezuela…"* *op. cit.* p. 415.

el de 1874, aprobado diez años después de haber estado en vigor la Constitución referida en este punto, nunca más volvió a lograrse una redacción similar en las siguientes Constituciones de nuestro país.

Bajo la vigencia de esta Carta Magna, comenzaron a circular, entre otros, los siguientes periódicos: **"El Pensamiento Libre"** (abril de 1864); **"Vargasía"**, denominado así en honor al Dr. José María Vargas. Fue editado por la Sociedad de Ciencias Físicas y Naturales y el primer número, comprende los meses de enero, febrero y marzo de 1868; **"La Opinión Nacional"**, órgano oficioso concebido principalmente para satisfacer la megalomanía de Guzmán Blanco, fundado por Fausto Teodoro Aldrey. Este medio va a publicarse los días miércoles y sábados de cada semana y su primer número fue fechado el 14 de noviembre de 1868. Cuando **"Vargasía"** dejó de circular, **"La Opinión Nacional"** comenzó a publicar las actas de la Sociedad de Ciencias Físicas y Naturales. Este importante medio de comunicación tuvo entre sus redactores al escritor Nicanor Bolet Peraza, quien más tarde será un connotado antiguzmancista. **"La Opinión Nacional"** circuló hasta el 6 de octubre de 1892, fecha en que sus instalaciones fueron saqueadas y quemadas con ocasión de los sucesos desatados por el triunfo de la "Revolución Legalista"[43].

Otros periódicos que corresponden a la etapa a la que nos venimos refiriendo son, a título de ejemplo, los siguientes: **"El Americano"**, cuyo primer número salió el 21 de abril de 1865; **"El Examinador"** del cual circularon dieciséis números, el primero de ellos de fecha 23 de julio de 1865; **"El Propagandista"** que empezó su circulación el 1º de setiembre de 1868[44].

Sin lugar a dudas, fue un período muy importante en la historia del periodismo venezolano, ya que tuvo lugar una gran expansión de la prensa escrita, no sólo en Caracas, sino en los demás estados de nuestro país.

---

[43] *Cfr.* VELÁSQUEZ, Ramón J. *"La Caída del Liberalismo Amarillo. Tiempo y Drama de Antonio Paredes"*. Ediciones de la Contraloría General de la República. Caracas. 1972. p. 67.

[44] *Cfr.* MACHADO, José E: ***"Materiales para la Historia del Periodismo en Venezuela Durante el Siglo XIX"***; "Lista de Algunos Periódicos que Vieron la Luz en Caracas de 1808 a 1900"; *op. cit.* pp. 102 y ss.

Concluimos este punto refiriendo que el 15 de octubre de 1872, salió por vez primera la "**Gaceta Oficial**". Se cumplía así, el Decreto emanado del presidente Antonio Guzmán Blanco fechado el día 11 del mismo mes y año, que ordenaba la creación de un periódico oficial en el que se le daría publicidad a "las Leyes, Decretos y todos los documentos expedidos en el ejercicio de los Poderes Públicos Nacionales (artículo 2); "a los actos que constituyen el movimiento administrativo de los Ministerios, del Poder Ejecutivo Nacional, los fallos de la Alta Corte Federal, los del Gobernador del Distrito, los de los Tribunales de Justicia y todos los demás documentos relacionados con la administración general de la República" (artículo 3).

Constituyen antecedentes directos de la **Gaceta Oficial**, que para la fecha tiene de creada ciento cuarenta y dos años, los siguientes medios: "**Gazeta de Caracas**", "**Correo del Orinoco**", "**Iris de Venezuela**"; "**El Colombiano**"; "**El Reconciliador**" y la "**Gaceta del Gobierno**"

5.   *Constitución de 1874. Proliferan los medios impresos*

Este Texto Constitucional fue sancionado el 23 de mayo de 1874 y promulgado por el presidente, Antonio Guzmán Blanco el día 27 del citado mismo mes y año. Las principales modificaciones con la que la precedió fue la reducción a 2 años del periodo constitucional, la eliminación del voto secreto –en lo sucesivo firmado– y la prohibición de la reelección presidencial. La regulación de la libertad de expresión en esta Constitución tampoco fue nada diferente a la de 1864. En efecto, el Título III, referido a las garantías de los venezolanos, dispuso en su artículo 14, lo que se trasunta de inmediato:

"**La Nación garantiza a los venezolanos**: (…)

6ª. La libertad del pensamiento, expresado de palabra o por medio de la prensa; ésta, sin restricción alguna"[45].

Durante el tiempo que va a regir este Texto Fundamental, a cuatro años de encontrarse en el ejercicio de la Primera Magistratura el

---

[45]   *Vid.* BREWER-CARÍAS, A.R. *"Las Constituciones de Venezuela…" op.cit.* p. 449.

General Guzmán Blanco, y no obstante la garantía constitucional antes copiada, lo cierto es que progresivamente se van a dejar sentir las restricciones a la libertad de prensa, prohijadas por el gobierno nacional, como lo veremos en la parte pertinente de este estudio.

Sin embargo, lo anterior no va a ser óbice para que nuevos medios de comunicación sigan apareciendo. En efecto, durante los diez años de vigencia de la Constitución de 1874, comenzarán a circular, entre otros, los siguientes periódicos: el semanario "**El Zancudo**", cuyo primer número estuvo fechado el 9 de enero de 1876. Salía los días domingo de cada semana y sus páginas le daban cabida a chistes, refranes, máximas, caricaturas, composiciones, tanto en prosa como en verso, cuentos, etc.; "**El Pabellón de Abril**" y "**El Demócrata**", ambos comenzaron a circular en 1875 y contaron con la colaboración, como periodista, del Dr. Raimundo Andueza Palacio quien sería, años más tarde, presidente de la república.

"**El Demócrata**" va a aparecer, en una primera etapa, bajo la responsabilidad de Laureano Villanueva y tendrá por objetivo fundamental la promoción del General Francisco Linares Alcántara para la presidencia de la república. En su segunda etapa, el mencionado periódico, que circulaba todos los días, le daba cabida en sus páginas a información de la más variada índole: política, negocios y actividad comercial e incluso lo relacionado con las reuniones o no del Consejo de Ministros. Como tenía sus propios talleres de impresión, realizaba trabajos de tipografía, carteles, programas, libros y folletos.

El Otro medio que empezó a circular estando vigente la Constitución de 1874 fue "**El Angel Guardián**". El primer número de este hebdomadario religioso, moral, científico y literario, salió a la luz pública el 2 de octubre de 1880. Por último, el 26 de mayo de 1877, con el auspicio del Presidente Linares Alcántara, Nicanor Bolet Peraza funda "**La Tribuna Liberal**" desde cuyas páginas se atacará a Antonio Guzmán Blanco una vez finalizado el Septenio.

El estado Carabobo va a ser muy prolífico en materia de circulación de nuevos medios de comunicación, Pueden mencionarse, a título de ejemplo, los siguientes: "**La Voz Pública**" (1875-1892);

"**Veintisiete de Abril**" (1875); "**La Época**" (1875); "**El Aprendiz**" (1876); "**El Comercio**" (1877); y "**La Nueva Era**" (1878)[46].

En el Estado Trujillo, en fecha 7 de diciembre de 1876, surge un periódico que ocupará un lugar distinguido en el recuento histórico de la prensa venezolana. Se trata de "**El Trujillano**", editado originalmente por el Br. Arístides Carrillo. Este medio impreso estuvo al lado de la candidaturas presidencial de Francisco Linares Alcántara; adhirió a la candidatura del Raimundo Andueza Palacio; trabajó afanosamente en los actos celebratorios del centenario del Libertador: En la imprenta Trujillana se editaron otros periódicos entre los que se pueden mencionar, ejemplificativamente, "**El Pincel**"; "**La Lira**", "**La Paz**", "**El Sagitario**"; "**El Correo de Trujillo**" y también las Gacetas del Gobierno y de los tribunales. El último número de "**El Trujillano**" apareció el 9 de agosto de 1890.

En el estado Zulia, durante el precitado período, empezarán a salir los siguientes medios de comunicación que se indican ejemplificativamente: En 1875 "**La Esperanza**", "**Diario del Zulia**", "**La Voz de Occidente**" en 1876 "**El Periódico**", "**La Verdad**" y "**Las Brisas del Lago**"[47]. Concluimos esta breve reseña con el diario "**El Fonógrafo**", fundado por el señor Eduardo López Rivas. Se inició el 21 de mayo de 1879 y cesó de publicarse el 17 de septiembre de 1917 por las presiones del gobierno del General Gómez ante los enfoques que este medio hacía de la contienda bélica que se desarrollaba en Europa. Su duración, como puede observarse, fue treinta y ocho años.

---

[46] *Cfr.* GUERRA S., Rafael: "**Materiales para la Historia del Periodismo** en **Venezuela Durante el Siglo XIX**", "Apuntes para la Historia del Periodismo de Carabobo". *op. cit.* pp. 251 y ss.

[47] *Cfr.* DE SAGREDO Y BRÚ, José López: "**Materiales para la Historia del Periodismo en Venezuela Durante el Siglo XIX**", "Índice de Periódicos y Revistas Publicados en el Estado Zulia, desde 1821 hasta 1948", *op. cit.* pp. 306 y ss.

6. *Constitución de 1881. Se funda "La Religión", "El Decano de la Prensa Nacional"*

Luego de ejercer el poder durante siete años (1870-1877), Guzmán volverá a la presidencia por un período de cinco años (1879-1884) denominado el quinquenio y concluirá sus dieciocho años de gobierno en total con el llamado período de la Aclamación sólo por dos años. (1886-1888)[48]. Pues bien, el 27 de abril del año 1881, Guzmán Blanco ordenó la ejecución de la Constitución que había sido sancionada por el Congreso de los Estados Unidos de Venezuela el 4 de abril del citado año.

La redacción que va a tener el artículo consagratorio de la libertad de expresión en esta oportunidad será muy diferente a la que tuvo la Constitución anterior, es decir la de 1874.

En efecto, el Titulo III relativo a "Garantías de Los Venezolanos", artículo 14, ordinal 6º, dispuso lo siguiente:

"Artículo 14. La Nación garantiza a los venezolanos

(...)

6ª. La libertad del pensamiento expresado de palabra o por medio de la prensa, ésta sin restricción alguna que la someta a censura previa. En los casos de calumnia o injuria o perjuicio de tercero, quedan al agraviado expeditas sus acciones para deducirlas ante los Tribunales de justicia competentes, con arreglo a las leyes comunes"[49].

La precitada garantía constitucional, consagrada en los términos que han sido copiados, es la respuesta, sin lugar a dudas, a las críti-

-----

[48] Con carácter provisorio y por decisión de Falcón, Antonio Guzmán Blanco ejerció la presidencia en 1864. "Importantes avances experimentó el país bajo la autocracia de Guzmán Blanco; él fue el único de los tiranos nacionales que, antes de subir al mando, había visitado a Europa y vivido en los Estados Unidos, y el único egresado de la Universidad. Tenía capacidad e ideas modernas para realizar una obra civilizadora; decretó la instrucción primaria, gratuita y obligatoria, posiblemente su acierto principal". *Cfr.* SALCEDO BASTARDO, J.L: *op.cit*. p. 450.

[49] *Vid.* BREWER-CARÍAS, A.R: *"Las Constituciones de Venezuela..."* *op.cit*. p. 488.

cas que cada vez más acentuaban los diferentes medios de comunicación no alineados con el guzmancismo. Dentro de los periódicos que salen a la luz pública bajo la vigencia del citado Texto Constitucional, pueden mencionarse, entre otros, los siguientes: **"Revista Venezolana"**, redactada a partir de julio de 1881 por José Martí durante el tiempo que vivió en Caracas; **"El Anunciador"** (1883), fundado por César Zumeta junto a Telésforo Silva Miranda"; **"La Pluma Libre"** (1883) a cargo de Daniel Echeverría Ponte y Luis Correa Flínter; **"El Delpinismo"**, que circuló en una primera etapa a comienzos de abril de 1885 y en una segunda etapa el 27 de marzo de 1887; **"El Delpiniano"**, cuyo primer número salió el 28 de marzo de 1885; **"La Conciencia Pública"**, vocero antiguzmancista fundado por Pedro Obregón Silva (1887). **"La Verdad"** (1887), órgano de los seguidores del General Crespo; **"El Yunque"** publicado a partir de febrero de 1887, con una clara disposición de constituirse en un medio opositor al gobierno de Guzmán Blanco.

El 24 de octubre de 1888, fue la fecha de aparición de **"El Zulia Ilustrado"** importante revista venezolana, editada en la ciudad de Maracaibo por iniciativa de Manuel María Echezuría, dirigida por Eduardo López Rivas y especializada en materia literaria. En su portada se especificaba que su objeto era *"dar a conocer en el resto del país y en el extranjero al Zulia, en todas sus producciones y bellezas naturales y en todas sus manifestaciones de progreso.* El último número se editó en diciembre del año 1891 y el 1º de enero de 1892 salió a la luz pública otra revista importante en la historia del periodismo venezolano: **"El Cojo Ilustrado"**, a la cual nos referiremos más adelante.

Concluimos esta reseña con el diario católico **"La Religión"**, el cual, por mucho tiempo, fue conocido como "El Decano de la Prensa Nacional", dado que entró en circulación el 17 de julio de 1890 bajo la dirección de Monseñor Juan Bautista Castro y dejó de publicarse el 06 de abril del año 2004. Fueron ciento cuatro años de diaria aparición, dándole cabida en sus páginas a información, no sólo relacionada con la religión católica, sino a otras de la más variada índole, tales como sucesos, deportes, sociales; amén de haberse constituido, por mucho tiempo, en el instrumento fundamental para darle publicidad a avisos comerciales y también a oficiales

7. *Constitución de 1891. Un civil en la presidencia de la república*

Después de regir por espacio de diez años la anterior Constitución, encontrándose en el ejercicio de la presidencia de la república Raimundo Andueza Palacio, quien gobernó entre el 19 de marzo de 1890 y el 17 de junio de 1892, en fecha 16 de abril de 1891 procedió a ordenar la ejecución de la Constitución que había sancionado el Cuerpo Legislativo Federal el 9 de abril de ese mismo año de 1891.

Raimundo Andueza Palacio gobernó a Venezuela después que otro presidente civil –Juan Rojas Paul– lo hiciera durante el bienio 1888-1890[50]. En efecto, el primero de los nombrados fue elevado a la primera magistratura del país "a los cuarenta y cuatro años de edad. Su hoja de vida mostraba pocas ejecutorias, salvo su ejercicio privado de la abogacía y su extensa carrera política. Andueza Palacio fue el primer político profesional en ser electo constitucionalmente para ejercer como presidente de Venezuela"[51]. Con ocasión de recibir la banda presidencial que lo invistió como presidente de la república, expresó: "Yo quiero prensa libre como el pensamiento, que analice, escudriñe y castigue con severa justicia todos los actos de mi gobierno"[52].

Atinente a la redacción del artículo que preveía la libertad de expresión, es menester indicar que en nada difiere de la manera como dicha garantía estuvo prevista en la anterior Constitución. Ciertamente, el Titulo III con el acápite: "Garantías de Los Venezolanos", artículo 14, ordinal 6º, señaló lo siguiente:

---

[50]   Juan Rojas Paul asumió la Presidencia de la República el 5 de julio de 1888.

[51]   *Vid.* OTÁLVORA, Edgar C: "*Raimundo Andueza Palacio*". Nº 39. Biblioteca Biográfica Venezolana. Ediciones El Nacional. Caracas, 2006. p. 80.

[52]   *Cfr.* "Cuentas Nacionales de Venezuela 1874-1914". Concepción, dirección y conducción de la investigación, Tomás Enrique Carrillo Batalla. Ediciones del Banco Central de Venezuela. Caracas. 2002. p. 18. Consultado en la siguiente dirección electrónica: http://www.bcv.org.ve/Upload/Publicaciones/CuentasNac 1874-1914.pdf

"**Artículo 14. La Nación garantiza a los venezolanos:**

(...)

6ª. La libertad del pensamiento expresado de palabra o por medio de la prensa, ésta sin restricción alguna que la someta a censura previa. En los casos de calumnia o injuria o perjuicio de tercero, quedan al agraviado expeditas sus acciones para deducirlas ante los Tribunales de justicia competentes, con arreglo a las leyes comunes"[53].

De la anterior transcripción salta a la vista que esta Constitución no introdujo modificación alguna a la redacción que, sobre la materia bajo estudio, tenía el Texto Constitucional que la antecedió.

En cuanto a los periódicos que surgieron durante el período que rigió esta Constitución, se encuentran los siguientes: "**El Republicano**" (1891); "**El Criterio**" (1891); "**El Pregonero**" (1892) que fue el primer diario ofrecido mediante el pregón de su vendedor; "**El Tiempo**" (1892); "**El Deber**" (1893); "**El Dilema**" (1893); "**La Época**" (1893); "**El Novelero**" (1893).

Además de los periódicos antes nombrados, surgieron otros que se constituyeron en fuertes opositores del gobierno del Presidente Andueza. Destacan entre estos: "**El Espectador**", "**La Campaña**", "**El Partido Demócrata**", "**El Carácter**" y "**El Noventa y Tres**".

De igual manera debe destacarse que el 1º de enero de 1892, un día después de la desaparición de la revista "**El Zulia Ilustrado**", empezó a circular en Caracas "**El Cojo Ilustrado**". Se trataba de una revista de aparición quincenal dirigida por Jesús María Herrera Irigoyen que privilegió, fundamentalmente, la literatura, la pintura, la música, el teatro, entre otros géneros. Desde su primer número se la consideró como un ejemplo a seguir en materia de impresión y de presentación dado que la ilustración de sus páginas con dibujos, grabados y fotografías, era impecable.

"**El Cojo Ilustrado**" contó entre sus colaboradores, intelectuales de la talla de José Ladislao Andara, Eduardo Blanco, Rufino Blanco Fombona, Rómulo Gallegos, José Gil Fortoul, Andrés Mata,

---

[53]   *Vid.* BREWER-CARÍAS, A.R: "*Las Constituciones de Venezuela...*" *op.cit.* p. 506

Udón Pérez, Manuel Díaz Rodríguez, Laureano Vallenilla Lanz, Leoncio Martínez (Leo), así como también, Rubén Darío, Amado Nervo, José Enrique Rodó, Vargas Vila, entre otros.

Su última entrega tuvo lugar el 1º de abril de 1915.

8. *Constitución de 1893. La última del siglo XIX*

Durante el segundo mandato del general Joaquín Crespo como presidente de la república[54], se logró la aprobación de una nueva Constitución que surgirá de una Asamblea Constituyente por él convocada y que se instaló el 1º de mayo de 1893. Esta Ley Fundamental de la República, a la que le puso ejecútese el 21 de junio de 1893 y que entre otras novedades consagró la votación directa y secreta y restableció el período presidencial de cuatro años, en su Título IV denominado Derechos de los Venezolanos, dispuso en el artículo 14, ordinal 6º relativo a la libertad de expresión, lo que se trasunta de inmediato:

"Artículo 14. La Nación garantiza a los venezolanos la efectividad de los siguientes derechos:

(…)

6º. La libre expresión del pensamiento de palabra o por medio de la prensa. En los casos de calumnia o injuria quedan al agraviado expeditas sus acciones para deducirlas ante los Tribunales de Justicia competentes, conforme a las leyes comunes; pero el inculpado no podrá ser detenido o preso, en ningún caso, sino después de dictada por el Tribunal competente la sentencia que lo condene"[55].

---

[54] La primera presidencia del general Crespo la inició el 27 de abril de 1884 y la terminó dos años después. Al triunfar la Revolución Legalista, asume con carácter provisorio el 7 de octubre de 1892; luego, la Asamblea constituyente, en sesión celebrada el 4 de mayo de 1893 lo ratifica como Presidente provisional. Una vez ordenada la ejecución de la nueva Constitución en fecha 12 de junio de ese mismo año y celebrados los comicios para escoger al presidente constitucional con base en dicha Ley Fundamental, Crespo resultó electo; se juramentó el 14 de marzo de 1894 y gobernó hasta el 20 de febrero de 1898.

[55] *Ibídem*. p. 530

La redacción de esta norma contrasta con la regulación que la materia tuvo en la anterior Constitución. El énfasis de los redactores está en que "el inculpado" por "calumnia o injuria" al ejercer la garantía de la libre expresión del pensamiento no podía ser detenido o preso sino luego de que se dictara una sentencia condenatoria en contra suya.

Dentro de los periódicos que empezaron a circular en el período de vigencia de este Texto Constitucional, pueden indicarse, ejemplificativamente, los siguientes: **"El Novelero"** (1893); **"El Noticioso"** (1893); **"El Palenque Español** (1893); **"El Diario de Caracas"** (1893); **"La Nueva Era"** (1894); **"El Veinte de Febrero"** (1894); **"Agencia Izaguirre"** (1894); **"El Calaboceño"**; **"La Restauración Liberal"** (1898) de Carmelo Arias Sandoval **"El Liberal Nacionalista"** (1899), dirigido por Rafael Castillo Chapellín; estos dos últimos de clara orientación pro gubernamental.

A lo que antecede, debe agregarse la información que sobre el punto que estamos tratando aporta el Dr. Ramón J. Velásquez en su conocida obra "La Caída del Liberalismo Amarillo" y que se trasunta de inmediato:

> "...llegó el 1º de septiembre de 1897. La lucha electoral había sido la más intensa y sincera desde el año de 1846. 195 periódicos fundó el gobierno para defender la candidatura de Ignacio Andrade. A 30 llegó el número de los diarios o semanarios publicados para defender el nombre de Juan Francisco Castillo, la oposición nacionalista fundó 42 y los partidarios de Rojas Paúl hicieron circular 26 periódicos en Caracas y en diversas ciudades del interior"[56].

El candidato del general Joaquín Crespo para sucederle en el ejercicio del gobierno en las elecciones del día arriba señalado, era el general Ignacio Andrade. Si bien éste fue el triunfador, derrotando abiertamente a José Manuel Hernández (el Mocho), a Rojas Paúl, a Guzmán Blanco y a Nicolás Rolando, lo cierto fue que las acusaciones de haberse cometido un fraude[57], las intrigas, descon-

---

[56] *Cfr.* VELÁSQUEZ, Ramón J. *"La Caída del Liberalismo Amarillo. Tiempo y Drama de Antonio Paredes"*. Ediciones de la Contraloría General de la República. Caracas. 1972. p. 169.

[57] *Cfr.* RUIZ CHATAING, David: *"Ignacio Andrade"*. Nº 22. Biblioteca Biográfica Venezolana. Ediciones El Nacional. Caracas, 2005. pp. 51 y ss.

fianzas y traiciones que desata el poder, no se hicieron esperar, razón por la cual Andrade, debilitado y sin apoyo político, gobernará al país, no los cuatro años para los que resultó electo, sino durante 24 meses.

El general Cipriano Castro, rechazando la reforma territorial que había adelantado Andrade, de regresar a los veinte estados federales previstos en la Constitución de 1864, será el jefe de la subversión armada que lo despojará de la presidencia de la república.

III. LAS CONSTITUCIONES DEL TERCER PERÍODO

1. *Constitución de 1901. Fruto de "La Invasión de los sesenta"*

La Carta Fundamental de la República que, luego de la declaración de independencia viene a constituir la primera docena de Constituciones que hemos tenido, fue sancionada el 26 de marzo de 1901 por la Asamblea Nacional Constituyente y ordenada su ejecución, tres días después, por el Presidente Cipriano Castro. El movimiento que en la historia de Venezuela se conoce con el nombre de la "Revolución Liberal Restauradora", lo llevó a cabo el general Castro al entrar triunfante a Caracas el 22 de octubre de 1899 después de haber arrollado al ejército oficial en diversos combates y propiciado consecuencialmente el derrocamiento del Presidente Ignacio Andrade. Al siguiente día, Castro asumió la Primera Magistratura y permanecerá en ella hasta el 19 diciembre de 1908. Su gobierno no va a estar exento de dificultades, tanto políticas como económicas[58].

---

[58] En cuanto a lo político se refiere, Castro tuvo que enfrentar los embates de la "Revolución Libertadora", encabezada por el banquero y General Manuel Antonio Matos, la cual fue derrotada militarmente por el General Juan Vicente Gómez, en su condición de Comandante General del Ejército. Atinente a lo económico, el presidente Castro, padeció la agresiva reclamación de las deudas que Venezuela había contraído con anterioridad con Alemania, Italia, Holanda, Inglaterra y Francia, así como las exigencias de indemnización por los daños causados a ciudadanos y propiedades de esos países. El Bloqueo armado a nuestras costas por naves extranjeras el 09 de diciembre de 1902, potenció la Doctrina

Dentro de las medidas adoptadas para barnizar de legalidad el movimiento armado que le permitió alcanzar la presidencia de la república –como lo hace todo golpista– fue la convocatoria de una Asamblea Constituyente; "Esa Asamblea, que Castro califica como 'el primer cuerpo popular constituyente surgido del gobierno que aquellos ínclitos patriotas –los Sesenta– han constituido con sus sacrificios', es la que lo nombra presidente interino hasta 1902; la que luego elimina el sufragio universal y encomendó a los concejos municipales la elección sucesiva del Presidente, que recae en el propio Castro para el período 1902-1908: elevándose el período constitucional, de acuerdo a ésta, hasta seis años"[59].

A más de lo anterior, se fija en veinte el número de estados autónomos que conforman la unión federal, con lo cual se vuelve a lo que en esta materia había previsto la Constitución de 1864 y el Acuerdo del Congreso Nacional, de fecha 27 de abril de 1899, que restableció la autonomía de los aludidos estados.

Dentro del conjunto de derechos que la Constitución le va a garantizar a los venezolanos, se encuentra el de la libertad de expresión.

El artículo 17, ordinal 6º, lo hace en los siguientes términos:

"Artículo 17. La Nación garantiza a los venezolanos la efectividad de los siguientes derechos:

(...)

6º. La libre expresión del pensamiento, de palabra o por medio de la prensa. En los casos de calumnia o injuria, quedan al agraviado expeditas sus acciones para deducirlas ante los tribunales de justicia competentes, conforme á las leyes comunes; pero el in-

---

Monroe y dio origen a la Doctrina Drago, importantes instituciones del Derecho Internacional Público.

[59] *Vid.* AGUIAR Asdrúbal: "Nacimiento y Afirmación de la República Militar. La Fragua de Venezuela como Estado Nación. 1901-1935", en la obra colectiva "De la Revolución Restauradora a la Revolución Bolivariana". Ediciones UCAB- Diario El Universal- Caracas. 2009. pp 21-22.

culpado no podrá ser detenido o preso en ningún caso, sino después de dictada por el Tribunal competente la sentencia ejecutoria que lo condene"[60].

La consagración en la mencionada Ley Fundamental de la República de la señalada garantía, no varió nada con respecto a la forma en que lo hizo su antecesora.

Durante la efímera vigencia de esta Constitución, aparecieron muchos medios de comunicación, particularmente en la provincia venezolana. Destacan, entre otros periódicos, los que se indican de seguidas[61]:

En el estado Carabobo: **"El Tizón"** (1901); **"La Noticia"** (1901); **"El Correo Comercial"** (1901); **"El Mercurio"** (1901); **"El Discípulo"** (1902). **"El Gran Boletín"** (1902). La publicación de este periódico que se inició en Valencia, prosiguió luego en Caracas; **"La Voz del Pueblo"**, semanario dominical fundado el 14 de setiembre de 1902 por los señores Enrique Betolaza y Ricardo Fernández. Este hoy centenario medio de comunicación, paso algunos años después a tener una circulación diaria como ocurre hasta la fecha; **"La Reforma"** (1903); **"El Ateneo"** (1903).

En el estado Lara: **"Occidente"** (1901); **"La Prensa"** (1901); **"El Monitor"** (1901); **"El Imparcial"** (1902); **"El Legítimo"** (1902); **"La Época"** (1903); **"El Iris Nacional"** (1903).

En el estado Sucre, Carúpano, concretamente: **"La Polémica"** (1901); **"El Voto Federal"** (1901); **"El Diario"** (1902); **"El Restaurador Oriental"** (1902).

---

[60] *Vid.* BREWER-CARÍAS, A.R: *"Las Constituciones de Venezuela..."* *op.cit.* p. 568

[61] Los datos concernientes a la prensa de la provincia surgida bajo la vigencia de la Constitución de 1901, han sido tomados de los trabajos intitulados: *"Apuntes para la Historia del Periodismo de Carabobo"; "Prensa Barquisimetana"* y *"La imprenta y el periodismo en Carúpano"*, cuyos autores son: Rafael S. Guerra; J. Saert D' Hérguert y Santos Erminy Arismendi; respectivamente, todos incluidos en la obra colectiva **"Materiales para la Historia del Periodismo en Venezuela Durante el Siglo XIX"**, compilación y Prólogo de Pedro Grases, Ediciones de la Escuela de Periodismo de la Universidad Central de Venezuela. Caracas. 1950.

En Caracas, "**La Sacrada**" (1900), periódico de corte humorista en el que colaboraban estudiantes universitarios opuestos al gobierno y "**El Constitucional**", dirigido por Gumersindo Rivas, periodista puertorriqueño que favorece la causa del castrismo

2. *Constitución de 1904. Se funda "El Impulso". El nuevo "Decano de la Prensa Nacional"*

No obstante que el artículo 73 de la Constitución de 1901, prohibió expresamente la posibilidad de la reelección inmediata, el Presidente Castro promovió una reforma de la Constitución de 1901, con la finalidad de que una vez culminara su período constitucional en 1908, pudiera continuar en el desempeño de la primera magistratura del país hasta 1911[62]. La Constitución de 1904, fue dictada por una "Asamblea Constituyente de los Estados Unidos de Venezuela" el 27 de abril de 1904; su "Cúmplase" fue ordenado por el general Cipriano Castro en la misma fecha.

Por lo que respecta a la garantía de la libertad de expresión, esta Constitución en su artículo 17, ordinal 6°, con una redacción más específica, comparada con la regulación que sobre la materia tuvo el Texto anterior, la previó en los siguientes términos:

"Artículo 17. La Nación garantiza a los venezolanos:

(...)

6°. La libertad del pensamiento expresado de palabra o por medio de la prensa. En los casos de calumnia, injuria o perjuicio de tercero, quedan al agraviado expeditas sus acciones para deducirlas ante los Tribunales de Justicia competentes, conforme a las leyes comunes"[63].

Ahora bien, mientras rigió esta Constitución, varios medios de comunicación comenzaron a circular, con la particularidad de que, entre ellos, destacan por su importancia y por tener más de un siglo

---

[62] De esta forma, el artículo 132 del precitado Texto Constitucional, quedó redactado como sigue: "Los períodos constitucionales del Poder Federal durarán seis años contados desde el 23 de mayo de 1905".

[63] *Vid.* BREWER-CARÍAS, A.R: *"Las Constituciones de Venezuela..."* *op.cit.* p. 591

llevando noticias a la población venezolana, **"El Impulso"** y **"El Universal"**, fundados en el estado Lara y en Caracas, el 1° de enero de 1904 y el 1° de abril de 1909, respectivamente.

"EL Impulso", fue creado por Federico Carmona Álvarez; comenzó su actividad en la ciudad de Carora y desde el 1° de diciembre de 1919 tiene su sede en Barquisimeto, luego de que en 1929, por breves meses, se asentara en Caracas, para retornar ese mismo año a la ciudad de Barquisimeto. Después de 111 años de circulación es el Decano de la prensa nacional con una ininterrumpida labor periodística y publicitaria que se caracteriza por su profesionalismo en el tratamiento de las noticias que difunde.

Por su parte, **"El Universal"** se estableció en Caracas desde el 1° de abril de 1909, cuatro meses antes de que entrará en vigor una nueva Carta Magna: la primera de las siete que rigieron durante la presidencia del General Juan Vicente Gómez. Su fundador fue Andrés Mata y su actual editor es el Dr. Andrés Mata Osorio.

El diario **"El Universal"**, después de 105 años de circulación, es hoy en día uno de los más importantes medios de comunicación, no sólo de nuestro país, sino de américa latina. Su seriedad y sobriedad, aunado a los avances tecnológicos que el curso de los tiempos le ha impuesto, ha hecho de este medio de comunicación, la mayor parte de su existencia, tribuna abierta para expresar las más variadas opiniones sobre el acontecer nacional e internacional. Luego de su venta a un grupo económico español, hecho ocurrido el 5 de julio de 2014, se han producido despidos de periodistas y excluidos articulistas por formular críticas a la acción del gobierno "bolivariano"[64].

Entre los periódicos que se iniciaron en el periodo en que estuvo en vigor la Constitución de 1904, pueden mencionarse, a título de ejemplo, los siguientes: **"El Regional"** (1905); **"La Época"** (1906); **"El Iris"** (1907); **"El Zapador"** (1908), todos pertenecientes al estado Carabobo.

---

[64] Véase, el comunicado de los periodistas de dicho diario, a raíz del despido de la caricaturista Rayma en la siguiente dirección electrónica: http://www.la patilla.com/site/2014/09/18/periodistas-de-el-universal-emiten-comunicado-contra-el-despido-de-rayma/

El estado Lara fue muy fructífero en la fundación de medios de comunicación, durante el tiempo ya referido. Destacan, entre otros, **"La Nueva Era"** (1905); **"El Correo de Occidente"** (1905); **"El Reformador"** (1906); **"Gutenberg"** (1907); **"El Patriotismo"** (1908).

Por último, aun cuando por un breve tiempo, **"El Independiente"** (1908), fundado por Leoncio Martínez (Leo) y su padre.

El 24 de noviembre de 1908, el presidente Castro viajó al exterior para tratarse una enfermedad renal que lo aquejaba y dejó encargado de la presidencia de la república a su compadre el General Juan Vicente Gómez, quien se desempeñaba como Vicepresidente. Sin romperse el hilo constitucional, Gómez le hizo saber que no permitiría su retorno a Venezuela. A partir de esa fecha y hasta el día de su muerte –veintisiete años después– Gómez será quien regirá los destinos del país.[65]

3. *Constitución de 1909. La primera de la era de Gómez*

Culminado por el general Gómez el periodo presidencial que había iniciado el general Castro, se reforma la Constitución. No estaba entre los planes de Gómez, regular la situación para que viniera otro a ejercer el poder: "Nada de constituyente, como le proponían algunos 'políticos profesionales' que aconsejaban destituir al Congreso y ¡blasfemia! para el General, convocar a elecciones. Para Gómez aquello era un golpe de estado, y él prefería mantenerse dentro de la 'ley'"[66].

---

[65] *Vid.* CALDERA, Rafael: *"Los Causahabientes…" op. cit.* p. 67. *Cfr.* ARRÁIZ LUCCA, Rafael: *op. cit.* p. 118. *Vid.* GARCÍA PONCE, Antonio: *"Cipriano Castro"*. N° 30. Biblioteca Biográfica Venezolana. C.A. *Editora El Nacional.* Caracas, 2007. *pp. 68 y ss.* CABALLERO, Manuel: *"La Crisis de la Venezuela Contemporánea"* (1903-1992)". 5ª edición. Alfadil Ediciones. Caracas, 2007. pp. 38 y ss.

[66] *Vid.* CONSALVI, Simón Alberto: *"Juan Vicente Gómez"* N° 59. Biblioteca Biográfica Venezolana. C.A. Editora El Nacional. Caracas, 2007. pp. 88 y 89.

Algunas de las novedades que trae esta reforma, sancionada el 4 de agosto de 1909 y ordenado su cúmplase al día siguiente por el General Gómez en su carácter de presidente provisional, es la reducción del período presidencial de siete a cuatro años y la elección del Presidente por el Congreso. El artículo 156 facultó al Presidente Provisional "para dictar todas las medidas, disposiciones, decretos y reglamentos que sean necesarios para la organización política y administrativa del País durante el período provisional".

La materia concerniente a la libertad de expresión, fue consagrada en el artículo 23, ordinal 6º, de la Constitución que nos ocupa, como uno de los derechos de los venezolanos. En este sentido, la precitada disposición dijo:

"La Nación garantiza a los venezolanos:

(…)

6º. La libertad del pensamiento expresado de palabra o por medio de la prensa. En los casos de calumnia, injuria o perjuicio de tercero, quedan al agraviado expeditas sus acciones para deducirlas ante los Tribunales de justicia competentes, conforme a las leyes; pero el inculpado no podrá ser detenido ó preso en ningún caso, sino después de sentencia ejecutoriada"[67].

La redacción de esta disposición retomó lo que sobre la materia estipulaba la anterior Constitución, pero le agregó que sólo después de ejecutoriada una sentencia; es decir, luego que el fallo estuviera definitivamente firme, no sujeto a ningún tipo de recurso, ordinario o extraordinario, es que se podía detener o hacer preso a quien resultare culpable en un juicio de haber cometido calumnia, injuria o perjuicio en contra de una persona.

Entre 1909 y 1914, año éste último en que entrará en vigencia otra Constitución, los principales periódicos que inician su actividad informativa son los que se mencionan de seguidas: **"El Nuevo Diario"**, cuyo primer director será el Dr. Diógenes Escalante. Se trata de un periódico oficialista del régimen de Gómez, que entrará en circulación el 03 de enero de 1913; La Revista **"Alborada"**, cuyo

---

[67] *Vid.* BREWER-CARÍAS, A.R: *"Las Constituciones de Venezuela…" op.cit.* p. 612.

primer número apareció el 31 de enero de 1909 y acogió a un grupo de jóvenes intelectuales, entre los que destacaban Rómulo Gallegos, Julio Planchart, Julio Rosales, Salustio González y Henrique Soublette. Si bien la revista estaba orientada a la publicación de artículos de contenido literario, no por ello, las posturas políticas de sus colaboradores se iban a silenciar. Se venía del derrocamiento de una dictadura y se aspiraba a un gobierno con apertura hacia los principios democráticos. La realidad, como sabemos, será diametralmente opuesta a esas aspiraciones.

Otras revistas de singular importancia y de similar estilo serán "**Atenea**" (1908), conducida por Arévalo González; "**Alma Venezolana**" (1910) a cargo de Luis Urbaneja Achepol y A. Fernández García; "**La Proclama**" (1910) bajo la responsabilidad de Enrique Soublette y de la cual salió un solo número el 29 de junio del referido año; "**Sagitario**" (1911) dirigida por Jesús Semprum y Alberto Arvelo Torrealba.

Además de las precitadas publicaciones, germen de las manifestaciones estudiantiles que estallarán más tarde contra el régimen del General Gómez aparecen en diversas partes del país muchos diarios que aprovechan la libertad de prensa reinante para ese momento. Así, en Carora, por ejemplo, comienzan a circular los siguientes diarios: "**El Monitor**" (1909); "**El Vencedor**" (1910); "El Libre Albedrío" (1911). En la ciudad de Valera, "**Génesis**" (1911), redactado por Mario Briceño Iragorry. En Carúpano: "**Agencia Industrial**" (1910); "**El Semáforo**" (1910) a cargo de Arturo y S. Erminy Arismendi; "**El Cablegrama**" (1913)[68].

---

[68] Los datos relativos a la prensa de la provincia surgida bajo la vigencia de la Constitución de 1909, han sido tomados de los trabajos intitulados: "*Imprentas y periódicos Caroreños*"; "*La Imprenta y el Periodismo en Valera*" y "*La imprenta y el periodismo en Carúpano*", cuyos autores son: Ismael Silva Montañez; Autor desconocido; se trata de la reproducción de ese trabajo hecho por el diario "El Universal" en su edición del 12-8-1934; respectivamente, todos incluidos en la obra colectiva *Materiales para la Historia del Periodismo en Venezuela Durante el Siglo XIX*, compilación y Prólogo de Pedro Grases, Ediciones de la Escuela de Periodismo de la Universidad Central de Venezuela. Caracas. 1950.

De conformidad con lo que preveía la Constitución vigente, el año de 1913 era el de la convocatoria para elecciones presidenciales, pero ante la noticia de una supuesta invasión de su compadre Castro para retomar el ejercicio de la presidencia de la república, el 1º de agosto de ese año, Gómez suspende las garantías constitucionales y anuncia al país que sale en campaña "para restablecer el orden público". El Estatuto Constitucional Provisorio que hizo dictar para enfrentar la situación de emergencia debido a la conjeturada amenaza de las fuerzas invasoras del General Castro le permite seguir gobernando "provisionalmente" y eludir la no reelección presidencial prohibida por dicho texto Constitucional.

4.   *Constitución de 1914. Márquez Bustillos, presidente provisional y Gómez, Comandante en Jefe del Ejército Nacional*

En 1914, después de haber ejercido la Primera Magistratura del país durante seis años, el general Gómez promueve otra reforma constitucional, con lo cual obtiene la legitimación en el desempeño del cargo que venía ejerciendo con carácter provisional. Su sagacidad política lo lleva, por una parte, a que el Congreso reunido en Caracas el 19 de abril de 1914, "apenas instalado" expresión del Dr. Simón Alberto Consalvi, aprueba el mencionado Estatuto Constitucional Provisorio con base en el cual elige al Dr. Victorino Márquez Bustillos "como presidente provisional de la República y a Gómez, Comandante en Jefe del Ejército Nacional"[69].

La garantía relativa a la libertad de expresión conserva en dicho Estatuto, prácticamente, la redacción que este derecho tuvo en el Texto Constitucional de 1909. Por la otra parte, el mismo Congreso, llevó a cabo la tarea de redactar una nueva Constitución que será sancionada el 13 de junio de 1914. El cúmplase lo ordenará el Presidente Victorino Márquez Bustillos el 19 de junio de ese mismo año. Gómez es elegido presidente para el período 1915-1921 pero no asumirá el cargo. Mantendrá la condición de presidente electo y

---

[69]   *Vid.* CONSALVI, Simón Alberto: "*Juan Vicente Gómez*" Nº 59. *op. cit.* p.p. 99 y ss. *Cfr.* AGUIAR, Asdrubal, *op.cit.* pp 46-47.

Comandante en Jefe del Ejército, mientras que Márquez Bustillos proseguirá desempeñando el cargo con carácter provisorio[70].

La regulación sobre la libertad de expresión aparecerá en el ordinal 6º del artículo 22, atinente al Título III, intitulado "Garantías de los venezolanos", en los siguientes términos:

"**Artículo 22. La Nación garantiza a los venezolanos**:

(…)

6º. La libertad del pensamiento expresado de palabra o por medio de la prensa. En los casos de calumnia, difamación, injuria o perjuicio de tercero, quedan al agraviado expeditas sus acciones para deducirlas ante los Tribunales de justicia competentes, conforme a las leyes; pero el inculpado podrá prestar fianza de cárcel segura para responder por los efectos de la detención hasta sentencia ejecutoriada, en aquellos casos en que obrare auto de detención contra él"[71].

La disposición que antecede, introduce una variante con respecto a la regulación que en esta materia ofrecía su antecesora. Se trata de la posibilidad de prestar fianza ante el auto de detención dictado en el proceso en el que se hallare incurso quien hubiere sido enjuiciado por "calumnia, difamación, injuria o perjuicio".

En cuanto a los medios de comunicación que se inician bajo la vigencia de esta Constitución, no obstante el afianzamiento que ha logrado la dictadura en sus siete años de existencia y la consiguiente restricción y limitación a la referida garantía constitucional, pueden mencionarse, igualmente a título de ejemplo, los siguientes: "**Panorama**", que comenzó a circular en Maracaibo el 1º de diciembre de 1914; y cuenta para esta fecha con 100 años de existencia.

---

[70] "Gómez no tomará posesión de la Presidencia durante los siete años del período 1915-1922. Prefiere la Comandancia en Jefe del Ejército. Márquez Bustillos llevará los asuntos de la administración como Presidente Provisional, en consultas permanentes con el dictador 'constitucional'. Una provisionalidad de siete años". Vid. CONSALVI, Simón Alberto: "*Juan Vicente Gómez*" Nº 59. *op. cit.* pp. 103 y ss.

[71] *Vid.* BREWER-CARÍAS, A.R: "*Las Constituciones de Venezuela…*" *op.cit.* p. 648.

Es el medio más importante del estado Zulia y de la región occidental del país.

Otros medios correspondientes al período donde los estamos situando son: **"El Estandarte"** (1914); **"La Propaganda"** (1915); **"El Faro"** (1916); **"Carabobo"** (1918); **"La Mañana"** (1920); **"La Voz de Carabobo"** (1921). Todos impresos en el estado Carabobo.

En Carora surgen **"Filomomo"** (1915), de circulación quincenal, **"Minerva"** (1916), revista editada por las alumnas del Liceo Contreras; **"El Amigo de los Pobres"** (1917) revista devocionaria de San Antonio de Padua, con aprobación eclesiástica, dirigida por el hospicio del prenombrado santo en esa ciudad.

En Carúpano circularon los siguientes periódicos: **"El Precursor Dominical"** (1915); **"El Tiempo"** (1916); **"Letras"** (1917); **"La Idea"** y la revista literaria y científica **"Ciencia y Arte"** (1918); **"Lampos"** y **"El Obrero"** (1921).

En 1918, aparece en Caracas, la revista semanal intitulada **"Pitorreos"**, dirigida por Francisco Pimentel (Job Pim), acompañado por Antonio José Calcaño, José Rafael Pocaterra y por Leoncio Martínez (Leo). Será de corta duración dado su carácter opositor a la dictadura *gomecista*, pero a la vez será el preámbulo de otra revista de mayor circulación como lo fue **"Fantoches"**.

Concluimos esta reseña refiriendo que, también en Caracas, en el año de 1921 empieza a circular el periódico **"El Sol"** y lo hará hasta 1933.

5. *Constitución de 1922. Dos Vicepresidentes: "Juancho" Gómez y José Vicente Gómez*

El 19 de junio de 1922, el Congreso de los Estados Unidos de Venezuela sancionó la Constitución que, más que un nuevo Texto Legal, se trató en verdad de una reforma de la anterior Constitución. Era la estrategia del general Gómez para adecuar la Ley de Leyes a sus circunstancias personales. Reelecto Gómez para el periodo 1922-1929, consideró que era necesario se creara (como lo logró) dos Vicepresidencias: una para su hermano Juan Crisóstomo Gómez (apodado Juancho) y la otra para su hijo José Vicente Gómez, tal como lo llegó a prever la Constitución de 1909. El cúmplase le correspondió al Presidente Victorino Márquez Bustillos, quien lo ordenó el 24 de junio de 1922, toda vez que el general Gómez mantuvo su condición de Presidente Electo y de Comandante en Jefe del Ejército.

Por lo que respecta al tratamiento que esta Constitución le dio a la libertad de expresión, es preciso señalar que ningún cambio hubo al respecto. Por lo tanto, al igual que en el Texto anterior, dicha garantía estará regulada por el ordinal 6º del artículo 22, Titulo III, relativo a las Garantías de los venezolanos. Su redacción es la que sigue:

"Artículo 22. La Nación garantiza a los venezolanos:

(…)

6º. La libertad del pensamiento expresado de palabra o por medio de la prensa. En los casos de calumnia, difamación, injuria o perjuicio de tercero, quedan al agraviado expeditas sus acciones para deducirlas ante los Tribunales de justicia competentes, conforme a las leyes; pero el inculpado podrá prestar fianza de cárcel segura para responder por los efectos de la detención hasta sentencia ejecutoriada, en aquellos casos en que obrare auto de detención contra él"[72].

Bajo la vigencia de la Constitución de 1922, aparecieron los siguientes periódicos: **"El Heraldo"**, fundado el 16 de junio de 1922 por Antonio José Calcaño Herrera en compañía de Francisco de Paula Páez; el semanario humorístico **"Fantoches"**, cuya circulación se inicia el 19 de abril de 1923. Su director y principal colaborador, Leoncio Martínez (Leo), se valdrá de la caricatura para adversar al régimen de Gómez lo cual le costará, igual que a "Job Pim", en distintas ocasiones, la cárcel y el cierre del semanario.

En el estado Carabobo, empiezan a circular el diario **"El Globo"** (1922), **"Oriente"** (1923) y **"Argos"** (1923).

---

[72] *Ibídem.* p. 678.

6. *Constitución de 1925. Fundación de "AYRE", la primera emisora de radio de nuestro país*

El año 1925 será el de la cuarta Constitución del Presidente Gómez; igual que las anteriores, será producto de las circunstancias del momento. Como bien lo afirma el Profesor Brewer-Carías, esta Constitución "constituye el texto que consolidó al Estado centralizado, que con ropaje federal había solidificado la autocracia"[73].

En esta Constitución se elimina una de las dos vicepresidencias creadas en la Constitución precedente y se prevé que la sede oficial del Poder Ejecutivo queda establecida en el mismo lugar en el que resida el Presidente de la República.

Con una redacción más sencilla que la que tenía el anterior Texto Fundamental, el ordinal 6º del artículo 32, integrante del Título II denominado "De los Venezolanos y sus Derechos y Deberos", previó la libertad de expresión en los siguientes términos:

"Artículo 32. La Nación garantiza a los venezolanos:

(…)

6º. La libertad del pensamiento expresado de palabra, por escrito o por medio de la imprenta, sin perjuicio de las responsabilidades en que incurran, conforme a las leyes, los que cometan los delitos de injuria, calumnia, difamación o ultraje"[74].

La composición de la norma atinente a la referida garantía, como puede observarse, agrega, como medio de difusión del pensamiento, aparte de "la palabra" o "el escrito", "la imprenta". Otro cambio significativo en esta disposición es que suprime el tipo delictivo "ultraje; en su lugar aparece la voz "perjuicio". Esta Constitución de 1926 fue sancionada el 24 de junio del citado año y ordenado su cúmplase por el Presidente Juan Vicente Gómez, el 1º de julio de 1925.

---

[73] *Vid.* BREWER-CARÍAS, A.R: *"Las Constituciones de Venezuela…" op.cit.* p.p. 86 y ss.

[74] *Ibídem.* p. 703

Dentro de los medios de comunicación que aparecieron durante la vigencia de la Constitución de 1925, pueden mencionarse los siguientes: el 16 de marzo de 1927, Ramón David León, experimentado periodista, funda el diario "**La Esfera**", en compañía de los ciudadanos Edmundo Suegart y Martín Gornés Mc. Pherson. Tanto este medio de comunicación como "**El Heraldo**", antes mencionado, se convertirán, con el devenir de los años, en los instrumentos informativos de mucha popularidad.

Faltando seis meses para que empezara a regir una nueva Constitución, surge en enero de 1928, el periódico "**El Nivel**", fundado por Valmore Rodríguez y editado por Héctor Cuenca. Como vocero de opinión que era, gozó de buena aceptación en los ámbitos opositores al régimen de Gómez. Circuló durante diez meses, hasta finales de octubre del mismo año.

En el estado Carabobo, aparecerán durante la vigencia de la Constitución en referencia, los diarios "**El Mundial**" y "**El Volante**".

Un hecho de especial significación ocurrido bajo la vigencia de la Constitución de 1926, fue la fundación de la primera emisora de radio de nuestro país. Se trató de la estación "**AYRE**", propiedad de los señores Arturo Santana, Luis R. Scholtz y Alfredo Moller. El primero de los nombrados, era coronel del ejército y edecán de José Vicente Gómez, hijo mayor del general Gómez y segundo vicepresidente de la República. Fue él quien obtuvo del Ministerio de Fomento los correspondientes permisos para que dicha estación pudiera operar.

"AYRE BROADCASTING CENTRAL DE CARACAS", inició sus transmisiones oficialmente el 23 de mayo de 1926, pero a raíz de los sucesos políticos protagonizados por los estudiantes de la Universidad Central de Venezuela en contra del dictador Juan Vicente Gómez, durante la llamada "Semana del Estudiante", fundamentalmente, aunado a problemas de índole económica, la estación cerró sus puertas en ese año. De manera que fue muy breve, apenas dos años, los que dicha emisora estuvo al aire para beneplácito de sus radioescuchas[75].

---

[75] *Cfr.* Los datos arriba referidos han sido consultados en la siguiente dirección electrónica: http://mundoinso.wordpress.com/tag/primera-emisora-de-radio-de-venezuela/

7. *Constitución de 1928. La impronta de la generación del 28*

A los tres años de haber entrado en vigencia la Constitución de 1925, el Presidente Gómez vuelve a llevar a cabo la reforma de la Ley Fundamental de la República. Esta vez, con el propósito de eliminar la Vicepresidencia prevista en el artículo 95 de la Constitución objeto de reforma, y de prohibir el "comunismo", calificativo que le endilga al movimiento universitario que irrumpe en escena con motivo de la celebración de la "Semana del Estudiante" para denunciar la dictadura y sus aberraciones.

Con la detención de Rómulo Betancourt, Jóvito Villalba, de Guillermo Prince Lara y de Pío Tamayo, ocurrida el día 14 de febrero de 1928, se puede decir, como se ha afirmado desde aquella época, que había nacido el movimiento opositor a la dictadura del general Gómez. Otros estudiantes serán encarcelados más tarde. Entre ellos, Raúl Leoni, Miguel Otero Silva, Joaquín Gabaldón Márquez, Pedro Juliac, Inocente Palacios, Clemente Parparcén, Eduardo Celis Sauné, Enrique García Maldonado, Guillermo López Gallegos, José Antonio Marturet; y así, hasta exceder la cifra de doscientos jóvenes que no cesarán en su intento de democratizar el país, razón por la cual plenarán sus diferentes cárceles.

Ahora bien, el Título Segundo de la precitada Constitución, que es el que consagra los deberes y derechos de los venezolanos, reguló la materia de la libertad de expresión, de la manera que se indica de seguidas:

"Artículo 32. La Nación garantiza a los venezolanos:

6º. La libertad del pensamiento manifestado de palabras, por escrito o por medio de la imprenta, pero quedan sujetas a pena, conforme lo determine la Ley, las expresiones que constituyan injuria, calumnia, difamación, ultrajes o instigación a delinquir. Queda también prohibida la propaganda del comunismo"[76].

Las variaciones introducidas en la redacción de esta norma con respecto a la que la antecedió, son muy importantes y están influen-

---

[76] *Ibídem*. p. 729

ciadas por los acontecimientos derivados de "la Semana del Estudiante". Como el movimiento estudiantil era calificado de "comunista", la Constitución va a prohibir, de manera expresa, "**la propaganda del comunismo**".

Por otro lado, la norma reguladora de la libertad de expresión señalará que también quedan sujetas a pena, adicionalmente a las expresiones que constituyan "injuria", "calumnia", "difamación" y el "ultraje", como lo habían dispuesto Constituciones anteriores, **la "instigación a delinquir"**. Este Texto Fundamental fue sancionado por el Congreso de los Estados Unidos de Venezuela el 22 de mayo de 1928 y su cúmplase lo ordenó el Presidente Juan Vicente Gómez al siguiente día.

En cuanto a los medios de comunicación que empezarán a circular estando vigente esta Constitución, pueden mencionarse "**La Época**" y el "**Diario Marítimo**", ambos editados en el estado Carabobo. En Carora, estado Lara, el semanario "**Luis Chaparro**" y "**Filis**", revista editada por Jacobo Curiel Mármol.

8. *Constitución de 1929. Surge otra emisora radial: "1 Broadcasting Caracas" (1BC)*

Un año, exacto, fue el tiempo de vigencia de la Constitución de 1928. En efecto, el 29 de mayo de 1929, el Congreso de los Estados Unidos de Venezuela le impartió su sanción y ese mismo día, el Dr. Juan Bautista Pérez, quien se desempeñaba como encargado de la Presidencia de la República desde el 19 de abril de ese mismo año, ordenó el cúmplase.

Ciertamente, una vez concluido el período presidencial relativo a los años 1922-1929, el general Gómez, resolvió seguir ejerciendo desde la ciudad de Maracay el cargo de comandante en jefe del Ejército. Al resultar reelecto para el período 1929-1936, un grupo de parlamentarios le pidió que aceptara de nuevo la presidencia de la república. Gómez declinó y, a sugerencia suya, el 30 de mayo de 1929 la elección recayó en el Dr. Juan Bautista Pérez[77].

Ningún tipo de modificación sufrió la norma que regulaba la libertad de expresión en la Constitución anterior. Por lo tanto, el Título Segundo, consagratorio de los deberes y derechos de los venezolanos, trató la materia de la libertad de expresión, de la siguiente forma:

"Artículo 32. La Nación garantiza a los venezolanos:

(...)

6. La libertad del pensamiento manifestado de palabra, por escrito o por medio de la imprenta, pero quedan sujetas a pena, conforme lo determine la ley, las expresiones que constituyan injuria, calumnia, difamación, ultraje o instigación a delinquir. Queda también prohibida la propaganda del comunismo"[78].

Por lo que atañe a los medios que iniciaron su circulación estando en vigor este Texto Fundamental de la República, pueden mencionarse **"El Mundo"**, **"El Esfuerzo"** y **"El Porteño"**, los tres editados en Puerto Cabello, estado Carabobo y **"El País"** en Maracaibo.

Adicional a lo precedentemente expresado, debe referirse que el 9 de diciembre de 1930, el ciudadano de origen norteamericano, William H. Phelps Jr., conjuntamente con Edgar Anzola y Ricardo Espina, fundan en Caracas una emisora de radio con fines netamente comerciales que se denominó **"1 Broadcasting Caracas"** (1BC), abriendo espacio de esta manera a lo que va a ocurrir luego. En efecto, después de la muerte del general Gómez, comenzarán a surgir nuevas emisoras de radio en todo el país, con lo cual la garantía constitucional de la libertad de expresión va a contar con un nuevo cauce para materializarse. Desde 1935 **"1 Broadcasting Caracas"**, comenzó a denominarse con el nombre que se le conoce en la actualidad: **"Radio Caracas Radio"**.

---

[77] *Vid.* CONSALVI, Simón Alberto: *"Juan Vicente Gómez"* N° 59. *op. cit.* pp. 144 y ss. *Vid.* SALCEDO BASTARDO, J.L: *"Historia Fundamental de Venezuela". op. cit.* pp. 95 y ss.

[78] *Vid.* BREWER-CARÍAS, A.R: "Las Constituciones de Venezuela..." *op. cit.* 754.

9. *Constitución de 1931. La última Constitución Gomecista*

Un conjunto de acontecimientos que se fueron sucediendo a partir de 1928: el movimiento estudiantil universitario y sus protestas; el desembarco de un valeroso grupo de civiles y militares –entre otros, el general Román Delgado Chalbaud– del buque "Falke" por las costas de Cumaná con el ánimo de deponer al régimen; la crisis económica norteamericana conocida como el gran *"crash"*; y los virulentos ataques a la jerarquía de la Iglesia Católica venezolana, en particular la expulsión del país de Monseñor Salvador Montes de Oca, Obispo de Valencia por su solidaridad con los presos políticos y su rechazo a los abusos del gomecismo, trajeron por consecuencia, por una parte, la renuncia del Dr. Juan Bautista Pérez a la Presidencia de la República el 13 de junio de 1931 y, por la otra, que el general Gómez llevara a cabo una nueva reforma constitucional, fundamentalmente con la finalidad de confundir nuevamente en una sola persona: ¡Gómez!, los cargos de Presidente y de Comandante en Jefe del Ejército, como había sido al inicio de su ejercicio presidencial.

Esta Constitución, sancionada el 7 de julio de 1931 y ordenada su ejecución el día 9 del mismo mes y año julio por el Presidente Gómez, que va a ser la última de su mandato de veintisiete años, regulará la garantía de la libertad de expresión en los mismos términos en que lo hicieron las Constituciones de 1928 y de 1929. Por lo tanto, el Título Segundo, concerniente a los deberes y derechos de los venezolanos, dispondrá en su artículo 32, lo siguiente:

"Artículo 32. La Nación garantiza a los venezolanos:

(...)

6º. La libertad del pensamiento manifestado de palabra, por escrito o por medio de la imprenta, pero quedan sujetas a pena, conforme lo determine la Ley, las expresiones que constituyan injuria, calumnia, difamación, ultraje o instigación a delinquir. Queda también prohibida la propaganda del comunismo"[79].

---

[79] *Vid.* BREWER-CARÍAS, A.R: *"Las Constituciones de Venezuela…" op.cit.* 781.

Entre los medios de comunicación que van a circular encontrándose en vigencia esta Constitución, se encuentran los siguientes: "**El Carabobeño**" que inicia sus actividades a partir del 1º de setiembre de 1933. Este periódico fue precedido por el "**El Bibliográfico**", de circulación quincenal, sustituido más tarde por el semanario "**Propaga-Luz**", todos obra de Don Eladio Alemán Sucre.

Otros medios de comunicación que pueden mencionarse, impresos en su totalidad en el estado Carabobo son: "**El Nuevo Mundo**" (1932); "**El Sostén**" (1932); "**El Índice**" (1933); "**El Mutualista**" (1934); "**La Nación**" (1934); "**La Prensa**" (1935); "**La Gaceta de América**" **(1935)**, revista de circulación mensual fundada por Inocente palacios y Miguel Acosta Saignes cuyo inicio ocurrió en enero de ese año y contó, además, con la colaboración de "Ramón Díaz Sánchez, Carlos Eduardo Frías, Carlos Augusto León, Carlota Toro, Luis Beltrán Prieto Figueroa, E.I. Benarroch, Yarua Mayo, Luis Álvarez Marcano y Julio Morales Lara"[80] y "**Ecos del Puerto**" (1935), este último de tiraje vespertino.

Por último, es de señalar que el 29 de mayo de 1932, inicia sus transmisiones desde la ciudad de Caracas, la emisora "**Radio Difusora Venezuela**", otro medio de comunicación que hará sus aportes a la libertad de expresión. En ese mismo año, se funda "Radio Libertador" que será dirigida por el señor Miguel Raymondi.

El 8 de Diciembre de 1935, Gustavo Veloz Mancera funda "**Ondas Populares**" que pasa a ser en la tercera emisora fundada en Caracas. Pero hasta allí no llega la labor de, puesto que en 1938 sale al aire la "**Emisora Vargas**" y, en 1944, lanza "**Radio Cultura**". En el mismo año 1935, aparece en el estado Carabobo otra estación radial: "**La Voz de Carabobo**".

---

[80] *Cfr*. CONSALVI, Simón Alberto "*La Gaceta de América, 1935*". Diario "El Nacional". Caracas. Edición del 22-7-2012. p. "siete días. 7".

10. *Constitución de 1936. López Contreras, el hombre de la transición*

Catorce días antes de finalizar el año 1935 –el 17 de diciembre– muere el general Juan Vicente Gómez a la edad de 78 años. Llega de esta manera a su fin la dictadura más larga que ha padecido nuestro país, lo cual trae consigo la entrada de Venezuela al siglo XX "con treinta y cinco años de retardo", como lo afirmara Don Mariano Picón Salas[81].

Siete meses después del fallecimiento del general Gómez, concretamente el 16 de julio de 1936, el Congreso de los Estados Unidos de Venezuela sanciona una nueva Constitución cuya orden de "Ejecútese y cuídese de su ejecución" la imparte el general Eleazar López Contreras el día 20 del precitado mes y año. Este último había sido designado por el Congreso para completar el período del Presidente Gómez que expiraba el 19 de abril de 1936. Se trató, en verdad de una reforma de la Constitución que regía para esa fecha, auspiciada por el propio López Contreras. Destacan en este campo, por una parte, la reducción del período de gobierno a cinco años y, por la otra, la prohibición de la reelección inmediata, así como la consagración de "la responsabilidad del Jefe del Ejecutivo común con sus ministros"[82].

López Contreras, sin lugar a dudas supo conducir la transición de una dictadura de treinta y cinco años y creó las condiciones para el surgimiento pleno de la democracia en nuestro país. El "programa de Febrero de 1936" y el "Plan Trienal" anunciado por el Presidente López en su alocución a los venezolanos el 1º de enero de 1938, constituyen, en palabras del ya fallecido Jurista, Académico y distinguido Profesor universitario, Dr. Tulio Chiossone "las dos grandes proyecciones administrativas para la reconstrucción del país"[83].

---

[81] PICÓN SALAS, Mariano: *"Suma de Venezuela"*. Ediciones de la Contraloría General de la República. Caracas. 1984. p. 22.

[82] *Vid.* SALCEDO BASTARDO, J.L: *"Historia Fundamental de Venezuela"*. *op. cit.* p. 582.

[83] "El Programa de febrero, calificado por algunos de 'hermosa utopía', (…)" trazó las siguientes proyecciones: "Régimen de legalidad, Higiene Pública y

En este texto Constitucional del año 1936, la materia relativa a la libertad de expresión queda regulada en el Título II, denominado "De los Venezolanos y sus Deberes y Derechos", concretamente en el ordinal 6º del artículo 32, que dispondrá siguiente:

"Artículo 32. La Nación garantiza a los venezolanos:

(…)

Asistencia Social, Vías de Comunicación, Educación, Agricultura y Cría, Política Fiscal y Política Comercial, Inmigración y Colonización y Puntos Complementarios (Omissis). De esa 'hermosa utopía' surgieron las siguientes instituciones: En la educación, el Instituto Pedagógico y las Escuelas Experimentales, el Consejo Venezolano del Niño, la Casa de Observación de Menores de Caracas y el Instituto de Preorientación de los Teques, el Código de Menores y los Tribunales de Menores; en la Sanidad la reorganización de este Ministerio con la denominación de Ministerio de Sanidad y Asistencia y Social, y se inicia la campaña antimalárica que culminará con la erradicación del Paludismo, a cuyo efecto se establece la Dirección de Malariología; vendrá también la Dirección de Tisiología y el Hospital Antituberculosos de El Algodonal en esta ciudad, y la creación de las Unidades Sanitarias. Creación del Ministerio de Agricultura y Cría, con firme orientación, incluyendo algunos principios para una futura reforma agraria. En materia hacendística, la creación del Banco Central de Venezuela, del Banco Industrial y de una legislación bancaria; la nacionalización del Puerto de la Guaira, verdadera nacionalización porque allí se arrió la bandera inglesa que había flameado durante más de cuarenta años con desmedro de la soberanía nacional, y se izó la bandera venezolana. Con la Creación del Ministerio del Trabajo y Comunicaciones, se establece la Línea Aeropostal Venezolana con la cual se inicia la aviación comercial. Creación del Instituto de Inmigración y Colonización, que se convertirá en el Instituto Agrario Nacional. (…) Se promulgó el Código de Justicia Militar, la Ley Orgánica del Ejército y de la Armada. Creó la Guardia Nacional (*omissis*). El texto parcialmente copiado corresponde al discurso pronunciado por el Dr. Chiossone en el homenaje de la Contraloría General de la República al general en jefe Eleazar López Contreras el 15 de julio de 1981, el cual está recogido en un folleto intitulado "Homenaje de la Contraloría General de la República al General en Jefe Eleazar López Contreras". Ediciones de la Contraloría General de la República. Caracas. 1981. p. 17. Sobre este mismo punto, véase igualmente Rafael Arraíz Lucca, "Venezuela…" *op. cit*. p. 131; CABALLERO, Manuel: "La Crisis de la Venezuela…" *op. cit*. p. 82 y ss. y la biografía del general Eleazar López Contreras realizada por la Dra. MACHADO DE ACEDO, Clemy. Biblioteca Venezolana. C.A. Editora El Nacional. Caracas, 2007.

100

6°. La libertad del pensamiento, manifestado de palabra, por escrito o por medio de la imprenta, u otros medios de publicidad, pero quedan sujetas a pena, conforme lo determine la ley, las expresiones que constituyan injuria, calumnia, difamación, ultraje o instigación a delinquir. No es permitido el anonimato, ni se permite ninguna propaganda de guerra ni encaminada a subvertir el orden político y social"[84].

Resaltan en la nueva redacción de esta garantía constitucional, dos párrafos que constituyen la segunda y tercera parte de este artículo, en el que, al igual que en las Constituciones de los años 1928, 1929 y 1931, se adversa la "propaganda del comunismo"; adicionalmente, se considera contrarias a la independencia las doctrinas comunista y anarquista.

Textualmente estos dos párrafos del citado artículo dicen:

"Se considerarán contrarias a la independencia, a la forma política y a la paz social de la Nación, las doctrinas comunista y anarquista, y los que las proclamen, propaguen o practiquen serán considerados como traidores a la Patria y castigados conforme a las leyes.

Podrá en todo tiempo el Ejecutivo Federal, hállense o no suspendidas las garantías constitucionales, impedir la entrada al territorio de la República o expulsarlos de él, por el plazo de seis meses a un año si se tratare de nacionales o por tiempo indefinido si se tratare de extranjeros, a los individuos afiliados a cualquiera de las doctrinas antedichas, cuando considerare que su entrada al territorio de la República o su permanencia en él pueda ser peligrosa o perjudicial para el orden público o la tranquilidad social."

De manera que esta regulación de la libertad de pensamiento y de expresión traerá consigo que los partidarios del comunismo se refugien en la clandestinidad hasta el año 1941 cuando se legaliza el partido comunista de Venezuela, a cuya cabeza se encontrará el Dr. Gustavo Machado.

Por otro lado, puede afirmarse que la norma en referencia amplía las formas de ejercer la libertad de pensamiento al adicionar a

---

[84] *Vid.* BREWER-CARÍAS, A.R: *"Las Constituciones de Venezuela..."* *op.cit.* 809.

la manifestación por medio de "de palabra" o "por escrito", "otros medios de publicidad". Por último, no emplea la expresión "se prohíbe", sino que utiliza la construcción gramatical "No está permitido" referida a la "propaganda de guerra" o la "encaminada a subvertir el orden político y social".

Un hecho de significativa importancia en este período fue la aparición de una agrupación política, señal de que comenzaba a producirse una apertura hacía la conquista de la democracia, cuyo nombre fue "Bloque Nacional Democrático". Entre sus integrantes aparecieron nombre de personas que más tarde van a jugar un papel relevante en la vida del país. Podemos mencionar a título de ejemplo, luchadores políticos como Valmore Rodríguez, Armando Hernández Bretón, Jesús Leopoldo Sánchez, Ciro Urdaneta Bravo. Éste último fue el Director de un periódico editado por la precitada organización con el título "**Frente Nuevo**. Otros diarios que se fundan en 1936 en Caracas son "**El Independiente**", dirigido por Alfredo Guardia, "**Ahora**", cuyas ediciones finalizarán en 1945. También en el mismo año de 1936, empieza a circular el diario "**Crítica**" e igualmente lo hará hasta 1945.

En 1938 el sacerdote jesuita Manuel Aguirre Elorriaga, funda la revista "**SIC**" como órgano del Seminario Diocesano de Caracas y luego en la década de los años sesenta y, hasta la fecha, pasa a ser editada por el Centro Gumilla de la Compañía de Jesús. La Revista "**SIC**" es uno de los medios de mayor importancia de nuestro país en cuanto al tratamiento y análisis que hace de los diferentes temas en los ámbitos social y político, principalmente.

Por otra parte es de destacar que la circunstancia de que finalizada la transitoriedad del general López Contreras, hubiese alcanzado, por vía electoral, la presidencia de la republica el general Isaías Medina Angarita, quien impulsará un gobierno de carácter democrático, respetuoso de las garantías constitucionales, sobre todo de la libre expresión del pensamiento y del derecho de opinión, fue motivo suficiente para que surgieren nuevos medios de comunicación que se unirán a "**La Religión**", "**El Universal**", "**La Esfera**", "**El Heraldo**" y "**Ahora**".

Solamente en la ciudad de Caracas, se fundan, en el período bajo estudio y adicionalmente a los medios arriba mencionados, los siguientes periódicos "**El Tiempo**" (1941-1945); el semanario humorístico "**El Morrocoy Azul**" (1941-1958) y "**Ultimas Noticias**".

Mención especial amerita la entrada en circulación el 16 de septiembre de 1941 del tabloide "**Ultimas Noticias**", fundado por los señores Víctor Simone D´Lima, "Kotepa" Delgado, Vaughan Salas Lozada y Pedro Beroes. En 1948, el señor Miguel Ángel Capriles adquirió la mayoría de las acciones y al poco tiempo, con otros medios impresos de su propiedad constituyó "La Cadena Capriles".

Luego de setenta y tres años de su fundación, "**Ultimas Noticias**", conocido como el diario del pueblo, es uno de los diarios de mayor circulación del país. El 25 de octubre de 2013, luego de una serie de rumores que se venían gestando acerca de su venta, la Cadena Capriles confirmó que efectivamente el diario había sido vendido a "**Latam Media Holding**", que es propietario de "Hanson Group", grupo económico con sede en Inglaterra. Debe expresarse, además, que a partir de ese momento la línea del periódico se tornó pro oficialista, se produjeron destituciones seguidas de renuncias de importantes comunicadores y hasta la fecha se ignora quienes estuvieron efectivamente detrás de esa importante operación de compra venta[85].

El 3 de agosto de 1943, época en la que en el continente europeo, en Asia y en el Océano Pacífico se desarrollaba la segunda guerra mundial, los señores Henrique Otero Vizcarrondo y Miguel Otero Silva, con el lema *"Caminante no hay camino, se hace camino al andar"*, versos del poeta español Antonio Machado, ponen a circular desde la capital de la república y bajo la dirección del señor Antonio Arraíz, el diario "**El Nacional**", el cual, de manera inmediata, se convierte en un medio de amplia circulación en todo el país, tal como sigue ocurriendo hasta la presente fecha.

También durante el período de la Constitución en referencia, el Presidente Eleazar López Contreras crea, el 29 de Julio de 1936, la "**Radio Nacional**", que viene a ser la primera radioemisora oficial

---

[85] *Cfr.* http://www.ultimasnoticias.com.ve/noticias/actualidad/economia/se-concreto-venta-de-la-cadena-capriles.aspx#ixzz3XFGNtxx8

del país. De igual manera, Gustavo Veloz Mancera pone al aire en 1938 la "**Emisora Vargas**" y el señor Caleb White, por su parte, funda el 4 de Julio de 1939, la estación radial conocida hasta nuestros días como "**Radio Continente**". Algunos meses después, concretamente a partir del 15 de noviembre de ese mismo año, la ciudad de Caracas comienza a escuchar las emisiones de "**Radio Tropical**". Luego en 1944 nuevamente el señor Mancera funda otra estación de radio que se va a denominar "**Radio Cultura**".

Este auge de las estaciones de radiodifusión, conducen a que En 1940 se dicte la "Ley de Telecomunicaciones" y al siguiente año, el "Reglamento de Radiocomunicaciones". Ambos textos legales van a regular durante sesenta años, todo lo concerniente al manejo del espacio radioeléctrico. Allí se establecerá, como lo veremos más adelante, que será el Estado quien con carácter de exclusividad podrá otorgar concesiones a los interesados para que exploten esa actividad.

De esta manera, el espectro radioeléctrico va ocupando un lugar cada vez mayor dentro de los espacios garantizados por la norma constitucional arriba referida para el ejercicio de la libertad de expresión. Éste, sumado a los medios impresos existentes para la fecha, jugará un papel fundamental en el fortalecimiento de la mencionada garantía, sobre todo a partir de los sucesos que, en breve tiempo, comenzarán a conmover al país como lo veremos de inmediato.

IV.   LAS CONSTITUCIONES DEL CUARTO PERÍODO

A partir de este punto, comenzamos a hacer referencia a las Constituciones que hemos agrupado bajo el título que antecede, es decir, los Textos Fundamentales de la república, dictados a mediados del siglo pasado, concretamente en los años 1945, 1947, 1953 y 1961, 1999, correspondiente al lapso de los gobernantes que respaldaron y favorecieron el sistema democrático de gobierno, excepción hecha del dictador Marcos Pérez Jiménez y del ya extenso período de la llamada "Revolución Bolivariana", dados su acentuados rasgos de autoritarismo, prepotencia y despotismo.

1. *Constitución de 1945. Se rompe el hilo constitucional*

Concluido el periodo presidencial del general López Contreras, se inicia la disputa por alcanzar la Primera Magistratura del país; la lucha por la presidencia de la república para el período correspondiente a 1941-1946, tendrá como actores a dos aspirantes que se asoman al horizonte: el general Isaías Medina Angarita y el novelista Rómulo Gallegos. En esta contienda resultará electo –también en elecciones de segundo grado– el general Isaías Medina Angarita, quien venía de ocupar el Despacho de Guerra y Marina en el gabinete del presidente López.

No obstante que diversos analistas políticos e historiadores patrios han sostenido en distintas oportunidades que no ha habido en la historia de Venezuela un gobierno más democrático que el del general Medina, lo cierto del caso es que no pudo terminar su mandato, debido a la conspiración cívico militar que estalló el 18 de octubre de 1945, apoyada por el partido Acción Democrática. El Presidente Medina fue depuesto del ejercicio de la primera magistratura cuando apenas faltaban siete meses para que finalizara su período presidencial[86]. El 19 de octubre del citado año, se conformó la Junta de Gobierno que regiría los destinos del país. La integraron Rómulo Betancourt, quien la presidió, Raúl Leoni, Gonzalo Barrios y Luis

---

[86] "La revolución de octubre –cualquiera que hayan sido sus demás causas– se comprendió a sí misma como un intento de realización de la soberanía popular. Pero la popularidad de esa soberanía fue diversamente comprendida. A la idea del tránsito gradual propuesta por el intelectual del Medinismo le fue opuesta la teoría del salto cualitativo". *Vid.* CASTRO LEIVA, Luis: "*El Dilema Octubrista: 1945-1987*". Cuadernos Lagoven. Serie Cuatro Repúblicas. Departamento de Relaciones Públicas de Lagoven S.A. Caracas, 1988. p. 65.

El Dr. Simón Alberto Consalvi, en su biografía sobre Rómulo Gallegos dice a este respecto lo siguiente: "No es posible ver al 18 de octubre como una hoja congelada del calendario. La elección de la Asamblea Nacional Constituyente el 27 de octubre de 1948, en las primera jornadas electorales verdaderamente populares de la historia del país, los trabajos de la propia ANC, la aprobación de una Constitución democrática en 1947 y, finalmente, la elección del Presidente Rómulo Gallegos y del Congreso mediante el voto directo, forman parte de un proceso de características tales que no tuvieron precedentes en la política venezolana". *Vid.* CONSALVI, Simón Alberto: "*Rómulo Gallegos*" N° 41. Biblioteca Biográfica Venezolana. C.A. Editora El Nacional. Caracas. 2006. p. 127.

Beltrán Prieto Figueroa, todos miembros del partido "Acción Democrática"; por parte de las Fuerzas Armadas, el mayor Carlos Delgado Chalbaud y el Capitán Mario Vargas; y, en su carácter de independiente, Edmundo Fernández.

Así las cosas, se trabajará en un nueva Ley Fundamental que será sancionada el 23 de abril de 1945 y le será puesto el ejecútese por el Presidente Medina Angarita el 5 de mayo de 1945. El ordinal 6º del artículo 5 del texto de la reforma y el ordinal 6º del artículo 32, inserto en el título II "De Los Venezolanos y sus Deberes y Derechos", estipularán lo relativo a la libertad de expresión en los términos siguientes.

"Artículo 32. La Nación garantiza a los venezolanos:

(...)

6º. La libertad del pensamiento, manifestado de palabra, por escrito o por medio de la imprenta, u otros medios de publicidad, pero quedan sujetas a pena, conforme lo determine la ley, las expresiones que constituyan injuria, calumnia, difamación, ultraje o instigación a delinquir. No es permitido el anonimato, ni se permite ninguna propaganda de guerra ni encaminada a subvertir el orden político o social"[87].

La redacción de esta disposición ofrece un cambio significativo si la comparamos con la regulación que sobre la materia tenía el precedente Texto Constitucional al suprimir los párrafos segundo y tercero del artículo 32, ordinal 6º, que rechazaban "las doctrinas

---

[87] *Vid*. BREWER-CARÍAS, A.R: *"Las Constituciones de Venezuela..."* *op.cit*. 847. No está demás copiar textualmente, la advertencia que hace el Profesor Brewer-Carías con respecto a las fechas de sanción y de ejecútese de esta Constitución en la que el texto refundido no hizo los cambios correspondientes en cuanto a las fechas de sanción y de ejecución. Dice el Profesor Brewer Carías: "La publicación del texto refundido de la Constitución con las reformas sancionadas en 1945, en la *Gaceta Oficial*, núm. 131 extraordinario, de 5 de mayo de 1945, omitió sustituir las disposiciones finales y agregar la nueva fecha de sanción de la reforma el día 23 de abril de 1945 y su ejecútese por el Presidente, Isaías Medina, el 5 de mayo de 1945, por lo que en dicha Gaceta, en la Constitución de 1945, aparecen la fecha y las firmas de la Constitución de 1936. La fecha y firmas correctas están en la reforma parcial que se publica antes de este texto refundido". *Ibídem*. p. 864

106

comunista y anarquista" por considerarlas contrarias a la independencia, a la forma política y a la paz social de la Nación y "traidores a la patria" a quienes las practicaren o propagaren.

En cuanto a los medios que surgen a la luz de esta Constitución, pueden mencionarse, ejemplificativamente, los siguientes: "**The Daily Journal**" (1945) publicado en Caracas en el idioma inglés; "**La Opinión**", cuya circulación se inicia en la ciudad de Barquisimeto por la iniciativa de Francisco Montes Santander; el semanario del partido Acción Democrática, denominado "**Octubre**"; la publicación mensual "**España Republicana**", "órgano del Comité de amigos de la República Española" y el diario "**El Día**", los tres editados en el estado Carabobo[88].

2. *Constitución de 1947. Gallegos Presidente*

La Junta de Gobierno que tomó las riendas del poder luego del golpe de estado contra el Presidente Medina Angarita durante tres años y treinta y cinco días, estuvo conformada por Rómulo Betancourt; el teniente coronel Carlos Delgado Chalbaud; Raúl Leoni; el teniente coronel Mario R. Vargas; Gonzalo Barrios; Luis Beltrán Prieto Figueroa y Edmundo Fernández. Dicha Junta gestionó lo pertinente para que se celebrara una asamblea constituyente, como en efecto ocurrió, que terminó aprobando el Texto Fundamental de la república. Fue con base en esta moderna Constitución que se realizaron las elecciones en ese mismo año de las cuales resultó presidente de la república, Rómulo Gallegos.

Esta nueva Constitución, cónsona con los principios y postulados de la "revolución de octubre", estableció por vez primera el voto de la mujer, la elección de los representantes del pueblo y del Presidente de la república por medio del voto, universal, directo y secreto, mantuvo la duración del período presidencial en cinco años sin posibilidad de reelección, entre otros avances importantes. Fue

---

[88]   *Cfr.* GUERRA, S Rafael: *"Apuntes para la Historia del Periodismo de Carabobo"*, incluido en la obra colectiva "**Materiales para la Historia del Periodismo en** Venezuela **Durante el Siglo XIX**", compilación y Prólogo de Pedro Grases, Ediciones de la Escuela de Periodismo de la Universidad Central de Venezuela. Caracas. 1950. p. 265

sancionada el 5 de julio de 1947 y mandada a ejecutar en la misma fecha por la Junta Revolucionaria de Gobierno encargada del Poder Ejecutivo, que presidía, como fue dicho, Rómulo Betancourt.

El artículo 37, inserto en el Capítulo II, relativo a las "Garantías Individuales" del Título III denominado "De Los Deberes y Derechos Individuales y Sociales", va a regular la materia concerniente a la libertad de expresión de la siguiente forma:

> **"Artículo 37. La Nación garantiza la libertad de pensamiento, manifestado de palabra, por escrito, por medio de la imprenta, por la radio u otros sistemas de publicidad, sin que pueda establecerse censura previa; pero quedan sujetas a pena, conforme a las prescripciones legales, las expresiones que constituyan ofensa a la moral pública, injuria, difamación, desacato e instigación a delinquir.**
>
> **No se permite el anonimato ni tampoco la propaganda de guerra o la que tenga por objeto provocar la desobediencia de las leyes, sin que por esto pueda coartarse el análisis o la crítica de los preceptos legales"**[89].

Destaca en la redacción de esta disposición, a diferencia de las regulaciones que las anteriores Constituciones habían tenido sobre la garantía de la libertad de expresión, la inclusión precisa que hace de **"la radio"**, como medio de difusión del pensamiento y del derecho a expresarse con libertad. Por supuesto que ellos se debe al progresivo auge que, día a día, va adquiriendo este medio de comunicación desde la fundación de **"Radio Caracas Radio"**. Para este momento, no menos de una docena de radioemisoras transmitían desde la ciudad de Caracas a través de las ondas hertzianas.

Otro aspecto a resaltar es que la prohibición expresa contenida en la norma pertinente de la anterior Constitución, conforme a la cual **"no se permite ninguna propaganda de guerra ni encaminada a subvertir el orden político y social"**, es remplazada en la norma en comento, por la siguiente expresión: **"la que tenga por objeto provocar la desobediencia de las leyes"**.

---

[89] *Vid.* BREWER-CARÍAS, A.R: *"Las Constituciones de Venezuela..."* *op. cit.* pp. 889-890

La vigencia de esta Constitución fue muy breve, apenas cinco años. Con fundamento en ella, se realizaron los comicios para elegir al Presidente de la República para el período 1947-1952. En efecto, el 15 de febrero de 1948 el presidente Gallegos tomó posesión del cargo, pero otro golpe de estado, esta vez, orquestado exclusivamente por la misma logia militar que había participado en la conjura contra el Presidente Medina, lo derrocó el 24 de noviembre de 1948. Nueve meses y nueve días apenas duró ese experimento democrático. Quedaron así abiertas las condiciones para que los que comenzaron a detentar el poder, trabajaran en una nueva Constitución que restringiera, como sucedió, los derechos y garantías de los venezolanos, habida cuenta la redacción muy lacónica de varias de sus disposiciones en el mencionado ámbito.

En cuanto a los medios de comunicación que van a aparecer en el quinquenio de vigencia del citado Texto Constitucional, pueden indicarse los siguientes: **El Gráfico**" (1947-1951), órgano del partido COPEI, que será dirigido por el Dr. Miguel Ángel Landáez, "**La Voce d'Italia** (1950), publicado en lengua italiana; la revista "**Signo**" (1951-1952), dirigida por Alfredo Tarre Murzi y Ramón J. Velásquez; "**Hoy**" (1947); "**La Nación**", surgido en la ciudad de Maracaibo el 15 de abril de 1948, debido al afán de Horacio G. Villalobos

Además de la prensa que circulaba regularmente, otro grupo de periódicos –clandestinos, casi todos– pues la represión y la censura de prensa cada vez era mayor, también empezaron a formular sus críticas a las ejecutorias del gobierno. Pueden nombrarse, entre otros: "**Resistencia**", "**Estrella Roja**", "**Tribuna Popular**". De igual manera, el señor Gustavo Veloz Mancera, precedentemente nombrado, crea en el año 1948 la emisora "**Crono Radar**", la cual, posteriormente, tomará el nombre de "**Radio 1300**". Por otra parte, es de destacar que la emisora "**Radio Rumbos**", que alcanzará muy pronto una alta sintonía nacional, arranca sus transmisiones el 2 de diciembre de 1949. Esta emisora, con un estilo muy particular, funda un radio periódico que inicia sus emisiones el 16 de julio de 1959. Se trata de "**Notirumbos**", cuyo lema era *El periódico impreso en la radio*", conducido por los periodistas Aquilino José Mata y Amílcar Gómez.

La competencia a esta emisora en lo que a difusión de noticias se refiere, se la hará **"Radio Continente"**, antes citada, con su informativo *"Radio Reloj Continente"*, fundado por Alberto Ravell.

3. *Constitución de 1953. La dictadura de Marcos Pérez Jiménez*

Una vez que la Junta de Gobierno se consolidó en el poder, el 30 de noviembre de 1952 llevó a cabo unas elecciones para escoger los miembros de la Asamblea Constituyente que luego elegiría al Presidente Provisional de Venezuela y, a la vez, redactaría una nueva Constitución. Por medio de un descarado fraude, porque la votación favoreció al partido Unión Republicana Democrática, cuyo máximo líder era el Dr. Jóvito Villalba, el para entonces coronel Marcos Pérez Jiménez asumió la Presidencia Provisional de la república el 2 de diciembre de 1952; luego asumirá como presidente constitucional y mantendrá el poder hasta el 23 de enero de 1958, cuando fue derrocado por un movimiento cívico-militar. La represión por parte del gobierno de Pérez Jiménez contra los opositores no se hizo esperar, lo cual viene a marcar el inicio de una de las dictaduras más sangrientas de la historia del país.

Los anteriores acontecimientos, nos los refiere el Profesor Asdrúbal Aguiar en el capítulo "La Larga Transición" de la obra "De la Revolución Restauradora a la Revolución Bolivariana, antes citada, de la siguiente manera: *"La Historia inmediata da cuenta breve del establecimiento de la Asamblea Nacional Constituyente como de la legitimación que hace, en su primer acto, del golpe de Estado del 24 de noviembre de 1948. Avala el Acta Constitutiva del Gobierno provisorio y sus reformas del 27 de noviembre de 1950 –dado el asesinato de Delgado Chalbaud– y del 2 de diciembre de 1952, cuando Pérez Jiménez decide hacerse del poder en su totalidad. Narra, además, la aprobación que se hace de la Constitución de 1953, que le cambia el nombre a Estados Unidos de Venezuela por República de Venezuela, a instancias del profesor y diputado Luis Acosta Rodríguez. Y, finalmente, cuenta del nombramiento a dedo que efectúa dicha asamblea de Marcos Pérez Jiménez, como Presidente constitucional para el período 1953-1958, y del resto de los titulares de todos los poderes públicos.*

La norma tercera de las Disposiciones Transitorias de la noví-sima Constitución le otorga al naciente Presidente su claro carác-ter dictatorial, que ejerce hasta su caída el 23 de enero de 1958: "Entre tanto se completa la legislación... sobre garantías indivi-duales... se autoriza al Presidente para que tome las medidas que juzgue conveniente a la preservación en toda forma de la seguridad de la Nación, la conservación de la paz social y el mantenimiento del orden público"[90].

Tendríamos que acotar a lo expresado por el Dr. Aguiar, que la Constituyente, aparte de ratificar en la primera magistratura del país al coronel Marcos Pérez Jiménez, con base en las disposiciones transitorias de la Constitución, eligió al Contralor General de la Na-ción, al Procurador de la Nación, a los Diputados, a los Senadores, a los Magistrados de la Corte Federal, de la Corte de Casación, y también a los integrantes de las Asambleas Legislativas de los Esta-dos. El número de disposiciones que integró este texto constitucio-nal, fue de 142 artículos y ocho disposiciones transitorias.

El ordinal 7° del artículo 35 que integraba el Capítulo III relati-vo a "Garantías Individuales", el cual a su vez integraba el Título III denominado "De Los Deberes y Derechos Individuales y Sociales", va a normar la materia concerniente a la libertad de expresión así:

"Artículo 35. Se garantiza a los habitantes de Venezuela:

(...)

7°. La libertad de expresión del pensamiento, con las limitacio-nes que establezcan las leyes"[91].

Llama la atención la construcción lacónica en la consagración de este derecho humano fundamental, quizás muy propio –por am-biguo– de un régimen dictatorial como el que caracterizó al gobier-no del Presidente Marcos Pérez Jiménez. El Texto Constitucional en referencia fue sancionado por el Congreso Nacional el 11 de abril de 1953 y el ejecútese fue ordenado el día 15 del mismo mes y año.

---

[90]   *Ob. Cit.* p.113

[91]   *Vid.* BREWER-CARÍAS, A.R: *"Las Constituciones de Venezuela..."* *op. cit.* p. 941.

Cómo lo veremos más adelante, en el gobierno de Pérez Jiménez existió una especie de ministerio de la censura, en el sentido de que un funcionario determinaba qué material podía publicarse y cual no. Hubo restricciones muy severas a libertad de expresión en los medios de comunicación social que se tradujo, además, en persecución y cárcel para los periodistas, reporteros y dueños de medios.

En este difícil período de la historia de nuestro país, surgieron, entre otros, los medios de comunicación que se indican a continuación: "**La Hora**" (1955) en San Cristóbal, "**Jornada**" (1955) fundado en Barquisimeto por Monseñor Críspulo Benítez Fontúrvel; "**La Calle**" obra de Luis García Cartaya que empieza a circular en 1956; el vespertino "**El Mundo**", que abre sus páginas apenas once días después de la caída del dictador, concretamente la tarde del 03 de febrero de 1958, bajo la dirección de Ramón J. Velásquez. Este importante medio de comunicación dejó de circular el 20 febrero de 2009. Fueron 51 años que hicieron historia en el periodismo venezolano. En efecto, el 27 de abril de 2009 se convirtió en un diario matutino dedicado especialmente a brindar información concerniente al mundo de los negocios y de la economía. De allí su nuevo nombre: "**El Mundo. Economía y Negocios**".

Adicional a los medios impresos arriba mencionados es preciso referir que bajo la vigencia de esta Constitución aparecen las primeras estaciones de televisión en nuestro país, tanto del Estado como de particulares. La primera estación de televisión de nuestro país fue fundada por el Estado y comenzó a operar el 22 de noviembre de 1952, con el nombre de "**Televisora Nacional**". Luego, el 1º de junio de 1953, fue inaugurado, como primer canal del sector privado, "**Televisa**, que empezó sus transmisiones a través del canal 4; y el 15 de noviembre del mismo año 1953, inició su programación, "**Radio Caracas Televisión**". El 1º de agosto de 1964, se crea otro canal que se va a denominar "**Cadena Venezolana de Televisión**", el cual más tarde será adquirido por el Estado Venezolano y pasará a denominarse "Venezolana de Televisión".

En la provincia venezolana los primeros canales de televisión fueron Televisa del Zulia en el año 1956, Ondas del Lago TV en 1957 y en 1958, Radio Valencia Televisión.

4. *Constitución de 1961. La etapa de los gobiernos civiles y democráticos*

La caída de la dictadura perezjimenista el 23 de enero de 1958, trajo consigo un renacer de la democracia como no había sido experimentado por los venezolanos con anterioridad y, por ende, la libre expresión de las ideas sin barreras de ninguna índole. El ambiente festivo que comenzó a imperar apenas se supo de la huida del dictador –conocido como el "Espíritu del 23 de enero"– le impedía a la Junta de Gobierno, si es que lo hubiera pretendido, restringir el derecho a la libertad de expresión.

Una vez celebradas las elecciones en diciembre de 1958, el Congreso de la República recién electo, se abocó a redactar una nueva y moderna Constitución. Tres años después de la caída del régimen dictatorial de Marcos Pérez Jiménez, el 23 de enero de 1961, el Congreso sancionó la Constitución que ha tenido más largo tiempo de vigencia –casi treinta y nueve años– y que, en palabras del Dr. Rafael Caldera "fue la expresión jurídica del espíritu del 23 de enero". En esa misma fecha, el Presidente de la República, Rómulo Betancourt, ordenó el "Ejecútese".

Un factor determinante para le elaboración de un Texto Constitucional, acorde con los tiempos que se estaban viviendo entonces, tanto en el nivel nacional como en el internacional, lo constituyó el "Pacto de Punto Fijo"[92]. Concluido el proceso electoral de diciembre de 1958, el "Pacto de Punto Fijo", previsto para el período 1959-1964 fue complementado con dos documentos de singular importancia: a) una Declaración de Principios y b) y un Programa Mínimo de Gobierno.

---

[92]   Este es el nombre con el que se conoce el acuerdo suscrito en la quinta "Punto Fijo", propiedad del Dr. Rafael Caldera, el 31 de octubre de 1958, por los representante de las tres grandes organizaciones políticas de aquella época. Por Unión Republicana Democrática: Jóvito Villalba, Manuel López Rivas e Ignacio Luis Arcaya; por el Partido Social Cristiano COPEI: Rafael Caldera, Lorenzo Fernández y Pedro Del Corral; y por Acción Democrática: Rómulo Betancourt, Raúl Leoni y Gonzalo Barrios. *Cfr.* ARRÁIZ LUCCA, Rafael: *op. cit.* pp. 161 y 162.

El primer punto abordado en el Programa Mínimo de Gobierno, suscrito el 6 de diciembre de 1958, intitulado "Acción Política y Administración Pública", fue el que se copia de inmediato:

"Elaboración de una constitución democrática que reafirme los principios del régimen representativo e incluya una carta de Derechos Económicos y Sociales de los ciudadanos. Defensa del orden constitucional y enérgicas medidas contra las actividades antidemocráticas. Reforma de leyes, reglamentos, y ordenanzas para erradicar disposiciones contrarias al ejercicio efectivo de las libertades públicas. Autonomía y fortalecimiento de los poderes legislativo y judicial y del poder municipal.

Regularización de las relaciones entre la Iglesia y el Estado.

Reforma administrativa con el objeto de hacer más eficaz y menos oneroso el funcionamiento de los servicios públicos. Garantías para la estabilidad del empleado público. Continuidad de la obra administrativa. Lucha implacable, apoyada en una severa legislación, contra el peculado, el tráfico de influencias y todo género de enriquecimiento ilícito"[93].

La Constitución de 1961, como bien lo afirma el Profesor Asdrúbal Aguiar, "es la obra paciente de un Parlamento activo, con luces, plural, representativo de todo el país y de todas sus fuerzas, incluidas las extremas. No fue una Constituyente de circunstancia: que como tal sólo hubiese expresado una circunstancia de nuestra Historia, sin vocación hacia lo permanente. Hace reunir bajo un mismo seno, uno al lado del otro, en calidad de senadores vitalicios y en inédita tregua pedagógica hacia el porvenir, a dos actores fundamentales de la primera mitad de del siglo XX: el último de la República Militar, quien les abre el paso a los civiles y a sus aspiraciones democráticas, el general Eleazar López Contreras, y el primero de la imaginada República Civil electo por el pueblo y derrocado por la milicia, el escritor Rómulo Gallegos"[94].

---

[93] *Vid.* CALDERA, Rafael: *"Los Causahabientes De Carabobo a Punto Fijo"*. 2ª edición. Editorial Panapo. Caracas. 1999. p.191.

[94] *Vid.* AGUIAR Asdrúbal: *"Ob. cit.* p. 160 y BREWER-CARÍAS A.R: "Las Constituciones de Venezuela..." *op. cit.* p. 970.

"La Constitución de 1961 es el odre donde queda recogida esta nueva visión, de largo plazo, hija de los equilibrios propios a la democracia, y acerca de un país distinto, modelado por el mismo pueblo, ajeno a la gendarmería, e incluso hecho bajo inspiración 'bolivariana'"[95].

La materia relativa a la libertad de expresión, quedó consagrada en el Título III, denominado "De Los Deberes, Derechos y Garantías", Capítulo III "Derechos Individuales", artículo 66, cuyo contenido era el siguiente:

"Artículo. 66. Todos tienen el derecho de expresar su pensamiento de viva voz o por escrito y de hacer uso para ello de cualquier medio de difusión, sin que pueda establecerse censura previa; pero quedan sujetas a pena, de conformidad con la ley, las expresiones que constituyan delito.

No se permite el anonimato. Tampoco se permitirá la propaganda de guerra, la que ofenda la moral pública ni la que tenga por objeto provocar la desobediencia de las leyes, sin que por esto pueda coartarse el análisis o la crítica de los preceptos legales".[96]

La Constitución de 1961, como puede constatarse de la norma copiada que antecede, garantizó de manera clara la libertad de expresión. Sin embargo, finalizando el primer párrafo, el artículo 66, contenía esta expresa limitación: *"...quedan sujetos a pena, de conformidad con la ley, las expresiones que constituyan delito"*.

En cuanto a los medios de comunicación que empezaron su actividad desde la ciudad capital, luego de la entrada en vigor de este Texto Fundamental y en pleno desarrollo del régimen democrático y del Estado de Derecho allí consagrado, pueden mencionarse los siguientes: **"La República"** (1961), cuyo director fue el periodista Luis Esteban Rey; el 1º de marzo de 1961, la estación de televisión "Televisa", con nuevos propietarios pasa a denominarse **"Venevisión"**.

---

[95] *Cfr. Gaceta Oficial* Nº 662, Extraordinario de 23 de enero de 1961.

[96] *Vid.* CALDERA, Rafael: *"Los Causahabientes..." op. cit.* p. 970.

Otro medio impreso que surgirá bajo la vigencia de la Constitución de 1961, será "**El Siglo**" en el año 1965, a cuyo frente estuvo José Vicente Rangel; "**La Verdad**", que también sale a la luz pública en 1965, fundado por el Dr. Nicomedes Zuloaga Mosquera; "**Meridiano**", obra del periodista "Carlitos" González quien fue su primer director, comenzó a circular el 3 de noviembre de 1969. En la actualidad pertenece al "Bloque De Armas" y es el diario deportivo más antiguo del país.

Los partidos, Movimiento de Izquierda Revolucionaria (MIR) y el Partido Comunista de Venezuela (PCV), tuvieron sus propios órganos divulgativos. Lo mismo aconteció con comunicadores que veían con buenos ojos la lucha armada de la guerrilla venezolana contra los gobiernos democráticos que se había dado el pueblo venezolano en libres elecciones, En tal virtud fueron muy variados los impresos que surgieron al abrigo de la precitada norma Constitucional. Fue así el caso de "**Izquierda**", órgano del MIR; de "**Tribuna Popular**", editado por el PCV; "**Clarín**", dirigido por Luis Miquilena; "**La Extra**"; el semanario "**Qué pasa en Venezuela**" y de las revistas "**Dominguito**", "**El Fósforo**" y "**Reventón**".

Con un componente importante de capital extranjero, aliados comercialmente con capitales venezolanos en (1964) surge la estación de televisión "CVTV", la cual cierto tiempo después fue adquirida por el Estado y pasó a denominarse "Venezolana de Televisión (VTV)".

Por lo que respecta a la prensa de provincia, puede mencionarse, a título de ejemplo, "**El Informador**" fundado en la ciudad de Barquisimeto. El 30 de enero de 1968 salió a la luz la primera edición de este periódico y desde ese mismo momento fue acogido ampliamente por los larenses y estados circunvecinos. En el occidente del país hay que referir, de manera particular, el "**Diario La Nación**". Fue fundado el 23 de diciembre de 1968 en San Cristóbal, Estado Táchira, y de inmediato gozó del respaldo de sus lectores. Por otra parte no es posible dejar de nombrar el diario "**Crítica**", editado en Maracaibo en virtud de que muy pronto tuvo una importante aceptación en la región zuliana Su inicio ocurrió en 1966 y dejó de circular en la década de 1990. En el estado Bolívar, el periódico "**El Expreso**", fundado el 16 de agosto de 1969, se mantiene como uno de los medios más importantes de la región guayanesa de nuestro país.

En la década de los setenta, aparecieron, entre otros medios impresos, los que se indican a continuación: En Caracas, "Carlitos" González, después de haber vendido "**Meridiano**" al grupo De Armas, funda "**El Globo**" en el año 1972; en el estado Nueva Esparta, surge "**Sol de Margarita**", fundado por el periodista Iván Cardozo Yánez en 1972; en el estado Aragua, "**El Aragüeño**" fundado por el empresario Filippo Sindoni el 23 de enero de 1972; También en el estado Aragua, el 25 de marzo de 1973 comenzó su circulación el diario "**El Siglo**", obra de Tulio Capriles Hernández. El 02 de julio de 1973 surgió otro diario perteneciente al "Bloque de Armas". Se trató de "**2001**", cuya dirección estuvo inicialmente a cargo del periodista Rafael Poleo. Otro periódico muy importante de este período que estamos comentando fue el que fundó en Ciudad Guayana, David Natera Febres, el 27 de junio de 1977; se trata de "**El Correo del Caroní**," el cual sigue contando para esta fecha con un amplio respaldo de su público lector.

En cuanto a los medios radiales, no es posible soslayar la pionera en transmitir en FM, la "**Emisora Cultural de Caracas**", que inició sus transmisiones en el año 1975.

Concluimos la década de los setenta, haciendo mención de "**El Diario de Caracas**", fundado el 2 de mayo de 1979 por Diego Arria, conjuntamente con el recordado escritor Tomas Eloy Martínez y el periodista Rodolfo Terragno. Este importante medio de comunicación, que llego a contar entre sus colaboradores a José Ignacio Cabrujas, fue adquirido luego por el grupo de Empresas 1BC y dejó de circular en 1995.

La década de los ochenta vio aparecer, entre otros, los siguientes medios de comunicación: En Caracas, el 23 de enero de 1988, aniversario del derrocamiento del dictador Marcos Pérez Jiménez, el periodista Rafael Poleo, lanza un periódico, todavía para esta fecha en circulación, que privilegia las denuncias de irregularidades en los diversos sectores de la Administración Pública; se trata de "**El Nuevo País**". El estilo frontal y combativo del periodista Poleo se ve reflejado en este nuevo medio de comunicación. Rodolfo Schmidt es el director de un medio de comunicación que muy pronto se abrirá espacio en la prensa escrita de la capital. Se trata de "**Reporte**", fundado el 13 de junio de 1988. "**Economía Hoy**", especializado como su nombre lo indica en temas económicos, circula por vez primera el 30 de mayo de 1989 y el semanario "**Quinto Día**", fundado por el periodista Carlos Croes en 1996.

En la provincia, también surgirán otros importantes medios de comunicación. Es el caso, entre otros, de "**La verdad de los Andes**" (Mérida, 18-4-1983); "**La Prensa del Llano**" (San Juan de los Morros, 21-11-1983); "**Diario de Sucre**" (Carúpano, 22-12-1986).

Finalizamos esta breve reseña correspondiente a la década de los años ochenta, haciendo mención de "**El Guayanés**" fundado en Ciudad Guayana por Omar González Moreno el 02 de julio de 1988. Este periódico circuló hasta el lunes 30 de agosto de 2010. Fueron veintidós años de exitosa labor.

Por lo que respecta a la década de los noventa, es preciso referir la aparición del diario "**El Globo**" bajo la dirección del periodista Rodolfo Schmidt; el semanario "**Quinto Día**", fundado y dirigido por el periodista Carlos Croes, cuyo primer ejemplar circuló el 20 de septiembre de 1996. Su lema es "El Semanario de los Nuevos Tiempos" y, en el estado Zulia, el diario "**La Verdad**", fundado el 19 de abril de 1998 debido a la iniciativa del señor Jorge Abudei quien con un grupo de accionistas constituyeron, con tal propósito, la empresa "Sinergia Editorial C.A."

5.   *Constitución de 1999. El Socialismo del siglo XXI*

Como consecuencia de la profunda crisis que minó progresivamente las bases de la democracia venezolana, se fue haciendo cada vez más evidente la necesidad de introducirle reformas al texto Constitucional promulgado el 23 de enero de 1961. En efecto, el sistema político surgido a raíz de los sucesos del 23 de enero de 1958 concluyó tan desvirtuado en su esencia, que fueron los partidos políticos los que terminaron rigiendo los destinos de nuestro país. Es lo que los Profesores Asdrúbal Aguiar y Brewer-Carías han denominado "La República de Partidos y "El Estado Centralizado de Partidos", respectivamente[97].

---

[97]   *Vid.* AGUIAR, Asdrubal: *op. cit.* pp. 125 y ss.; BREWER-CARÍAS, A.R: "*La Constitución de 1999. Derecho Constitucional Venezolano*". Tomo I.

La referida crisis la puso de manifiesto nuestra población de muchas maneras; por ejemplo, la abstención electoral que se fue acentuado en la misma medida que tenían lugar los diferentes procesos comiciales; sobre todo cuando se referían a la elección de autoridades regionales y municipales; la corrupción generalizada en diversos ámbitos del sector público: político, militar, policial, judicial y también del sector privado, sobre todo por lo que respecta al sector de la banca, así como en el mundo sindical[98]; el populismo abierto y descarado por gobernantes de los diferentes niveles territoriales que impregnaban las esperanzas de la población con las promesas que hacían y que más tarde resultaban incumplidas; la deficiencia en la prestación de los servicios públicos, particularmente de los que tenían que ver con la salud y la atención hospitalaria en general; la lucha interna por el control de los partidos políticos con la finalidad de influir en los más disímiles espacios de la vida en sociedad; en fin, estas carencias y otros hechos, como el llamado "Caracazo"[99], hicieron que los gobernantes fueran perdiendo sintonía con el pueblo; todas estas falencias, de una u otra manera, condujeron a una insatisfacción generalizada, al extremo que muchos vene-

---

Cuarta Edición Colección Textos Legislativos N° 20. Editorial Jurídica Venezolana, Caracas. 2004. p.p. 23 y ss.; *Cfr.* ARRÁIZ LUCCA, Rafael: *op.cit.* p.p. 201 y ss.; *CABALLERO Manuel: op. cit.* pp. 133 y ss.

[98] En torno al tópico de la corrupción, puede verse nuestra obra "*Contribución al Estudio de la Legislación Venezolana Dirigida a Sancionar los Hechos de Corrupción*". Edición conjunta UCV-UCAB, Caracas. 2011.

[99] Recibe el nombre de "El Caracazo", la sucesión de hecho violentos – saqueos, incendios y anarquía generalizada por parte de algunos sectores de la población de Caracas, La Guaira y Guarenas, fundamentalmente- que durante los días 27 y 28 de febrero de 1989, sembraron el caos y el terror. Esos excesos fueron reprimidos violentamente por el ejército luego que se decretara la suspensión de las garantías constitucionales. El número exacto de personas que perdieron la vida durante esos dos días al ser reprimidos por las fuerzas del orden público o como consecuencia de enfrentamientos con dichas fuerzas, no ha podido ser establecido de manera definitiva. Lo mismo acontece con las pérdidas materiales ocurridas durante esos dos días.

zolanos vieron inicialmente con simpatía las intentonas golpistas del 4 de febrero de 1992 y del 27 de noviembre del mismo año[100].

Si a todo lo anterior se suma que la labor realizada por la "Comisión Bicameral para la Revisión de la Constitución" (1989-1992), presidida por el ex presidente Rafael Caldera, que culminó con una propuesta de Reforma General de la Constitución de 1961 que debía ser sometida a *referéndum* consultivo, fue archivada sin ningún tipo de análisis por el Congreso de la época; e igualmente se le adiciona que el Presidente Carlos Andrés Pérez, a raíz de la denuncia de haber malversado la suma de 250 millones de bolívares (unos 17. 2 millones de dólares al cambio de aquella época), fue suspendido temporalmente del ejercicio del cargo por la Corte Suprema de Justicia cuando apenas faltaban ocho meses para que expirara su período constitucional y luego condenado a 2 años y 4 meses de prisión por el delito de malversación genérica agravada, se verá muy claro que la bandera de la elección de una Asamblea Constituyente para que se redactara una nueva Constitución, izada en aquella época por el recién fallecido presidente de la república, encontró el eco suficiente en la población venezolana para que tal iniciativa fuera exitosa.

---

[100] Como lo expresa el profesor Brewer Carías: "Esa incomprensión del liderazgo, entonces, condujo al propio desprestigio partidista y de la democracia, y al tremendo vacío político que se produjo en 1998, el cual fue rápidamente copado por la figura de Hugo Chávez Frías quien de fracasado golpista en 1992, irrumpió en la escena política prometiendo todos los cambios soñados e imaginables. El pueblo lo siguió, pero bastaron sólo cuatro años para que demostrara la más absoluta incomprensión de la realidad venezolana, y haya pasado, con su gobierno, a un nivel de fantasías que sólo él imagina, y a un nivel de incompetencia, degradación y corrupción nunca antes visto. Esta incomprensión, de entonces y de ahora, ha sido, precisamente la que nos tiene inmersos en esta crisis histórica, más que terminal, donde un cambio inevitable, querámoslo o no, sigue estando visible en nuestro horizonte político". El criterio del Profesor Brewer que antecede fue expuesto en su libro *"La crisis de la democracia venezolana, la Carta Democrática Interamericana y los sucesos de abril de 2002"*. Los Libros de EL NACIONAL. Caracas. 2002. p.4. No deja de llamar la atención que el transcrito criterio, doce años después de haber sido expuesto, mantiene toda su vigencia. El diagnóstico de la situación política de Venezuela que hace el Profesor Brewer no ha cambiado un ápice. Los errores y desviaciones del actual gobierno, y del que le antecedió, se han profundizado de una manera descomunal.

En efecto, su propuesta se materializó con la aprobación, vía referéndum, del texto elaborado por la Asamblea elegida por el pueblo con ese propósito. La Constitución de 1999, fue proclamada el 15 de diciembre de 1999 y apareció publicada en la *Gaceta Oficial* el 30 de diciembre de 1999[101].

La Constitución de 1999, sin introducir cambios en el sistema político y manteniendo prácticamente la misma estructura de la precedente Constitución, hizo aportes significativos al constitucionalismo moderno. En efecto, en cuanto a la consagración de las garantías constitucionales, destaca todo lo relativo a la materia de los derechos humanos, particularmente la previsión del principio de la responsabilidad patrimonial del Estado por los daños y perjuicio que causen los funcionarios en ejercicio de sus funciones; la jerarquía constitucional de los tratados en materia de derechos humanos, privando incluso sobre el orden interno; la tutela internacional sobre tales derechos; finalmente, la extensión del ámbito de los derechos humanos a los derechos ambientales y también de las etnias indígenas y no sólo a los derechos civiles, políticos, económicos, culturales y sociales.

Lo atinente a la libertad de expresión quedó regulado en el Título III De los Derechos Humanos y Garantías, y de los Deberes; Capítulo III, De los Derechos Civiles, Artículo 57, cuyo texto, dice así:

"Artículo 57. Toda persona tiene derecho a expresar libremente sus pensamientos, sus ideas u opiniones de viva voz, por escrito o mediante cualquier otra forma de expresión, y de hacer uso para ello de cualquier medio de comunicación y difusión, sin que pueda establecerse censura. Quien haga uso de este derecho asume plena responsabilidad por todo lo expresado. No se permite el anonimato, ni la propaganda de guerra, ni los mensajes discriminatorios, ni los que promuevan la intolerancia religiosa.

---

[101] El 15 de febrero de 2009, fue aprobada mediante referéndum popular la enmienda de los artículos 160, 162, 174, 192 y 230 de la Constitución de 1999, con el propósito fundamental de permitir la reelección continua de todos los cargos de elección popular. Fue publicada en la *Gaceta Oficial* N° 5.908, Extraordinario, de fecha 19 de febrero de 2009.

Se prohíbe la censura a los funcionarios públicos o funcionarias públicas para dar cuenta de los asuntos bajo sus responsabilidades[102].

Como puede fácilmente observarse, lo que se pone de relieve en la redacción de la norma antes copiada, es la mención expresa en materia de libertad de expresión, según la cual ésta no puede ser objeto de ningún tipo de censura, ni previa, ni posterior. Prohíbe, como lo hacía la Constitución de 1961, la apología de la guerra, la discriminación o la intolerancia religiosa y establece la responsabilidad por lo expresado para quien ejerza este derecho.

Pero es más, el artículo 58, *ejusdem*, en absoluta correspondencia y armonía con la norma antes copiada, establece lo que se trasunta a continuación:

"Artículo 58. La comunicación es libre y plural y comporta los deberes y responsabilidades que indique la ley. Toda persona tiene derecho a la información oportuna, veraz e imparcial, sin censura, de acuerdo con los principios de esta Constitución, así como a la réplica y rectificación cuando se vea afectada directamente por informaciones inexactas o agraviantes. Los niños, niñas y adolescentes tienen derecho a recibir información adecuada para su desarrollo integral".

De las disposiciones que anteceden, se evidencia, claramente, que la vigente Constitución consagra el derecho de las personas –nacionales o extranjeras– a expresar de manera libre su pensamiento; el derecho a informar, es decir a comunicar, a suministrar o proporcionar información; el derecho a establecer y desarrollar medios para la comunicación y la información; el derecho a recibir información oportuna, veraz e imparcial; y, por último, el derecho a la réplica y a la rectificación cuando una persona resulte afectada directamente por informaciones inexactas o agraviantes.

Pero es más, el artículo 337 del mismo Texto Constitucional al regular la materia concerniente a los estados de excepción, expresa lo siguiente:

---

[102] *Cfr. Gaceta Oficial* N° 5.908, Extraordinario, del jueves 19 de febrero de 2009.

122

"**Artículo 337. El Presidente o Presidenta de la República, en Consejo de Ministros, podrá decretar los estados de excepción. Se califican expresamente como tales las circunstancias de orden social, económico, político, natural o ecológico, que afecten gravemente la seguridad de la Nación, de las instituciones y de los ciudadanos y ciudadanas, a cuyo respecto resultan insuficientes las facultades de las cuales se disponen para hacer frente a tales hechos. En tal caso, podrán ser restringidas temporalmente las garantías consagradas en esta Constitución, <u>salvo</u> las referidas a los derechos a la vida, prohibición de incomunicación o tortura, el derecho al debido proceso, <u>el derecho a la información y los demás derechos humanos intangibles.</u>**"

Sin lugar a dudas, la consagración en nuestro Texto Constitucional de los derechos a la libertad de expresión y a la de información, en la forma en que quedaron regulados, constituye un significativo paso de avance en esta materia. En efecto, en el caso concreto de la protección de la libertad de información ésta fue reconocida y quedó protegida en dicha Carta Magna, como uno de los derechos intangibles que no puede ser restringido ni siquiera en estados de excepción. De allí que haya resultado absolutamente contradictorio con el vigente régimen constitucional, las violaciones y agresiones contra medios y comunicadores durante los años de la "revolución bolivariana", como tendremos ocasión de detallarlos en la parte pertinente del presente estudio.

Ahora bien, en lo que concierne a los medios que han sido fundados bajo la vigencia del mencionado Texto Fundamental de la República, pueden señalarse, a manera de ejemplo, los siguientes diarios surgidos en la capital de la república: en primer lugar, "**El Correo del Presidente**". Este periódico bajo la dirección del periodista Juan Barreto, empezó a circular el 05 de julio de 1999. Se trató de un instrumento del gobierno nacional para tratar de ocupar espacio dentro de los medios impresos que están a disposición del colectivo nacional. El mencionado periódico tuvo una vida muy efímera porque muy pronto, bajo acusaciones de corrupción provenientes del mismo sector oficial, dejó de circular. Se estimó que las pérdidas fueron bien importantes, aunque dichas acusaciones no produjeron resultado alguno.

Luego del fracaso de "**El Correo del Presidente**" el mismo periodista Barreto, con la ayuda oficial, va a estar al frente de un semanario denominado "**La Otra Opinión**", que igualmente va a cerrar sus páginas muy pronto.

Otro periódico que debe ser referido es "**Tal Cual**", fundado por Teodoro Petkoff el 03 de abril del año 2000, luego de haber dejado la dirección del vespertino "**El Mundo**" de la Cadena Capriles, por las presiones ejercidas por el gobierno en ese sentido. "**Tal Cual**" se inició igualmente como un diario vespertino, pero a partir del lunes 22 de octubre de 2007 empezó a circular en las mañanas. Como lo ha dicho el propio Petkoff, "*Seguimos comprometidos con los valores de la justicia, la democracia y los derechos humanos; y respecto a la coyuntura política nacional sigue siendo un periódico eminentemente crítico, pero al mismo tiempo con un criterio independiente y con esa amplitud que le permite no ser visto como un periódico sectario, de partido o representante de intereses específicos*"[103]. Finalmente, es de señalar que en la semana comprendida entre el 19 y el 24 de enero de 2015, se supo oficialmente que el diario "Tal Cual", circulará hasta el venidero 27 de febrero, porque no ha podido superar la crónica escasez de papel para imprimir sus páginas, a lo que se adicionan las presiones contra sus periodistas y contra sus anunciantes; una y otra causa generada por el gobierno nacional.

De igual manera, es preciso recordar ejemplificativamente, otros periódicos: es el caso de "**Líder**" dedicado a la materia deportiva; "**Versión Final**", de Maracaibo e incluso algunos que han tenido un breve lapso de circulación, como sucedió con "**Así es la Noticia**".

Concluimos la referencia a algunos de los medios de comunicación que han sido fundados luego de la entrada en vigencia de la Constitución de 1999 y hasta la fecha de este trabajo, haciendo mención, cronológicamente, a los siguientes medios impresos. Primero, el semanario del periodista Miguel Salazar, "**Las verdades de Miguel**", que empezó a circular el 26 de marzo de 2004. Con

---

[103] Véase la entrevista que le hace el periodista Pedro García Otero a Petkoff, en el diario "El Universal" de Caracas, edición del 21 de octubre de 2007.

ocasión de su octavo aniversario, dijo el prenombrado periodista lo que parcialmente se copia a continuación: *"Poderosas son las presiones de sectores que, valiéndose de juicios amañados, han intentado sacarnos del camino. Nos cobran a diario que seamos reacios a someternos a los dictados de una persona o de una organización. Desde el primer número apostaron a nuestra claudicación y lo siguen haciendo. Afortunadamente hemos contado con el apoyo colectivo, ese que emana de la voluntad del lector de acompañarnos sin importar la magnitud del peligro que encierra la amenaza de quienes quieren un periodismo entreguista, aquel que se postra ante las zalamerías de los mediocres"*.

En segundo lugar, el semanario, "**La Iglesia Ahora**" surgido el 20 de marzo del año 2005. Este impreso vino, de alguna manera a remplazar al diario "**La Religión**", que circuló, como dijimos con anterioridad, durante ciento cuatro años ininterrumpidamente. "**La Iglesia Ahora**", tiene el formato tabloide, un diseño moderno y es la principal referencia informativa de la Iglesia Católica. Lo dirige desde su fundación, Monseñor Luis Tineo Rivera.

El tercer medio que es preciso mencionar es el diario "**Vea**", "vocero del proceso revolucionario" y, por lo tanto, absolutamente parcializado hacia la gestión y políticas del proceso revolucionario. Fue creado por los hermanos García Ponce el 02 de setiembre de 2008 y goza de todo el favoritismo oficial. Se ha mantenido hasta la fecha sin problemas económicos porque toda la publicidad oficial es canalizada –obligatoriamente– hacia ese medio, en detrimento de los restantes impresos, nacionales y regionales.

El cuarto medio al que hay que referirse es al diario "**Versión Final**", fundado en la ciudad de Maracaibo el 08 de setiembre de 2008. Este medio de comunicación es dirigido por el comunicador social Javier Muñoz.

En quinto lugar, incluimos a "**El Correo del Orinoco**". Este medio inició su circulación por el impulso que a la idea de crearlo le dio el presidente fallecido. Se inició el 30 de agosto de 2009. Pertenece a la cadena oficial denominada "Sistema Bolivariano de Comunicación e Información" y es coordinado por la periodista Vanesa Davies. Desde el año 2010, tiene una versión en el idioma inglés (Correo del Orinoco International) cuya "Editora Jefe" es la abogada norteamericana Eva Golinger.

En cuanto a medios televisivos, el gobierno nacional ha sido prolífico en la fundación de medios televisivos que, aunados a los medios impresos oficialistas y a la cadena de emisoras radiales agrupadas en los circuitos **"YVKE Mundial"** y **"Radio Nacional de Venezuela"**, **"La Radio del Sur"** y los denominados "medios comunitarios", conforman la denominada "Hegemonía Comunicacional", a la que nos referiremos más adelante.

Destacan entre los canales de televisión del sector oficial, surgidos bajo la vigencia de la Constitución de 1999, los que se mencionan a continuación: **ALBA TV, ANTV, TELESUR, TVES, VIVE**; y, por si fuere poco, el 28 de diciembre de 2013 el Presidente Nicolás Maduro inauguró la televisora de la Fuerza Armada Nacional Bolivariana (TvFanb), la cual –dijo– "se va a convertir en una escuela para diversificar el sistema televisivo del país"[104]. Las críticas a esta nueva televisora oficial no se han hecho esperar. El sociólogo Carlos Raúl Hernández expresó que era un "disparate y una cursilería"[105]; no obstante lo anterior, la verdad es que los proyectos expansivos, hegemónicos, de la "revolución bolivariana" de cubrir todo el espectro radial, televisivo, comunicacional o mediático para aniquilar la libertad de comunicación y de información e imponer sus propias versiones de los hechos o sucesos, se han venido logrando.

No podríamos omitir que ha sido bajo la vigencia de la Constitución que nos rige, que se ha producido un explosivo desarrollo informativo a través de internet, ya sea porque los medios impresos han accedido a esta vía para publicar también allí sus periódicos o semanarios, o bien porque han surgido páginas exclusivamente en

---

[104] http://www.eluniversal.com/nacional-y-politica/131228/presidente-maduro-inauguro-televisora-de-la-fanb

[105] Dijo también Hernández: "En cualquier gobierno civil esto es un disparate. Los militares por definición en todas las constituciones democráticas del mundo deben ser obedientes al poder civil y no beligerante", enfatizó Hernández, quien manifestó que TvFanb "es un hecho tan insólito que podemos calificarlo de surrealismo puro". Se preguntó, "¿Cuál será su programación? ¿Películas de guerra o informaciones dedicadas al armamento?". *Cfr.* El Universal, edición del 30-12-2012. p.1-2

formato digital, especializadas en el hecho noticioso, a las que incluso se les puede acceder a través de Twitter. Ejemplo de estos casos son, entre otros: **"Noticias 24.com"**; **"Noticiero Digital.com"**; **"Enfrentados.com"**; **"Escondiendo La Noticia.com"**; **"Noticias.com.ve"**; **"Runrun.es twitter"** (los runrunes del periodista Nelson Bocaranda Sardi); **"Solo en Venezuela.com"**; **"VeneTubo.com"**; **"Venezuela.net"**; **"Aporrea.org"**.

Habría que agregar también, que habida cuenta el cerco mediático que ha logrado de manera exitosa el gobierno "bolivariano", como consecuencia de su política para lograr la censura y la auto censura de los medio informativos privados, de forma especial, los televisivos, han estado apareciendo otras vías para eludir dicho cerco, como lo es la "Televisión vía Internet". Pueden mencionarse, entre otros, **"EUTV"** del diario El Universal, **"Capriles TV"** del gobernador del Estado Miranda Henrique Capriles, **"La Bicha TV"** de la periodista Berenice Gómez y **"La Patilla TV"** del periodista Alberto Federico Ravell.

La segunda parte de este Capítulo, cuyo desarrollo iniciaremos de inmediato, lo dedicamos al estudio de las regulaciones, limitaciones, violaciones y restricciones a la libertad de expresión y de información que en distintas épocas y bajo los diferentes gobiernos que han regido los destinos de nuestro país, incluso durante la época de la colonia, se han puesto de manifiesto de las más diferentes formas de proceder: privación de la libertad de los comunicadores, golpizas a éstos e incluso extrañamiento del territorio nacional; allanamiento de locales desde donde se imprimen o se transmiten las noticias; destrucción, robo o confiscación de equipos; censura previa; leyes especiales dirigidas a propiciar la autocensura; multas; no renovación de concesiones en el caso de medios radiales y televisivos, y un largo etcétera, como tendremos ocasión de referirlo seguidamente.

SEGUNDA PARTE:

LAS REGULACIONES, VIOLACIONES Y RESTRICCIONES A LA LIBERTAD DE EXPRESIÓN EN DIFERENTES ÉPOCAS Y GOBIERNOS

PRELIMINAR

Nos proponemos referir en esta segunda parte, como el título que antecede lo indica, las regulaciones, las trabas, inconvenientes y violaciones que ha sufrido la libertad de expresión a lo largo de nuestra historia; particularmente, la que se plasma a través de los medios de comunicación, sobre todo en la prensa escrita y, de manera especial, las normas dictadas para desarrollar la respectiva previsión constitucional que la consagra, así como los atentados de que ha sido objeto dicha libertad por parte de los gobernantes, habida cuenta del control que sobre éstos ejercen los medios de comunicación, porque ¡qué difícil es que un gobernante respete la libertad de expresión a plenitud! Justifica este aserto el hecho de que en la generalidad de los casos, se rechazan de plano las críticas que se le hacen a su gestión, así como las investigaciones que adelantan los medios contra los actos de corrupción que cometen funcionarios suyos. Se requiere de una buena dosis de formación democrática para tolerar, consentir e incluso estimular tales críticas e investigaciones.

Con sobrada razón el Profesor Manuel Aragón Reyes, ha señalado en su obra *"Constitución y Control del Poder"*, lo que se copia seguidamente: "Bajo las diversas formas (parlamentaria, judicial, social, etc.) del control del poder y bajo las diversas facetas (freno, vigilancia, revisión, inspección, etc.) que tal control puede revestir, late una idea común: hacer efectivo el principio de la limitación del poder. Todos los medios de control, en el Estado constitucional, están orientados en un solo sentido y todos responden, objetivamente, a un único fin: <u>fiscalizar la actividad del poder para evitar sus abusos</u>"[1] (El subrayado es nuestro).

De acuerdo con lo que veremos de inmediato, la libertad de expresión comprende, tanto al que difunde información, como al que la recibe, al que publica y también al que obtiene lo publicado. Por ello, los medios de comunicación son elementos fundamentales para preservar la observancia del orden constitucional establecido; para resguardar el principio de legalidad; para controlar las políticas gubernamentales en beneficio de las mayorías; contribuyen a formar opinión pública cuando los gobernantes no actúan en beneficio del colectivo y transgreden el orden constitucional y legal que rige el destino de un país, abusan del poder que se les ha conferido; pues, como lo expresó Montesquieu, con palabras de eterna vigencia, "No hay poder que no incite al abuso, a la extralimitación"[2].

De allí que en los regímenes democráticos los medios de comunicación, son instrumentos fundamentales para lograr ese propósito. Como lo sostuviera el Magistrado Hugo Black de la Corte Suprema de Justicia de los Estados Unidos de Norteamérica, con motivo de la negativa del presidente Richard Nixon a que se le diera publicidad al caso relativo a "los Documentos del Pentágono", en 1971, *"el poder del gobierno de censurar a la prensa fue abolido para que la prensa tenga siempre libertad de censurar al gobierno"*[3].

---

[1]   *Cfr.* ARAGÓN REYES, Manuel: *"Constitución y Control del Poder"*. Universidad Externado de Colombia, 1999. p. 57.

[2]   MONTESQUIEU: "El *Espíritu de las Leyes"*. Quinta Edición. Editorial Porrúa, S.A. México. 1982. p.103.

[3]   *Cfr.* "Medios y Libertad de expresión en las Américas". International Center for Journalists. Washington, D.C. 2006 USA. Consultado en la siguiente

Por el contrario, en los regímenes autoritarios las posibilidades de efectuar control sobre la acción del gobierno se desvanece según la intensidad del ejercicio de ese poder autoritario. En estos regímenes, la libertad de expresión y los medios de comunicación suelen ser las primeras víctimas. La historia, sobre todo la más contemporánea, en particular la de nuestro país, nos ofrece ejemplos diversos de las restricciones de que han sido objeto, tanto la libertad de expresión y de información, como los instrumentos para difundir y recibir información en ejercicio de dicha libertad.

Por ejemplo, el triunfo de la revolución bolchevique de 1918 trajo consigo, paulatinamente, la destrucción masiva de libros y revistas anteriores a la revolución, tanto nacionales como extranjeros. Víctimas directas de este proceder fueron las bibliotecas. A estas, más adelante, se le fueron retirando documentos de la señalada índole según el devenir de la historia soviética. Los ciudadanos preferían deshacerse de fotografías y publicaciones contrarias a las políticas del régimen por temor a las represalias de que podían ser objeto.

Sesenta años después de la instauración del comunismo en la extinta Unión de Repúblicas Socialistas Soviéticas (URSS), y no existiendo prensa libre que pudiera orientar a la opinión pública, *"lo que dice el Partido resuena a lo largo y a lo ancho de toda Rusia, explicando lo que hay que creer en cada momento (...) cuentan para ello con 7.700 periódicos y cerca de 4000 revistas con una tirada total de 74 millones de ejemplares. Y los altavoces instalados en avenidas y en los trenes, la radio y la televisión harán continuamente llegar al oído lo que hay que aceptar. Contra este alud no hay quien pueda luchar. Los periódicos extranjeros no entran en la URSS (aparte de los comunistas de Inglaterra, Francia e Italia), y el único que, de acuerdo con un convenio con USA debería circular libremente Amerika, es difícil de obtener..."*, así lo sostuvo Fernando Diaz-Plaja, en su obra "La Europa de Lenin".[4]

---

página electrónica, el 30-12-2011: http://www.centroperiodismodigital.org/sitio/sites/default/files/Freedom_Expression_Spanish.pdf

[4] *Cfr.* DIAZ-PLAJA, Fernando: *"La Europa de Lenin"*. Colección Rotativa. Plaza & Janes Editores. Barcelona, España, 1970. pp. 135-136.

De igual manera ocurrió en Italia. Una vez que Benito Mussolini[5] arribó al poder en 1922, como consecuencia de la llamada la "Marcha sobre Roma", como se denominó la masiva manifestación de partidarios suyos que reclamaban para sí el control del gobierno, lo cual fue posible cuando el rey Víctor Manuel III llamó a Mussolini para que formara gobierno, éste estableció en breve tiempo una dictadura fascista de partido único. Para lograrlo, se fijó como propósito la eliminación paulatina de todo vestigio de oposición y la construcción de un Estado totalitario. De allí que para alcanzar estos objetivos, una de las primeras medidas que adoptó fue la supresión de la libertad de prensa y la libertad de reunión. Otra medida fue la persecución de los políticos no fascistas, en la que los grupos anárquicos y violentos prohijados por Mussolini y conocidos como los "camisas negras", por la indumentaria que vestían, jugaron un importante papel.

En efecto, los que se resistían a los dictados del poder eran acosados, golpeados y hasta eliminados físicamente por estos grupos violentos.[6] Los medios de comunicación, por su parte, fueron presionados de distintas maneras para que se plegaran al poder. Así, el Gran Consejo Fascista valiéndose de un atentado frustrado contra Mussolini, logró suspender, por tiempo indefinido, las publicaciones que no eran afectas al régimen[7].

---

[5]   Benito Amilcare Andrea Mussolini, nació en Dovia di Predappio, Provincia de Forlì-Cesena, en Emilia-Romaña, Italia. Gobernó a Italia con poderes dictatoriales, bajo un régimen fascista entre 1922 y 1943. Fue derrocado y luego ejecutado por *partisanos* en la villa de Mezzegra, provincia de Como, en la Lombardía, el 28 de abril de 1945, conjuntamente con su compañera Clara Petacci. Sus restos fueron trasladados ese mismo día a Milán, donde, expuestos al público, recibieron toda clase de vejámenes; finalmente sus cadáveres, ya desfigurados, fueron colgados boca abajo en una gasolinera próxima a la Plaza de Loreto en la misma ciudad de Milán.

[6]   El 14 de enero de 1923, los "camisas negras" fueron institucionalizados al crearse la *Milizia Volontaria per la Sicurezza Nazionale*. Una de las víctimas más conocidas de estas bandas armadas fue el diputado socialista Giacomo Matteotti, quien fue asesinado en 1924, por denunciar la violencia fascista ante el parlamento italiano.

[7]   "El control de la prensa cotidiana y periódica de todo tipo fue efectiva en la segunda mitad de los años 1930 (...). El ministerio de Cultura intervenía en

Otro tanto sucedió en Alemania. Tres meses después que Hitler fue designado Canciller, en enero de 1933, el Ministerio de Propaganda por él creado comenzó a ejercer controles para erradicar la prensa libre. En efecto, una de las primeras medidas adoptadas fue confiscar los medios impresos que eran propiedad del Partido Socialdemócrata y del Partido Comunista y todos sus bienes. Creada una prensa progubernamental, ésta gozó de todo tipo de ayudas y prebendas oficiales. Lo que había anticipado Hitler que ocurriría, después que llegara al poder, lo cumplió al pie de la letra.

Ciertamente, en la entrevista que a comienzos de 1931, le concedió Adolfo Hitler al periodista Richard Breiting[8], expresó lo que se copia a continuación: *"Antes de exponer nuestro pensamiento sobre la política exterior, quisiera decir algo más acerca de la Prensa. Nos complacería mucho poder suspender nuestras disputas*

---

todo, desde la elección de los directores y de los periodistas hasta en los temas y en la manera de tratarlos, incluso las reglas tipográficas a respetar. Mediante estas directrices tipográficas, es del Ministerio de Cultura del que proviene la obligación de escribir sistemáticamente Duce con mayúsculas con el fin de subrayar la superioridad de Mussolini sobre todos, incluso sobre el rey. Si se añade a esto el hecho de que el Ministerio de Cultura detentaba todos los poderes en materia de secuestro y de suspensiones, decidía la oportunidad de toda nueva iniciativa periodística, controlaba las subvenciones y las concesiones de carnets de prensa y, a partir de noviembre de 1939, lograba, después de dos años de lucha sorda, extender su jurisdicción sobre la prensa "oficial" del PNF (dependiente hasta entonces de la Oficina de prensa del partido), es fácil comprender desde entonces el poder del Ministerio de Cultura popular. Este poder era muy superior al que había podido tener anteriormente y de ello se derivaba un capacidad potencial de condicionamiento y de manipulación de las masas a través de la creación de un universo cultural homogéneo y, poco a poco, cada vez más impedir los discursos disidentes". *Cfr.* Renzo De Felice. *"El fascismo, ¿Un totalitarismo a la italiana?"* 1988. Este texto fue consultado el 30 de diciembre de 2011 en la siguiente página electrónica, http://www.claseshistoria.com/fascismos/%2Bcontrolcomunicacion.htm

[8]   Richard Breiting, miembro del partido populista alemán y redactor jefe del *Leipziger Neusten Nachrichen*, pudo obtener de Hitler, en dos entrevistas que tuvieron lugar en mayo y junio de 1931, con la promesa de que no trascendieran a la opinión pública, los objetivos y planes que aspiraba desarrollar cuando obtuviera el poder. El 30 de enero de 1933, Hitler fue nombrado Canciller de Alemania por el Presidente Hindenburg, iniciándose así, el ascenso al ejercicio del totalitarismo.

con todos los periódicos. No obstante, quisiera subrayar una vez más que en el momento actual no queremos subordinar la Prensa a nuestra supervisión. Pues no tenemos aún ni los medios ni el poder para hacerlo. Cuando llegue el momento, nuestra organización se ocupará de las noticias políticas y de la prensa (omissis). Nuestro combativo diario, el **Volkische Beobachter**, *ha logrado abrirse camino, aunque lentamente. En 1920, teníamos unos seis mil lectores, estos eran dieciocho mil en 1922 y hoy contamos más o menos con ciento cuarenta mil. No hay duda* de que nuestro periódico tendrá una tirada de millones el día que arrebatemos el poder. Entonces no necesitaremos barrer con una escoba de hierro, la política nacional se impondrá por si misma a la prensa. La coalición de múltiples partidos encausada por las cloacas marxista, judaica y jesuítica, forjadora de venenosos ataques contra nosotros en todos los periódicos, reventará como una pompa de jabón"[9].

Por supuesto que los gobiernos dictatoriales que ha padecido nuestro país a lo largo de la historia, e incluso durante el ejercicio del poder por autoridades electas democráticamente, no se diferencian mucho, en cuanto a la política que adoptan ante los comunicadores o ante los medios de comunicación y, específicamente, frente a la libertad de expresión, de las celadas y ataques que los regímenes comunista, fascista y nazista, surgidos en la Europa del siglo XX le propinaron a la prensa libre de su época.

En la parte que desarrollaremos seguidamente, nos proponemos referir los embates que ha sufrido la garantía constitucional relativa a la libertad de expresión en nuestro país en diferentes momentos de su historia, no obstante la clara redacción que ha existido siempre en todas las Leyes Fundamentales de la república, respecto a dicha libertad.

---

[9]   *Cfr.* CALIC, Edouard: *"Hitler sin mascara (Conversaciones Secretas)"*. Colección Rotativa. Plaza & Janes Editores. Barcelona, España, 1970. pp. 79-80.

I. REGULACIONES, VIOLACIONES Y RESTRICCIONES A LA LIBERTAD DE EXPRESIÓN DURANTE LA VIGENCIA DE LAS CONSTITUCIONES DEL PERÍODO 1810-1821

El período al que nos vamos a referir de inmediato, para dejar constancia de las regulaciones, violaciones y restricciones a la libertad de expresión bajo la vigencia de las Constituciones dictadas en 1811, 1818 y 1821, es el que se corresponde con el de la gesta emancipadora, protagonizada en un primer momento por civiles y luego por militares hasta alcanzar la victoria sobre los ejércitos de la corona española, la consolidación de dicha gesta con los triunfos obtenidos con la batallas de Boyacá, Carabobo y Pichincha, fundamentalmente, y la conformación de la Gran Colombia, el gran Estado que ideó el Libertador mediante la unión de las Provincias de Quito, La Nueva Granada y Venezuela.

   1.   *Constitución de 1811. Se dicta el "Reglamento de la Libertad de Imprenta en Venezuela"*

Independientemente de la palmaria y precisa regulación que tuvo la garantía constitucional relativa a la libertad de expresión en nuestra primera Constitución, así como en la precitada "Declaración de los Derechos del Pueblo de 1811", lo cierto es que con el transcurrir del tiempo se comenzaron a poner de manifiesto situaciones de diversa índole para tratar de regularla, controlarla e incluso cercenarla. Por ejemplo, el Dr. Héctor García Chuecos, en un artículo intitulado *"Un Olvidado Redactor de la 'Gazeta De Caracas"*, refiere que el Congreso de la naciente república, *"En su sesión día 18 de julio, (...) nombró a los diputados Rodríguez Domínguez y Ramírez, para encargarles entre otras cosas conferenciar con el Poder Ejecutivo, acerca de <u>poner en otras manos la 'Gaceta de Caracas'</u> de manera que ésta hiciera honor a Venezuela y <u>se ocupase solamente</u> de publicar noticias importantes y no discursos anti-*

políticos y vacíos como lo habían hecho ver los diputados de Cumaná"[10]. (Cursivas y subrayado nuestro).

De la cita del Dr. García Chueco arriba copiada, se puede ver con toda claridad, la interferencia de un órgano del poder público en otro para influir en la orientación y contenido del principal medio de publicación existente para aquella época.

La **"Gazeta de Caracas"**, como quedó dicho en la parte introductoria de este trabajo, fue el nombre que se le dio al primer medio de comunicación que de manera periódica circuló en nuestro país desde su fundación, ocurrida el 24 de octubre de 1808 hasta la publicación de su último número el 9 de enero de 1822. Este importante medio impreso sufrió los vaivenes de la censura, dependiendo de los éxitos o fracasos de la guerra de independencia: estuvo un tiempo al servicio de la causa patriota, otro al de la causa realista y así fue alternándose de manera sucesiva, según los resultados que la referida contienda bélica producía.

Por otra parte, vale la pena destacar que entre el 4 de noviembre de 1810 y el 21 de julio de 1811, circuló un periódico intitulado **"El Semanario de Caracas"**, dirigido por Miguel José Sanz y José Domingo Díaz, que ha sido considerado como un medio que se caracterizó por su verdadera independencia ante cualquier influencia externa que pretendiera lo contrario. No obstante ser calificado como un órgano moderado, enemigos no le faltaron debido a las críticas que empezó a hacer a los terratenientes que ningún provecho sacaban de sus tierras ociosas y a los privilegios de la clase mantuana de la época

Refiere el periodista J. Ratto-Ciarlo en su citada obra "Libertad de Prensa en Venezuela" que los que se sintieron aludidos presionaron de tal manera la salida de Sanz del referido medio de comunicación que "en una carta del 12 de agosto de 1812, cuenta las presiones sufridas: '*Me hizo entender el gobierno que cesase de escribir y*

---

10   *Cfr.* Artículo de opinión de GARCÍA CHUECO, HÉCTOR: *"Un Olvidado Redactor De La 'Gazeta De Caracas'"*. Diario "La Esfera. Caracas, 8 de junio de 1925. Consultado en la siguiente dirección electrónica: http://200.2.12.132/SVI/images/stories/prensainde/pdf/garcia_h.pdf

cesé quedando expuesto a negras sospechas y evidentes peligros de que me libró mi carácter fuerte…'". "Con la clausura del Semanario de Caracas", apenas dieciséis días después del 5 de julio 1811 comienza la pasión, <<el martirologio de la prensa venezolana>>. Y esta es una frase de Santiago Key Ayala".

También es pertinente destacar, que la sucesión de artículos que a partir del 23 noviembre de 1810 publicó en la "**Gazeta de Caracas**" el irlandés William Burke, sobre el tema de la tolerancia en materia religiosa; en particular, el fechado el 19 de febrero de 1811, propició, sin lugar a dudas, un importante rechazo por los sectores pro clericales de la naciente república, y también respuestas como la que elaboró, en varias entregas y en el mismo medio, el médico Antonio Gómez; en su *"Ensayo político contra el Tolerantismo contenidas en la Gazeta de 19 de febrero último"*, se mostró partidario de la tolerancia hacia los distintos credos pero con la religión católica como religión de Estado.

De igual manera, debe señalarse que la libertad de expresión, garantizada como vimos en la primera parte de este trabajo, en el artículo 180 de nuestra primera Constitución, fue muy pronto objeto de reglamentación. En efecto, el 25 de julio de 1811 apareció publicado en "**El Publicista de Venezuela**", órgano divulgativo del Congreso de la República dirigido por Francisco Isnardi, el primer texto regulador de la referida garantía constitucional: *"**Reglamento de la Libertad de Imprenta en Venezuela**"*[11]. En efecto, este instrumento legal, contentivo de veinticuatro artículos, que aparece suscrito por "Francisco X. Yánez" en su carácter de Presidente de la legislatura provincial y por José Paul como "Vice-Secretario", restringe por vez primera la libertad de expresión, particularmente en lo concerniente al tema religioso. Así por ejemplo, su artículo 3 dispuso lo siguiente:

---

[11]   El Reglamento de la Libertad de Imprenta, fue prácticamente una reproducción del instrumento que, con el mismo nombre, fue aprobado en Cádiz en 1810. Con toda seguridad nuestros primeros legisladores lo analizaron profundamente, toda vez que había sido publicado íntegramente en la **Gaceta de Caracas** de fecha 26 de abril de 1811.

"Artículo 3.- Se exceptúan de esta regla (la de la censura previa, abolida en el artículo anterior por lo que respecta a las obras políticas) todos los (escritos) que directamente trataren de materias de religión, en lo tocante al dogma o disciplina fundamental, pues desde luego quedan sujetos a la previa censura de los ordinarios eclesiásticos, según lo establecido en el Concilio de Trento". (Paréntesis nuestro).

El artículo 14 del mismo Reglamento, quedó redactado de la manera que se copia a continuación:

"Artículo 14.- Se prohíbe que ningún Cuerpo, Colegio, comunidad ni persona particular pueda tener y usar de Imprentas sin licencia expresa del gobierno, so pena de perdimiento de ella, y las demás que hubiere lugar".

De igual forma, el artículo 23 del Reglamento en referencia, previó lo que se trasunta a continuación:

"Los impresores que omitieren poner sus nombres o algún otro de los requisitos indicados en al artículo 13, serán castigados, aunque las obras o escritos se declaren inocentes o no perjudiciales, con cien pesos de multa por la primera vez, doble por la segunda vez, y por la tercera trecientos, y extrañamiento de las Provincias".

Obsérvese cómo se establece por vez primera en nuestro país, tanto el control del contenido del escrito, como del medio de impresión. La severidad de esta normativa sobre la libertad de expresión tuvo su culmen en la regulación contenida en su artículo 19, conforme al cual:

"Los autores, editores o impresores que publicaren escritos contrarios al Sistema de Venezuela, indicado en el artículo 8, serán castigados con el último suplicio".

La sanción con la pena de muerte por criticar el sistema de gobierno, revela, de alguna manera, el celo de los revolucionarios por evitar opiniones que pudieran contrariar el modelo de gobierno cuya construcción se iniciaba y, al mismo tiempo, la disposición de enfrentar, con esta medida extrema, cualquier intento para desestabilizar el proceso independentista que recién comenzaba. El día martes 6 de agosto de 1811, la "**Gazeta de Caracas**" también le dio la debida publicidad al precitado Reglamento, al publicarlo en su integridad en la edición N° 44 que circuló en esa fecha.[12]

Adicionalmente debe señalarse, que la pérdida de la primera república por la capitulación de Miranda ante Domingo Monteverde el 24 de julio de 1812, significó particularmente para hombres como Juan Germán Roscio y Francisco Isnardi, un duro revés. Ambos, plenamente identificados en sus labores periodísticas con la causa patriótica, fueron enviados a España en condición de presos y con grilletes en los tobillos y la **"Gazeta de Caracas"**, comenzará a ser un órgano propagandístico de las fuerzas reales.[13]

Luego, con la caída de la segunda república, otros insignes comunicadores ofrendarán la vida por causa de la independencia y de la libertad. Así, el 15 de junio de 1814 murió Antonio Muñoz Tébar en la batalla de La Puerta; Vicente Salias, fue fusilado el 17 de setiembre de 1814 por órdenes del Capitán General Juan Manuel Cajigal y Martínez; y el Licenciado Miguel José Sanz, rindió su vida en la batalla de Urica el 5 de diciembre del mismo año 14; batalla en la cual también murió el sanguinario jefe realista José Tomás Boves.

Todos estos lamentables sucesos van a influir, sin lugar a dudas, en la evolución de la libertad de expresión en los años por venir, ya que el desarrollo que comenzaba a experimentar esta garantía constitucional, puesta de manifiesto con la aparición de los diferentes medios de comunicación antes referidos y también con las opiniones vertidas en ellos, principalmente por sus redactores, va a entrar en un significativo proceso de languidez del que no será muy fácil reponerse en lo inmediato.

---

[12] Se puede visualizar un ejemplar digitalizado de este número 44 de la **Gaceta de Caracas**, a través de la Hemeroteca Digital de La Universidad Católica Andrés Bello, en la siguiente dirección electrónica: http://saber.ucab.edu.ve/bitstream/handle/123456789/28521/GC_18110806.pdf?sequence=1

[13] En torno al papel que jugaron los próceres civiles en nuestra gesta emancipadora, véase la ponencia presentada por el profesor A. R. Brewer-Carías el pasado 23 de noviembre de 2012 en la ciudad de Cádiz, en el marco del VI Simposio Internacional sobre la Constitución de Cádiz, "Los hombres de Cádiz y de las Américas. Bases de la identidad social y política hispanoamericana", en: http://www.allanbrewercarias.com

Como ya lo hemos dicho, la "**Gazeta de Caracas**" aparecida con antelación a la declaración de independencia y luego de ésta el medio fundamental para difundir las ideas en pro del movimiento revolucionario independentista, se transformó en vocero de la causa realista a raíz de la caída de la primera república y ese será su destino dependiendo de los avances y retrocesos de la causa de la libertad y de la independencia, hasta su desaparición el día 9 de enero de 1822, fecha en que circuló por última vez. Más tarde, será el medio desde donde se refutan las noticias vertidas en el "**Correo del Orinoco**" y se ataca con felonía al Libertador.

Por lo que respecta a "**El Semanario de Caracas**", impulsado por sus redactores Miguel José Sanz y José Domingo Díaz a partir del 4 noviembre de 1810, dejó de circular el 21 de julio de 1811. La designación de Sanz como Primer Secretario del Congreso Constituyente que se instala el 2 de marzo de 1811, luego Secretario del Despacho General de Estado, Guerra y Marina y el hecho de que Díaz abrazara la causa realista, fue el factor fundamental para la desaparición de este periódico. También contribuyó a este hecho, como lo llegó a afirmar el escritor Santiago Key Ayala, que Sanz fuera hostigado por las opiniones que emitía sobre "vicios administrativos". Dice el precitado escritor en un artículo publicado en el diario "**El Universal**" de esta ciudad el 26 de julio de 1948, lo siguiente: "…Sanz fue perseguido por aquellos a quienes molestaban sus exposiciones de vicios administrativos, porque eran vicios de la época. Con recursos indirectos, se intentó complicarlo en sucesos que en nada le eran atañederos. Al fin, se le conminó a callar. Comenzó la crisis del periódico con el número XXVI, donde comenzó también el largo y valiente artículo de Sanz sobre Beneficencia. Condenábanse en él vicios tales como el despilfarro de los dineros públicos y el mal uso de ellos en protecciones y favores no justificados…"[14]

---

[14]   *Cfr.* KEY AYALA, Santiago: "El Material sin Firma del Semanario de Caracas" en la obra colectiva *Materiales para la Historia del Periodismo en Venezuela Durante el Siglo XIX*, compilación y Prólogo de Pedro Grases, Ediciones de la Escuela de Periodismo de la Universidad Central de Venezuela. Caracas. 1950. pp. 210 ss.

Atinente a "**El Patriota de Venezuela**", órgano de la Sociedad Patriótica, cuyos redactores responsable fueron Vicente Salias, Antonio Muñoz Tébar y el propio Simón Bolívar, cerró sus puertas el 18 de enero de 1812; había salido a la luz pública en enero de 1811 para incitar al movimiento independentista en plena génesis, pero fueron tantos y tan variadas las críticas contra la representación popular que, según el historiador Elías Pino Iturrieta, no faltaban padres que pidieran al Congreso su clausura, pues "*sus deslenguados redactores no ahorran ataques contra los representantes del pueblo*"[15].

"**El Mercurio Venezolano**", que estuvo a cargo, como dijimos, de Francisco Isnardi, uno de los redactores del Acta de la Independencia, inició su circulación también en enero de 1811 y cesó tres meses después en virtud de que Isnardi comenzó a desempeñarse como Secretario del Congreso Constituyente. Desde esa posición asumió la responsabilidad de dirigir el órgano oficial de dicho Congreso que se denominará "**El Publicista de Venezuela**" y cuyo primer número apareció el 4 de julio de 1811, un día antes de la firma del Acta de la Independencia y su última impresión ocurrió el 28 de noviembre de 1811. Fue en este medio, como se dijo con anterioridad que salió publicado "*Reglamento de la Libertad de Imprenta en Venezuela*" que restringió por primera vez la garantía constitucional de la libertad de expresión y de información.

Como puede observarse, no fue fácil para los medios de comunicación de esa época, ni para los comunicadores de entonces, ejercer sus respectivos oficios en paz y tranquilidad. Tampoco lo será bajo el amparo de las subsiguientes Constituciones. Así nos proponemos ponerlo de manifiesto a lo largo de este trabajo.

2. *Constitución de 1819. Correo del Orinoco vs. La Gaceta de Caracas*

En el breve lapso de vigencia de la Constitución del año 1819 o con propiedad, "Ley Fundamental de la República de Colombia",

---

[15]   *Cfr*. PINO ITURRIETA, Elías: "*Simón Bolívar*" N° 100. Biblioteca Biográfica Venezolana. Ediciones El Nacional. Caracas, 2010. p. 43.

por medio de la cual se creó, como lo había propuesto el Libertador, una sola república que comprendía a Venezuela, la Nueva Granada (Colombia) y Quito, no obstante que ésta última no había sido liberada para esa fecha del yugo español, los medios de comunicación existentes no sufrieron tropiezos o inconvenientes como los que le tocó en suerte a la Gaceta de Caracas. El **"Correo del Orinoco"**, creado el 27 de junio de 1818, fue el principal medio de difusión de las ideas republicanas, durante el tiempo que estuvo en circulación, tanto para los que se identificaban con la causa patriota como para el resto de los países interesados en la lucha que acá se libraba. Por ello, será una especie de *Gaceta Oficial* en la que se publicarán documentos fundamentales de la lucha de independencia, así como las leyes más importantes que conforman el ordenamiento jurídico que la sustenta. Pueden mencionarse, a título de ejemplo: el **"Discurso de Angostura"** pronunciado el 15 de febrero de 1819; la **"Ley Fundamental de la República de Colombia"**, génesis del proyecto de la Gran Colombia, de fecha 17 de diciembre de 1819; el **"Tratado Sobre la Regularización de la Guerra"**, suscrito entre el Libertador y Pablo Morillo el 26 de noviembre de 1820 en Santa Ana de Trujillo, en la misma casa donde Bolívar firmó en 1813 el Decreto de Guerra a Muerte; y **el parte de la Batalla de Carabobo** que tuvo lugar el 24 de junio de 1821.

De manera que el **"Correo del Orinoco"**, obviamente, no padeció durante sus cuatro años de circulación atentados contra la libertad de expresión; por el contrario, gozó de todo el favoritismo oficial. Después de haber cumplido cabalmente el objetivo por el que se le creó: contrarrestar los ataques que desde la **"Gaceta de Caracas"** se le hacían al Libertador y a su gesta emancipadora y ser vocero de la causa patriota, su declive se produjo, principalmente, como consecuencia de toda la labor que implicó consolidar el proyecto de creación de la Gran Colombia: la realizada para lograr la instalación del congreso de Cúcuta y la prosecución de las acciones bélicas, entre ellas, la batalla de Pantano de Vargas el 25 de julio de 1819 y la de Boyacá el 7 de agosto del mismo año, para lo cual el Libertador tuvo que desplazarse desde Angostura hasta el territorio de la Nueva Granada.

El traslado de los próceres de la independencia al suelo de la Nueva Granada de manera progresiva y la entrada en circulación de un nuevo periódico oficial, "**La Gaceta de Colombia**", surgido principalmente para divulgar los acontecimientos, jurídicos y políticos del naciente Estado conforme a la propuesta del Libertador en el Congreso de Angostura, marcarán la agonía y fin del "Correo del Orinoco".

3. *Constitución de 1821. Se dicta la "Ley de 14 de setiembre sobre la extensión de la libertad de imprenta y sobre la calificación y castigo de sus abusos"*

La Constitución de 1821, también conocida como la "**Constitución de Cúcuta**" por haberse instalado en esta ciudad el 6 de mayo de 1821 el Congreso Constituyente que la aprobó, fue producto, como se dijo con anterioridad, de la "Ley Fundamental de la República de Colombia" sancionada en Angostura en 1819. Fue este último instrumento legal, el que consagró jurídicamente la formación de una sola república formada por la Capitanía General de Venezuela y el Virreinato del Nuevo Reino de Granada.

Dijimos en la primera parte de este trabajo, que el órgano oficial de Congreso va a ser "**La Gazeta de Colombia**", que su fundación ocurrió en Cúcuta el 6 de setiembre de 1821 y que va a circular hasta el 28 de diciembre de 1831.

Este medio estaba compuesto por tres secciones: La primera, reservada a la publicación de leyes, órdenes del gobierno, actos del Congreso y demás comunicaciones oficiales derivadas del Estado en proceso de conformación. La segunda sección, estaba destinada a la publicidad de las contiendas bélicas que continuaban desarrollándose en el territorio de la Gran Colombia. De igual manera, se le daba cabida en esta parte a las noticias provenientes de América y de Europa. La tercera sección estaba abierta a todas las personas que querían compartir sus opiniones "políticas". Claro, los editores se encargaron de advertir que bajo ese concepto sólo tendrían cabida los escritos dirigidos a difundir los genuinos principios de la libertad que, a toda costa, el gobierno estaba dispuesto a conquistar y apuntalar, sin menoscabo de la garantía relativa a la libertad de prensa que la Constitución de Cúcuta había consagrado de manera cristalina.

Ahora bien, la circunstancia de que la Constitución de 1821 garantizara ampliamente a todos los ciudadanos el derecho de expresar y difundir sus opiniones sin censura previa de ninguna índole, trajo consigo que el 14 de setiembre del referido año, se dictara una ley que vino a regular, por vez primera, la extensión, así como los límites y consecuencias de los excesos en que se incurriera en el ejercicio de ese derecho. De manera que no tardaron mucho los legisladores en ocuparse de la materia concerniente a la garantía de la libertad expresión y de información; por lo tanto, el 14 de setiembre de 1821, a tres meses apenas de su instalación, el Congreso general de Colombia, presidido por Vicente Azuero, votó con el nombre de ***"Ley de 14 de setiembre sobre la extensión de la libertad de imprenta y sobre la calificación y castigo de sus abusos"***, el texto legal que vino a desarrollar dicha garantía.

La mencionada ley, estuvo conformada por sesenta artículos integrados en los siguientes Títulos: Título I. De la extensión de la libertad de la imprenta, y de la calificación de sus abusos; Titulo II. De las penas correspondientes a los abusos. Título III. De las personas responsables. Título IV. Del modo de proceder en estos juicios; y Título V. Del recurso que se concede en estos juicios.

El doctor Gil Fortoul, al tratar este punto en su "Historia Constitucional de Venezuela", refiere la prohibición que establece el precitado instrumento legal de que se imprimieran libros sagrados si no se contaba con la licencia del ordinario eclesiástico.

Adiciona Gil Fortoul, que "la ley clasifica del modo siguiente los escritos punibles: **1º Subversivos**, los que sean contrarios a los dogmas de la religión católica, apostólica romana; **2º Sediciosos**, los que exciten a la rebelión o perturbación de la tranquilidad pública; **3º Obscenos o contrarios a las buenas costumbres**, los que ofendan la moral y decencia pública; **4º libelos infamatorios**, lo que vulneren la reputación o el honor de alguna persona, tachando su conducta privada. Acerca de los últimos se establece una distinción esencial. Si se dirigen contra particulares, son punibles aun cuando el autor o editor ofrezca probar la imputación injuriosa"[16].

---

[16]   Gil Fortoul, José. *Ob. cit.* Tomo primero. pp. 467 y 468.

Otro particular que destaca el mismo autor comentado, es el que tiene que ver con aquellos escritos en los que "se tachen los defectos de los empleados, con respecto a su aptitud o falta de actividad y acierto en el desempeño de sus funciones"; este tipo de escrito "no merece pena alguna (doctrina liberal, e indispensable en toda democracia". No obstante lo anterior, "si en el impreso se imputaren delitos que comprometan el honor y la probidad de alguna corporación o empleado, con inculpaciones de hechos que estén sujetos a positivo castigo, el autor o editor quedará obligado a la prueba de sus imputaciones, para salvar el escrito, si fuere acusado, de la calificación de libelo infamatorio".

En lo que concierne a los aspectos procesales o procedimentales de las acciones que se intenten con motivo del ejercicio de la aludida garantía constitucional, dice el prenombrado historiador lo siguiente: "Los delitos de imprenta producen acción popular, excepto el de injurias, que es de acción privada. El juicio se sigue ante un jurado de siete ciudadanos, en ejercicio de sus derechos, mayores de veinticinco años residente en el cantón y con oficio o propiedad conocida que les dé bastante para mantenerse por sí, sin necesidad de vivir a expensas de otro. Para condenar se requiere la unanimidad de seis votos, y basta la de dos para absolver"[17].

La "**Ley de 14 de setiembre (de 1821) sobre la extensión de la libertad de imprenta y sobre la calificación y castigo de sus abusos**" estuvo en vigencia por lo que respecta a Venezuela, luego del desmembramiento de la Gran Colombia, hasta su derogación el 27 de abril de 1839, como lo veremos más adelante. En cuanto a Colombia, también con posterioridad al aludido suceso, rigió hasta mayo de 1851.

---

[17] *Ibídem*, p. 468. De la biografía sobre el sacerdote *Ramón Ignacio Méndez*, escrita por el historiador Manuel Donis Ríos para la colección Biblioteca Biográfica Venezolana", copiamos el siguiente fragmento: "Participó en la discusión del anteproyecto de ley sobre libertad de imprenta señalando que le pareció armonioso pero impracticable, por dejar a los ciudadanos que no tenían conocimientos teológicos la potestad de decidir sobre el dogma en las acciones que se denunciaran. Argumentó que ésta era una facultad exclusiva de la Iglesia y, por lo consiguiente, era a ella a quien le correspondía juzgar. El juicio por jurado que proponía el Proyecto lo consideró incompatible con la escasez de luces que tenía el pueblo. *Cfr. Ob. cit.* N° 20 Venezolana. Caracas, 2005. p. 69.

La precitada Ley en materia de libertad de imprenta, tuvo ocasión de ser aplicada con motivo de la reproducción en el Departamento de Venezuela de la entonces denominada "La Gran Colombia", del escrito del Presbítero Francisco Margallo intitulado "*La Serpiente de Moisés*", que circuló en 1825 en Bogotá y un año más tarde en Caracas.

En su condición de sacerdote, Margallo[18], como muchos otros clérigos católicos, criticaba las posturas políticas, económicas y sociales del gobierno republicano, no obstante su adhesión al proceso independentista. En el mencionado escrito "*La Serpiente de Moisés*", Margallo rechazaba el tolerantismo del gobierno en materia religiosa y criticaba la simpatía que mostraban muchos líderes de la independencia con la francmasonería y con las sociedades bíblicas protestantes. Argüía, con insistencia, que la Iglesia Católica era la única y verdadera depositaria del verdadero culto, razón por la cual no era posible admitir otros sistemas religiosos. Alertaba, que permitiendo la tolerancia con otras religiones se ponía en peligro la estabilidad de la república. Afirmaba el prenombrado sacerdote, que el tolerantismo abría las puertas a todos los crímenes, despojaba al hombre de su don más precioso, miraba por igual a todas las religiones y ponía a la religión católica al mismo nivel de las demás religiones, no obstante que la católica era la única y verdadera religión verdadera.

La insistente defensa de la religión católica, en escritos diversos, sermones, así como en la conducción de ejercicios espirituales y demás actividades que realizaba, le acarreó innumerables epítetos, críticas, intimidación y sanciones. Por ejemplo, el Dr. Vicente Azuero, a la sazón "Ministro de la Alta Corte de Justicia de la República y catedrático de derecho público en el colegio de San Bartolomé", sintiéndose aludido con motivo de una prédica efectuada du-

---

[18]   El Pbro. Francisco Margallo, nació en Santa Fe (Bogotá) el 28 de enero de 1765 y murió el 23 de mayo de 1837. En el título de la precitada obra, el autor dice: "*La Serpiente de Moisés*: *Llámese así este papel para significar que así como aquella serpiente devoró las serpientes de los magos, así la cruz adorable de Jesucristo Nuestro Señor y su Religión santísima ha triunfado de todas las religiones falsas y sectas diabólicas.*"

rante el tiempo litúrgico de la cuaresma del año 1826, lo denunció el 11 de abril de dicho año ante el "Supremo Poder Ejecutivo" con el siguiente petitorio: *"que se le siga una causa formal, y se le castigue con la pena de la ley, y que además se tomen otras medidas para evitar el que en lo sucesivo se repitan por este mismo eclesiástico, o por cualquiera otro predicador, semejantes excesos"*[19].

Por virtud de la referida denuncia, el Pbro. Margallo fue amonestado por parte del "Provisor del Arzobispado, doctor Fernando Caicedo 'para que en adelante mida sus expresiones, y se contraiga en sus sermones y pláticas a la explicación del Evangelio y de la doctrina cristiana y a la corrección de los vicios en general y la pena de 'encerrarse en uno de los conventos de religiosos de esta capital y permanezca allí por diez días, empleándolos en santos ejercicios, y que al fin nos exhiba certificación del Prelado Religioso que fuere, para en su vista proceder en cuanto a la continuación de sus facultades y licencias"[20].

Cuando se publicó en Caracas *"La Serpiente de Moisés"*, bajo la responsabilidad del Pbro. Miguel Santana, sacerdote del Cabildo Eclesiástico de Caracas, la reacción en su contra no se hizo esperar. En efecto, la polémica surgió de inmediato en torno a los aspectos positivos y negativos de la tolerancia religiosa. Acusado de sedicioso, de coaligado con España y de propugnar la intolerancia civil, el prenombrado clérigo pasa a la historia como la primera persona que fue juzgada y sancionada con fundamento en la *Ley de imprenta de 14 de setiembre sobre la extensión de la libertad de imprenta y sobre la calificación y castigo de sus abusos*. El jurado, luego de deliberar por más de tres horas, por unanimidad, lo castigó con dos meses de prisión y cincuenta pesos de multa.

En su escrito de defensa que intituló *"Día que no se contará entre los de Colombia, el 18 de Marzo de 1826, en que se comenzó*

---

[19]   El texto de esta acusación puede verse en la siguiente dirección electrónica, consultada el 23-12-2012: http://www.bibliotecanacional.gov.co/recursos_user/digitalizados/fpineda_176_pza8_9.pdf

[20]   *Cfr.* FERNÁNDEZ HERES, Rafael *"La Intolerancia Condenada por un Tribunal Caraqueño en 1826"*, Universidad Nacional Abierta. Revista 'UNA Documenta'. Año 14. Vol. 2. Caracas. 2000. pp. 66 y ss.

a hollar en Caracas la libertad de la Imprenta", sostuvo, entre otros argumentos, el que se trasunta a continuación:

"…la Serpiente que defiende el don más estimable concedido a los hombres [su fe],y que preserva a Colombia de irremediables males, y de que incautamente y a paso gigantesco se ven hechas presa de la irreligión, que convertida en sistema político nada dista de la barbarie (...) La Serpiente ha sido proscripta cuando ya contamos 15 años de libertad. Cualquiera que haya visto en el Espíritu de los mejores diarios discursos enérgicos en pro y contra de la tolerancia, dirá con indignación republicana que en una corte monárquica fue más liberal la imprenta que en Caracas. El que recuerde las apologías de la intolerancia que contra los escritos de Burke se publicaron el año 1811, convendrá en que el 18 de Marzo de 1826 no ha de contarse entre los días de Colombia, porque la haría retroceder más allá del glorioso 19 de Abril"[21].

Antes de pasar al siguiente punto, debe señalarse que el texto de la precitada Ley de Imprenta fue reproducido en el número 20 de la **"Gaceta de Caracas"** correspondiente al jueves 25 de octubre de 1821, de conformidad con la orden impartida por el general Carlos Soublette en su carácter de vicepresidente del Departamento de Venezuela[22].

Adicionalmente es menester expresar, como lo dijimos antes, que entre el 14 de enero de 1822 y el 26 de diciembre de 1823, va a salir a la luz pública el semanario **"Iris de Venezuela"**; podría afirmarse que en remplazo de la **"Gaceta de Caracas"** y entre 7 de mayo de 1823 y el 29 de noviembre de 1826, va circular el impreso denominado **"El Colombiano"**. Se trata de una publicación bilingüe

---

[21]   El texto copiado ut supra ha sido tomado de la obra "*¡Calla Serpiente! El Problema de la Tolerancia Religiosa, Reflejada en el proceso al Folleto La Serpiente de Moisés de Francisco Margallo, en 1826*", cuyo autor es Guillermo Tell Aveledo Coll. Caracas, Abril de 2004 y fue consultada en la siguiente dirección electrónica:http://es.scribd.com/doc/83238737/Calla-Serpiente-El-Proceso-a-La-Serpiente-de-Moises-1826-Aveledo

[22]   Se puede visualizar un ejemplar digitalizado de este número 20 de la **Gaceta de Caracas**, a través de la Hemeroteca Digital de La Universidad Católica Andrés Bello, en la siguiente dirección electrónica: http://saber.ucab.edu.ve/bitstream/handle/123456789/26588/GC_18211025.pdf?sequence=1

–inglés y español– como órgano oficial del gobierno. Esta publicación apoyará el movimiento separatista de la Gran Colombia, como también lo alentará el periódico "**El Venezolano**". De allí que desde las páginas de la "**Gaceta de Colombia**" se reprochará la campaña que en tal sentido propiciaban los dos medios antes nombrados y se estimulará el cese de estas publicaciones, por considerar que eran contrarios a la tesis la unión republicana instaurada en 1821.

Las presiones contra "**El Venezolano**" han debido ser muchas y muy fuertes, pues en el editorial del último número, a título de despedida, sus redactores expresaron, entre otras cosas, lo que se copia de inmediato:

"La experiencia de Inglaterra y los Estados Unidos nos hacen conocer que en un estado constituido sobre principios de libertad, debe haber… una oposición para corregir los defectos naturales al hombre, y propensión de abusar del poder de los gobernantes…"

"Juzgamos preferible situarnos en la oposición… Era… más conforme a la dignidad con que deseamos conservar los redactores el decoro individual. De los elogios a la adulancia no hay más que un paso."[23]

Por su parte, "**El Colombiano**" en su edición del 30 de junio de 1824, hizo saber a sus lectores que suspendía su circulación hasta nuevo aviso *a consecuencia de una orden que ha recibido el Editor para comparecer sin pérdida de tiempo en el Cuartel general de S.E. el Comandante en Jefe del Departamento a asuntos de su profesión…*. Esto motivado a la crítica que había hecho este medio de comunicación al decreto de reclutamiento "violento y drástico", emanado de José Antonio Páez, en su carácter de Comandante General del Departamento de Venezuela[24].

El propósito de controlar lo que las autoridades consideraran excesos o atentados contra la reputación de alguna persona, quedó evidenciado también con el decreto regulador de las atribuciones y

---

[23] El texto transcrito lo hemos copiado textualmente de la obra del periodista RATTO-CIARLO, José, *"Historia Caraqueña del Periodismo Venezolano"*, precedentemente referida. p. 274.

[24] *Ibídem.* p. 256.

responsabilidades de los Jefes de Policía, dictado por Bolívar el 22 de diciembre de 1827, despachando desde la ciudad de Bogotá. En efecto, el artículo 19 del citado Decreto señalaba lo que se copia de seguidas:

"Artículo 19.- Los Jefes de Policía tendrán autoridad para impedir todo insulto público que se trate de hacer a cualquier ciudadano, o extranjero residente en Colombia, y para aprender a sus autores, siempre que el insulto sea grave y lo exija por su naturaleza. Deberán también arrancar todo aviso o papel injurioso que se fije contra alguna persona y comprobar el hecho, a fin de que sean castigados conforme a las leyes el autor o autores."

A todo lo que antecede debe agregarse la instrucción que el 14 de marzo de 1828, impartió el Libertador "Al Señor Intendente del Departamento de Venezuela" por intermedio de la Secretaría de Estado del Despacho del Interior, cargo de J. Manuel Restrepo. Dicha instrucción fue, copiada textualmente, del siguiente tenor:

"Conociendo el Libertador Presidente la difícil posición en que se halla la República, agitada por algunos partidos, y por pasiones acaloradas, desea ardientemente restablecer la concordia de los ánimos, a fin de que las reformas que pueda hacer la Convención produzcan los efectos más saludables. Acaso nada ha contribuido, ni contribuye tanto a fomentar los partidos y la división, como los abusos que se cometen por la imprenta, que algunas veces injuria atrozmente a ciudadanos y a corporaciones beneméritas, que no pudiendo conseguir el remedio por la ley de imprenta, usan de arbitrios reprobados y perjudiciales a la tranquilidad pública.

Para impedir tamaños males, el Libertador Presidente me ha ordenado repetir a V.S. el encargo contenido en la circular de 21 de setiembre último: Procure V.S., por medio de su influjo, del de las autoridades subalternas, y de los ciudadanos respetables del Departamento, que cesen los impresos injuriosos, o que contengan (sic) personalidades, bien contra individuos, bien contra cualesquiera corporaciones. Las Gacetas y otros papeles tienen, multitud de objetos, de una importancia vital para la República, sobre qué ocuparse con la debida moderación; las reformas que deben hacerse por la Convención Nacional para consolidar la unión y la felicidad de Colombia, las que exige el estado decadente de las rentas públicas para mejorar su administración y aumentar sus productos,

150

la reforma de la administración de justicia y otras semejantes; he aquí materias que reclaman una discusión imparcial, y que los escritores ilustren sobre ella a los pueblos.

El Libertador Presidente alimenta la esperanza de que estas indicaciones serán suficientes para que en los impresos de ese Departamento se use en lo venidero de la mayor moderación, y que de ningún modo se fomenten los partidos ni acaloren las pasiones.

Si, contra sus esperanzas, algunos escritores continuasen abusando de la imprenta, V.S. queda autorizado para disponer que uno de los Fiscales o el Síndico Procurador Municipal acusen los impresos y que sus autores sean juzgados inmediatamente conforme a la Ley.

Sería en extremo doloroso a S.E. que a pesar de estos encargos y disposiciones continuaran los excesos y que se viera obligado, como lo fuera preciso, a dictar según sus facultades otras medidas más severas y eficaces, para que no se abuse de la libertad de imprenta, ni por su medio se perturbe la tranquilidad pública. "[25]

Como consecuencia del fracaso político en el que devino la Convención de Ocaña, instalada el 9 de abril de 1828, cuya finalidad no era otra que reformar la Constitución de Cúcuta, y en el que midieron fuerzas los partidarios de Bolívar y de Santander en torno al punto del sistema de gobierno, si federal o centralizado, el Libertador asumió el 27 de agosto de 1828, con el carácter de dictador, el Gobierno Supremo de Colombia y gobernó a través de decretos hasta marzo de 1830. En la fecha indicada en primer término, dicta el Decreto Orgánico que *"Debe servir de Ley Constitucional del Estado hasta el año de mil ochocientos treinta"*, el cual remplaza la Constitución de Cúcuta. El artículo 20 del citado Decreto Orgánico, dispuso lo siguiente:

---

[25] *Cfr.* "Decretos del Libertador.1828-1830". Tomo III. Sociedad Bolivariana de Venezuela. Caracas. 1961. pp. 58 y 59.

"Todos tienen igual derecho para publicar y hacer imprimir sus opiniones sin previa censura, conformándose a las disposiciones que reprimen los abusos de esta libertad"[26].

Una vez más, se consagra en un texto de jerarquía constitucional, la garantía relativa a la libertad de expresión en forma amplia, sin previa censura, y con sujeción a las consecuencias que deriven de los excesos en que se incurra en su ejercicio conforme a las previsiones de la ley que la regule.

Ahora bien, una vez que el Libertador fue investido con plenos poderes dictatoriales, procedió a tomar un conjunto de medidas en materias de la más diversa índole: unas de carácter político, otras de naturaleza tributaria, algunas otras en materia educativa. Dentro de tales medidas pueden mencionarse las siguientes: la eliminación el cargo de Vicepresidente, que venía desempeñado Santander; la promulgación de decretos económicos de emergencia, la restitución de impuestos abolidos y la modificación de la tarifa aduanera en un sentido proteccionista; la prohibición de que se impartieran en el ámbito educativo las doctrinas de Bentham, la disolución de las organizaciones masónicas con el ánimo de apaciguar a la beligerante oposición de los medios católicos. Por ejemplo, el 15 de octubre de 1828, el Libertador dictó un decreto mediante el cual se restituye la contribución personal de indígenas. En tal virtud, todo indígena entre 18 y 50 años quedaba obligado a pagar al fisco una contribución de "tres pesos cuatro reales al año"[27]. El día 20 del mismo mes y año, mediante circular emanada de José M. Restrepo en su condición de Ministro de Estado en el departamento del interior, y habida cuenta la participación que habían tenido jóvenes universitarios en la conspiración del 25 de setiembre, dispuso la reforma del pensum de los estudios superiores. A tal efecto, restableció los estudios del latín; a los estudiantes de 2º año de filosofía, se les obligó a cursar "la mayor parte del tiempo, moral y derecho natural y en la carrera de Jurisprudencia

---

[26] *Cfr*. la Gaceta de Colombia del 31 de agosto de 1828 donde aparece publicado el referido Decreto, a través de la siguiente dirección electrónica: http://angelalmarza.wordpress.com/2012/02/19/gaceta-de-colombia-1821-1831/

[27] *Ibídem*. Gaceta de Colombia del 19 de octubre de 1828

152

suprimió las cátedras de "legislación universal", "derecho público político", "constitución y ciencia administrativa"[28].

El 24 de febrero de 1829, emitió Bolívar el decreto a través del cual fijó el modo como debían realizarse las elecciones anuales de los veinticuatro jurados, de los que debía disponer cada municipio para organizar los juicios por libertad de imprenta. La facultad de elección de las autoridades judiciales, fue trasladada a nueve ciudadanos que debían designar, de entre la población, a las personas más aptas para ejercer como jurado[29].

II. REGULACIONES, VIOLACIONES Y RESTRICCIONES A LA LIBERTAD DE EXPRESIÓN DURANTE LA VIGENCIA DE LAS CONSTITUCIONES DEL PERÍODO 1830-1893

PRELIMINAR

El extenso período al que nos vamos a referir de inmediato 1830, que es aquél en el que Venezuela, separada de la "Gran Colombia", se consolida como una república autónoma, y 1893, año en que entró a regir la última Constitución del siglo XIX, nos llevará a evidenciar las luchas intestinas en las que se fue desgastando la república a lo largo de todos esos años y las violaciones a la libertad de prensa, no obstante que, con mayor amplitud o ciertas limitaciones, según las circunstancias políticas y sociales imperantes para el momento, las ocho Constituciones que entraron en vigor en dicho período consagraron la libertad de imprenta.

En efecto, en este tiempo de sesenta y tres años, caracterizado principalmente por la lucha dirigida a la conquista y mantenimiento del poder entre los diferentes grupos militares surgidos de la guerra de independencia, sobre todo lucha por el control del poder político, los medios impresos, mayoritariamente, que conforman entonces las

---

28 *Ibídem*. Gaceta de Colombia del 30 de octubre de 1828

29 *Ibídem*. Gaceta del 29 de marzo de 1829.

vías conocidas para transmitir noticias y, como hemos dicho, para constituirse en críticos de los diferentes gobiernos que se sucederán por la vía electoral o a través de golpes de estado, sufrirán los rigores de la contienda entre esos grupos, sectores o personalidades que aúpan la precitada lucha.

En tal virtud, iremos haciendo referencia a instrumentos legales o a situaciones de hecho que, de una u otra manera, van a incidir en la vigencia, plena o limitada, del precepto constitucional atinente a libertad de expresión y de difusión de ideas y pensamientos, consagrada en las distintas Constituciones que estuvieron vigentes durante todos esos años. Otro tanto ocurrirá con los impresos existentes para la época y los que irán apareciendo gradualmente, para evidenciar de qué manera resultaron afectados con las leyes, políticas y decisiones adoptadas para regularlos o silenciarlos.

1. *Constitución de 1830. Se sanciona el primer "Código de Imprenta"*

Hallándose vigente la Constitución de 1830, es decir el primer Texto Fundamental de nuestro país, luego de la desintegración de la Gran Colombia y en la presidencia de la república provisionalmente el general José Antonio Páez, transcurre su primer período de gobierno con el más absoluto respeto por la libertad de prensa, no obstante las críticas de algunos sectores que le eran adversos e independientemente de que el 4 de octubre de ese mismo año, es aprobada por el Congreso Constituyente que sesiona en la ciudad de Valencia la "Resolución" que restablece, entre otras leyes, la de imprenta de 1821 con la siguiente motivación:

"El Congreso constituyente de Venezuela, considerando: Que conforme a los artículos 191, 192 y 194 de la Constitución, no sólo deben designarse las leyes que hayan de quedar en observancia sobre libertad de imprenta, allanamiento de casas y registro o examen de la correspondencia epistolar; sino también hacer cesar las resoluciones contrarias a tan importantes garantías, resuelve:

Artículo 1° Se restablecen a su rigurosa observancia y quedan en su fuerza y vigor la Ley de 17 de setiembre de 1821 sobre libertad de imprenta...”[30]

En 1831 Páez fue elegido Presidente Constitucional para el período 1831-1834. En este lapso la situación comienza a cambiar radicalmente, ya que las críticas a su gestión gubernamental se incrementan de manera cada vez más acentuadas, particularmente como consecuencia de la crisis surgida del alzamiento militar liderizado en 1831 por José Tadeo Monagas con el propósito de refundar la Gran Colombia y debido a la promulgación de La Ley de Libertad de Contratos de 1834, finalizando su gestión gubernamental, que fue ampliamente criticada por otorgar una absoluta libertad de estipular intereses en los préstamos y la libertad de poder rematar las propiedades sin tomar en cuenta su valor y sin protección legal de ninguna índole a favor del deudor.

La inestabilidad política del país se profundizará todavía más con el golpe de Estado al Dr. José María Vargas a los cinco meses de éste haber asumido la presidencia. El Dr. Vargas sucesor constitucional de Páez había ganado las elecciones para el período 1835-1839, derrotando a los candidatos del sector militar: Mariño y Soublette. Durante este tiempo *la imprenta que debía ser el órgano de una discusión moderada, se convirtió en instrumento de acusaciones injustas o exageradas, de pasiones y de venganzas*. Luego de repuesto en su cargo por el general Páez, Vargas renuncia en 1836 y Soublette, designado por el Congreso, ocupa la primera magistratura hasta la finalización de ese período en 1839. Su presidencia se caracterizó, entre otras cosas, por un rotundo respeto a la libertad de prensa, a pesar de las críticas de que fue objeto por parte de periódicos como **“El Liberal”**, **“El Nacional”**, **“Reformas Legales”**, **“El Constitucional de Maracaibo”** que adversaban, entre otras, su política económica y su política de ascensos en el ámbito militar de dos grados a la vez en una sola persona.

---

[30] “Recopilación de Leyes y Decretos de Venezuela Formada de orden del Ilustre Americano, General Guzmán Blanco”. Tomo I. Imprenta de “La Opinión Nacional” Caracas. 1874. p. 60.

La vuelta de Páez al poder para un segundo mandato, 1839-1843, exaspera a quienes lo han adversado desde su primer gobierno, y como lo afirma el historiador José Gil Fortoul: "De 1830 a 1848, la prensa y la conversación política suelen repetir el conocido truismo: '*No menos necesaria que el Gobierno es en toda la República la oposición al Gobierno*' (*omissis*), donde no existe oposición organizada, o no hay República o el Gobierno es despótico". Así las cosas, y en su punto máximo la pugnacidad entre conservadores y liberales, la prensa será el espejo de la lucha que cada vez se incrementará hasta llegar a extremos realmente desmedidos.

Es en este contexto que aparece el diario "**El Venezolano**", el 24 de agosto de 1840. Este impreso fundado por Antonio Leocadio Guzmán, como lo dijimos en la primera parte de este trabajo, será un medio muy influyente en la política nacional de la época. Todas las campañas que adelantará "**El Venezolano**" desde sus páginas, se harán para favorecer la posición del Partido Liberal, al extremo de que el vocero de este partido será dicho medio de comunicación.

Los historiadores venezolanos han sido prácticamente contestes en destacar de Antonio Leocadio Guzmán su condición de "político oportunista", "intrigante", "rencoroso", "voluble en sus entusiasmos", entre otros epítetos que le endilgan. El historiador Ramón Hernández en la biografía de José Antonio Páez, dice al referirse a Guzmán y al mencionado medio de comunicación, lo siguiente: "*Guzmán era pura y simplemente un dictatorial, un aventurero político, un ambicioso irresponsable, un manipulador, un sensacionalista. En sus artículos y editoriales sólo se refería a los asuntos que llamaban la atención del público espeso. En los seis años que duró El Venezolano apenas hubo cuatro editoriales serios. La discusión no era con argumentos sino con insultos, acusaciones y exageraciones*"[31]. Prosigue el mismo autor, afirmando que "*El Venezolano, con sus artículos lisonjeros a la ignorancia popular, abría la sima de anarquía, crímenes, trastorno moral y corrupción que habría de enterrar la obra que se construía*"[32]. Destaca, adicional-

---

[31]   HERNÁNDEZ, Ramón, *Ob. Cit.* p. 75

[32]   *Ibídem.* p. 83.

mente el mismo autor que "A la sombra de El Venezolano proliferan panfletos con los nombres de Las Avispas, El Zancudo, La Centella, El Sin camisa, El Rayo, cuyos insultos a Páez y a Soublette
iban por este camino 'Son dos bribones y los malvados más insignes que ha producido la tierra; ladrones descarados, viejos impúdi-
cos cargados de años y de crímenes'"[33].

La utilización que a lo largo de esos seis años hizo Antonio
Leocadio Guzmán de "**El Venezolano**", como su instrumento fundamental para el abierto combate político que libró para lograr posiciones de poder, le acarreó finalmente un juicio con la acusación de
conspirador que concluyó en 1846 con una sentencia del jurado
condenándolo a muerte. Había triunfado en este cometido uno de
sus más acérrimos adversarios: el también periodista y escritor Juan
Vicente González, quien para el momento de la captura de Guzmán
para ser enjuiciado se desempeñaba como Jefe de Policía de la ciudad de Caracas.

Nos dice el biógrafo de Guzmán, Rogelio Altez, que "el 2 de
junio de ese año (1847), José Tadeo Monagas, atendiendo la sugerencia de la Corte Suprema, decide conmutarle la pena de muerte

---

[33] *Ibídem*. p. 85. En esta misma obra e idéntica página, dice el historiador
Ramón Hernández que "a Soublette lo amenazan: El que os habla no os teme,
general; no pierde la esperanza de ver con vuestra muerte mitigadas las angustias
de la patria ¡Noble esperanza! ¡Feliz Venezuela si llegara a perderos, desgraciada
si vivierais un tanto más! Vuestra muerte debieran aclamarla hoy los pueblos,
pues con la muerte de un asesino, de un ladrón, da la República un paso más
hacia su dicha... desengañaos, general, es con lo único que podéis pagar... y todavía, para mi creo que la República no se da por satisfecha; pero a lo mejor qui-
taremos ese borrón de la sociedad, esa fuente de inmoralidad y corrupción. ¿Hasta cuándo, general, sois asesino? ¿Hasta cuándo sois ladrón? Recordad, general,
que habéis nacido para morir en alto, pero no para vivir en él." A propósito de
este tipo de acusaciones El Historiador José Gil Fortoul dice de Soublette, lo que
sigue de inmediato: "cuando termina su período presidencial, vende su casa de
habitación para pagar deudas que la insuficiencia del sueldo le obligó a contraer
en el Gobierno, y como esto no bastase para satisfacer a los acreedores y se retar-
dase la venta de unas cabezas de ganado que constituían lo mejor de su fortuna,
un acreedor le demanda en juicio; el abogado de Soublette, sin consultarle, pide
espera; Soublette le desautoriza, diciendo que su nombre no ha de asociarse a una
Ley que cree inocua; vende su ganado a diez reales cabeza, y se queda pobre y
muere pobre." *Cfr. Ob. Cit.* Tomo II. p. 245.

por la de extrañamiento perpetuo de la patria, so pena de ser ejecutado de inmediato si regresaba". Antonio Leocadio Guzmán, no solamente regresó a Venezuela, no cuando se lo requerían sus seguidores del partido Liberal, sino cuando él lo estimó pertinente. En poco tiempo pasó de ser un exilado político a desempeñar en el gobierno de Monagas los cargos de Ministro del Interior y luego Vicepresidente de la República.

Pero, así como es reprochable lo que de "**El Venezolano**" y del periodismo hizo Antonio Leocadio Guzmán, también es condenable el desempeño que como formador de opinión tuvo Juan Vicente González en su agria polémica con Guzmán, luego del distanciamiento que ambos tuvieron por la candidatura para la presidencia de la república en las elecciones de 1842. Mientras Guzmán era partidario de Santos Michelena para suceder a Páez, González era partidario del general Soublette.

Después de las alusiones irónicas de Juan Vicente González a través de sus *"Epístolas Catilinarias sobre el 8 de julio"*, en 1835, dirigidas a los liberales, entre ellos Guzmán, a raíz de la frustrada revolución de las reformas que derrocó a Vargas de la presidencia de la república, los ataques directos contra Antonio Leocadio Guzmán no cesarán. Así, en 1859 funda "**El Heraldo**" y en su condición de editorialista refuta los improperios que recibía desde "**El Patriota**" y "**El Diario de Caracas**". El 1º de junio de 1846 funda otro periódico, "**El Diario de la Tarde**", y como dice la historiadora Lucía Raynero en su biografía de Juan Vicente González ya mencionada: *"con este nuevo instrumento periodístico a la medida de las circunstancias, respondería cada insulto con otro de igual o mayor mordacidad. Golpe que recibiera, golpe que devolvería, muchas veces más hiriente y penétrate que el de sus detractores"*. *"Juan Vicente no sólo poseía una fértil imaginación para las bellas letras, también la tenía para construir las peores ofensas bajo un lenguaje de ilimitada procacidad"*[34]. En el último número de este periódico, fechado el 29 de octubre del mismo año 1846, Juan Vicente González se despidió de sus lectores expresando lo que se trasunta de seguidas:

---

[34] RAYNERO, Lucía, *Ob. Cit.* p. 41 y 40.

158

"Después de una larga carrera es necesario el reposo; después de este período turbulento en el que he luchado sin cesar contra pasiones e intereses, contra el egoísmo y la apatía, contra la demagogia, contra una revolución que amenazaba destruirlo todo, y sonreía sobre la sociedad como una víctima, mi espíritu necesita quietud, mi razón pide calma; me parece que debo sestear un poco, para enfrentar el entusiasmo, para dar fuerza al pensamiento, para equilibrar mis pasiones y hallar los medios que deban emplearse en la época que tocamos, de reacción moral y social, a fin de salvar por largos años la República. Mañana terminará El Diario de la Tarde: mis compatriotas dirán si esta arma ha sido útil en mis manos"[35].

Todo este caldeado ambiente político de nuestro país, de diatribas, enfrentamientos, odios, recelos y traiciones que caracteriza los años que siguen a la separación de Venezuela de la Gran Colombia, lo hemos resumido con el propósito de comprender, sin mayor dificultad, la razón por la cual el legislador patrio pasa a regular de manera especial la libertad de prensa y, por ende, la de expresión y difusión de ideas.

En efecto, el 15 de abril de 1839 el Senado y la Cámara de Representantes de la República de Venezuela, reunidos en Congreso, sancionan "**El Código de Imprenta**"[36] que será promulgado por el presidente José Antonio Páez el 27 de ese mismo mes y año, con el cual queda derogada la *"Ley de imprenta de 14 de setiembre sobre la extensión de la libertad de imprenta y sobre la calificación y castigo de sus abusos*, promulgada el 27 de ese mismo mes.

El mencionado Código, el primero que se dicta en Venezuela, luego del referido proceso de secesión, para regular la citada materia de la libertad de imprenta, estaba conformado por las siguientes leyes:

La **Ley I**, trataba "De la extensión de la libertad de imprenta y de la calificación de sus abusos". La integraban siete artículos. La **Ley II**, contentiva de ocho artículos, versaba acerca *"De las penas*

---

[35]   *Cfr.* MACHADO, José E. *Ob. Cit.* p. 86.

[36]   *Cfr.* Recopilación de Leyes y Decretos de Venezuela. Formada de orden del Ilustre Americano Antonio Guzmán Blanco. Tomo II. Caracas. 1874. p. 458.

correspondientes a los abusos de la libertad de imprenta". La **Ley III**, concernía a la materia *"De las personas responsables de los abusos que se cometan contra la libertad de imprenta"* y estaba integrada por seis artículos. La **Ley IV**, que regulaba *"Del modo de proceder en los juicios por abuso de la libertad de imprenta"* estaba compuesta por treinta y ocho disposiciones. Finalmente, la **Ley V** trataba en sus cuatro artículos lo referente al *"recurso que se concede en los juicios por abuso de la libertad de imprenta"*.

La precitada **Ley III** del Código de Imprenta de 1839, consagró la responsabilidad de los abusos que se cometían contra la libertad de imprenta a los autores o editores del escrito y al impresor del mismo, en una evidente infracción a la garantía constitucional que consagraba dicha libertad, toda vez que ello resultaba un verdadero exceso. La regulación era del siguiente tenor:

Art. 1° Será responsable de los abusos que se cometan contra la libertad de imprenta el autor o editor del escrito, a cuyo fin deberá firmar uno u otro el original que debe quedar en poder del impresor.

Art. 2° El impresor con su persona, con la imprenta en que se haya publicado el papel y con los bienes que posea, está sujeto a la responsabilidad de autor o editor, y la ley le considera como tal en los casos siguientes:

1° Cuando requerido legalmente para presentar el original firmado por el autor o editor no lo hiciere

2° Cuando el original resultare firmado por persona o personas en la cual o en las cuales no pueda hacerse efectiva la responsabilidad que determina la presente ley, ni al tiempo de la impresión ni al de la acusación.

El artículo 3° de la **Ley I**, tipificó el delito de abuso de la libertad de imprenta, de la siguiente manera:

1° Publicando escritos dirigidos a excitar la rebelión o la perturbación del orden y de la tranquilidad pública o la perpetración de algún delito, los cuales se calificarán con la nota de *sediciosos*.

2° Publicando escritos que vulneren la reputación o el honor de alguna persona, tachando su conducta privada, los cuales se calificarán con la nota de *libelos infamatorios*.

3° Publicando escritos que ofenden la moral y la decencia pública, los cuales se calificarán con la nota de *obscenos o contrarios a las buenas costumbres*.

4° Cuando se publiquen escritos que ataquen directamente los dogmas de la Religión Católica, Apostólica Romana, los cuales se calificarán con la nota de *subversivos*.

De acuerdo al articulado de la **Ley IV**, el juicio era resuelto por Jurados. Siete eran en total y debían ser convocados por el Juez con competencia para conocer del juicio. Por disposición del artículo 7 de esta Ley, no podían ser Jurados, "los ciudadanos que tengan empleo de nombramiento del Poder Ejecutivo, ni los que ejerzan jurisdicción civil o eclesiástica". Conforme a lo previsto en el artículo 15 de la precitada **Ley IV**, era el Jurado el que decidía por mayoría absoluta de votos si había o no elementos para la formación de la causa y, por unanimidad, según lo establecido en el artículo 29 de la referida Ley, era que se podía condenar o absolver un escrito. Este Código de imprenta va a estar vigente hasta el año de 1847 cuando será objeto de una reforma.

En efecto, el 12 de abril de 1847, el Presidente José Tadeo Monagas, le puso el "Ejecútese" al Código de Imprenta sancionado por el Congreso el 31 de marzo de ese mismo año. Como el Código anterior, éste también estará conformado por las mismas cinco leyes. Se trató, en verdad, de una importante reforma del anterior Código que se tradujo, fundamentalmente, en lo siguiente:

Al artículo 1° de la **Ley I** se le agregó un parágrafo "Único" con este texto:

"Este derecho (el de imprimir y publicar libremente sus pensamientos, sin necesidad de previa censura), no es extensivo a los escritos grabados o litografiados, ni a las caricaturas.

De las causas a que los unos o las otras den ocasión conocerán los Tribunales ordinarios, o las autoridades de policía, en conformidad a las Leyes".

La norma, como puede observarse, establecía la posibilidad de la censura previa a los *"escritos grabados o litografiados y a las caricaturas"*, porque desde el año 1840, producto de la feroz lucha desatada entre conservadores y liberales, la caricatura pasó a ser un instrumento fundamental de crítica al gobierno por parte de la oposición, así como de recíproca difamación entre ambos grupos políticos.

Como consecuencia de lo precedentemente expresado, era de esperarse, como sucedió, que se tomaran previsiones en esta materia con respecto a las predicas de odio que destilaban uno y otro partido. Por lo tanto, el legislador hizo otra modificación al Código de Prensa que había estado vigente para estipular en el artículo 3º que se abusaba de la libertad de imprenta publicando escritos dirigidos a excitar "*el odio contra la Autoridad*". Lo ocurrido, por ejemplo, con el general Soublette, de tildarlo de "ladrón descarnado…cargado de crímenes", como lo hizo Antonio Leocadio Guzmán desde las páginas de **"El Venezolano"**, sin respetar la investidura de Presidente de la República que detentaba Soublette, y más grave aún, siendo absolutamente falsas tales imputaciones, ameritaba una regulación como la que introdujo el legislador en el precitado artículo 3º.

Otras disposiciones objeto de modificación fueron, en la **Ley II**, atinente a las penas correspondientes a los "abusos de la libertad de imprenta", los artículos 1º y 2º, que elevaron las penas de prisión con respecto a la previsión que tenía esta materia en el correspondiente artículo del anterior Código de Prensa.

Adicionalmente, se incorporaron cuatro nuevos artículos que pasaron a ser el 4º, 5º, 6º y 7º, consagratorios de nuevos supuestos con sus correspondientes penas, para penalizar, por ejemplo, "al autor o editor de un escrito obsceno o contrario a las buenas costumbres" o de un "impreso calificado de subversivo en grado primero" o "en grado segundo", así como también para regular el derecho de réplica.

La **Ley III**, relativa a "las personas responsables de los abusos de la libertad de imprenta", modificó el artículo 2º, en el sentido de especificar, por medio de los supuestos taxativos que allí quedaron consignados, la responsabilidad que podía atribuírsele al "impresor" de algún texto. Previó esta disposición, lo que se trasunta a continuación:

1º Cuando requerido legalmente para presentar el original firmado por el autor o editor no lo hiciere.

2º Cuando el original resulte firmado:

I.   Por algún menor de dieciséis años.

II.   Por alguno que no tenga domicilio conocido.

III. 	Por algún ebrio por costumbre, por alguno que se embriague con frecuencia y públicamente.

IV. 	Por algún fatuo, demente o loco.

V. 	Por algún presidiario.

VI. 	Por algún pordiosero público o conocido como tal.

VII. 	Por alguno que se encuentre sostenido por la caridad pública en algún establecimiento de beneficencia.

VIII. 	Por algún esclavo.

IX. 	Por alguno que esté recluido en algún lazareto.

X. 	Por alguno que, a sabiendas del impresor, no haya intervenido sino para desviar la responsabilidad del verdadero autor; o en general, por persona o personas en la cual o en las cuales no pueda hacerse efectiva la responsabilidad que determine la presente Ley, ni al tiempo de la impresión ni al de la acusación".

3° Cuando publicare algún periódico sin que se haya prestado la garantía requerida por el parágrafo 2°, artículo 7° de esta Ley".

En la **Ley IV**, se estableció un lapso de caducidad de un año, contado a partir de la publicación respectiva, para intentar la acusación por "los abusos de libertad de imprenta, relativos a escritos sediciosos, obscenos o contrarios a las buenas costumbres o subversivos" y el mismo lapso para el caso de los "escritos injuriosos". Cabe señalar que el anterior Código no decía nada a este respecto. De manera que fue muy importante esta previsión, pues se ponía fin a la posibilidad que derivaba del silencio de la ley, de que las referidas acusaciones se pudieran intentar en cualquier oportunidad, luego de la publicación de que se tratare.

Es de destacar que todo lo concerniente a la formación y al número de jurados que decidirían las causas, así como lo relativo a la secuela procesal, fue regulado de una manera más clara y precisa que como aparecía en el Código de 1839. Este Código estará vigente hasta que el día 27 abril de 1849 cuando entra a regir un nuevo Código de Imprenta que igualmente será reformado en 1854 y después en 1855, precisamente para que fuera el instrumento fundamental de los Monagas para ejercer el control de los medios de comunicación.

Finalmente, la **Ley V** referida, como se dijo con anterioridad al "recurso que se concede en los juicios por abuso de la libertad de imprenta", consagró la posibilidad de acudir a la Corte Suprema de Justicia; en primer lugar, cuando el juez de la causa omitiere señalar la pena correspondiente. En segundo lugar, cuando no se hubieren observado los trámites o formalidades prevenidos en las Leyes de Imprenta, caso en el cual lo perseguido por el recurrente debía ser la reposición de la causa "al punto en el que se haya cometido la nulidad". En ambos supuestos, de declararse "infundados "los recursos, procedía la condenatoria en costas.

No está demás referir que con posterioridad al acontecimiento político que ha pasado a la historia como "El Fusilamiento del Congreso" o también "El Asesinato del Congreso" –24 de enero de 1848–, precedentemente referido, el periódico opositor "**La Prensa**", bajo la conducción de Juan Vicente González, dejará de circular. Después de que éste hubiera salvado milagrosamente su vida, una vez que los partidarios de Monagas irrumpieran violentamente ese día en la sesión del Congreso que deliberaba sobre el enjuiciamiento del Presidente Monagas, causando confusión y muerte, González, no sólo cerró el mencionado medio de comunicación, sino que él mismo, discretamente se retiró de la vida pública. El gobierno de Monagas había logrado su cometido: acallar una voz importante opositora a su gestión de gobierno. Un año apenas, fue la circulación de "**La Prensa**". Por su parte, el "**Diario de la Tarde**", va a circular durante cinco meses, concretamente hasta el 29 de octubre de 1846.

Ahora bien, en fecha 27 de abril de 1849, como lo hemos expresado anteriormente, el Presidente José Tadeo Monagas ordena el ejecútese al Código de Imprenta sancionado por el Congreso de la República el día 23 de ese mismo mes y año[37]. Se trata de un nuevo instrumento regulador del derecho a informar y a recibir información. Una comparación de las regulaciones contenidas en este Código con las que aparecían en el Código precedente, arroja el siguiente resultado:

---

[37] *Cfr.* Recopilación de Leyes y Decretos de Venezuela. Formada de orden del Ilustre Americano Antonio Guzmán Blanco. Tomo II. Caracas. 1874. p. 458.

En primer lugar, se modificó el artículo 1° de la **Ley I** que trata "De la calificación de los abusos de la libertad de imprenta", en el sentido de expresar que "En los juicios sobre imprenta no hay excepciones de fuero o privilegio". El artículo 2° de la mencionada Ley, señaló, con una redacción más precisa, cuál era el supuesto o supuestos de hecho que tipificaban el "abuso de la libertad de imprenta". A tal respecto, estableció estas dos hipótesis:

- "Publicando escritos que injurien a alguna persona o vulneren su honor o reputación, tachando su conducta privada, los cuales se calificarán con la nota de libelos infamatorios;

- "Publicando escritos que ofendan la moral y decencia pública, los cuales se calificarán con la nota de obscenos o contrarios a las buenas costumbres."

En segundo lugar, fueron suprimidos los casos que consideraban como abuso de la libertad de imprenta, "la publicación de escritos dirigidos a excitar la rebelión o la perturbación del orden y la tranquilidad pública o el odio contra la Autoridad o la perpetración de algún delito", así como la publicación de escritos "que ataquen directamente los dogmas de la Religión Católica, Apostólica, Romana".

En tercer lugar, atinente a la materia de las penas, en esta reforma se redujo de manera importante la cuantía de las sanciones pecuniarias en comparación con la regulación vigente para aquel momento. También fueron sustanciales las variaciones que ocurrieron en materia de privación de libertad. Por ejemplo, el artículo 2° de la **Ley II** referente a "las penas que han de aplicarse a los abusos de la libertad de imprenta", quedó modificado por el artículo 1° en los siguientes términos: "Al autor o editor de un impreso calificado de libelo infamatorio en primer grado se le impondrá multa de doscientos pesos y treinta días de prisión, y si no pudiere pagar la multa sesenta días de prisión". En el anterior Código –artículos 2° y 3° de la **Ley II**– la pena por este delito consistía en "seis meses de prisión y trescientos pesos de multa". Si no podía pagar la multa "se le triplicaba el tiempo de prisión; y si no pudiere sufrir la prisión y sí pagar la multa, se le triplicará ésta". Como puede observarse, se trató de una significativa modificación de la materia sancionatoria. Claro, la dictadura había logrado infundir temor con la regulación precedente y de allí el silencio en el que prácticamente estaban sumidos los periódicos de la época.

Un tratamiento similar por lo que respecta al mismo régimen de sanciones pecuniarias y de privación de libertad, tuvo lugar en el caso de un "escrito obsceno o contrario a las buenas costumbres, calificado en primer grado". De quinientos pesos, que era la multa establecida para el autor o editor en el artículo 5º de la **Ley II** del Código anterior, en este Código, el artículo 2º de la Ley II, la rebajó a la suma de cien pesos y quince días de prisión. En la hipótesis de imposibilidad de pagó, de dieciocho meses que era lo previsto en el anterior Código, se la redujo a cuarenta días de prisión.

El último artículo de la precitada **Ley II** del Código de 1849 –es decir, el artículo 3º– estableció la siguiente pena accesoria: "Además de las penas expresadas, el juez mandará recoger todos los ejemplares que no se hayan vendido o distribuido de los impresos condenados por el *Jury* conforme a los artículos anteriores". Esta novedad lo que revela es el extremo al que se había llegado para evitar que fuera conocido algún texto que muy fácilmente se le podía calificar de "obsceno o contrario a las buenas costumbres".

No sobra tener en cuenta que en el Código anterior, once artículos integraban la precitada **Ley II**, mientras que en el que estaba entrando en vigencia, sólo tres artículos –los anteriormente referidos– eran los que conformaban dicha Ley.

Otra regulación completamente diferente a la que aparecía en la **Ley III** del Código de 1847, referida a "las personas responsables de los abusos de la libertad de imprenta", se produjo en el Código de 1849. Este último pautó lo siguiente:

Artículo 1º- Será responsable de los abusos de la libertad de imprenta, el autor o editor del escrito, a cuyo fin deberán firmar uno u otro el original que debe quedar en poder del impresor.

Artículo 2º El impresor será responsable y sufrirá las mismas penas establecidas para el autor o editor en los siguientes casos:

1º Cuando requerido legalmente no presente el original firmado por el autor o editor.

2º Cuando el original haya sido firmado:

I.   Por algún menor de dieciséis años.

II.   Por algún fatuo, demente o loco.

III.   Por algún presidiario.

166

IV. Por algún esclavo.

V. Por alguno que esté recluido en algún lazareto.

La **Ley IV** de este Código de 1849, concerniente a los aspectos procedimentales, también fue objeto de una regulación diferente. Para empezar, de cuarenta y un artículos que la integraban, se la redujo a veintinueve porque se eliminaron los excesivos detalles en que incurría. Desde el punto de vista de técnica legislativa, superó ampliamente al Código de 1847. No obstante esto, el 28 de abril de 1854 José Tadeo Monagas le pone el ejecútese al Código de Imprenta sancionado por el Congreso de la república el día anterior, con el cual se deroga el Código de 1849.

Finalmente, es de destacar que la **Ley V**, atinente al régimen de los recursos ante la Corte Suprema de Justicia, de los dos supuestos que preveía el Código de 1847, suprimió el primero y modificó el segundo con esta redacción: "Cuando el juez faltare al orden establecido en estas Leyes podrá la parte ocurrir a la Corte Superior respectiva oyéndose este recurso en ambos efectos si se interpusiere en el término de tres días.

El Código de Imprenta de 1854 que va a regular nuevamente la garantía constitucional en materia de libertad de expresión, es el cuarto que se dicta bajo la vigencia de la Constitución de 1830. Se va a caracterizar por reducir al máximo el articulado del Código anterior. En efecto, en apenas diez artículos que son los que de inmediato se transcriben en su totalidad, queda normada la mencionada garantía constitucional:

"Artículo 1º: Hay absoluta libertad en los venezolanos para publicar sus pensamientos por medio de la imprenta y de cualquiera otra manera sobre toda materia, salvo lo dispuesto en los artículos siguientes.

Artículo 2º: Los papeles impresos, litografiados o grabados en que se excite o provoque a ejercer actos contra la seguridad exterior o interior de la República, convidando a las armas, o de cualquiera otra manera directa, pueden servir de principio de prueba a los delitos de traición, rebelión o sedición.

Artículo 3: Los mismos papeles en que se injurie a alguna persona o se vulnere su honor y reputación, tachando su conducta pública y privada, quedan sometidos a los tribunales que sean competentes, para conocer del delito de injuria.

Artículo 4°: Igualmente aquellos en que se ofenda la moral y decencia públicas, quedan bajo el poder de los Tribunales ordinarios.

Artículo 5°: No hay acción contra el autor o editor de un impreso, litografiado o grabado en que se tachen los defectos de los empleados públicos con respecto a su aptitud o falta de actividad y acierto en el desempeño de sus funciones, pero si se les imputaren delitos que comprometan el honor y la probidad de alguna corporación o empleados, el autor o editor queda sujeto a los trámites establecidos en el artículo 3°.

Artículo 6°: El dueño del establecimiento en que se impriman, litografíen o graben los papeles a que se refieren los cuatro artículos anteriores, será responsable y sufrirá las mismas penas establecidas para el autor o editor cuando no puedan por algún motivo hacerse efectivas en éstos.

Artículo 7°: Los impresores, litógrafos o grabadores están obligados a poner en todo artículo u obra que salga de su establecimiento sus nombres y apellidos y el lugar y año de la impresión, litografía o grabadura: por cada vez que no lo hagan pagarán la multa de diez pesos; pero si la falta ocurriere en algún papel que pueda dar lugar a los procedimientos que indican los artículos 2° al 5°, la multa será de cincuenta pesos. Estas multas las impondrá el Jefe Político en el primer caso, en el segundo el Juez de la causa.

Artículo 8°: Los impresores, litógrafos y grabadores están asimismo obligados a presentar el original del papel impreso, litografiado o grabado con la firma del autor o editor, siempre que se les exija por el Juez que haya de conocer del juicio a que aquél dé lugar de oficio o solicitud de parte interesada en sus casos.

Artículo 9°: El dueño de tales establecimientos no podrá anunciar que el suyo corre a cargo de otra persona, sin excepción alguna. El que quebrante esta prohibición será juzgado como reo de falsedad.

Artículo 10°: Se derogan las Leyes de 27 de abril de 1849 sobre la materia."[38]

Lo afirmado ut supra, en el sentido de lo breve del articulado del Código de Imprenta del año 1854, queda evidenciado con la

---

[38] *Cfr.* Recopilación de Leyes y Decretos de Venezuela. Formada de orden del Ilustre Americano Antonio Guzmán Blanco. Tomo III. Caracas. 1874. p. 229.

transcripción que hemos hecho de todas las disposiciones que lo integran. Destaca en este Código, la eliminación de la rigurosa tipicidad de los hechos delictivos, el régimen de las sanciones y todo lo concerniente a los aspectos procedimentales que se detallaban en los anteriores Códigos. La vigencia de este instrumento legal va a ser verdaderamente efímera, toda vez que va a regir sólo durante casi un año –11 meses y veinticinco días exactamente–.

El día tres de abril de 1855 el Presidente José Tadeo Monagas, promulga el Código de Imprenta que deroga al 1854. Este texto legal retoma la forma, y parcialmente el contenido, de los Códigos anteriores al de 1854. Así, vuelve a aparecer que todo su articulado queda comprendido en cuatro Leyes: La **Ley I**, que trataba *"De la calificación de los abusos de la libertad de imprenta"*, integrada por cuatro artículos. La **Ley II**, contentiva de tres artículos, versaba acerca de las *"Penas correspondientes a los abusos de la libertad de imprenta"*. La **Ley III**, concernía a la materia *"Personas responsables de los abusos de la libertad de imprenta"* y estaba constituida por cuatro artículos y la **Ley IV**, que regulaba la *"Elección de los Jurados y modo de Proceder en los juicios de imprenta"* que estaba formada por treinta y ocho disposiciones. Entre las normas de este Código que ameritan alguna referencia de manera especial, destacan las siguientes:

Dispuso el artículo 1° de la **Ley I**, que la responsabilidad que deriva del ejercicio de la garantía constitucional concerniente "al derecho que tienen los venezolanos de publicar libremente sus pensamientos y opiniones por medio de la prensa, garantizado por el artículo 194 de la Constitución", es exigible sólo en los siguientes casos:

> "1° Cuando se publique un escrito en que se injurie a alguna persona, en lo que toca a su vida privada, cuyo escrito se calificará de *libelo infamatorio*.

> 2° Cuando se publique un escrito en que se ofenda a la religión Católica, la moral y la decencia pública, cuyo escrito se calificará de contrario a las buenas costumbres."

Como puede constatarse de la transcripción que antecede, se restablece la exigencia de responsabilidad por ofensas a la religión Católica, así como también a la moral y la decencia pública

En cuanto a la clasificación de las penas, La **Ley II**, contentiva de tres artículos, que establecían las "*Penas correspondientes a los abusos de la libertad de imprenta*", la situación quedó regulada de la siguiente manera:

"Artículo 1º.- Al autor o editor de un impreso calificado infamatorio de primer grado, se le impondrá la multa de doscientos pesos y treinta días de prisión y si no pudiere pagar la multa, sesenta días de prisión; por el impreso calificado en segundo grado, cien pesos de multa y quince días de prisión, y si no pudiere pagar la multa treinta días de prisión.

Artículo 2º.- Al autor o editor de un escrito obsceno o contrario a las buenas costumbres, calificado en primer grado, se le impondrá la multa de cien pesos y quince días de prisión, y si no pudiere pagar la multa, cuarenta días de prisión. Si fuere calificado en segundo grado, se le aplicará la multa de veinticinco pesos y de diez días de prisión, si no pudiere pagar la multa, de quince días de prisión."

La reducción de las penas en este Código, tanto por expresión del pensamiento como por impresión de textos fue significativa, en comparación con la regulación de esta materia en el Código de 1849.

La **Ley III** del precitado Código de 1855 reguló lo atinente a la responsabilidad de las personas derivada de los abusos de la libertad de imprenta, de la manera que se indica de seguidas:

"1º Cuando requerido legalmente no presente el original firmado por el autor o editor.

2º Cuando el original haya sido firmado:

    I. Por algún menor de catorce años.

    II. Por algún fatuo, demente o loco.

    III. Por algún presidiario.

    IV. Por algún sirviente doméstico.

    V. Por alguno que esté recluido en algún lazareto y

    VI. Cuando negada la firma por el que dice ser el autor, no pudiere presentar la prueba de su aserto."

Obsérvese que la principal diferencia entre el tratamiento que tuvo el segundo supuesto de responsabilidad arriba copiado y su equivalente en el Código de 1849 estuvo, en primer lugar, en la reducción de la edad para ser sujeto pasible de responsabilidad. En efecto, mientras que en este último Código era de dieciséis años, en el de 1855 se le redujo a catorce; en segundo lugar, en que en el que viene de ser mencionado se agregó un nuevo supuesto de responsabilidad a los cinco casos previstos en el Código de 1849; esto es: "Cuando negada la firma por el que dice ser el autor, no pudiere presentar la prueba de su aserto".

Las restantes disposiciones de las cuatro Leyes de este Código de 1855, son muy similares, desde el punto de vista de su redacción, a las que integraban los Códigos que antecedieron al de 1854.

Este Código de 1855[39] va a ser derogado por el "**Decreto de 02 de enero de 1862**", luego que el general Páez, quien se encuentra en el ejercicio de la Primera Magistratura del país por tercera vez, lo suscriba. En la parte pertinente de este trabajo, procederemos a efectuar el correspondiente análisis.

2. *Constitución de 1857. Expresión del autoritarismo y propiciadora del alzamiento del general Julián Castro.*

Como lo expresáramos en la primera parte de este trabajo, la Constitución del año 1857 fue sancionada el 16 de abril de 1857 y su cúmplase lo ordenó el presidente José Tadeo Monagas dos días después, es decir, el 18 de ese mismo mes y año. Este Texto ha sido uno de los de más breve vigencia que ha tenido la república. Sólo durante ocho meses estará rigiendo, pues su propósito no era otro que el de permitir la reelección inmediata del primer mandatario nacional.

En efecto, habiendo gobernado José Tadeo Monagas por vez primera durante el período correspondiente a los años 1847-1851 y su hermano José Gregorio entre 1851 y 1855, José Tadeo gana las elecciones correspondientes al lapso 1855 y 1859 para una segunda presidencia. Es durante este mandato que propugna la reforma de la Constitución con el propósito de reelegirse de inmediato, una vez

---

[39] *Cfr.* Recopilación de Leyes y Decretos de Venezuela. Formada de orden del Ilustre Americano Antonio Guzmán Blanco. Tomo III. Caracas. 1874. p. 229.

que finalizara su segunda gestión de gobierno, pues la Constitución de 1830 lo prohibía. Adicionalmente logró que el período se alargara a seis años en vez de los cuatro establecidos en la citada en último término.

Por supuesto, la oposición a esta pretensión, tanto de liberales como de conservadores, y a todo lo que significó la administración de los hermanos Monagas –el *Monagato*, como ha sido denominado todo este lapso por los historiadores– plagada de autoritarismo, centralización del poder, corrupción, despilfarro, abuso de poder, etc., no se hizo esperar y culminó con el alzamiento del general Julián Castro, en Valencia, quien lo obligó a renunciar el 15 de marzo de 1858. Dentro de la motivación que la Asamblea de ciudadanos, reunida en Valencia, el día cinco de ese mismo mes y año produjo para alentar la caída de Monagas, se encuentra lo que seguidamente se trasunta:

"En vista, pues, de tantos y tan enormes abusos; notando que nuestros males, lejos de disminuir, crecen extraordinariamente cada día; no quedándonos, por desgracia, otro medio para hacerlos cesar que el de una revolución, tanto más justificable cuanto que el general José Tadeo Monagas no tiene hoy título alguno para gobernarnos, pues que siendo nula, como evidentemente lo es, la titulada Constitución de 1857, nula es también por una consecuencia precisa, la autoridad que aquél ejerce por ella; rota como ha sido por el propio Monagas la Constitución de 1830 y disuelto, por tanto, el pacto social de Venezuela, nosotros, que, como los demás pueblos de ésta, hemos recuperado los radicales y primitivos derechos que delegamos al constituirnos, en uso de esos mismos imprescriptibles derechos, y proveyendo a la conservación de nuestra existencia política, desconocemos absolutamente la autoridad del general José Tadeo Monagas, la de su hijo Francisco Oriach y, en general, la de todos los funcionarios creados por la nula Constitución de 1857; haciendo la más solemne protesta de que nuestros principios al alzar la voz contra la tiranía que nos oprime son: derrocar de todo punto esa misma tiranía; <u>organizar</u>, de acuerdo con los demás pueblos de Venezuela, nuestros hermanos, <u>un gobierno democrático</u>; hacer real y efectivo el imperio de la ley, de modo que a ella y sólo a ella estén sujetos los venezolanos; conservar las relaciones y tratados que tenemos hoy con las naciones extranjeras; hacer cumplir religiosamente los compromisos que afectan el crédi-

to público; establecer el más puro manejo en la administración de las rentas nacionales; conservar rigurosamente la independencia de los poderes en que debe dividirse la administración de la República; <u>garantizar la libertad de los venezolanos para emitir por la prensa sus pensamientos</u>; proteger la religión católica, apostólica, romana; sancionar las medidas convenientes para que haya en las elecciones populares la más completa y amplia libertad; hacer, en fin, todo aquello que conduzca al bienestar y progreso de la nación. Bajo tales principios resolvemos:" (Omissis). (El subrayado es nuestro).

3. *Constitución de 1858. Se dicta El Decreto que gradúa las publicaciones efectuadas a través de la imprenta*

Ahora bien, como se dijo con anterioridad, y a título de resumen, lo cierto es que durante el "Monagato", de una u otra manera, la legislación en materia de libertad de prensa, precedentemente referida, fue determinante para que los comunicadores de entonces, para decirlo con una expresión que nos ha resultado familiar en estos tiempos, se **"auto censuraran"**. Las referencias históricas acerca del papel disminuido de la prensa lo encontramos, por ejemplo, en la precitada declaración fechada el 5 de marzo de 1858, emanada de la asamblea de ciudadanos reunida en la municipalidad de Valencia que marcó el inicio de la caída del gobierno opresor y tiránico, de José Tadeo Monagas; y el advenimiento de uno apegado a los principios de la representatividad, alternancia y responsabilidad. Se transcribe, de seguidas, la parte pertinente de la precitada Declaración:

"Nosotros, el Concejo Municipal de este cantón y las demás personas que suscribimos, reunidos con motivo de la gran excitación que por todas partes se nota para tomar en consideración el estado actual de la República, declaramos lo siguiente:

Hace diez años que la nación venezolana se encuentra regida por una dinastía, tanto más detestable, cuanto que ha sembrado de abusos y de crímenes la larga carrera de su aciaga dominación. Los generales José Tadeo y José Gregorio Monagas, colocados alternativamente en la Presidencia de la República, lejos de cumplir los sagrados deberes de tan alto destino, han hecho de Venezuela su propio patrimonio y la han sumido en todo género de desgra-

cias; sólo mencionaremos ligeramente algunas de ellas, porque sería dilatado y enojoso enumerarlas todas.

El Poder Judicial y aun el Legislativo han estado en una vergonzosa dependencia del Ejecutivo, el cual, valiéndose ya de las amenazas, ya de las promesas, ha hecho que su caprichosa voluntad sea la única ley de los venezolanos.

Las rentas públicas han sido escandalosamente dilapidadas, y los empleados en su manejo, y los Monagas, y las familias de éstos y sus favorecidos, han llevado a tal extremo su impudencia, que hacen público alarde, ostentación irritante, de sus criminales medros. Con indignación ha visto el pueblo hacerse repentinamente ricos con el Tesoro nacional a hombres que ayer no más eran pobres y menesterosos, y salir por los puertos de la República gruesas sumas de oro, destinadas por los Monagas a los bancos extranjeros; (omissis)

<u>*De este mismo sistema se han valido los Monagas para hacer ilusoria la libertad de imprenta, pues cuando algún escritor ha osado censurar los malísimos actos de la administración, ha sido obligado con fuertes amenazas a callar, y aun a dejar precipitadamente el país. Por eso reina en toda Venezuela un silencio sepulcral, y el mundo ignoraría lo que en ella pasa si uno que otro periódico extranjero, condolido, sin duda, de nuestra suerte, no publicase de cuando en cuando algunos de los graves males que nos aquejan*</u>*"* (el subrayado es nuestro).

Por cierto, no está demás tener presente la similitud en el análisis de la situación del país hecha por Monseñor Mariano de Talavera, dos años antes de que se produjera la Declaración copiada anteriormente, concretamente el 31 de enero de 1855. En esta fecha, correspondiente a la toma de posesión del segundo período de gobierno de José Tadeo Monagas, según lo refiere el Historiador Carlos Alarico Gómez, Monseñor Mariano de Talavera se dirigió al presidente entrante pronunciando las palabras que de inmediato se copian y que son un testimonio elocuente del estado de postración en el que se hallaba la república: *"Señor, los males físicos, morales y políticos se han confederado para oprimir esta desgraciada República: Carestía de las subsistencias... lamentable atraso de la agricultura... reclamaciones casi amenazadoras por parte de algu-*

174

nas potencias extranjeras... enfermedades y epidemias... silencio sepulcral de la prensa... erario exhausto... una deuda inmensa... el agio llevado hasta el escándalo... la justicia envilecida... las garantías violadas... robos sacrílegos y asesinatos nocturnos... disensiones civiles, opiniones encontradas, odios recíprocos... la guerra entre hermanos"[40].

La crisis política que desata el "Monagato" y también el golpe de Estado contra José Tadeo Monagas, con el cual se lo derroca para entronizar en el poder el general Julián Castro, autor de dicho golpe, crea las condiciones para que con toda prontitud se trabaje en la elaboración de un nuevo Texto Constitucional. Este Texto no es otro que el surge de la Convención de Valencia, sancionada el 24 de diciembre de 1858 y promulgada el 31 de ese mismo mes y año por el general Julián Castro. Se trata en esta ocasión de una puesta al día de la Constitución de 1830. Destacan entre su articulado, las disposiciones que consagran la elección del presidente, del vicepresidente y demás funcionarios por votación universal, directa y secreta (artículos 8, 58 y 81); restablece la duración de los períodos presidenciales a 4 años (artículo 86); confiere más autonomía a las Provincias, (artículo 128). Esta Constitución estará vigente por poco tiempo ya que al concluir la Guerra Federal que se inicia el 20 de febrero de 1859, se dictará una nueva Constitución.

No obstante el precitado cambio de la Carta Magna operado en la señalada fecha, el Código de Imprenta de 1855 continuará en vigor hasta el **02 de enero de 1862**[41], fecha en que el general Páez, quien se encuentra en el ejercicio de la Primera Magistratura del país por tercera vez, luego de la encargaduría de la presidencia de la república por parte de Gual, sustituto a su vez de Manuel Felipe de Tovar después que éste formalizó su renuncia, dicta una nueva regulación sobre esta materia.

---

[40]   *Cfr.* GÓMEZ, Carlos Alarico, *"José Tadeo Monagas"*. Nº 26. Biblioteca Biográfica Venezolana. Ediciones El Nacional. Caracas, 2007. p. 79.

[41]   *Cfr.* Leyes y Decretos Reglamentarios de los Estados Unidos de Venezuela. Tomo IV. Caracas. 1943.

En efecto, el general Páez en la fecha arriba indicada, procede a dictar un Decreto para graduar las publicaciones que se hicieran a través de la Imprenta. Queda así derogado el Código de 1855. La motivación del Decreto contentivo de este nuevo instrumento legal, revela la situación existente en el país en materia de libertad de expresión. Hace referencia a los excesos, abusos y escándalos del indebido ejercicio de la garantía constitucional de la libertad de expresión y de difusión de ideas, prevista en el artículo 14 de la Constitución de 1858. La importancia que tiene este Decreto –en particular su parte motiva– hace que se la transcriba en su integridad:

"Los abusos de la libertad de imprenta en Venezuela han sido verdaderamente escandalosos, y han causado a la sociedad profundo daño. La guerra actual tan injustificada como impía, reconoce como una de sus principales causas la difusión que por la imprenta se ha hecho de ideas contrarias a los principios conservadores de toda sociedad bien constituida. El abuso de la imprenta se ha llevado hasta el abuso de convertirla en cátedra permanente de difamación, sin que siquiera se haya respetado el hogar doméstico ni las prerrogativas que en toda nación culta se otorgan al sexo débil. No puede ni debe el Gobierno ser indiferente a tan grave mal; y para remediarlo me es forzoso, sin dejar de respetar la libertad de pensamiento, establecer algunas restricciones saludables, que impidan el abuso, o lo repriman, dando garantías en ello a la sociedad y al ciudadano. Con el deber de pacificar la República, tengo también el de procurar el restablecimiento de la moral pública y el desarrollo de todo noble sentimiento. Por tanto, en nombre y por autoridad de los pueblos, DECRETO: (...)

Los principales cambios que se van a operar en esta materia de la libertad de imprenta, son los siguientes:

1°.- Se reduce el articulado a sólo nueve disposiciones.

2°.- Se prohíbe la publicación de noticias sobre el desarrollo de la Guerra Federal, a menos que las propias autoridades militares las suministren o se tomen de publicaciones oficiales.

3°.- Le da competencia a los Gobernadores de Provincia o a los Jefes Políticos para que actúen contra quienes promuevan la rebelión o la alteración del orden público.

4°.- Se aumenta de manera importante el monto de las sanciones de multas a quienes injurien o vulneren el honor o la reputación de alguna persona.

El texto completo del referido Decreto es el siguiente:

"Artículo 1°.- Los venezolanos podrán publicar sus opiniones y pensamientos por medio de la imprenta, sin censura previa; pero con arreglo a las prescripciones siguientes.

Artículo 2°.- Se prohíbe, mientras dure la guerra, publicar noticias acerca de ella que no hayan sido suministradas por la autoridad militar respectiva, o tomadas de los periódicos oficiales.

Artículo 3°.- Todos los escritos que se publiquen en cualquier periódico, folleto u hoja suelta, deberán llevar al pie el nombre o los nombres de su autor o de sus autores.

Artículo 4°.- Los Gobernadores de Provincia o Jefes Políticos en sus casos procederán contra el autor o autores de impresos en que se provoque a la rebelión, o de cualquier otro modo se excite a turbar el orden público, y deberán además recoger dichos impresos, prohibiendo a los impresores el ejercicio de la industria.

Artículo 5°.- Los mismos funcionarios impondrán una multa desde cincuenta hasta quinientos pesos, o arresto de diez hasta cien días, a los autores de periódicos, folletos, hojas sueltas o cualquier otro escrito en que se injurie gravemente a alguna persona, o se vulnere su reputación y honor.

Artículo 6°.- Por todo impreso en que se ofenda la moral y decencia pública, incurrirá el autor en una multa de cien pesos o en un arresto de veinte días.

Artículo 7°.- Todas las multas que se recauden en virtud de este decreto, se destinarán al fondo de hospitales.

Artículo 8°.- Todo impreso deberá llevar al pie el nombre del establecimiento en que se publique, el lugar y la fecha.

Artículo 9°.- Los impresores serán siempre responsables:

1° Cuando omitan la noticia de que habla el artículo anterior; en cuyo caso la pena será discrecional, en atención a la naturaleza del impreso.

2º Cuando publiquen un impreso cualquiera sin la firma del autor; en cuyo caso se le aplicarán las penas que éste había de merecer.

3º Cuando el autor, aunque esté suscripto, resulte ser un mendigo, ebrio por costumbre o elefancíaco, o demente, o pobre de solemnidad, o vago, o condenado a pena infamante, o recluido por sentencia ejecutoria; en cuyo caso sufrirán también los impresores la pena aplicada al autor."

El instrumento legal que viene de ser transcrito, permanecerá vigente hasta el 12 de mayo de 1894, fecha en la que empieza a regir la "**Ley Reglamentaria de la Garantía sexta de la Constitución Nacional**". Para esta última fecha citada, como lo veremos de seguidas, han entrado en vigor las Constituciones correspondientes a los años 1864, 1874, 1881, 1891 y 1893 que, en su artículo 14, ordinal 6º, respectivamente, consagran la garantía relativa a la libertad de expresión.

Una evaluación, si puede llamarse así, de lo que fue el período de vigencia del precitado decreto, lo encontramos en la serie de artículos publicados por Pedro José Rojas entre el 11 de marzo y el 24 de mayo de 1863 en el periódico "**El Independiente**", intitulados "Frutos de la dictadura". Dice en su sexto artículo periodístico, lo siguiente:

"Pretextan que no existe la libertad de imprenta. Existe. Esa es una calumnia. Lo que no existe es la licencia, el desorden, el abuso, la libertad de excitar a conspiraciones, de blasfemar contra el magistrado, de ultrajar al ciudadano, de infamar a la familia. Eso mismo puede hacerse, mas no impunemente, ni ocultando su nombre el mal ciudadano que lo hace. La prensa no ha callado por consecuencia de este nuevo régimen. Los mismos diarios vivían antes de agosto, viven con otros que han nacido posteriormente. Solo pereció en Caracas, aquel loco que tiraba piedras en el barrio a las ventanas, a las puertas y a los transeúntes; libelo infamatorio, que pasó revista a todas las reputaciones, y que con singular furor llegó a cebarse en la nuestra después de habernos aplaudido.

¿Qué entienden esos hombres por libertad de imprenta? Son ellos precisamente los que más tendieron siempre a encadenarla; pero tienen, como dijimos hace mucho tiempo, dos organizaciones, una para cuando mandan, otra para cuando obedecen. Cuando obedecen se muestran amigos decididos de la libertad; cuando mandan, sus propensiones a la tiranía los hacen insoportables. Nadie impide al que desea discutir por la prensa, que discuta. Agradeceríamos más bien la discusión como Gobierno. El que no pretende sino discutir, sino ilustrar, sino demostrar errores y pedir o proponer remedio, ése no debe tener miedo de estampar su nombre al pie de lo que escribe. Si lo que pretende es publicar libelos infamatorios, sediciosos o inmorales, la cuestión varía de aspecto; ese tiene a la verdad motivo para lamentarse de que no lo dejen escribir; pero esta queja es la del ladrón que se quejaba con su compañero de aventuras de que la policía del lugar no les dejaba hacer su oficio.

Si la exigencia de la firma al pie del escrito es lo que ha impuesto silencio a los que ya tenían por profesión o por costumbre calumniar o difamar, la sociedad debe bendecirla. Ella no tiene interés en que volvamos a aquellos días luctuosos durante cuyo reinado, a la hora de repartirse los diarios, la pregunta era, ¿a quién se insulta esta noche? Hágase la lista de los que han sido insultados, y será por su tamaño espantosa. Ese es también un fruto de la dictadura. Los ciudadanos viven tranquilos, las familias reposan sobre el buen nombre de sus jefes desde que tuvo lugar el movimiento de agosto. Los diarios de hoy discuten, no ultrajan. Feliz el nuestro que fundó esa escuela. Otra fundamos también en sus columnas, la de una tolerancia nunca practicada entre nosotros. Por un lado no nos hicimos nunca culpables de una injuria: allí están nuestros volúmenes para que se nos demuestre lo contrario. Por otro, más de una vez hemos permitido que en las columnas de nuestra hoja se desahogue la pasión contra nosotros mismos"[42].

Nada de imparcial puede tener el análisis que antecede de lo que fue la libertad de prensa durante el trienio 1861-1864, dada la vinculación de Pedro José Rojas con la dictadura de Páez. En su condición de ministro gestionó la suscripción de tratado que puso

---

[42] El texto arriba transcrito aparece en la obra "*Pensamiento Conservador (1815-1898)*", con prólogo de José Luis Romero y Compilación, notas y cronología de José Luis Romero y Luis Alberto Romero. 2ª. Edición. Biblioteca Ayacucho, Caracas, 1986, p. 56.

fin a la guerra federal. En efecto, el 24 de abril de 1863, Antonio Guzmán Blanco y Pedro José Rojas firman el tratado de Coche con el cual se pone fin a la guerra federal; vuelve la paz a Venezuela y se reconoce el triunfo de la Federación. Juan Crisóstomo Falcón asume la presidencia de la república, Antonio Guzmán Blanco la vicepresidencia y Páez sale de Venezuela hacia la ciudad de Nueva York, donde residirá de manera intermitente hasta que en ella muere el 6 de mayo de 1873.

En ejecución de lo acordado en el citado tratado, el 18 de agosto de 1863, Juan Crisóstomo Falcón, despachando desde la ciudad de Caracas, luego de la entrada triunfal que le dispensó la colectividad el mismo día del natalicio del Libertador, expide el Decreto de garantías, cuyo único considerando expresaba:

> "Que triunfante la revolución debe elevarse a canon los principios democráticos proclamados por ella y conquistados por la civilización, a fin de que los venezolanos entren en el pleno goce de sus derechos políticos e individuales, Decreto:
>
> (...)
>
> 5°.- La libre expresión del pensamiento de palabra o por escrito: No hay por lo tanto delitos en materia de imprenta.
>
> (...)"

La forma amplia e ilimitada como quedó redactada esta garantía, se proyectó en la Constitución que siete meses después se va a dictar. Dicha redacción, como se evidencia de su simple lectura, hace de ella la regulación más generosa y liberal que en materia de libertad de imprenta haya existido en nuestro país.

4. *Constitución de 1864. Se consagra la libertad de pensamiento, expresada de palabra o por medio de la prensa, sin restricción alguna*

Como quedó afirmado en la primera parte de este trabajo, luego de concluida la "Guerra Federal" la Asamblea Constituyente reunida en Caracas sancionó el 28 de marzo de 1864 este nuevo texto Constitucional, que fue promulgado en Santa Ana de Coro por el General Juan Crisóstomo Falcón el 13 de abril de 1864, en su carácter de presidente de la República. Bajo la vigencia de esta Constitución, por primera y única vez en la historia de Venezuela, se garantiza la libertad de prensa sin ningún tipo restricciones. En efecto, como lo señalamos con anterioridad, el artículo 14, en su numeral 6°, dispuso lo siguiente:

"Artículo 14.- La Nación garantiza a los venezolanos:

6°. La libertad de pensamiento expresada de palabra o por medio de la prensa, ésta sin restricción alguna."

Ahora bien, la estabilidad política que se quería alcanzar poniéndole fin a la devastadora y cruenta guerra federal, no se logró. Los diferentes caudillos surgidos durante esa contienda bélica y las montoneras que ésta auspició en los subsiguientes cuatro años, contribuyen darle jaque mate al gobierno de Falcón: la llamada Revolución Azul, a cuya cabeza se encuentra a los ochenta y cuatro años de edad José Tadeo Monagas, logra alcanzar el poder. Lo mantendrá hasta el 18 de noviembre de 1868 cuando muere como consecuencia de la precariedad de su salud, agotada por tantas luchas libradas en el país por espacio de cincuenta y ocho años.

La crisis política no se atenúa. En los subsiguientes cuatro años prosigue la pugna por alcanzar el poder hasta que Guzmán Blanco lo logra. El 15 de junio de 1870 fue investido como Primer Magistrado del país, lo cual marca el inicio de su carrera, ahora como Presidente de la República. Durante todo este tiempo la Constitución del 1864, seguirá vigente; sin embargo, periódicos como **"El Federalista"** y **"La Opinión Nacional"**, absolutamente progubernamentales, gozarán de los favores del régimen. Son los únicos que tendrán continuidad y se dedicarán, fundamentalmente, a la tarea de cantar loas y exaltar al caudillo y a las ejecutorias de su gobierno.

En efecto, **"La Opinión Nacional"**, órgano oficioso fundado por Fausto Teodoro Aldrey con el principal propósito de satisfacer la megalomanía de Guzmán Blanco, como antes dijimos, empieza a circular el 14 de noviembre de 1868. Este medio va a publicarse los días miércoles y sábados de cada semana. Muy pronto se convirtió en el vocero por excelencia del guzmancismo. Es el comienzo del periodismo llamado de lisonja e incienso, habida cuenta su permanente disposición a callar la crítica y a exaltar las acciones del régimen.

Guzmán Blanco, con el pretexto de ejecutar lo que se llamó el "Proceso de Pacificación Nacional", persiguió a sus adversarios y logró que el resto de los jefes militares y caudillos coincidieran en su propósito de darle la paz que tanto ansiaba el país. Periódicos como **"El Deber"**, **"El Anunciador"** y **"La Prensa Libre"**, harán una tímida oposición al régimen; no obstante ello, sus redactores serán objeto de persecuciones y de encarcelamientos.

No está demás tener presente, antes de concluir este punto, que el 15 de octubre de 1872 salió por vez primera la *"Gaceta Oficial"*, con lo cual se dio cumplimiento al Decreto emanado del presidente Antonio Guzmán Blanco de fecha 11 del mismo mes y año, que ordenaba la creación de un periódico oficial, que es el que desde entonces sigue publicando los actos de los órganos del Poder Público.

5. *Constitución de 1874. "...el artículo puede imprimirse, pero inmediatamente sale Usted para la cárcel"*

La Constitución del año 1874, fue promulgada el 27 de mayo de 1874 por Guzmán Blanco en el primero de sus tres gobiernos –el septenio– ya que habiéndose iniciado en 1870 concluyó en 1877. Como señalamos precedentemente, durante este período Guzmán enfrenta alzamientos militares, como por ejemplo, los de los generales José Ignacio Pulido y León Colina, quienes criticaban las reformas constitucionales. Guzmán Blanco privilegia en este periodo la construcción de obras públicas de verdadera importancia, particularmente en la ciudad de Caracas y hostiga y persigue a la Iglesia Católica como no había ocurrido jamás al confiscarle propiedades, derrumbar templos e impulsar el culto masónico.

Sus ejecutorias como Primer Magistrado de la república fueron objeto de desmesurados elogios por el periódico **"La Opinión Nacional"**; por supuesto que no faltaron algunos impresos, como lo dijimos anteriormente, que le formularan algunas críticas habida cuenta su carácter autoritario y personalista.[43] Así, el editor Eduardo

---

[43]   *Cfr*. DÍAZ SÁNCHEZ, Ramón, *"Guzmán, Elipse de una ambición de Poder"*: "Lo más importante de su labor de estadista, de economista y de reformador, la realiza este hombre a lo largo de los siete años que siguen al triunfo de abril y los cuales comprenden el período que en la historia de Venezuela se denomina el Septenio. Todo lo que hará después como función positiva de un buen gobernante queda esbozado en este período. Los siguientes -el Quinquenio y la Aclamación- serán de realizaciones parciales, de demagogia, de disfrute y explotación material del Poder. Su autoridad excederá todos los límites imaginables; será tan amplia como la de un monarca absoluto, aunque siempre socarronamente

López Rivas, fundador, entre otras publicaciones, como lo expresáramos anteriormente, de "**La Antorcha**", "**El Periódico**", "**El Mensajero**" y más delante de "**El Fonógrafo**" y "**El Zulia Ilustrado**", padeció en diferentes oportunidades el cierre de sus publicaciones.

Para concluir este punto, transcribimos seguidamente un episodio que retrata la posición del general Guzmán Blanco en materia de libertad de expresión, el cual aparece referido en el trabajo de la profesora Rosa Isabel Zarama Rincón de la "Universidad Pedagógica Experimental Libertador" y del "Instituto Pedagógico Rafael Alberto Escobar Lara", intitulado: "Protagonistas del guzmancismo bajo la mirada de viajeros extranjeros". El texto es el siguiente:

"La censura de prensa fue otro medio que empleó Guzmán para acallar a sus opositores, pues El Regenerador no toleraba que se dijera nada en su contra. Aunque la libertad de prensa era una exigencia del liberalismo, porque uno de sus fundamentos era difundir nuevas ideas en la mentalidad popular.

El señor Hahnn, unos de los ciudadanos más distinguidos de Caracas, hacía poco (sic) tiempo quiso publicar en la Opinión Nacional un artículo que contenía una crítica algo fuerte contra ciertas medidas del gobierno, y en la imprenta se le informó que el Presidente había tachado las pruebas. Sorprendido fue donde Guzmán para preguntarle si el artículo no podía ser publicado, Guzmán, con el cual hacía largo tiempo se hallaba en cordial amistad, le respondió: "Seguramente, moncher, el artículo puede imprimirse, pero inmediatamente sale Usted para la cárcel".[44]

---

disfrazada con un ropaje verbalista de democracia", Tomo II. 5ª edición. Editorial Mediterráneo. Caracas. Madrid. 1969. p. 198

[44] El precitado trabajo fue publicado en la Revista de la Universidad de los Andes Historia y Ciencias Sociales Año VII, N° 14 julio 2008 y puede consultarse en la siguiente dirección electrónica: http://www.saber.ula.ve/bitstream/123456789/26091/1/articulo4.pdf. La fuente de la cita que hace la autora es la que se indica a continuación: "Carl Sachs, *De los Llanos*, (Traducción José Izquierdo), Caracas, Fondo Editorial CONICIT. Edición facsimilar, 1987. p. 262"

6. *Constitución de 1881. Se modifica la norma atinente a la libertad de prensa para tratar de atenuar las críticas al autoritarismo Guzmancista*

El 27 de abril del año 1881, Guzmán Blanco, nuevamente en la presidencia de la república, ahora por cinco años ordenó la ejecución de la Constitución que había sido sancionada por el Congreso de los Estados Unidos de Venezuela el 4 de abril del citado año. Las críticas a su autoritarismo, que corriendo todos los riegos, se formularon durante su anterior gobierno, lo llevan a modificar la norma concerniente a la libertad de prensa que las dos Constituciones anteriores habían establecido de la manera más amplia. En efecto, la redacción de la citada disposición expresará que se garantiza "La libertad del pensamiento expresado de palabra o por medio de la prensa, ésta sin restricción alguna que la someta a censura previa. En los casos de calumnia o injuria o perjuicio de tercero, quedan al agraviado expeditas sus acciones para deducirlas ante los Tribunales de justicia competentes, con arreglo a las leyes comunes".

Esta es la respuesta, sin lugar a dudas, a las críticas que cada vez más acentuaban algunos medios de comunicación no alineados con el Guzmancismo.

Dos de los personajes que pueden ilustrar lo que fue el hostigamiento contra la libertad de expresión, bajo la vigencia del Texto Constitucional de Guzmán Blanco de 1881, fue Nicanor Bolet Peraza y César Zumeta. El primero, periodista, escritor y político, una vez concluido el Septenio Guzmancista se acercó al presidente Francisco Linares Alcántara; fue un duro crítico de la gestión gubernamental de Guzmán Blanco. Desde **"La Tribuna Liberal"** en 1878, y con el auspicio del presidente Linares Alcántara, comenzó a criticar lo que había sido el gobierno de Guzmán durante su Septenio. Pero una vez que éste regresa al poder para el período de cinco años, luego de la inesperada muerte de Linares Alcántara, persiguió implacablemente a Nicanor Bolet Peraza y a todos los que lo habían criticado, al extremo de que Bolet Peraza tuvo que exiliarse en 1880. Se residenció con su familia en Nueva York hasta el final de sus días. Su vena periodística siguió cultivándola en ese país.

En cuanto a César Zumeta, escritor, diplomático y político de valía, habría que decir que no obstante haber gozado de la ayuda económica de Guzmán Blanco, pues fue becado por éste a los 14 años para que cursara estudios en Alemania, luego de su retorno se erigió en crítico del gobierno de Guzmán. Desde los periódicos "**El Anunciador**" y "**La Pluma libre**", arrecia sus críticas contra el gobernante quien se hallaba en pleno quinquenio de su segunda presidencia. "las consecuencias no se harán esperar –dice su biógrafo Luis Ricardo Dávila– la cárcel, la pérdida de sus estudios y, hasta cierto punto, del rumbo de la vida. En ese mismo año (1883) sale desterrado para Colombia[45]. (Paréntesis nuestro).

Pero no serán Bolet Peraza y Zumeta los únicos perseguidos bajo la vigencia de la Constitución de 1881. Durante el bienio de gobierno de Joaquín Crespo, 1884-1886, el país estuvo pendiente de la nueva postulación que se esperaba hiciera Guzmán Blanco para regresar, bajo aclamación, a la presidencia de la república por tercera vez. Muchos sectores adversaban los planes continuistas que se palpaba en el ambiente. Uno de ellos fue Pedro Obregón, quien desde las páginas del periódico "**La Conciencia Pública**", se había erigido en importante vocero del antiguzmancismo.

No tardó el presidente Crespo en comunicación dirigida al gobernador del Distrito Federal en mostrar su animadversión contra el citado periódico y contra la prensa de oposición en general. Dijo de ella que estaba "desbocada", que era "anárquica y disociadora, facciosa, conspiradora, pasquinera y convulsiva". Así, fue como procedió a clausurar "**La Conciencia Pública**"[46].

Instalado nuevamente Guzmán Blanco en la presidencia de la república para el periodo conocido como "La Aclamación" o "El Bienio", 1886-1888, absolutamente intolerante con las críticas que, sobre todo, le hacían los estudiantes universitarios de Caracas, le ordenó a su ministro del Interior que le enviara una comunicación a los presidentes de los estados, advirtiéndoles, que debían "reprimir" cualquier manifestación antiguzmancista. Como lo refiere Ramón J.

---

[45]   *Cfr.* DÁVILA, Luis Ricardo, *"César Zumeta"*. N° 34. Biblioteca Biográfica Venezolana. Ediciones El Nacional. Caracas, 2006. p. 22.

[46]   *Cfr.* VELÁSQUEZ, Ramón J., *"Joaquín Crespo"*. N° 1. Tomo II. Biblioteca Biográfica Venezolana. Ediciones El Nacional. Caracas, S/F. p. 22.

Velásquez en su biografía sobre Crespo, *"en Valencia, Barcelona y Maracaibo fueron arrestados numerosos jóvenes que eran redactores de las publicaciones objeto de la medida oficial (...) "Pero la orden de reprimir resultaba inútil, pues los periódicos cambiaban de nombre y por cada periodista arrestado aparecían tres voluntarios para sustituirlos mientras duraba la prisión. Entre esos periódicos "El Yunque" era el más leído y el más importante"*[47].

> 7. *Constitución de 1891. Se reproduce la garantía relativa a la libertad de expresión, en los mismos términos de la Constitución que venía de ser derogada*

Corresponderá a Raimundo Andueza Palacio en fecha 16 de abril de 1891, ordenar la ejecución de la Constitución que había sancionado el Cuerpo Legislativo Federal el 9 de abril de ese mismo año. Queda derogado de esta manera, el Texto Constitucional anterior que rigió por espacio de diez años. La garantía relativa a la libertad de expresión, será una transcripción textual de la Constitución que venía de ser derogada.

También bajo esta Ley Fundamental de la República, se producirán persecuciones contra los comunicadores que adversen al régimen. El prenombrado escritor César Zumeta, conocerá nuevamente el exilio bajo la vigencia de la Constitución de 1891. En efecto, no obstante su estrecha vinculación con el entonces presidente de la república Raymundo Andueza Palacios, su solidaridad con cuatro periodistas extranjeros que laboraban para el periódico "**El Pueblo**", por él dirigido, quienes por sus críticas al gobierno habían sido sancionados con la expulsión del país, lo llevó a abandonar el país a finales de 1891. Un año después, estaba de regreso a Venezuela, pero esta vez por corto tiempo ya que Joaquín Crespo –presidente de la república, de hecho, pues en marzo de 1892 había derrocado a Andueza debido a sus pretensiones continuistas– no le inspiraba confianza. Saldrá nuevamente al exterior, esta vez por espacio de diez años.

---

[47] *Ibídem*, p.18

186

Por otro lado, en noviembre de 1891, el Dr. Nicomedes Zuloaga, director del diario de oposición "**El Partido Demócrata**", desde cuyas páginas se rechazaba la reforma de que había sido objeto la Constitución, denunció el arresto de todos los redactores de ese periódico por agentes del gobierno. Estos vigilaban también, férreamente, a los otros periódicos que hacían oposición a Andueza: "**El Espectador**", dirigido por Vargas Vila; "**La Campaña**", a cargo de Antonio Montaña, colombiano como Vargas Vila; "**El Carácter**". De allí que tanto Vargas Vila como Montaña, recibieran la orden de expulsión del país, emanada del ministro del Interior, Sebastián Casañas. Este último, por cierto, desmintió la información vertida por Nicomedes Zuloaga aduciendo que la tolerancia del gobierno "la ha llevado a extremos inconvenientes".

Lo cierto fue que la crisis política por la que atravesaba el gobierno de Andueza Palacios, producto de la aludida reforma constitucional para alentar el continuismo en el ejercicio del poder, se fue acentuando con intensidad. A comienzos del año 1892 los rumores de desestabilización se incrementaban con el transcurrir de los días. El general Joaquín Crespo alzado en armas y los aliados de Andueza abandonando las filas del partido liberal y retirándole el correspondiente apoyo.

La prensa, como siempre, dentro de las víctimas por reflejar en sus páginas el acontecer político que reinaba en el país. En efecto, el gobierno tratando de evitar la difusión de noticias, iniciándose el mes de junio de 1892, faltando unos quince día para que el gobierno llegara a su final, el presidente ordenó la clausura del periódico valenciano de los hermanos Francisco y Santiago González Guinand con data desde el año 1875, "**La Voz Pública**". Se consumaba de esta manera una nueva agresión a un medio de comunicación. Llegado el día 17 de junio, se anunció al país, por medio de volantes que Andueza había renunciado a la presidencia de la república.

"**La Opinión Nacional**" –el diario de Guzmán Blanco– como llegó a calificársele, circuló hasta el 6 de octubre de 1892. Ese día, sus instalaciones que estaban ubicadas en la esquina de Las Monjas, en Caracas, fueron saqueadas y quemadas con motivo de la euforia que desató el triunfo de la "Revolución Legalista"[48].

La entrada triunfal del general Crespo a la ciudad de Caracas el 17 de octubre de 1892 en nombre de la llamada "Revolución Legalista", marca el comienzo de los trabajos preparatorios que culminarán en la promulgación de una nueva Constitución.

8. *Constitución de 1893. Se dicta la ley reglamentaria de la libertad de expresión que consagra el Texto Constitucional*

La última Constitución que será dictada durante el siglo XIX, será la del año 1893. Surgirá, como dijimos en otra parte de este estudio, de la Asamblea Constituyente que convocó el general Joaquín Crespo. El ejecútese a este Texto Fundamental se lo pondrá el 21 de junio de 1893. Como ha ocurrido con todas la Constituciones precedentemente examinadas, también esta consagrará la libertad de expresión, sólo que a diferencia de la que le antecedió, "el inculpado" por "calumnia o injuria" al ejercer la garantía de la libre expresión del pensamiento no podía ser detenido o preso sino luego de que se dictara una sentencia condenatoria en contra suya.

Ahora bien, no obstante que algunos historiadores le han atribuido al general Crespo, cierta laxitud en materia de libertad de prensa, habida cuenta que al parecer no reaccionaba como otros presidentes lo habían hecho ante los ataques de que era objeto por parte de periodistas de oposición: encarcelándolos o clausurando periódicos, lo que sí es absolutamente cierto e incontestable es que el 12 de mayo de 1894, dictó la **"Ley Reglamentaria de la Garantía Sexta, Artículo 14 de la Constitución Nacional"**; es decir, de la norma que en la precitada Constitución consagraba la libertad de expresión, en los siguientes términos:

"Artículo 14. La Constitución garantiza a todos los venezolanos la efectividad de los siguientes derechos:

---

[48] *Cfr.* VELÁSQUEZ, Ramón J. *"La Caída del Liberalismo Amarillo. Tiempo y Drama de Antonio Paredes"*. Ediciones de la Contraloría General de la República. Caracas. 1972. p. 67.

188

"6º.- La libre expresión del pensamiento de palabra o por medio de la prensa. En los casos de calumnia o injuria quedan al agraviado expeditas sus acciones para deducirlas ante los Tribunales de Justicia competentes, conforme a las leyes comunes; pero el inculpado no podrá ser detenido o preso, en ningún caso, sino después de dictada por el Tribunal competente la sentencia que lo condene".

El referido texto reglamentario que vino a derogar el Decreto de Páez sobre la misma materia que había estado vigente desde el 02 de enero de 1862, es decir, por espacio de treinta y dos años, constaba de 23 artículos. Varias son las características y novedades que viene a ofrecer este instrumento legal. Veamos:

En primer lugar, debe destacarse la omnicomprensiva definición que del vocablo *"impreso"*, aparece en el artículo 2. Dice esta disposición lo siguiente: *"Se considera impreso cualquiera obra en que se manifieste el pensamiento no sólo por medio de la imprenta, sino también por la litografía, fotografía u otro procedimiento mecánico de los conocidos hasta hoy o que en los sucesivo se inventaren para la reproducción de la palabra, signos o figuras sobre el papel, tela o cualquiera otra materia".*

Obsérvese que la norma deja abierta la posibilidad de calificar con la palabra **"impreso"**, cualquier procedimiento mecánico existente para la fecha o "que se llegare a inventar", *"para la reproducción de la palabra, signos o figuras sobre el papel, tela o cualquiera otra materia" (El Subrayado es nuestro).* Como premonitorio de todos los adelantos que en materia de comunicación de masas fue ocurriendo hasta los que existen en la actualidad.

El artículo 3, hace una clasificación de los impresos de las siguiente manera: "libros, hojas sueltas, carteles y periódicos" y el parágrafo único de esta disposición expresa que "los dibujos, litografías, grabados, estampas, medallas, emblemas, viñetas o cualquier otra producción de este género, se considerarán también como impresos cuando aparecieren solos y no en el cuerpo de otro impreso". Por su parte, el artículo 4, precisa lo que debe entenderse por cada una de las variantes de "impresos", según la clasificación de la anterior norma.

Otra disposición que merece un comentario aparte es la contenida en el artículo 8, contentivo de los requisitos que deben observarse para fundar un periódico. De acuerdo con esta norma, la persona que tenía interés en fundar un periódico, debía ponerlo en conocimiento de cualquiera de las siguientes autoridades: la primera autoridad política del lugar o del representante del Ministerio Público si lo hubiere en él. Si se encontraba en el Distrito Federal, ante la Gobernación.

Adicionalmente, el interesado debía presentar una declaración escrita y firmada en la que daba cuenta de su datos personales: apellido, nombre, domicilio, título del periódico, la tarifa, nombre, apellido y domicilio del director o redactor, los días en que circularía, el establecimiento tipográfico donde se imprimiría y la declaración de encontrarse –el director o redactor– en el pleno ejercicio de sus derechos civiles y políticos. Si llegaba a producirse un cambio en cualquiera de los anteriores datos, el interesado estaba en la obligación de informarlo a las precitadas autoridades para lo cual disponía de un plazo de cinco días. Así lo establecía el artículo 9 del referido reglamento.

Destacaba también lo preceptuado en el artículo 14 del mismo instrumento legal, conforme al cual para ser propietario, editor, administrador o gerente, redactor, impresor o de cualquier manera colaborador de un periódico, libro, folleto, o escrito político se requería tener la nacionalidad venezolana. Los extranjeros podían tener vinculación con un medio impreso –en cualquier condición o carácter– en materias que no versaren sobre la política del país. Así lo disponía el parágrafo primero del artículo 14.

Por otra parte, el reglamento bajo análisis consagró el derecho a réplica en los siguientes términos: "El gerente de todo periódico o publicación periódica está en la obligación de insertar gratuitamente en el número inmediato o en cualquiera de los tres siguientes al de la entrega, las rectificaciones que algún funcionario público le dirija con motivo de actos suyos que hayan sido inexactamente referidos en el periódico o publicación. Estas rectificaciones no podrán pasar del doble en extensión del artículo que las motiva".

El artículo 18 prohibía la publicación de las actas de instrucción de un procedimiento criminal antes de la terminación de un sumario ni las de acusación si no se había efectuado el acto de cargos.

Otra disposición que amerita ser puesta de relieve es la que estaba prevista en el artículo 19. Según esta norma se consideraba como un ataque al Poder Judicial, la discusión por la prensa de asuntos de los que estuviere conociendo los Tribunales de Justicia en asuntos que todavía no hubiesen sido resueltos por éstos. Se exceptuaban las relativas a criterios doctrinales o de mero derecho.

El artículo 20 garantizaba a los "escritores la plena libertad de expresión por medio de la prensa", pero los delitos previstos en el Código Penal en que incurrieren, cometidos a través de este medio, se juzgarían conforme al Procedimiento Criminal y se castigarían con arreglo a las regulaciones que, sobre la materia, aparecían en el Código Penal.

Otra norma sobre la queremos detenernos es la contenida en el artículo 23, el último de este instrumento normativo, pues señalaba que las multas que se impusieran por infracciones a este texto legal, se destinarían a los institutos de instrucción pública.

Esta Ley Reglamentaria de la Garantía Sexta, Artículo 14, de la Constitución de 1893, va a ser la última del siglo XIX que, en forma especial, va regular y a sancionar según los casos, todo lo concerniente a la libertad de prensa. En lo sucesivo, la aplicable será la legislación ordinaria. Además, debe señalarse que su vigencia será realmente limitada, ya que el 25 de mayo de 1896, el Presidente Joaquín Crespo ordenó el ejecútese a la ley de un artículo único, sancionada por el Congreso de la República el día 19 del citado mes y año, a través de la cual se derogó la precitada Ley Reglamentaria.[49]

Vencido el periodo presidencial del general Crespo, las elecciones que tuvieron lugar el 1º de setiembre de 1897 para sucederlo en la presidencia de la república arrojaron una votación que favoreció a

---

[49] *Cfr.* Leyes y Decretos Reglamentarios de los Estados Unidos de Venezuela. Tomo IV. Caracas. 1943.

su candidato, es decir, el general Ignacio Andrade. Éste no las tendrá todas consigo. La lucha entre los aspirantes al cargo prosiguió luego de su elección y en lugar de permanecer en el ejercicio del cargo los cuatro años que le correspondían, apenas pudo gobernar un año, siete meses y veintisiete días, ya que el 19 de octubre de 1899 fue derrocado por el general Cipriano Castro y su "Revolución Restauradora"[50].

Castro gobernó hasta el 24 de noviembre de 1908 Ese día se ausentó del país para tratarse una enfermedad renal en el exterior, dejó encargado de la presidencia de la república a su compadre el general Juan Vicente Gómez, pero éste le dará un golpe de estado que le permitirá gobernar durante los siguientes veintisiete años. Durante la presidencia de Castro, se dictaron dos constituciones: la de 1901 y la de 1904.

III. REGULACIONES, VIOLACIONES Y RESTRICCIONES A LA LIBERTAD DE EXPRESIÓN DURANTE LA VIGENCIA DE LAS CONSTITUCIONES DEL PERÍODO 1901-1936

El período al que nos vamos a referir a continuación, aparte de extenso es el que concierne a la hegemonía de los gobernantes andinos Castro, Gómez y López Contreras; éste último denominado por algunos historiadores como "el presidente de la transición", toda vez que fue quien asumió la Jefatura del Estado para concluir el último período de gobierno del general Juan Vicente Gómez.

Es igualmente la etapa en la que más Textos Fundamentales se dictan –diez en total– y en las que éstas rigen por espacios de tiempo relativamente breves. Solamente durante el régimen del presidente Gómez que abarcó los años 1907-1935, entraron en vigor siete Constituciones.

---

[50] Andrade había asumido el cargo de Presidente de la República el 20 de febrero de 1898.

1. *Constitución de 1901. Castro, "Jefe Supremo de la República", restringe paulatinamente la libertad de expresión*

Expresamos anteriormente que el 26 de marzo de 1901, se dictará esta Constitución que será la primera del siglo XX. Destacan en este Texto Fundamental, como lo señaláramos precedentemente, el restablecimiento de los veinte estados, como lo hizo en su momento la Constitución de 1864; el aumento de los poderes del Jefe de Estado, la no reelección inmediata presidencial y la duración de seis años del período presidencial. En cuanto a la libertad de expresión, garantizada en el artículo 17, ordinal 6º, ninguna variación será plasmada con respecto al anterior texto constitucional. Durante su vigencia, Castro comenzará a tolerar la libertad de prensa, pero poco a poco la irá restringiendo de tal manera que llegará un momento en que el único órgano de prensa que circulará sin mayores problemas será el periódico **"El Constitucional"**. En efecto, los historiadores venezolanos han vertido suficientes datos reveladores del talante autocrático con el que Castro gobernó entre el 22 de octubre de 1899 hasta el 26 de marzo de 1901, fecha de promulgación de la Constitución arriba mencionada. Como lo refiere Ramón J. Velásquez "A este período se le denominó la dictadura"[51]. Durante ese mismo tiempo "Castro ejerció el poder utilizando el título de Jefe Supremo de la República"[52]. En conexión con este mismo punto, extraemos de la biografía del general Castro escrita por Antonio García Ponce, el siguiente dato:

"En fecha tan temprana como finales de 1900 y comienzos de 1901, Caracas es sacudida por una importante mamadera de gallo que es 'La Sacrada'. Sectores de oposición al gobierno, entre los que destacaban un contingente de estudiantes universitarios (*omissis*) y un sector de la prensa como *La Linterna Mágica*, toman a un quincallero llamado Alfonso Sacre, quien se hacía pasar por veterano de guerra por haber participado en algún encuentro armado, lo convierten en el

---

[51] *Cfr.* VELÁSQUEZ, Ramón J. *"Cipriano Castro (1899-1908)"*, en la obra colectiva "De la Revolución Restauradora a la Revolución Bolivariana" UCAB-Diario El Universal. Caracas. 2009. p. 482

[52] *Ibídem* p. 495

general Sacre y fundan una agrupación con el nombre 'Sociedad Glorias del General Sacre'. Luego de difundir una propaganda al efecto, montan un desfile de jinetes, coches y carrozas el 2 de febrero de 1901 y realizan una velada literaria en homenaje al 'Héroe' el 7 de marzo. Como es natural, el periódico es perseguido, muchos de los estudiante son expulsados y la Universidad es cerrada.

La Sacrada era la 'punta del iceberg'. La prisión de muchos jefes políticos, los carcelazos asestados a periodistas como los hermanos Pumar, de *El Tiempo*, y Max Lores, de *La Linterna Mágica*, los continuos procesos sin fórmula de juicio y con aplicación de torturas a los detenidos, (*omissis*) neutralizaron todo atisbo de popularidad del régimen"[53] (El subrayado es nuestro).

Por supuesto que bajo la vigencia de la siguiente Constitución que se dicta en 1904, como lo vamos a ver, tampoco habrá tolerancia con los medios informativos.

2. *Constitución de 1904. Se expulsa del país al director del periódico "The Venezuelan Herald"*

Con la finalidad de que la celebración del Centenario de la Independencia se desarrollara bajo la presidencia del general Castro, el Congreso Constituyente, totalmente por él controlado, aprobó un nuevo Texto Constitucional el 27 de abril de 1904, el cual fue promulgado en esa misma fecha. Entre las "innovaciones" de esta Carta Magna se encuentra la interrupción del período que estaba en curso y la ratificación del lapso de gobierno de seis años, 1905-1911, aunque con inicio el 23 de mayo de 1905.

El carácter despótico que caracterizó su gestión durante su primer gobierno, se hace presente también en este nuevo lapso; no sólo a lo interno del país, sino también con las principales potencias de la época. Las relaciones internacionales dejaron mucho que desear. Venezuela rompió relaciones con Colombia, con Francia y con los Países Bajos. A mediados de 1908, concretamente, el 13 de junio de ese año, el presidente Roosevelt de los Estados Unidos de Norteamérica, ordenó el cierre de la embajada en Caracas.

---

[53] *Cfr.* GARCÍA PONCE, Antonio. *"Cipriano Castro"*. N° 30. Biblioteca Biográfica Venezolana. Ediciones El Nacional. Caracas, 2006. pp. 45-46.

Por otro lado, las reclamaciones internacionales contra Venezuela por diversos conceptos no cesaban y la exigencia de que las disputas se resolvieran vía arbitraje ante la Corte Internacional de La Haya, eran particularmente intensas. Esas eran, a grandes rasgos, las características del régimen de Castro luego de la entrada en vigencia de la Constitución del año 1904. En ese año el periodista Albert Félix Jaurett, director del periódico **"The Venezuelan Herald"**, fue expulsado del país y se dispuso el cierre de ese medio impreso, habida cuenta las vinculaciones que detectó el gobierno existían entre este personaje y el banquero Manuel Antonio Matos, principal adversario de Castro y propulsor, dos años antes, de la "Revolución Libertadora" dirigida a sacar a los andinos del poder. De esta manera resultaba lesionada, una vez más, la libertad de prensa que estaba consagrada en el artículo 17, ordinal 6º, de la precitada Constitución.

El general Cipriano Castro, como señalamos anteriormente, gobernó hasta el 24 de noviembre de 1908. Al ausentarse del país rumbo a Berlín para tratarse una enfermedad de origen renal, dejó como encargado de la Presidencia de la República a su compadre Juan Vicente Gómez. "El 13 de diciembre –refiere Simón Alberto Consalvi– Gómez permite una manifestación de estudiantes contra el bloqueo holandés de nuestras costas, que curiosamente se transformó en aclamación de Gómez y denuncia de Castro (…) El diario '*El Constitucional*' fue atacado como una demostración de repudio al presidente ausente"[54].

Un mes después de haber asumido la Primera Magistratura con el carácter de encargado, Gómez se hacía del poder para dejarlo con ocasión de su muerte, ocurrida el 17 de diciembre de 1935; veintisiete años después de haber dado el golpe de estado.

---

[54] CONSALVI, Simón Alberto. "*Juan Vicente Gómez*". *Ob. cit.* p. 83.

3. *Constituciones dictadas durante el Gobierno del general Juan Vicente Gómez: 1909, 1914, 1922, 1925, 1928, 1929, 1931. "Algo debe cambiar para que todo siga igual"*

El gobierno del presidente Gómez, dirigido por él personalmente o por sus "elegidos" (José Gil Fortoul, Victorino Márquez Bustillos y Juan Bautista Pérez), pero siempre bajo su férreo control, ameritó, como lo dijimos con anterioridad, la modificación, a su conveniencia, del Texto Constitucional de turno para perpetuarse en el poder.

Nueve meses tenía Juan Vicente Gómez ejerciendo la Primera Magistratura –primero en calidad de Vicepresidente encargado por el viaje de Castro a Alemania el 24 de noviembre de 1908 y desde el 19 de diciembre de ese mismo año en su condición de Presidente encargado, luego de deponer a su compadre Castro de la Primera Magistratura– cuando promulgó, el 5 de agosto de 1909, la tercera Constitución del siglo XX y la primera de las siete que se dictaron bajo su régimen dictatorial. La razón fundamental para imponerla, fue la creación de un Consejo de Gobierno y dos Vicepresidencias.

En 1914, la reforma de la Constitución tuvo como propósito extender el período de cuatro a siete años y eliminar, por una parte, una de las dos Vicepresidencias; y, por la otra, la prohibición de la reelección del presidente de la República. Así pudo ser electo para el período 1915-1922.

Finalizando el período, promovió una nueva reforma de la Constitución que lo llevó a promulgarla el 24 de junio de 1922. En esta, vuelven a aparecer los dos cargos de Vicepresidentes que serán ocupados uno, por su hermano Juan Crisóstomo Gómez (Juancho Gómez), y, el otro, por su hijo José Vicente Gómez[55].

---

[55] No sobra recordar en este punto que Juancho Gómez apareció asesinado en su habitación del Palacio de Miraflores, el 29 de junio de 1923. Acerca de las diversas versiones que circularon para señalar la motivación de este hecho, puede verse la biografía ya citada de Juan Vicente Gómez, escrita por el Dr. Simón Alberto Consalvi, pp. 127 y ss.

El 1° de julio de 1925 aparece publicada en la Gaceta Oficial, la Constitución cuya reforma fue sancionada por el Congreso el 24 de junio del citado año y promulgada por el presidente Gómez el mismo día de su publicación. El propósito perseguido con esta nueva reforma, fue suprimir la prohibición para el Presidente de residir fuera de la capital de la República. Además, quedó facultado para designar los presidentes de los estados, con lo cual se extinguió el ordenamiento federal que, formalmente, existía.

El 23 de mayo de 1928, la *Gaceta Oficial* publica otra reforma de la Constitución que, ese mismo día, había ordenado ejecutar el Presidente Gómez. En esta oportunidad, su principal finalidad fue prescindir de uno de los cargos de Vicepresidente de la República. El que queda, lo va a ocupar su hijo José Vicente.

En 1929 impulsa la sexta reforma al Texto Fundamental de la república. Esta vez, para permitir que quien resultase electo presidente de la república pudiera compartir las labores de jefe de Estado y jefe del Ejército.

La última reforma durante su mandato va a tener lugar en 1931. Su objetivo, volver a refundir en un sólo cargo ambas potestades, y poder designar presidente de la República, una vez más, a Juan Vicente Gómez.

Con este breve resumen hemos querido poner de relieve, cómo el capricho de un hombre que durante veintisiete años "*metió en cintura a Venezuela*"– expresión del Profesor Elías Pino Iturrieta–, modificó a su antojo la Ley de Leyes pero, cuidando de guardar la apariencia de legalidad que todo dictador procura para su régimen.

Con el talante de autócrata con el que desempeñó la Primera Magistratura de la República, Gómez fue un verdadero enemigo de la libertad de prensa y perseguidor implacable de los periodistas.

En efecto, a diferencia de lo que había sucedido en los primeros momentos de la encargaduría y provisionalidad en el ejercicio de la presidencia de la república, en donde se mostró tolerante con los medios de comunicación y, en general, con las libertades públicas, para la nueva etapa que se desarrollará bajo el Texto Constitucional de agosto de 1909, Gómez empieza a mostrar, cada vez con mayor rigor, su talante de dictador y de autócrata. Así, por ejemplo, meses antes de la promulgación de esta Constitución, le hizo saber a los directores de periódicos que circulaban en Caracas por intermedio del Gobernador de esta ciudad, su "molestia" por los excesos de los comunicadores en la transmisión de noticias relativas a la gestión de su gobierno y les anunció las medidas que tomaría contra tales excesos.

La revista "**La Alborada**", obra del ingenio de Julio Planchart, Rómulo Gallegos, Julio Rosales, Salustio González y Henrique Soublette, alcanzó a circular durante los primeros tres meses del año 1909. En efecto, no obstante que se trataba de una obra concernida a los temas de la literatura y el teatro, sus editoriales, por el contrario, mostraban sus críticas a la situación política del país. El anuncio del Gobernador de Caracas había producido sus efectos.

El periódico "**El Pregonero**", que tenía entre sus columnistas a Rafael Arévalo González, fue clausurado en horas de la madrugada del 12 de julio de 1913, por haber tenido "el atrevimiento" de lanzar desde las páginas del mencionado impreso, el día anterior, la candidatura del Dr. Félix Montes. Adicionalmente, Arévalo González fue llevado a la cárcel donde permaneció hasta 1922. Ese "atrevimiento" que entrañaba una abierta e imperdonable oposición a Gómez, se tradujo en ocho años de privación de su libertad en "La Rotunda". Fue excarcelado el 31 de diciembre de 1921. Cuatro meses antes había fallecido su esposa.

El 23 de agosto de 1917, el general Juan Vicente Gómez ordenó el cierre definitivo del periódico zuliano "**El Fonógrafo**", el cual circulaba diariamente desde el 21 de mayo de 1879. El cierre definitivo de este medio impreso, hecho que se materializó el 17 de setiembre de 1917, se debió a la publicación de algunas informaciones relacionadas con la contienda bélica que se desarrollaba en Europa –la primera guerra mundial–, en las que se formularon algunas críticas a Alemania, siendo que tanto el gobierno nacional, como algunos grupos económicos, simpatizaban con ese país.

Otros perseguidos de la dictadura de Juan Vicente Gómez fueron los periodistas Francisco Pimentel (Job Pim), Leoncio Martínez (Leo) y Ramón Díaz Sánchez. Francisco Pimentel, por ejemplo, fundó en 1918 una revista que intituló "**Pitorreos**". Fue tan exitosa que en muy breve tiempo se convirtió en un diario; para lograrlo se asoció con otro humorista como él, Leoncio Martínez (Leo) y con el escritor José Rafael Pocaterra, razón por la cual dicho medio tuvo amplia aceptación por parte del público venezolano.

En virtud de que desde las páginas de **"Pitorreos"**, uno y otro expresaban su oposición al régimen, el 17 de enero de 1919, conforme a expresas órdenes del presidente Gómez, fue allanada la imprenta, destrozados en su totalidad sus archivos, clausurado el periódico y detenidos en la cárcel "La Rotunda" de Caracas ambos periodistas. Igual suerte corrió Pocaterra. El 31 de diciembre de 1921, fueron puestos en libertad los tres[56].

No fue la única vez que "Job Pim" y "Leo" estuvieron tras las rejas. Se convirtieron, para decirlo con una expresión de estos tiempos, en *"sospechosos habituales"*. El biógrafo de Leoncio Martínez (Leo), Juan Carlos Palenzuela, nos refiere, por ejemplo, que con ocasión del asesinato de Juancho Gómez en el Palacio de Miraflores, ocurrida, como dijimos con anterioridad, el 29 de junio de 1923, Leo fue detenido para formularle interrogatorios dirigidos a aclarar el crimen, como también ocurrió con muchos otros venezolanos, no obstante que los autores del *"Juanchicidio"* se encontraban en el propio Palacio de Miraflores[57].

Desde las páginas de **"Fantoches"**, fundado por Leo en 1923, se conciben formas de enfrentar –inteligentemente– la dictadura gomecista. La caricatura, por ejemplo, será el arma terrible para criticar a Gómez y éste ordenará su cierre en diversas ocasiones.

Ramón Díaz Sánchez, fue otro escritor y periodista víctima de la barbarie gomecista. Escribió en los periódicos **"El Estandarte"** y el **"Boletín de Noticias"** de Puerto Cabello, su ciudad natal. Fue

---

[56]   Pocaterra, tomó la vía del exilio, participó en 1929 en la fallida expedición revolucionaria del Falke. Regresó al país durante el gobierno de López Contreras y llegó a desempeñarse como Ministro del Trabajo y de Comunicaciones. Fue ministro plenipotenciario en Gran Bretaña y embajador en Moscú, Brasil y Washington. A raíz del asesinato de Delgado Chalbaud renunció a la carrera diplomática y se retiró a Montreal donde falleció en 1955.

[57]   *Cfr.* PALENZUELA, Juan Carlos: *"Leoncio Martínez"*. N° 21. Biblioteca Biográfica Venezolana. Ediciones El Nacional. Caracas, 2005. p.62.

redactor principal de los diarios "**La Información**" y "**Excélsior**" de Maracaibo. En 1928 fue detenido y estuvo preso en el castillo de Puerto Cabello por espacio de dos años por formular críticas contra el gobierno de Gómez.

No escaparon a la sistemática persecución desatada por el régimen de Gómez contra los periodistas y contra los medios, los comunicadores Valmore Rodríguez y Héctor Cuenca. En enero de 1928 pusieron a circular el periódico "**El Nivel**". A los diez meses, luego de un allanamiento, la imprenta fue desbaratada por "las fuerzas del orden". Se habían atrevido a expresar su solidaridad con el dirigente Isidro Valles, quien en un discurso pronunciado en la Plaza Urdaneta de Maracaibo, unos días antes, había fijado posición acerca del analfabetismo en el país. Valmore Rodríguez estuvo tras las rejas por espacio de dos años.

El 19 de enero de 1932 fue publicado en la *Gaceta Oficial* Nº 17.630, el Reglamento de Servicios de Radiodifusión. Se trató de un instrumento normativo de primordial importancia, regulador de las transmisiones a través de la radio, habida cuenta la importancia que este medio de comunicación iba cobrando de manera acentuada.

El mencionado Reglamento, contentivo de 35 artículos, precisó una serie de particulares sobre la materia en referencia, entre los que destacan los siguientes:

Primero: Definió el servicio de radiodifusión, como aquél que "asegura la difusión de comunicaciones radiotelefónicas destinadas a ser recibidas por el público directamente o por medio de estaciones *relais*" y por estación de radiodifusión o radiodifusora "toda estación empleada en la difusión de las emisiones radiotelefónicas destinadas a ser recibidas por el público". (Artículos 2º y 3º, respectivamente).

Segundo: Dispuso que El Ejecutivo Federal, por órgano del Ministerio de Fomento, era el único que podía "construir tales estaciones; pero podrá permitir la construcción de ellas y su explotación a particulares, mediante concesiones o permisos". (Artículos 4º).

Tercero: En los artículos 5º al 7º reguló lo relativo a los trámites que debían seguirse para obtener una concesión o un permiso para explotar estaciones de radiodifusión. De manera expresa quedó establecido que las concesiones o permiso podían otorgarse sólo por un año, pero podían renovase a voluntad del Ejecutivo Federal. También podían ser revocadas por éste en cualquier momento "a juicio del mismo".

Cuarto: Estableció igualmente dicho Reglamento, que las concesiones o permisos dados a los particulares no podían "ser traspasadas sin la previa aprobación del Ejecutivo Federal; pero en ningún caso, a Gobierno extranjero ni a compañías no domiciliadas legalmente en Venezuela". (Artículo 8).

Quinto: Los artículos 10, 11 y 12 del instrumento normativo precedentemente mencionado, regularon las siguientes prohibiciones: la de "obstaculizar las comunicaciones o servicios de otros países, de los particulares y de las empresas privadas autorizadas por Gobiernos que formen parte de la Convención de Washington para efectuar un servicio público de radiocomunicación"; "la de "transmitir y recibir sin autorización, de correspondencias que tengan carácter privado (…)"; "la transmisión o propagación de señales de alarma o de llamadas falsas o engañosas"; "captar correspondencias radioeléctricas distintas a la que la Estación está autorizada para recibir". El artículo 17 dispuso, también en forma expresa, que "Las Estaciones radiodifusoras" debían cesar en sus transmisiones tan pronto como tuvieran "conocimiento de que ha sido lanzada la señal internacional de socorro".

Sexto: También estableció el aludido Reglamento (Artículo 13), que cuando se acordara la concesión o el permiso, se fijaría el monto de la suma a depositar en un instituto bancario y en "Deuda Pública Interna del 3% anual, como garantía suficiente de fiel cumplimiento de todas sus obligaciones". "Los concesionarios de explotación de Estaciones radiodifusoras" debían "suministrar al Ministerio de Fomento, entre otros datos, "una relación mensual del monto bruto de sus entradas por conceptos de propagandas comerciales"; copias diarias de los conciertos y propagandas que vayan a ser transmitidos en el Distrito Federal; y en los Estados y Territorios Federales, al funcionario que designe el Ministerio de Fomento". (Artículo 14).

Séptimo: En torno al horario de trabajo que debían observar las estaciones de radio, el artículo 19, *ejusdem*, expresó que éste sería determinado por el Director Técnico de Servicio. El 9 de junio de 1933, apareció publicada en la *Gaceta Oficial* N° 18.057, la resolución mediante la cual se establecieron los horarios de trabajo que debían observar las estaciones radiodifusoras existentes en el país. El referido horario fue el siguiente: entre las 11:00 a.m. y las 2:00 p.m. y las 4:00 p.m. y las 11:00 p.m.

Octavo: El artículo 23 del Reglamento al que nos hemos venido refiriendo, expresó que "Las transmisiones deberán tener como principal objeto ofrecer a los radioescuchas audiciones artísticas y culturales." Por su parte, el artículo 24, dispuso que "Las Estaciones podrán efectuar transmisiones que tiendan a difundir noticias de interés general, conferencias, conciertos vocales, o instrumentales, audiciones teatrales y otras manifestaciones culturales, pero siempre de acuerdo con lo dispuesto en el artículo 23".

Noveno: El artículo 28 le estableció una obligación muy peculiar a los "importadores, fabricantes, y en general todas las personas que comercien con aparatos radioreceptores", la de "comunicar mensualmente al Ministerio de Fomento el número de aparatos vendidos, arrendados y cedidos en cualquier forma, la marca y número de fábrica y la dirección de los tenedores de tales aparatos".

La vocación de controlar, propia de todo régimen dictatorial, está marcadamente presente en este instrumento normativo. El artículo 28, antes transcrito parcialmente, es una muestra de ese aserto.

Por último, es de destacar que las infracciones a la normativa de este Reglamento podían ser sancionadas, según lo previsto en el artículo 18, con "pena de clausura o multa, a juicio del Ejecutivo Federal, todo de conformidad con la Ley de Telégrafos y Teléfonos y la Ley que aprueba la Convención Radiotelegráfica Internacional de Washington"

El 5 de febrero de 1934, fue dictado un nuevo Reglamento de Radiodifusión, que apareció publicado en la *Gaceta Oficial* N° 18.261 del 7 de febrero del mismo año. Este "Reglamento de Radiodifusión" modificó varias de las disposiciones del que le precedía, e introdujo nuevas regulaciones. Destacan, entre estas, las que se indican de inmediato:

En el artículo 5º se dispuso que "Las Estaciones de radiodifusión deberán establecerse a una distancia de más de cinco kilómetros del centro de la ciudad donde funcionen". En esta misma disposición se agregó un nuevo requisito a los ya previstos en la normativa anterior, que debían cumplir quienes aspiraban a obtener un permiso o una concesión para la explotación de estaciones de radiodifusión: la solicitud debía contener una "declaración jurada de no emplear los aparatos de que dispone, para fines diferentes de los concedidos por el Ministerio, y asimismo de que entregará al Gobierno Nacional la Estación al primer requerimiento que se le haga para ello en caso de perturbación del orden público o de guerra internacional".

En materia estrictamente de orden técnico, previó el artículo 11 que "las estaciones radiodifusoras deberán estar provistas de los siguientes aparatos: a) Control de cristal de cuarzo, b) Amplificadores y multiplicadores según la onda asignada, c) Amplificador principal (dos válvulas push-pull), d) Circuito intermedio entre el amplificador principal y el circuito de antena, para evitar armónicas, e) Antena de forma "T" jaula o alambre vertical, con capacidad terminal en la parte superior de la antena. Único. El Ministerio de Fomento podrá de acuerdo con las circunstancias del caso, y del adelanto de las ciencias radioeléctricas, modificar o suprimir alguno o algunos de los aparatos arriba especificados y agregar cualquier otro elemento necesario al buen funcionamiento de la Estación y a su debido control".

En el artículo 12 se estableció el requisito de requerir del Ministerio de Fomento el permiso previo correspondiente para trasladar una estación radiodifusora a otro lugar, con indicación en dicha solicitud "del lugar o sitio donde va a funcionar y los planos completos de sus instalaciones".

La garantía de fiel cumplimiento de todas las obligaciones que asumía el concesionario o el permisado, por medio del depósito a que hacía referencia el artículo 13 del Reglamento del año 32, fue sustituida por "una fianza real o personal por la cantidad que corresponda al 50% del monto del capital invertido".

También es de destacar, que el régimen sancionatorio por medio de pena pecuniaria o clausura, previsto en el anterior Reglamento, se mantuvo en este. El artículo 25 rezaba así: "La Estación radiodifusora que infrinja las reglas consignadas en este Reglamento, incurrirá en pena de multa o de clausura, a juicio del Ejecutivo Federal, todo de conformidad con la Ley de Telégrafos y Teléfonos Federales y las Convenciones Radiotelegráficas en vigor, sin perjuicio de los dispuesto en el Código Penal".

De igual manera resulta pertinente resaltar, que este Reglamento se refirió, por vez primera, a la figura del "locutor" al imponerle como obligación que no debía "emplear frases vulgares, ni de doble sentido, o que en manera alguna hieran los sentimientos morales de la comunidad o que se presten a comentarios insidiosos".

Por último, el Capítulo III, artículos 45 al 52, hizo un desarrollo más amplio de la materia de los radioaficionados, a diferencia del tímido tratamiento que el artículo 20 del Reglamento tenía sobre ese particular

Tres años fue el tiempo de vigencia de este Reglamento. El 12 de enero de 1937, encontrándose en la Presidencia de la República el general Eleazar López Contreras, fue dictado un nuevo Reglamento de Radiodifusión, que vino a sustituir la normativa del gobierno de Gómez sobre la materia. La muerte del dictador abriría nuevas posibilidades de ensayar los principios de un régimen democrático, dado que durante los duros años de su largo gobierno, no hubo posibilidades reales de hacerlo.

Sin lugar a dudas, los años de gobierno del gomecismo fueron muy duros para quienes lo adversaron, pero especialmente para los comunicadores y para los medios de comunicación, no obstante que la garantía relativa a la libertad de expresión no dejó de aparecer en ninguna de las siete Constituciones que se dictaron durante sus veintisiete años de gobierno.

Los testimonios de quienes conocieron las cárceles de la "Rotunda" en Caracas, el "Castillo San Felipe" de Puerto Cabello y el de "San Carlos" de Maracaibo, por haber sido sus sitios de reclusión, caso, por ejemplo, de José Rafael Pocaterra, Rafael Arévalo González, Néstor Luis Pérez Luzardo, Leoncio Martínez (Leo), los integrantes de la "Generación del 28"[58], entre quienes destacan Andrés Eloy Blanco, José Pio Tamayo, Rómulo Betancourt, Juan Bautista Fuenmayor, Jóvito Villalba, Juan Oropeza, Raúl Leoni, Humberto Tejera, Gustavo Machado, Edmundo Fernández, dejaron constancia, clara y precisa, de las características de esos sitios de reclusión. Se trataba de celdas insalubres e infrahumanas; a los detenidos se les colocaba grillete y perno en los pies; los alimentos que los familiares de los presos les llevaban a éstos, generalmente no los recibían; cuando no se les torturaba salvajemente para extraerle alguna información, se les incomunicaba por meses; para muchos otros, la reclusión en esas mazmorras era y fue la antesala a la muerte.

Contra todas estas arbitrariedades, tuvieron que luchar muchos comunicadores y muchos medios de comunicación hasta que el régimen comenzó a cambiar, producto de la muerte del general Gómez, ocurrida, como hemos dicho, el 17 de diciembre de 1935.

4. *Constitución de 1936. El Gobernador de Caracas restringe la libertad de expresión y el Presidente suspende las garantías "para evitar la difusión de las doctrinas comunistas"*

El sucesor del general Gómez en la Primera Magistratura del país, fue el General Eleazar López Contreras. En efecto, al siguiente día del fallecimiento del dictador, ocurrido el 17 de diciembre de 1935, López Contreras fue designado Encargado de la Presidencia de la República para que culminara el periodo presidencial en curso; es decir, hasta el 19 de abril de 1936. Dentro de las primeras medidas que adopta el general López Contreras como encargado de la presidencia de la república, se encuentra la liberación de los presos políticos y el retorno de los exiliados a nuestro país.

---

[58] Con la denominación de "Generación del 28", se ha conocido en Venezuela al grupo de estudiantes de la Universidad Central de Venezuela que hicieron de los actos para festejar la coronación de la Reina del Carnaval de Caracas de 1928, el movimiento más combativo contra la dictadura del general Juan Vicente Gómez.

El inicio del año 1936 fue lamentable para la libertad de expresión. No obstante que López Contreras había prometido el más absoluto respeto por la mencionada garantía al asumir con carácter de encargado la presidencia de la república, el 5 de enero del citado año procedió a suspender las garantías constitucionales, en particular, la libertad de prensa y el derecho a la protesta pacífica, y restableció la Oficina de Censura, creyendo que de esa manera podía restringir las demandas que clamaban por una pronta apertura hacia un sistema democrático de gobierno. Adicionalmente, impartió instrucciones a las gobernaciones, en el sentido de extremar la vigilancia para que no se publicara ningún escrito de carácter político, social o económico sin que, con anterioridad, lo hubiese aprobado la autoridad correspondiente.

En esta misma línea de acción, el gobernador de Caracas, general Félix Galaviz, prohibió todo tipo de protestas, reuniones y dispuso el control sobre publicaciones en la prensa y programas de radio.

El Decreto presidencial suspendiendo las garantías constitucionales, aparecido en la *Gaceta Oficial* de los Estados Unidos de Venezuela el 6 de enero de 1936, fue concebido en los siguientes términos:

"Considerando

Que desde hace varias semanas han venido ocurriendo en la República frecuentes y continuos sucesos atentatorios contra las personas, la propiedad, el comercio, las industrias y contra el orden social establecido.

Considerando

Que el Ejecutivo Federal se ha mantenido ante estos reprobables acontecimientos, en la serena actitud que le corresponde dentro de la órbita legal.

Considerando

Que tales sucesos demuestran ya una tendencia visiblemente subversiva, y que constituye una amenaza inminente de la perturbación de la paz, y que es deber primordial del Gobierno de la República el mantenimiento del orden

Considerando

Que el Congreso Nacional, en Acuerdo del 15 de mayo de 1934, autoriza al Ejecutivo Federal para tomar las medidas administrativas y policiales que juzgue convenientes, a fin de evitar la difusión de las doctrinas comunistas, cuya propaganda está expresamente prohibida por el **Nº 6º del artículo 32 de nuestra Ley Fundamental**; (destacado y subrayado nuestro).

En uso de la facultad que me confiere el artículo 36 de la Constitución Nacional.

Decreto

Artículo Único.- Se declara en suspenso, en cuanto lo requiera la defensa del orden social, y en tanto éste se restablece, las garantías constitucionales, con la restricción establecida en el artículo 36 arriba citado.

Dado, firmado, sellado y refrendado por los Ministros del despacho,

Caracas, 5 de enero de 1936"[59].

La reacción contra estas medidas no se hizo esperar y el 14 de febrero de 1936, se produjo la gran marcha de protesta que han reseñado los historiadores como el inicio de la lucha política en Venezuela. Los líderes de la referida marcha que culminó en el Despacho presidencial del propio palacio de Miraflores –entre otros, el rector de la Universidad Central de Venezuela, Dr. Francisco Antonio Rísquez y el dirigente estudiantil Jóvito Villalba, presidente del Comité Directivo de la Federación de Estudiantes de Venezuela– le reclamaron personalmente a López Contreras los muertos y heridos ocurridos ese día y le exigieron la restitución de las garantías constitucionales, las cuales fueron restablecidas a la semana siguiente. El gobernador Galaviz fue removido del cargo y sustituido por el general Elbano Mibelli.

Pero, el triunfo obtenido con esta jornada que trajo consigo, entre otras medidas, por una parte, la conformación de un nuevo gabinete ministerial en el que no fueron incluidos hombres del gome-

---

[59] *Cfr. Gaceta Oficial* de los Estados Unidos de Venezuela, Nº 18.846 del lunes 6 de enero de 1936.

cismo; y, por la otra, el anuncio del llamado "Programa de Febrero" y el "Plan Trienal", "primer plan de la nación que debía realizarse con los recursos ordinarios del Tesoro y con la emisión de bonos del mismo"[60], será efímero por lo que respecta a la libertad de expre-

---

[60] En un emotivo discurso pronunciado por el Profesor Tulio CHIOSSONE en el auditórium de la Contraloría General de la República el 15 de julio de 1981, con motivo de colocarse el retrato del General López Contreras en la Galería de los Contralores de la República por haber sido durante su gobierno que tuvo lugar la creación de dicho Órgano, dijo entre otras cosas, lo siguiente: "El Programa de febrero, calificado por algunos de 'hermosa utopía', (...)" trazó las siguientes proyecciones: "Régimen de legalidad, Higiene Pública y Asistencia Social, Vías de Comunicación, Educación, Agricultura y Cría, Política Fiscal y Política Comercial, Inmigración y Colonización y Puntos Complementarios (Omissis). De esa 'hermosa utopía' surgieron las siguientes instituciones: En la educación, el Instituto Pedagógico y las Escuelas Experimentales, el Consejo Venezolano del Niño, la Casa de Observación de Menores de Caracas y el Instituto de Preorientación de los Teques, el Código de Menores y los Tribunales de Menores; en la Sanidad la reorganización de este Ministerio con la denominación de Ministerio de Sanidad y Asistencia y Social, y se inicia la campaña antimalárica que culminará con la erradicación del Paludismo, a cuyo efecto se establece la Dirección de Malariología; vendrá también la Dirección de Tisiología y el Hospital Antituberculosos de El Algodonal en esta ciudad, y la creación de las Unidades Sanitarias. Creación del Ministerio de Agricultura y Cría, con firme orientación, incluyendo algunos principios para una futura reforma agraria. En materia hacendística, la creación del Banco Central de Venezuela, del Banco Industrial y de una legislación bancaria; la nacionalización del Puerto de la Guaira, verdadera nacionalización porque allí se arrió la bandera inglesa que había flameado durante más de cuarenta años con desmedro de la soberanía nacional, y se izó la bandera venezolana. Con la Creación del Ministerio del Trabajo y Comunicaciones, se establece la Línea Aeropostal Venezolana con la cual se inicia la aviación comercial. Creación del Instituto de Inmigración y Colonización, que se convertirá en el Instituto Agrario Nacional. (...) Se promulgó el Código de Justicia Militar, la Ley Orgánica del Ejército y de la Armada. Creó la Guardia Nacional (omissis). Pero una de las Instituciones más importantes creadas en acatamiento al Programa de Febrero, fue la Contraloría General de la República (omissis). El texto íntegro del referido discurso fue recogido en un folleto intitulado "Homenaje de la Contraloría General de la República al General en Jefe Eleazar López Contreras". Ediciones de la Contraloría General de la República. Caracas. 1981. p. 17. Sobre este mismo punto, véase igualmente Rafael Arraíz Lucca, "Venezuela..." *op. cit.* p. 131; CABALLERO, Manuel: "La Crisis de la Venezuela..." *op. cit.* p. 82 y ss. y la mencionada biografía del General López Contreras realizada por la Dra. MACHADO DE ACEDO, Clemy. Biblioteca Biográfica Venezolana. C.A. Editora El Nacional. N° 18.Caracas, 2007.

sión, ya que cuando se aprueba la nueva Constitución que entró en vigor, como se dijo el 21 de julio de 1936, la norma relativa a la mencionada libertad, quedó redactada de la forma más restrictiva que ha aparecido en nuestros Textos Fundamentales, probablemente en virtud de la huelga general ocurrida un mes antes con el fallido propósito de derrocar al Presidente López.

En efecto, el artículo 32, en su ordinal 6º, garantizó la libertad del pensamiento, manifestado de palabra, por escrito o por medio de la imprenta, u otros medios de publicidad, pero –precisó– que quedaban sujetas a pena, conforme lo determine la Ley, las expresiones que constituyeran injuria, calumnia, difamación, ultraje o instigación a delinquir. A reglón seguido, dispuso que no estaba permitido el anonimato, ni ninguna propaganda de guerra encaminada a subvertir el orden político o social. A todo lo anterior se le agregó el párrafo que sigue, absolutamente arbitrario y discriminatorio:

> "Se consideran contrarias a la independencia, a la forma política y a la paz social de la Nación, las doctrinas comunista y anarquista; y los que las proclamen, propaguen o practiquen, serán considerados como traidores a la Patria y castigados conforme a las Leyes."

Con base en esta norma, la incipiente carrera política de muchos jóvenes y dirigentes de organizaciones políticas, sociales y laborales se vio seriamente golpeada. En efecto, integrantes de la generación del 28 fueron expulsados del país, organizaciones políticas prohibidas, elecciones de diputados municipales anuladas; promotores de organismos de estudiantiles encarcelados; en fin, el poder ejercido con las mismas características del dictador Gómez.

Sin embargo, como lo afirma el historiador Manuel Caballero: "El catorce de febrero, pues, nació la democracia venezolana. Ella nació con los dos significados que se le puede dar a esa palabra. Nació como una voluntad popular expresada en la calle, y con las características actuales, propuestas desde entonces: una democracia que signifique prensa libre, elecciones, libertad de asociación y manifestación, partidos políticos, respeto a los derechos humanos".

Para el momento en que el período gubernamental del presidente López Contreras estaba llegando a su fin, el gobierno dio un giro importante hacia los principios que sustenta a los estados de gobierno democráticos, entre otros, supresión de la política de represión a los opositores y apertura hacia la libertad de expresión.

En el último mensaje que presentó al Congreso Nacional en 1941, expresó el presidente López Contreras: "Soy el primero en reconocer que aún no hemos logrado llevar a la práctica todas las conquistas de la democracia, pero ello no se debe a una acción negativa del régimen sino a circunstancias de carácter racial, ambiental e histórico que es menester ir encauzando con la evolución ininterrumpida del elemento humano, cuya inteligencia, sentimiento y voluntad es necesario educarlos progresivamente para el ejercicio de los derechos políticos".

En ese mismo mensaje indicó la conveniencia de que se materializara una reforma constitucional que consagrara el voto directo, universal y secreto para la elección del Presidente de la República y demás poderes estatales y municipales, la cual vino a alcanzarse con la reforma a la Constitución ocurrida en el año 1947, posterior al derrocamiento del Presidente Isaías Medina Angarita.

Antes de pasar al correspondiente análisis de la Constitución dictada en 1945, impulsada por Medina Angarita, resulta pertinente referir que también durante la presidencia de López Contreras se dictó, en dos oportunidades, la Ley de Telecomunicaciones. El primer texto legal fue sancionado por el Congreso Nacional el 16 de julio de 1936. El 29 del mismo mes y año, salió publicada en la *Gaceta Oficial* Nº 19.019. Este texto legal, como lo expresa su artículo 43, derogó la "Ley de Telégrafos y Teléfonos Federales de 8 de julio de 1938".

La Ley de Telecomunicaciones del año 1936, fue un instrumento muy importante para su época, sobre todo porque varias de sus disposiciones fueron reproducidas en la Ley de Telecomunicaciones de 1940, que estuvo vigente por espacio de sesenta años. La estructura de la Ley citada en primer término fue del siguiente tenor: Tres Títulos que comprendían, el primero de ellos, dos Capítulos. El segundo Título, tres Capítulos, El título III, dos Capítulos y un Título Final, para un total de cuarenta y tres artículos.

Destacan entre sus principales disposiciones, el artículo 1º que dispuso como materia de la exclusiva competencia federal, cuya dirección superior correría a cargo del Ministerio de Comunicaciones, todo lo atinente a "El Establecimiento de todo sistema de comunicaciones telegráficas o telefónicas, de signos, señales, escritos, imágenes y sonidos de toda naturaleza, por hilo, radio, u otros sistemas mecánicos o procedimiento de señalamiento eléctrico o visual (semáforos), **o cualquier otro medio inventado o por inventarse**". (El destacado es nuestro). El artículo 2º que reservó, con carácter de exclusividad, al Estado, por órgano del gobierno nacional, la posibilidad de construir líneas telegráficas y establecer estaciones radiotelegráficas en la forma y sistema que a bien tenga y para los usos que estime convenientes". También el artículo 3º, habida cuenta que no obstante el régimen de reserva antes mencionado, previó la posibilidad de que el Estado pudiera "conceder permisos y celebrar contratos con particulares para el establecimiento del sistema de comunicaciones establecido en el artículo 1º. Por supuesto que el artículo 7º, conforme al cual el Ejecutivo Federal conservaba el derecho de revocar los permisos que concediera, en los siguientes casos:

a. Incumplimiento de plazos por parte del concesionario para iniciar los trabajos referidos en su solicitud o faltare a las indicaciones o proyectos aprobados;

b. Suspensión o interrupción del servicio por más de tres meses consecutivos;

c. La contravención de la Ley, sus reglamentos o las convenciones aprobadas por Venezuela:

d. Violación de las obligaciones contenidas en la Ley, o si afectaba o ponía en peligro la neutralidad de Venezuela en una guerra internacional.

Por último, debe expresarse que el artículo 8 de la Ley de Telecomunicaciones de 1936, previó en su artículo 8 un supuesto en el que el Ejecutivo Federal podía suspender total o parcialmente los servicios de los concesionarios por razones de orden público o por necesidades de defensa nacional.

El 12 de julio de 1940 fue sancionada por el Congreso Nacional la Ley de Telecomunicaciones, la cual resultó promulgado por el presidente de la república, Eleazar López Contreras, el 29 de julio de 1940 y apareció publicada en la *Gaceta Oficial* N° 20.248 correspondiente al 1° de agosto de ese mismo año[61].

La mencionada Ley de Telecomunicaciones, conjuntamente, con el Reglamento de Radiocomunicaciones del 7 de febrero de 1941, constituyó, por el más largo tiempo hasta la fecha, la fundamentación y reglamentación jurídica de la Radiodifusión en Venezuela, calificada como Servicio Público por ambos instrumentos legales[62]. Apenas tres años antes –julio de 1936– el gobierno de López Contreras había dictado la Ley de Telecomunicaciones que regulaba esta materia. Pero lo cambiante de esta actividad, sus rápidas transformaciones desde el punto de vista de la tecnología, y la circunstancia de que el mundo se encontraba envuelvo en otra guerra que, de una manera u otra, concernía a todos los países, fue la razón fundamental para que se legislara de nuevo en este campo y se previera que por medio de reglamentos se irían adoptando otras regulaciones según las exigencias del momento.

Este instrumento legal, conforme a la doctrina del Derecho Administrativo dominante para la época en materia de servicios públicos, reservaba con carácter de exclusividad para el Estado la actividad de las telecomunicaciones. De allí, que los particulares estuvieran excluidos de participar en la misma, no obstante que la Ley, por igual, preveía que éstos, debidamente habilitados podían explotarla mediante el régimen de las concesiones.

En tal virtud, Destacamos de la Ley de Telecomunicaciones, entre otras disposiciones, las que se copian a continuación:

"Artículo 1. Salvo lo dispuesto en esta Ley o Leyes especiales, el establecimiento y explotación de todo sistema de comunicación telegráfica por medio de escritos, signos, señales, imágenes y sonidos de toda naturaleza, por hilos o sin ellos u otros sistemas o procedimientos de transmisión de señales eléctricas o visuales, inventados o por inventarse, corresponde exclusivamente al Estado. Su Administración, inspección y vigilancia, al Ejecutivo Federal, el cual la ejercerá

---

[61] *Cfr. Gaceta Oficial* N° 20.248 del 1 de agosto de 1940.

[62] *Cfr.* AGUDO FREITES, Raul. "*La Reglamentación Legal de la Comunicación en Venezuela*". Ediciones de la Facultad de Humanidades y Educación de la Universidad Central de Venezuela. Caracas, 1976. pp.84 y ss.

212

por órgano del Ministerio del ramo, de conformidad con la presente Ley, y sus Reglamentos y con las Convenciones, Tratados y Acuerdos Vigentes.

Sin embargo, el ejecutivo Federal podrá otorgar permisos y concesiones a particulares para el establecimiento y explotación, o para empleo con fines educativos, de los servicios expresados, cuando cumplidas por aquellos las formalidades establecidas en los Reglamentos, garantice al Estado de que el permiso o la concesión no perjudica sus propias instalaciones, ni la de los anteriores concesionarios, llene una necesidad de efectivo progreso".

"Artículo 3. El Ejecutivo Federal podrá, cuando lo juzgue conveniente a los intereses de la Nación o cuando así lo exigieren el orden público, la seguridad individual, las leyes o las buenas costumbres, revocar las autorizaciones concedidas para el establecimiento de los servicios a que se refiere el artículo 1 de la presente Ley y suspender o impedir la transmisión de comunicaciones y la circulación de mensajes por los sistemas a que se contrae este mismo artículo".

"Artículo 7. El Ejecutivo Federal determinará en el Reglamento respectivo el objeto de cada uno de los servicios de telecomunicaciones, las condiciones que deben reunir las personas que operen o cumplan determinadas actividades en esos servicios y la naturaleza de las transmisiones que puedan hacerse".

"Artículo 10. El Ejecutivo Federal, cuando lo juzgue conveniente, podrá otorgar a los Institutos, Corporaciones y empresas de interés general el uso franco de los servicios de Telecomunicaciones, con las limitaciones que determinen los Reglamentos. Igual concesión podrá acordar a particulares en funciones de interés general autorizados por el Estado o en Comisiones del servicio público, tanto en lo relativo a sus funciones oficiales como a lo particular."

Como puede observarse del contenido del transcrito artículo 1, quedó reservado al Estado, toda la materia concerniente al "establecimiento y explotación de todo sistema de comunicación" y al Ejecutivo Federal, su "administración, inspección y vigilancia." Resulta importante destacar, cómo la misma norma condiciona el otorgamiento de "permisos y concesiones a particulares" a quienes quieran explotar el referido servicio, al hecho de que quede garantizado que el permiso o la concesión a otorgar no perjudique sus propias instalaciones, "ni la de los anteriores concesionarios".

Por otra parte, de acuerdo a lo dispuesto en el artículo 3 de la normativa que estamos comentando, fue muy categórica la facultad que se le otorgaba al Ejecutivo para revocar, por razones de orden público, de seguridad individual, las leyes o las buenas costumbres, las autorizaciones concedidas, así como también suspender o impedir la transmisión de comunicaciones y la circulación de mensajes.

Con fundamento en la regulación del artículo 7, arriba copiado, correspondería al Reglamento precisar, según los casos, las condiciones que debían reunir las personas interesadas en participar en la explotación del servicio de telecomunicaciones, así como la naturaleza de las transmisiones que puedan hacerse.

En el artículo 10, la Ley invitó a que fuera por la vía reglamentaria que se le pudiera otorgar a "Institutos, Corporaciones y empresas de interés general el uso franco de los servicios de Telecomunicaciones" y que igual concesión podía acordarse a particulares en funciones de interés general.

A diferencia del silencio que guardó la Ley de Telecomunicaciones de 1936, respecto del tiempo de duración de los "permisos" o "concesiones", el artículo 12 de la Ley de 1940, expresó que serían los respectivos Reglamentos los que los determinarían dicho tiempo.

Otro particular de la citada Ley que merece ser comentado, es lo relativo al régimen sancionatorio que este instrumento legal previó. Así, el artículo 23, dispuso que "la construcción, instalación o posesión de estaciones radiodifusoras, radiotelegráficas, radiotelevisivas y semafóricas, de líneas cablegráficas, telegráficas o telefónicas, sin autorización expresa del Ejecutivo Federal; o el uso clandestino de esas estaciones, será penado con multa de quinientos a cuatro mil bolívares, o arresto proporcional, además del comiso de los materiales que se hubieren empleado en la instalación". Por su parte, artículo 24 expresó: "las infracciones graves a las disposiciones de la presente Ley, de las Convenciones Internacionales ratificadas por Venezuela y de los Reglamentos que se dictaren, que no estén penados especialmente, se castigarán con la suspensión temporal o definitiva de los permisos concedidos. Las demás infracciones se penarán con multas de cincuenta a cuatro mil bolívares o arresto proporcional, según la gravedad de la falta, sin perjuicio de las que puedan aplicarse en virtud de otras leyes".

En cuanto al Reglamento de la Ley de Telecomunicaciones de 1940, debe señalarse que fecha 7 de febrero de 1941 el Presidente Eleazar López Contreras dictó, con la denominación de "Reglamento de Radiocomunicaciones", la normativa de rango sub legal que vino a desarrollar la precitada Ley. Así, el 5 de marzo de 1941, el aludido Reglamento apareció publicado en la *Gaceta Oficial*, "Número Extraordinario", para que entrara en vigencia, como lo previó su artículo 203, treinta días después de dicha publicación.

El citado "Reglamento de Radiocomunicaciones", fue estructurado en 203 artículos distribuidos así: Título I, Disposiciones Generales; Titulo II, De los Permisos. Capítulo I, Normas Generales. Capítulo II, Permisos para la Radiodifusión. Capítulo III, Permisos para Estaciones Privadas de Radiocomunicación. Capítulo IV, Permisos para Estaciones Receptoras de Noticias. Capítulo V, Permisos para Estaciones de Aficionados. Capítulo VI, Permisos para Estaciones de Barcos y Aeronaves. Capítulo VII, Permisos para Estaciones Experimentales. Título III. De la Radiodifusión. Capítulo I. Objeto y Fines. Capítulo II, De las Transmisiones y de los Programas. Capítulo III, De las Condiciones que deben reunir las Estaciones. Capítulo IV; De las Tarifas. Capítulo V, De los Registros que deben llevarse y de otras disposiciones. Título IV, De la Radiotelevisión. Título V, De las Estaciones privadas de Radiocomunicación. Título VI, Estaciones Receptoras de Noticias. Título VII. De las Estaciones Movibles (De barcos, de aeronaves, portátiles). Título VIIII, De las Estaciones Experimentales. Título IX, De las Estaciones de Aficionados. Título X, De los Títulos y Certificados. Titulo XI, De la importación y Fabricación de aparatos radioeléctricos. Título XII, Disposiciones Finales. Título XIII, De las sanciones y su Imposición.

Como puede observarse, el Reglamento en referencia abordó todas las materias que ameritaban ser desarrolladas. Incluso, contempló disposiciones relativas a la comunicación por medio de la televisión con once años de anticipación a que en nuestro país comenzara el desarrollo de ese medio de comunicación.

Del texto del reglamento de la Ley de Telecomunicaciones de 1941 al que venimos haciendo mención, ponemos de relieve que en su artículo 2º reitera que los servicios radioeléctricos son de la exclusiva competencia del Estado y sólo excepcionalmente se concederá permiso para establecer servicios de esta índole a particulares cuando a juicio del Ejecutivo Federal hubiere razones para ello y siempre que los concesionarios cumplan estrictamente las disposiciones de la Ley de Telecomunicaciones.

El artículo 13 reglamentario reiteró que la duración de los permisos o concesiones no podrían concederse por un plazo mayor a un año y que podían ser renovables siempre que el interesado hubiere cumplido con las leyes, a criterio del órgano rector en la materia. Esta norma, va a permanecer vigente hasta el año 1976 cuando por Decreto N° 1983 del 28 de diciembre del citado año, publicado en la *Gaceta Oficial* N° 31.142 del 30 del mismo mes y año, el Presidente Carlos Andrés Pérez dispone que las concesiones para la explotación de televisoras y radiodifusoras se otorgarán por doce (12) años. Este a su vez, será modificado por el presidente Jaime Lusinchi, quien por medio del Decreto N° 1.577 de fecha 27 de mayo de 1987, publicado en la *Gaceta Oficial* N° 33.726 del mismo día y año, dicta el "Reglamento sobre Concesiones para Televisoras y Radiodifusoras", en el que, como lo veremos más adelante, establece en veinte años el lapso de duración de las concesiones. Otro tanto sucedió por lo que respecta a los permisos para el establecimiento de las estaciones de radiodifusión sonora, ya que en la misma Gaceta Oficial, fue publicada la Resolución del entonces Ministerio de Transporte y Comunicaciones, fijándolos también en veinte años.

De igual manera precisó el citado Reglamento en su artículo 14, que un requisito de impretermitible cumplimiento para otorgar dichos permisos o concesiones, era poseer la nacionalidad venezolana.

Otra norma de singular importancia la constituyó el artículo 41 al expresar que "Las Estaciones de Radiodifusión pueden establecerse con fines comerciales, o con fines exclusivamente culturales." La segunda parte precisó todavía más que "Las radiodifusoras comerciales son las únicas que pueden difundir programas comerciales, y sólo mediante la emisión de anuncios, propagandas y menciones combinadas con la transmisión de conferencias, conciertos, obras teatrales, piezas musicales, noticias, comentarios y otros servicios de interés general y de divulgación cultural y científica.

Sin lugar a dudas, esta norma sirvió de soporte al ulterior desarrollo de la radiodifusión en Venezuela, dado que al permitir la existencia de emisoras con una finalidad netamente comercial, se echaron las bases para que los inversionistas venezolanos incursionaran en ese novedoso campo con fines de lucro.

Por lo que respecta al ámbito de las prohibiciones, el artículo 53, tipificó dieciséis supuestos que restringían en forma absoluta cualquier transmisión. De inmediato, mencionamos las siguientes:

"Artículo 53.- Queda absolutamente prohibido transmitir por las estaciones radiodifusoras:

(*Omissis*)

c) Mensajes, discursos, prédicas y conferencias en los cuales se incitare a la rebelión o al irrespeto de las instituciones y autoridades legítimas; y el irrespeto a esas mismas instituciones y autoridades.

d) Propaganda tendiente a subvertir el orden público o social.

e) Propaganda política, cuando envuelva debate o polémica de personas o partidos militantes.

i) Conceptos que afecten de alguna manera la reputación y buen nombre de las personas o instituciones.

j) Señales y noticias falsas, engañosas o tendenciosas.

(*Omissis*).

Adicionalmente, el artículo 54 dispuso que se requería autorización previa "para efectuar las siguientes transmisiones de carácter político:

a) Lecturas de resoluciones o programas emanados de organismos partidarios y plataformas electorales.

b) Anuncios de actos de carácter partidario o proselitista a realizarse por determinado partido, con indicación de fecha y hora, lugar y oradores que intervendrán.

c) Las conferencias, discursos, prédicas, escritos periodísticos y mensajes para pronunciarse ante el micrófono por su autor o por terceros y que tiendan a la exposición doctrinal de ideas; y los textos de propaganda, cuando tales transmisiones no sean absolutamente prohibidas por el artículo anterior."

Como lo hemos expresado con anterioridad, la vocación regulatoria de este instrumento legal fue sumamente amplia y muy propia de un gobierno en el que todavía pesaban mucho los precedentes autoritarios y dictatoriales del régimen de Gómez. De allí que, a más de las prohibiciones de manera expresa a las que a, título ejemplificativo, hemos referido antes, habría que agregar que no escaparon del marco de control, como lo dispuso el artículo 62, "las obras teatrales, canciones y demás números de los programas", los cuales debían "ajustarse a los conceptos culturales de las transmisiones de radiodifusión en general". En consecuencia, de acuerdo con la misma disposición no debían "irradiarse los números de programa:

a) Que contengan licencias de lenguaje reñidas con la moral y las buenas costumbres;

b) Que desvirtúen la correcta dicción del castellano por la inclusión abundante de modismos, remedos de otros idiomas, o que ridiculicen las costumbres;

c) Que contengan chistes groseros, decires equívocos y en general palabras procaces;

d) Que tengan por motivo central escenas grotescas o inmorales;

e) Que ridiculicen la cultura o hagan mofa de costumbres y sentimientos humanos respetables;

f) Que aborden asuntos políticos, sociales o religiosos en forma agraviante para las convicciones de algún sector de los escuchas."

De conformidad con lo dispuesto en el artículo 199 del reglamento en referencia, atinente a la materia sancionatoria, "las infracciones a los artículos 44 a 55 y 58 a 75" podían ser penadas "con multa de 100 a 4.000 bolívares o suspensión temporal o definitiva."

No obstante todas las regulaciones y restricciones en el ámbito de la libertad de expresión y de información contenidas en este reglamento, ningún gobierno, democrático o dictatorial, lo utilizó para perseguir a quien disintiera de sus políticas, como ha sucedido durante los años del "comunismo del siglo XXI", con los instrumentos legales desarrollados durante ese período con tal propósito.

IV. REGULACIONES, VIOLACIONES Y RESTRICCIONES A LA LIBERTAD DE EXPRESIÓN DURANTE LA VIGENCIA DE LAS CONSTITUCIONES DEL PERÍODO 1945-1999

El período que vamos a abordar de inmediato, el segundo del siglo XX, comprensivo de los Textos Fundamentales de la República dictados en los años 1945,1947,1953,1961 y 1999, marca el inicio de los cambios que más adelante transformarán a nuestro país en un Estado que llegará a conocer, con toda propiedad, lo que es vivir bajo un régimen democrático, alternativo y republicano, exceptuado el gobierno dictatorial de Pérez Jiménez y también el de los años de la llamada "Revolución Bolivariana"; es, al mismo tiempo, el que le hará conocer una mayor pluralidad de violaciones a la garantía constitucional de la libertad de expresión y de comunicación. Esto, debido a la profusión de medios impresos que empiezan a surgir paulatinamente: diarios, semanarios, revistas, boletines, folletos, pasquines, así como también los auditivos –la radio– y luego los audiovisuales –Televisión–; unos y otros, con sus, editoriales, articulistas, reportajes, noticieros y programas de opinión, serán los que evaluarán, criticarán y reprobarán, si fuere el caso, la gestión de los gobiernos de turno hasta que éstos reaccionen, algunas veces dentro del marco de la ley, otras, lesionando la garantía constitucional de la libertad de expresión y de información.

1. *Constitución de 1945. Concluye abruptamente un gobierno democrático*

La llegada al poder del general Isaías Medina Angarita el 5 de mayo de 1941, luego de haber triunfado sobre Don Rómulo Gallegos en los comicios de segundo grado que tuvieron lugar el 28 de abril del citado año en el Congreso Nacional, marcará un rumbo en la búsqueda de la democracia como no había ocurrido en los anteriores gobiernos.

"Con Medina –dice el expresidente Caldera– empezó una nueva etapa y se adelantó en muchos aspectos el proceso democrático iniciado en 1936. Como su leal opositor, así lo puedo reconocer. Su gobierno fue, sin duda, un Gobierno Liberal. Se formalizó el funcionamiento de los partidos de oposición…La situación económica mejoró sensiblemente…En materia petrolera unificó (en 1943) el régimen de las concesiones existentes" de manera que vencieran en 1983, "año del segundo centenario del nacimiento del Libertador…Se hicieron obras materiales de importancia. Se construyeron edificios educacionales que llevaban todos el lema 'Moral y Luces son nuestras primeras necesidades'… La reforma urbana de Caracas se llevó adelante…Se llevaron adelante también las iniciativas de reforma agraria emprendidas en el Gobierno anterior…"[63].

El disfrute de la libertad de prensa, contrastó con lo que sucedió en esa materia durante los gobiernos que le antecedieron, en particular con el del general Gómez. Ciertamente, fue durante el Gobierno del Presidente Medina Angarita que, como dijimos con anterioridad, surgieron, entre otros periódicos, **"Ultimas Noticias"**; **"El Nacional" "The Daily Journal"**, publicado en Caracas en el idioma inglés; el semanario humorístico **"El Morrocoy Azul"**; **"La Opinión"**, iniciativa de Francisco Montes Santander en Barquisimeto y el semanario **"Octubre"**, órgano divulgativo del partido Acción Democrática. Todo esto revela, por sí solo, el ambiente que existía a ese respecto, no obstante que el inciso 6º del artículo 32 de la Constitución de López Contreras de 1936, precedentemente aludido, se encontraba vigente, pues esa Carta Magna fue derogada en 1945.

En efecto, después de servirle de fundamento al gobierno, por ejemplo, para prohibir en 1944 la celebración del Congreso de Trabajadores, en el que pugnaban por controlarlo los comunistas y "Acción Democrática", el 5 de mayo de 1945 quedó derogada la Constitución de 1936 ya que la que entró a regir no reprodujo el aludido inciso 6º del artículo 32 que databa del año 1929.

La ley Fundamental de la república del 5 de mayo de 1945, promovida por el presidente Medina Angarita, suprimió la prohibición que la Carta Magna anterior tenía respecto a la actividad comunista en Venezuela. Fue así como con la mayor prontitud se fundó el Partido Comunista de Venezuela, que venía realizando su proselitismo político con el nombre de "Unión Popular Venezolana".

---

[63] *Cfr*. CALDERA, Rafael. *Ob. cit*. pp. 101,102.

En la biografía del general Isaías Medina Angarita, escrita por Antonio García Ponce, se expresa lo que se trasunta a continuación:

"Fue un periodo (el de su gobierno) de florecimiento del periodismo, de renovación intensa del diarismo informativo y de opinión, indicio de que el pluralismo político y el juego libre y amplio de opiniones había ganado un espacio muy sólido.

Sin embargo, en otros planos, las cosas no iban muy bien. La radio era casi un coto vedado para los partidos y las corrientes de opinión. En el interior del país, pequeños caciques, gamonales y sargentones procedían con amenazas de suspensión o de juicio de tribunales contra periodistas, líderes o activistas, a causa de escritos periodísticos o sus opiniones vertidas en la plaza pública o en hojas impresas. Al mismo tiempo, muchas de las denuncias expuestas por las agrupaciones de oposición o los sindicatos, caían en el vacío y tenían como respuesta la total indiferencia oficial, circunstancia que reducía la libertad de expresión a un simple ejercicio retórico, con muy poca o ninguna incidencia en la práctica diaria"[64].

El respeto del general Medina por la libertad de opinión, por los medios de comunicación y por los periodistas fue, y ha sido, inigualable. Esto lo reconocen todos los que han escrito sobre su gestión de gobierno. La cita que precede es un ejemplo de lo que estamos afirmando.

De igual manera, el historiador Guillermo Morón, expresa: "Pero lo que no se termina, ni se terminará de ponderar, es el aliento humanista de este Presidente excepcional, por sus condiciones de generosidad, de comprensión, de hombre sencillo (...) Ni un preso político, ni un desterrado, ni un periódico amordazado, ni un periodista perseguido"[65].

Otro historiador que igualmente tiene un criterio similar al que antecede es el Profesor Manuel Caballero. En su obra "La Crisis de la Venezuela Contemporánea", expone: "Como todo gobierno democrático, el de Isaías Medina era sometido a diario a una crítica en

---

[64] GARCÍA PONCE, Antonio: *"Isaías Medina Angarita"*. N° 5. Biblioteca Biográfica Venezolana. C.A. Editora El Nacional. Caracas, 2005. p. 32.

[65] MORÓN, Guillermo: "Los Presidentes de Venezuela.1811-1979". Meneven, Filial de Petróleos de Venezuela S. A. Caracas, 1979. p. 251.

ocasiones feroz por una prensa que por primera vez en su historia (todos los periódicos, con excepción de *La Religión*, habían sido fundados en el siglo veinte) conocía una libertad plena. Y entre esos periódicos que fustigaban al gobierno, estaba el órgano de <<Acción Democrática>>, *El País*[66].

El Dr. Asdrúbal Aguiar, en torno al punto al que nos estamos refiriendo, dice lo que se copia de inmediato: "No era de extrañar, pues, que durante su gobierno alcancen definitiva legalización los partidos políticos, incluido el partido Acción Democrática, y que la libertad de expresión y de prensa sean vector importante de su encuentro con el país de carne y huesos. Nace entonces la Asociación Venezolana de Periodistas y circulan, por vez primera, "*Ultimas Noticias*" y el diario "*El Nacional*"[67].

Para finalizar este punto, traemos a colación lo que en su obra "Historia Viva", expresó el Dr. Jorge Olavarría: "En marzo de 1944 Medina envió una carta a su Partido en la cual dijo que...'*La Constitución vigente mantiene disposiciones incompatibles con esa filosofía liberal y democrática que, unánimemente, hemos venido proclamando desde el comienzo de nuestra vida independiente'*. (...) El 25 de mayo de 1944 el gobierno introdujo al Senado su Proyecto de reforma Parcial de la Constitución. (...) Cinco meses después, en octubre de 1945 los militares derrocaron a Medina y le entregaron el poder a Rómulo Betancourt".

2. *Constitución de 1947. Se instaura el voto universal, directo y secreto para la elección del Presidente de la República, pero la persecución contra la prensa no se hace esperar*

Los analistas políticos y los historiadores patrios, como lo vimos precedentemente, no han dejado de sostener reiterativamente que el gobierno del general Medina Angarita ha sido el más democrático que ha tenido el país. No obstante lo anterior, Medina no pudo terminar su mandato, ya que una asonada militar que estalló el

---

[66] CABALLERO, Manuel: *Ob. cit.* p.108.

[67] AGUIAR, Asdrúbal: *Ob. cit.* p.78.

222

18 de octubre de 1945 y contó con el apoyo del partido Acción Democrática, lo depuso del ejercicio de la primera magistratura cuando apenas faltaban siete meses para que finalizara su período presidencial. En efecto, el 19 de octubre del citado año, se conformó la Junta de Gobierno que regiría los destinos del país. La integraron Rómulo Betancourt, quien la presidió, Raúl Leoni, Gonzalo Barrios y Luis Beltrán Prieto Figueroa, todos miembros del partido "Acción Democrática"; por parte de las Fuerzas Armadas, el mayor Carlos Delgado Chalbaud y el Capitán Mario Vargas; y, en su carácter de independiente, Edmundo Fernández.

Bien dice el Dr. Asdrúbal Aguiar, cuando afirma: *"Pero como todo régimen de facto, la persecución contra la prensa tampoco se hace esperar. Se prohíbe expresamente cualquier publicación que pueda defender o hacer memoria de un 'régimen que abochornaba y degradaba a la Nación', anunciándose la detención policial de los columnistas que sean responsables. La primera advertencia la recibe el diario El Nacional.*

A finales de octubre corriente el Gobierno ocupa las instalaciones del diario El Tiempo, que defiende en su momento a Medina Angarita. En diciembre de 1945 es clausurado "El Morrocoy Azul", semanario humorístico. Y a comienzos de 1946 es hecho preso el editor de "Ahora", Edmundo Suegart, quien imprime los diarios Ultimas Noticias y El País, e incluso los semanarios El 45 y Acción Democrática, afectos a la Junta. El argumento: Se ha publicado una nota crítica al Gobierno sin el pie de imprenta correspondiente"[68].

De manera que esta es la situación que empiezan a padecer los periodistas, los medios de comunicación e incluso los editores, quienes para ese momento se encontraban bajo la vigencia de la Constitución Medinista del año 1945.

La Constitución que derogará la precedentemente mencionada es la que surgió de la Asamblea Constituyente realizada en 1946. Fue sancionada el 5 de julio de 1947 y entre sus "bondades" se encuentra la instauración del voto universal, directo y secreto para la

---

[68] *Cfr.* AGUIAR, Asdrúbal. *Ob. cit.* p. 93.

elección del Presidente de la República –principal argumento esgrimido para conspirar hasta derrocar a Medina– y también de los cuerpos deliberantes, así como la consagración de los principios y elementos fundamentales y característicos del *"Welfare State"* o "Estado de Bienestar", muy afín con las características de los textos constitucionales de los estados europeos de la postguerra que acababa de finalizar.

En materia de libertad de expresión, el artículo 37 de la citada Constitución ensayó una redacción en la que se garantizó la libertad de expresión, con independencia de que fuese manifestada de palabra, por escrito, por medio de la imprenta, por la radio u otros sistemas de publicidad.

La circunstancia de que se hubiere hecho especial mención de "la radio", como medio de difusión del pensamiento, fue producto del auge incesante que comenzó a adquirir este medio de comunicación desde la fundación de "Radio Caracas Radio". Para esa fecha, por lo menos una docena de radioemisoras transmitían desde la ciudad de Caracas a través del espectro radioeléctrico.

También destacó en la redacción de la garantía constitucional a la que venimos haciendo mención, a diferencia de las regulaciones contenidas en las anteriores Constituciones, la prohibición de la censura previa de la información a difundir; por supuesto, quedaban sujetas a pena, conforme a las prescripciones legales, las expresiones que constituyeran ofensas a la moral pública, injuria, difamación, desacato e instigación a delinquir. Igualmente quedaron expresamente prohibidos el anonimato y la propaganda de guerra o la que tuviera por objeto provocar la desobediencia de las leyes.

Con fundamento en este Texto Constitucional, el 14 de diciembre de 1947 se realizaron las elecciones para la escogencia del Presidente de la República, resultando electo el maestro Rómulo Gallegos quien gobernó, no el quinquenio que establecía la Constitución, sino solamente durante once meses. La misma logia militar que derrocó a Medina, prosiguió sus actividades conspirativas hasta que el 24 de noviembre de 1948 dio al traste con el experimento democrático que encarnaba el Maestro Gallegos.

3. *Constitución de 1953. La última dictadura militar del siglo XX. Se inicia un sombrío período para la libertad de expresión*

Los golpistas del gobierno del Presidente Rómulo Gallegos, al tomar el poder, como se dijo, el 24 de noviembre de 1948, conformaron una Junta Militar de Gobierno que quedó integrada por los Tenientes Coroneles Carlos Delgado Chalbaud, quien la presidió, Marcos Pérez Jiménez, Ministro de la Defensa, Luis Felipe LLovera Páez, Ministro de Relaciones Interiores, Mario R. Vargas, Inspector General de las Fuerzas Armadas, José León Rangel, Director General de los Servicios, Capitán de Fragata Wolfgang Larrazábal, Comandante de las Fuerzas Navales, Félix Román Moreno, Comandante de las Fuerzas Aéreas, Capitán Oscar Tamayo Suárez, Comandante de las Fuerzas Armadas de Cooperación y el Dr. Miguel Moreno, Secretario. Dos días después de la asonada militar, el 26 de noviembre de 1948, la Junta de Gobierno se dirige al país para dejar constancia de que el movimiento no tenía por finalidad instaurar una dictadura militar y que se convocaría a unas elecciones limpias en el más corto plazo.

Se iniciaba de esta manera un régimen que, con el transcurso de los días, de las semanas y de los meses, iría mostrando su verdadero rostro de enemigo de la democracia y cultor de la barbarie. El partido Acción Democrática fue proscrito, sus dirigentes expatriados, perseguidos o encarcelados. *"La prensa* —nos dice Asdrúbal Aguiar— *no escapa a la arremetida. Luis Herrera Campíns, Jefe de Redacción de "El Gráfico" termina en la cárcel. Es suspendida por varios días y en dos oportunidades la circulación del diario "El Nacional" y también de "Tribuna Popular", órgano del Partido comunista, igualmente disuelto por la Junta"*[69]. Así mismo, fue clausurado el diario **"El País"** que era el órgano oficial del gobierno y también el semanario **"AD"**, vocero del partido de gobierno.

El asesinato de Delgado Chalbaud el 13 de noviembre de 1950, la conformación de una nueva Junta de Gobierno, esta vez presidida por un civil, el Dr. Germán Suárez Flamerich, la designación de Pe-

---

[69] *Cfr.* AGUIAR, Asdrúbal. *Ob. cit.* p.108

dro Estrada como Jefe de la Policía Política del Estado a partir del 31 de agosto de 1951, la persecución abierta, fundamentalmente, contra militantes de los partidos Acción Democrática (AD) y del Partido Comunista de Venezuela (PCV) y el asesinato de Leonardo Ruiz Pineda, alto dirigente de AD, el 22 de octubre de 1952, son los principales sucesos, previos al fraude electoral consumado el 30 de noviembre de 1952, del cual surgirá una Asamblea Constituyente espuria, que proveerá al país de una nueva Carta Magna y de un Presidente Provisional –Marcos Pérez Jiménez– quien toma posesión de la Primera Magistratura el 2 de diciembre de 1952, para asumirla como Presidente Constitucional el 19 de abril de 1953 para el período que iba entonces de abril de 1953 a abril de 1958.

La Constitución que entró a regir el 15 de abril de 1953 , consagró, como lo vimos con anterioridad, la libertad de expresión en forma sucinta al expresar en su "**Artículo 35. Se garantiza a los habitantes de Venezuela: 7º. La libertad de expresión del pensamiento, con las limitaciones que establezcan las leyes**". Sin embargo, lo cierto del caso es que fue implacable la persecución que se desató contra quienes intentaban ejercer dicha garantía.

En efecto, son numerosas las aseveraciones de dueños de medios, comunicadores, políticos, historiadores y escritores, fundamentalmente, quienes experimentaron en carne propia la persecución desatada por expresar sus opiniones o intentar hacerlo. De la misma forma, son profusos los testimonios de quienes recopilaron datos, sucesos y acontecimientos de toda índole que revelan un sombrío período para la libertad de expresión en nuestro país. Incluso, el propio general Pérez Jiménez, en la obra del profesor Agustín Blanco Muñoz **"Habla el General"**, manifiesta su opinión acerca de la libertad de prensa de una manera que viene a corroborar la realidad de su pensamiento y de su política a ese respecto.

Al responder la pregunta: "*¿Siente usted que en su período los medios de comunicación llegaron a perjudicarlo?*", dice el general Pérez Jiménez: "*Tengo que hacer una rectificación a lo que usted está diciendo. A mí no me podían afectar personalmente. No creo que se trata de discutir si esos medios afectaron o no a Pérez Jiménez. Sí creo que afectaron al régimen que iba en pos de determinados objetivos, que no fueron comprendidos por quienes manejaban esos medios" (omissis) <u>La libertad de expresión es para el que tiene</u>*

dinero y para enriquecer a los mercenarios de la propaganda (omissis) de modo que esas libertades son relativas…"[70]. (El subrayado es nuestro).

Si esa era la concepción que tenía el general Pérez Jiménez acerca de la libertad de expresión y del rol de los medios de comunicación, es fácil comprender por qué desató tan feroz persecución contra los que se desempeñaban en ese ámbito. Por ello, hombres como el Profesor Simón Sáez Mérida, para esa época militante del partido "Acción Democrática" y su Secretario General en la clandestinidad, llegó a señalar lo que copiamos de inmediato: "La política dictatorial y represiva comenzó con la ilegalización de AD y más tarde del PCV fue una continuidad sin interrupciones: suspensión de las garantías constitucionales, disolución del Congreso, la Corte Suprema, el Ministerio Público, clausura de periódicos y censura de prensa y la persecución política de los adversarios del nuevo gobierno con detenciones masivas, secuestros, torturas y asesinatos, política que fue derrotada por las jornadas cívico-militares del 23 de enero de 1958"[71].

La inestabilidad política que tuvo el régimen dictatorial luego del alzamiento militar del 1° de enero de 1958, fue determinante para que, veintidós días después, se derrumbara estruendosamente. Paradójicamente, luego de controlar la insurgencia, las medidas que adoptó el gobierno contra los medios de comunicación, contra editores y periodistas para aparentar lo contrario, fueron determinantes para acelerar su caída.

De la obra "El diario desconocido de una dictadura", copiamos lo siguiente:

"02 de enero: En la mañana no circulan los periódicos. La huelga de prensa es la única manifestación efectiva de solidaridad y apoyo de la Junta Patriótica en Caracas con los rebeldes del 1° de enero (…) En Caracas es detenido el padre Jesús Hernández Cha-

---

[70] *Cfr.* BLANCO MUÑOZ, Agustín: *Habla el General*. Editorial Centro de Estudios de historia actual; Consejo de Desarrollo Científico y Humanístico UCV; Editorial José Martí. Caracas, 1983. p. 242.

[71] SÁEZ MÉRIDA, Simón: "La Dictadura Perezjimenista. Cara y Cruz". Fondo Editorial Almargen. Caracas. 2005. p. 20

pellín, director del diario **La Religión** (...) La Seguridad Nacional allana las redacciones y talleres de los periódicos. 03 de enero: Bajo amenaza de prisión y atropellos, el personal es obligado a cumplir sus labores (...) El Ministro (Vallenilla Lanz) cita al doctor Luis Teófilo Nuñez. Acusa a **El Universal** de participar en la campaña subversiva. Anuncia las represalias. A partir de hoy será ejercida severa censura contra el diario para impedir las 'abiertas exhortaciones a alterar el orden público'" (...) Pedro Estrada ordena al Br. Rafael Castro que, bajo custodia, conduzca a Capriles (Miguel Ángel, quien para ese momento se encontraba tras las rejas) a **Ultimas Noticias**. Al llegar a la redacción, todo está desierto. En los talleres la maquinaria no puede moverse porque Carlos Capriles, su hermano, ha escondido unas piezas claves. Vitelio Reyes, con la policía, busca casa por casa a los periodistas y al personal de talleres." (Paréntesis nuestro)[72].

La lucha por el derecho a la libertad de expresión y de información que adelantaron los medios, editores y periodistas que combatían la dictadura, aunada a las acciones de protesta contra el régimen que realizaban diariamente los estudiantes universitarios y liceístas, industriales, comerciantes y el pueblo en general, sumado al descontento en el propio seno de las fuerzas armadas, luego de decretada la huelga general que estalló el 21 de enero, dieron al traste con el oprobioso régimen dictatorial del general Pérez Jiménez.

Apenas se supo de la huida del dictador hacia Santo Domingo, en las primeras horas del 23 de enero de 1958, el pueblo se volcó a las calles a celebrarlo con júbilo. En esas primeras horas del 23 de enero de 1958, ese mismo pueblo saqueó las oficinas e incendió los talleres de los diarios "**El Heraldo**", "**El Constitucional**" y "**El Nuevo Diario**", por haber tenido siempre una orientación pro gubernamental.

La Junta militar de Gobierno que se conformó, apenas huyó Pérez Jiménez, la presidió el Contralmirante Wolfgang Larrazábal, el militar de mayor antigüedad. Lo acompañaron inicialmente los

---

[72] GARCÍA PONCE, Guillermo y CAMACHO BARRIOS, Francisco: "*El diario* desconocido *de una dictadura*". Publicaciones Seleven. Caracas. 1980. pp. 319-332

coroneles Abel Romero Villate, Roberto Casanova, Carlos Luis Araque y Pedro José Quevedo. Sin embargo, veinticuatro horas después, por presiones populares, la Junta fue modificada para que hubiera presencia de civiles. Así, los coroneles Casanova y Romero Villate, fueron sustituidos por el industrial Don Eugenio Mendoza y por el Ing. Blas Lamberti. Meses después ésos dos últimos serán sustituidos por los doctores Arturo Sosa, (h) y Edgar Sanabria.

Larrazábal condujo al país mientras se establecía un régimen constitucional, signado por un espíritu de unidad entre los venezolanos como nunca jamás se había visto. A ese espíritu, que durante mucho tiempo se le denominó "El espíritu del 23 de enero", contribuyó enormemente la política de amplitud que de inmediato desarrolló el gobierno de facto. A título de ejemplo, puede mencionarse la libertad de los presos políticos, el retorno de los exiliados, la reapertura de la Universidad Central de Venezuela y de los Liceos Fermín Toro y Andrés Bello y la conformación de un "plan de emergencia" o "plan de obras extraordinarias" dirigido a proveer trabajo en el área de la construcción de obras públicas menores a miles de desempleados. Pero sobre todo, la posibilidad de expresar las ideas, de comunicar, de informar a través de los medios impresos, radioeléctricos y televisivos sin temor a represalias de ninguna índole, sin censura previa, sin obstáculos o cortapisas y sin auto censura.

Se cerraba una etapa y comenzaba otra para gozar, a plenitud, de la libertad de expresión, de comunicación y de información como no había ocurrido en décadas.

4. *Constitución de 1961. Se consolida el Estado de Derecho, pero no por ello la libertad de expresión es total*

La Constitución de 1961, fue producto del espíritu unitario y de las ansias de los líderes políticos de aquella época, de instaurar un régimen de gobierno democrático surgido de la lucha contra la dictadura perezjimenista, que consolidara, de una vez por todas –y para siempre– un verdadero Estado de Derecho. La Comisión Bicameral que se instaló el 2 de febrero de 1959, con el propósito de redactar la nueva Ley Fundamental de la república, cumplió cabalmente su cometido. La suscribieron de manera unánime todos los integrantes del Congreso, luego de que el correspondiente proyecto fuera objeto de tres discusiones en la Cámara de Diputados y de otras tres discusiones en la Cámara del Senado. Contó con la aprobación de todas las Asambleas Legislativas de los estados y por ello, pudo entrar en vigor el 23 de enero de 1961, fecha en la que se conmemoraba el tercer aniversario de la caída del oprobioso régimen del general Marcos Pérez Jiménez.

La Constitución de 1961, permitió la instauración de un sistema de partidos políticos que desarrolló profundamente la democracia en nuestro país durante todos los años de su vigencia. La sucesión continua de presidentes civiles, y la renovación de los diferentes órganos del poder público surgidos del voto universal, directo y secreto, es prueba evidente de las bondades y fortalezas de ese texto constitucional. Bajo ninguna circunstancia podría atribuírsele a éste, los errores, las desviaciones, las deficiencias y los hechos de corrupción que protagonizaron funcionarios públicos, empresarios, dirigentes políticos y sindicales durante el tiempo en que estuvo en vigor. Sí debe reconocerse, pese a los esfuerzos sostenidos que ha hecho la "revolución bolivariana" durante los últimos quince años para negarlo, que Venezuela, al amparo de la Constitución de 1961, alcanzó avances muy significativos e importantes en los ámbitos de la educación –en todos sus niveles–, en la industria, el comercio, en la tecnificación de unas Fuerzas Armadas que dejaron muy atrás la etapa de las montoneras y de ejércitos particulares del siglo XIX. De igual manera, fue muy importante el papel que jugó Venezuela, durante la vigencia de dicho Texto Constitucional, en la instauración y consolidación de la democracia en otros países de nuestro hemisferio.

No obstante los logros alcanzados, fácilmente comprobables con la revisión que se haga de Informes, Memorias y demás documentos oficiales existentes en bibliotecas públicas o privadas; o de trabajos periodísticos y de otros medios de comunicación localizables en hemerotecas, lo cierto es que la libertad de expresión también fue afectada, en algún momento, en los diferentes gobiernos que se fueron sucediendo durante los años de su vigencia.

Por la razón antes dicha, nos proponemos hacer referencia a las situaciones irregulares que afectaron la libertad de expresión o a las medidas regulatorias de que ésta fue objeto durante los diversos gobiernos civiles y democráticos que tuvieron cobijo bajo la Constitución de 1961.

A. *Gobierno de Rómulo Betancourt*

El 7 de diciembre de 1958, once meses después de la caída de la dictadura se celebran elecciones universales, directas y secretas que llevan a la presidencia de la república al candidato de Acción Democrática, Rómulo Betancourt.

Con la mayor prontitud, el parlamento, igualmente surgido de las referidas elecciones, se aboca a elaborar una Constitución moderna que sirva de sostén al experimento democrático que recién se inicia. El 23 de enero de 1961, entra a regir el Texto Constitucional que mayor duración ha tenido en la historia de nuestro país, ya que fue derogado el 30 de diciembre de 1999.

El artículo 66 de nuestra Ley Fundamental, consagró la libertad de expresión de una forma clara y precisa. Con base en esa disposición, como lo vimos en el anterior Capítulo, comenzaron a aparecer una diversidad de medios que impidieron se transformara en "letra muerta". Sin embargo, las diferencias políticas, sobre todo en el seno del partido de gobierno, AD, entre los llamados "Cabezas Calientes"[73], conformada en su mayoría, por los jóvenes radicales de izquierda de esa organización y la llamada "Ala Conservadora", prácticamente todos fundadores del partido y ex presos de Gómez y de Pérez Jiménez, produjeron una escisión importante en Acción Democrática que se vio, de la noche a la mañana, sin una juventud que apoyara sus ejecutorias. Esa juventud, creyendo que podían reproducir en Venezuela la "Revolución Cubana", se separó de AD, fundó una agrupación política que fue denominada "Movimiento de Izquierda Revolucionaria (MIR), de clara vocación marxista, y decidió alzarse en armas contra el gobierno legítimo de Rómulo Betancourt. A ese movimiento político se le sumó el Partido Comunis-

---

[73] Entre los fundadores y principales dirigentes del MIR, pueden mencionarse a Domingo Alberto Rangel, Simón Sáez Mérida, Américo Martín, Marcos Gómez, Julio Escalona, Gabriel Puerta Aponte, José Manuel Saher (el "Chema" Saher), Américo Silva, Estanislao González, José Manuel Gilli Trejo, Rubén Jaramillo, Víctor y Fernando Soto Rojas, Carlos José Ugueto Mariño y Carlos Betancourt.

ta de Venezuela (PCV); ambos procedieron a constituir frentes guerrilleros en diversos estados del país[74].

Por supuesto que la lucha armada comenzó a arrojar víctimas de
ambos lados. A la guerrilla la combatió la Fuerza Armada Nacional
con toda dureza hasta derrotarla años más tarde, como efectivamente ocurrió y, obviamente, dentro de esas víctimas –aparte de los se-
res humanos que perdieron sus vidas de uno y otro lado– hay que
mencionar a los medios de comunicación.

En efecto, el ambiente de festiva unidad, surgido el 23 de enero
de 1958, concluyó –formalmente hablando– el 8 de abril de 1960,
cuando se funda el Movimiento de Izquierda Revolucionaria (MIR)
y aparece la guerrilla en Venezuela. Los grupos marxistas que adversaban al gobierno crearon medios impresos para difundir sus
propuestas, pero a medida que la lucha arreciaba, fueron objeto de
medidas de allanamiento y cierre de sus talleres. Así, después que el
semanario "**Izquierda**", órgano divulgativo del MIR, hizo pública
la adopción de la línea insurreccional que cada vez se intensificaba
más y que el Partido Comunista de Venezuela (PCV), se sumó a la
referida línea insurreccional, urbana y rural, en noviembre de 1960
fueron clausurados los periódicos "**Tribuna Popular**" del PCV,
"**Izquierda**" (órgano del MIR) y las revistas "**Dominguito**" y "**El
Fósforo**".

En 1961 y 1962, el gobierno fue sorprendido por tres levanta-
mientos militares afines con la extrema izquierda. El primero, ocurrió el 26 de junio de 1961 y fue conocido como el "Barcelonazo";
luego tuvo lugar el "Carupanazo", el 4 de mayo de 1962 y el tercero, denominado el "Porteñazo", acaeció el 2 de junio de ese mismo
año. Con anterioridad, concretamente el 24 de junio de 1960, cuando Betancourt se dirigía al tradicional desfile militar en homenaje al
día del ejército, en la Avenida Los Próceres en Caracas, al paso de
su vehículo y los de la escolta, explotó un automóvil cargado de di-
namita que se activó mediante el sistema de microondas. El presi-

---

[74] *Cfr.* Pérez Marcano, Héctor, "*La Lucha Armada en Venezuela en la
Década de los 60 del siglo XX: Sus consecuencias en el Proceso Político Venezolano*", en la obra colectiva "De la Revolución Restauradora a la Revolución Bolivariana". Edición conjunta UCAB y Diario El Universal. Caracas. 2009, pp. 419
y ss.

dente Betancourt sufrió leves quemaduras y lesiones que no le impidieron aparecer en público al siguiente día y ordenar las investigaciones correspondientes. Se trataba de un atentado concebido por Rafael Leónidas Trujillo, dictador de la República Dominicana.

Por supuesto que toda esta situación hostil, bélica, con acciones de terrorismo absolutamente injustificadas, explica el recelo, la prevención del gobierno ante acciones similares y las medidas que se fueron fue adoptando, así como la actitud en general del gobierno ante los medios y los comunicadores, afines, unos con la extrema derecha y, otros, con la guerrilla marxista y leninista.

En efecto, durante el gobierno de Rómulo Betancourt, el decomiso de impresos de toda índole –revistas, periódicos, semanarios–, los allanamientos a las oficinas y talleres de dichos impresos e, incluso, la detención de periodistas, que de una u otra forma mostraban su simpatía o inclinación por la extrema izquierda alzada en armas, o que criticaban la represión contra esa causa, fueron frecuentes.

En marzo de 1963, el accionista y director de "**El Nacional**", Miguel Otero Silva, se vio obligado a renunciar a la dirección del periódico para que cesara, como sucedió, el boicot publicitario del que fue objeto durante dos años, por su línea editorial, que muchos anunciantes de empresas multinacionales norteamericanas consideraban proclive al *"castro comunismo"*.

B. *Gobierno de Raúl Leoni*

Esta tirantez entre el gobierno y los medios pertenecientes a las agrupaciones de izquierda, no cesó con la llegada al poder del Dr. Raúl Leoni. El 11 de marzo de 1964, Leoni, también del partido AD como su antecesor, Rómulo Betancourt, se juramentó como presidente de la República para el segundo período de gobierno democrático posterior a la dictadura perezjimenista; período surgido de elecciones libres, que culminaba en 1969. Durante el tiempo de su gestión, la guerrilla venezolana, no obstante estar, de alguna manera, disminuida, seguía operando en los estados Falcón, norte de Lara, Portuguesa y Yaracuy.

Los medios impresos, particularmente los que mostraban inclinación hacia los movimientos de la izquierda marxista alzada en armas, fueron objeto de medidas punitivas. Así, en enero de 1964, se prohíbe la circulación en todo el territorio de la república del diario "**Clarín**"; a este se sumará "**La Extra**", la revista "*Venezuela Gráfica*", del grupo de publicaciones Capriles, por haberle dado cabida en sus páginas a material considerado por las autoridades como "propaganda de guerra". A la cárcel irán a parar los periodistas Orlando Araujo y Federico Álvarez por haber publicado en el semanario "**Qué pasa en Venezuela**", por ellos dirigido, un reportaje en el que se señalaban los atropellos de que habían sido víctimas, en Lara y Falcón, quienes formaban parte de la guerrilla.

El diario "**La Esfera**", que como dijimos con anterioridad fue fundado el 16 de julio de 1922 y que debido a su popularidad alcanzó a poner en circulación una edición matutina y otra vespertina, cerró sus puertas el 30 de agosto de 1969. Su cercanía con el régimen dictatorial perezjimenista fue percibida por el pueblo y éste poco a poco lo fue rechazando. Miguel Ángel Capriles lo adquirió en 1958, pero no pudo sobrevivir a la competencia, cada vez más fuerte con otros diarios, especialmente, "Ultimas Noticias", "El Universal", "El Nacional" y "El Mundo".

En verdad, el período de gobierno del presidente Leoni fue muy violento. La guerrilla actuaba cada vez con mayor intensidad y la respuesta por parte de las autoridades era en similar sentido[75]. No

---

[75] Es durante el gobierno del Presidente Leoni, que tienen lugar, entre otros acontecimientos que conmovieron a la opinión pública nacional y mundial, el desembarco de guerrilleros cubanos y venezolanos por las playas de Machurucuto, en el estado Miranda, con el abierto apoyo del régimen castrista; el asesinato del Profesor Alberto Lovera, dirigente del PCV, como consecuencia de las torturas a que fue sometido por fuerzas policiales y cuyo cuerpo fue arrojado al mar en las inmediaciones de la playa de Lecherías, en Puerto La Cruz, estado Anzoátegui, con una cadena amarrada a su cuerpo para evitar que flotara, cosa que no ocurrió; el asesinato del hermano del Canciller de la república, Julio Iribarren Borges, Presidente del Instituto Venezolano de los Seguros Sociales, encontrado muerto de un disparo en la cabeza en las adyacencias de la carretera que une a Caracas con los Teques, después de haber sido secuestrado por militantes de la guerrilla; el secuestro del jefe de la Misión Aérea norteamericana, coronel Michael Smolen; el asesinato en el SIFA del líder de izquierda y ex miembro de la Junta Patriótica que coordinó las principales acciones que condujeron a la caída de la dictadura de Pérez Jiménez, Fabricio Ojeda.

obstante lo anterior, el presidente Leoni, al final de su gobierno, inició un proceso de pacificación con los grupos alzados en armas, ya muy debilitados y convencidos que por la fuerza no lograrían sus propósitos.

C. *Primer Gobierno de Rafael Caldera*

En efecto, la política de pacificación precedentemente mencionada fue arrojando resultados concretos y le sirvieron al Dr. Rafael Caldera, ganador de los comicios que lo elevaron a la primera magistratura de la república para el período 1969-1974, proseguirla hasta alcanzar la pacificación total. A ella se acogieron, habida cuenta las garantías ofrecidas por el Presidente Caldera, entre otros, Pompeyo Márquez, Teodoro Petkoff, Simón Sáez Mérida, Moisés Moleiro; no así los "Comandantes" Douglas Bravo, Américo Silva, Gabriel Puerta Aponte y Carlos Betancourt, quienes lo harán más adelante. Adicional a lo anterior, en 1973 el gobierno de Caldera legalizó al PCV y al MIR, cuyo funcionamiento había sido prohibido por Betancourt en 1962.

Aparte de las quejas puntuales de comunicadores sociales, fotógrafos principalmente, con motivo de cubrir manifestaciones estudiantiles u otros eventos, hubo dos hechos significativos ocurridos durante la gestión de gobierno del presidente Caldera. Uno, fue el allanamiento de la investidura de parlamentario –editor y dueño de la "Cadena de publicaciones Capriles," conformada por los diarios **"Ultimas Noticias"**, **"El Mundo"** y **"Crítica"** en el estado Zulia y las revistas, **"Elite"**, **"Venezuela Gráfica"** y **"Páginas"**– Miguel Ángel Capriles.

En efecto, comenzando el mes de octubre de 1971, la publicación en el vespertino **"El Mundo"** de un informe en el que supuestamente se narraban los preparativos de una posible invasión de Colombia a nuestro país, hizo que las autoridades decomisaran dicha edición. Finalizando ese mismo mes, un Tribunal Militar ordenó la detención de Capriles, quien procedió con toda premura a asilarse en la embajada de Nicaragua. Planteado en el Congreso el allanamiento de su investidura, ésta fue acordada. Algunos meses después, Capriles regresó al país y estuvo preso por muy breve tiempo hasta que la causa fue sobreseída.

El otro hecho, es el caso de la revista **"Reventón"** que empezó a circular en 1970. Se trataba de una publicación de izquierda, irreverente, dirigida por Jesús Farías. Un artículo de uno de sus colaboradores, **"Militares vs. Sistema: ¿Viene la Renovación Militar?"**, aparecido en el segundo número de la revista, molestó de tal manera al gobierno que un juzgado militar abrió una investigación que produjo la detención del autor y su posterior enjuiciamiento. Algunos meses después fue decretada su libertad. Otro artículo sobre el mismo tema, aparecido esta vez en el Nº 12 con el título **"Los Olvidados del Ejército"**, acarreó la detención de toda la directiva y que se recogieran todos los ejemplares de esa edición. La revista sólo alcanzó a publicar veinticuatro números.

También es de destacar que igualmente el cine conoció la censura durante el gobierno del presidente Caldera. En efecto, finalizando su gobierno, la película de Bernardo Bertolucci, "El Último Tango en París", protagonizada por Marlon Brandon y María Schneider, no pudo ser exhibida en las salas de cine por considerar las autoridades de la Junta Clasificadora de Espectáculos, que estaba cargada de escenas pornográficas, no aptas para mayores de edad, (ni siquiera para "mayores de la tercera edad", como se dice ahora). (Paréntesis nuestro).

No obstante todo lo que precede, es justo referir que durante el gobierno del presidente Caldera, su política comunicacional giró alrededor del programa semanal **"Habla el Presidente"**. Se trataba de un encuentro con comunicadores venezolanos y corresponsales extranjeros que tenía lugar los días jueves en un horario de media hora y que se transmitía a través de los medios de comunicación, de manera escalonada, sin acudir a la figura de la "cadena".

En una primera parte el presidente abordaba uno o más temas de importancia que comunicaba a los periodistas presentes ya los radioescuchas y televidentes y luego, en una segunda parte, los periodistas formulaban con absoluta libertad las preguntas de su preferencia, las cuales encontraban su correspondiente respuesta, siempre con la proverbial cortesía, caballerosidad y decencia que lo caracterizó como interlocutor, jamás de forma irrespetuosa, altisonante, áspera o grosera.

Fueron en total doscientas veintiséis (226) ruedas de prensa. La primera el 22 de marzo de 1969, la última el 28 de febrero de 1974, según la información que ofrecen los comunicadores Lorenzo Batallán y Alfredo Schael en sus respectivos trabajos sobre dicho programa semanal, intitulados "Hablan del Presidente" y ¿Con el Estilo Político de Las Ruedas de Prensa creó Caldera una Necesidad en el País?[76].

D. *Primer Gobierno de Carlos Andrés Pérez*

El presidente de la república correspondiente al cuarto quinquenio siguiente a la dictadura militar de Pérez Jiménez, fue Carlos Andrés Pérez abanderado del partido Acción Democrática para el período 1974-1979. Bajo el gobierno de Carlos Andrés Pérez, se produjeron enfrentamientos puntuales contra medios impresos. Destacan entre estos el reclamo que en el segundo año de su mandato hiciera su Ministro del Interior, Luis Piñerúa Ordaz, al diario "**El Nacional**", por el tratamiento que se le estaba dando al caso de "La Chatarra Militar"[77], el cual, según el gobierno, carecía de objetividad.

En ese mismo segundo año, la reiterada crítica al presidente Pérez por su gestión de gobierno, efectuada en la revista "**Al Margen**", cuyo director era el Profesor Simón Sáez Mérida, trajo por consecuencia que se recogiera la correspondiente edición. De nada valieron las protestas de Sáez Mérida. Al poco tiempo, "**Al Margen**" dejó de salir.

---

[76] El trabajo de ambos periodistas fue publicado, respectivamente en los diarios El Nacional, edición del día 1° de febrero de 1974 y El Universal, el 27 de febrero del mismo año. En ellos se evalúa positivamente la realización, desarrollo y contenido del programa "Habla el Presidente".

El testimonio más elocuente de lo que fue dicho programa, lo constituyen los cinco volúmenes, editados en marzo de 1974 por la Presidencia de la República, los cuales recogen, de manera textual, las transcripciones de cada una de sus emisiones.

[77] Este fue el nombre con el que los medios de comunicación se refirieron a la denuncia que ante diferentes organismos del Estado venezolano efectuó el 1973 el ciudadano Simón Hebert Faull, en el sentido de que se había "desincorporado material de guerra y material de ferretería aeronáutica por un valor real actual superior a los treinta millones de bolívares, bajo la falsa denominación de chatarra militar". El caso fue conocido por el Congreso de la república, por la Contraloría General de la República y por los tribunales competentes. Los autos de este Organismo que declararon la responsabilidad administrativa de los involucrados, fueron revocados en sede jurisdiccional.

El año 1977 fue particularmente "especial" para los medios de comunicación que adversaban el gobierno del presidente Pérez. La revista "**RESUMEN**" del Dr. Jorge Olavarría, lectura obligada por sus reportajes, especialmente de corte político, por quienes querían estar bien informados, fue uno de los medios de comunicación que conoció las consecuencias de adversar el poder de manera abierta. El Número 266 de la revista fue recogido por funcionarios de la policía política.

El enfrentamiento que desde esa tribuna tenía su editor, Jorge Olavarría, fundamentalmente contra la política económica que adelantaba el presidente Pérez, también le acarreó cárcel y exilio, al mezclarse su postura como editor responsable de lo que en dicho medio se publicaba y un asunto privado concerniente al juicio de divorcio con su señora esposa.

Por otra parte, en vista de que para esos años la radio en nuestro país seguía teniendo una presencia importante en la colectividad nacional, muchos locutores y comunicadores sociales, lograron audiencias numerosas para sus programas de opinión o para los noticieros o "radio periódicos" que dirigían. De alguna manera, comenzaron a "rozar la piel" del gobierno de turno con sus puntos de vista y la reacción de éstos no se hizo esperar. Fue así como, por ejemplo, el 17 de noviembre de 1977, el gobierno del Presidente Carlos Andrés Pérez sancionó con una suspensión de tres meses el Programa "**Dos Generaciones**" al considerar que en la emisión de dicho programa, correspondiente al "*17 de noviembre de 1977, se produjeron alusiones sobre la primera magistratura, la institución de la Presidencia de la República y el gobierno legítimo del país que afectan la reputación y el buen nombre de quienes lo ejercen*"

También resultó sancionado en ese mismo año, concretamente el 12 de diciembre de 1977, el programa que tenía Renny Ottolina en Radio Capital, intitulado "***Renny en la Radio***". Así lo dispuso una resolución conjunta de los Ministerios de Relaciones Interiores y Transporte y comunicaciones, con el argumento de que se han "*emitido en forma continuada e insistente conceptos que afectan el buen nombre del Consejo Supremo Electoral y de los miembros que lo integran y en especial en el programa transmitido el día 22-11-77*".

La llegada a la presidencia de la república, luego de los comicios de diciembre de 1973, del Dr. Luis Herrera Campíns, abogado, político y miembro del Colegio Nacional de periodista para desempeñarse durante el período presidencial 1979-1984, no fue óbice para que en su gobierno también ocurrieran medidas restrictivas de la libertad de expresión.

Así, en 1980, el programa "**Alerta**" de Radio Caracas Televisión, conducido por Eladio Lares y que se transmitió el día 20 de junio del citado año, le acarreó a dicha estación televisora una medida de cierre por tres días por mostrar a través del mencionado programa las carencias de un sanatorio en Catia La Mar que las autoridades consideraron contenía escenas "sensacionalistas."

Otro de los casos más emblemáticos fue el de la periodista María Eugenia Díaz, de "**El Diario de Caracas**", quien fue objeto de un juicio ante la jurisdicción militar, por haber publicado a finales de mayo de 1981, un trabajo sobre una hipotética confrontación bélica entre la república de Guyana y Venezuela. Se trataba de una actividad realizada en un curso del Instituto de Altos Estudios de la Defensa Nacional en la que Guyana habría resultado victoriosa.

Muy diligente fue la justicia militar en sus actuaciones. El 29 de junio de 1981, con el argumento de que se habían revelado "secretos militares" y la pretensión de que la comunicadora "revelara su fuente", le fue dictado un auto de detención. No obstante lo anterior, la defensa de la prenombrada comunicadora, planteo un conflicto de competencia que la Corte Suprema de Justicia resolvió el 15 de diciembre de 1981, favorablemente a dicha defensa. En efecto, la decisión fue admitir que el "juez natural" para conocer del caso no era la jurisdicción militar sino la ordinaria. Esta jurisdicción abocada al conocimiento del caso, revocó el auto de detención después que la prenombrada periodista estuviera privada de su libertad por espacio de unos cuatro meses.

También tuvo enfrentamientos el gobierno del presidente Herrera con los editores Jorge Olavarría (Revista Resumen) y Rafael Poleo (Revista ZETA), dada la postura crítica de ambos comunicadores a su gestión de gobierno. El Dr. Asdrúbal Aguiar, nos recuerda el episodio de la orden de detención a Jorge Olavarría en el

Capítulo "La República de Partidos" de la obra por él coordinada, "De la Revolución Restauradora a la Revolución Bolivariana".

Otro asunto que movió a la opinión pública durante el mismo periodo **presidencial, fue el relativo a la película basada en hechos reales, con el nombre de *"Ledezma. El caso Mamera"***. En efecto, finalizando el mes de enero de 1982, un juez perteneciente a la jurisdicción del estado Mérida, instruyó a la Policía Técnica Judicial para que decomisara el mencionado film. El cineasta Luis Correa había llevado a la pantalla el caso del distinguido de la Policía Metropolitana, Argenis Ledezma, quien había sido condenado en 1982 por matar a tres jóvenes del sector Mamera, en Caracas, donde vivía, debido a que mantenían relaciones íntimas con su esposa y, además, según lo dicho durante el juicio por el inculpado, los tres jóvenes habrían planificado asesinarlo para que su esposa cobrara el seguro de vida que tenía en su condición de miembro de la Policía Metropolitana.

Bajo la acusación de que la mencionada película constituía una "apología del delito", Correa fue privado de su libertad e incluso el premio municipal de largometraje otorgado a su obra por el correspondiente jurado fue revocado por los ediles del partido de gobierno. En rechazo a este arbitrario proceder, la mayoría de los galardonados con otras menciones, renunciaron a recibir sus premios.

Lo sucedido al cineasta Correa y los obstáculos para la realización y exhibición de su film *"Ledezma. El Caso Mamera"*, así como también la revocatoria del veredicto del jurado que lo hizo merecedor del premio Municipal al largometraje de ese año, por los Concejales afines al gobierno del presidente Herrera, ha quedado registrado como un insólito atentado contra la libertad de expresión en nuestro país.

F. *Gobierno de Jaime Lusinchi*

Entre los años 1984 y 1989, la presidencia de la república la ocupó el Dr. Jaime Lusinchi del partido "Acción Democrática"; fue un período en el que la libertad de expresión estuvo comprometida, fundamentalmente, por las siguientes dos razones: por una parte, debido a la actividad que desarrolló, en su condición de Secretaria Privada de la Presidencia de la república, la Señora Blanca Ibáñez, más tarde esposa del Presidente Lusinchi, en una serie de ámbitos que muchos sectores del país observaron con desagrado por considerarlo intromisiones indebidas, abuso de poder y tráfico de influencias[78]; y, por la otra, debido a los diversos casos de "corrupción" que ocurrieron durante dicho período.

Los reparos que los medios de comunicación, y los mismos comunicadores sociales hacían a la gestión de gobierno motivada por una u otra de las citadas causas, generó una hipersensibilidad y una subsecuente reacción. Ejemplo de esta afirmación, fue el caso de la revista **"Reporte Privado"**, decomisada por el gobierno debido a las acusaciones que se hacían al sistema de control de cambios que operaba a través de una oficina denominada Régimen de Cambios Diferencial (Recadi). La revista denunciaba ser objeto de chantaje en la obtención de dólares preferenciales para la importación de papel y otros insumos propios de la industria gráfica. La coacción contra El Nacional por la misma oficina RECADI para la obtención de dólares preferenciales por sus denuncias contra los hechos de corrupción, obligó en ocasiones a que otros medios de comunicación le prestaran bobinas de papel para poder imprimir sus ediciones. Es más, el acoso obligó a Miguel Henrique Otero, a plantear el caso a la Sociedad Interamericana de Prensa (SIP). Concretamente denunció que el suministro de divisas para la adquisición de papel, tinta y otros insumos era utilizado por el gobierno como mecanismo de presión para que no informara cabalmente acerca de diversos hechos de corrupción.

El periodista Alfredo Tarre Murzi, que escribía una columna denominada **"Palco de Sombra"** en el diario **"El Nacional"**, desde donde criticaba las corruptelas y desviaciones del gobierno, fue ob-

---

[78]   El Profesor Simón Sáez Mérida quien para la época dirigía la revista "**Al Margen**", llegó a plantear en uno de los números de enero de 1987, un artículo que intituló "Blanca Ibáñez un problema de Estado", en el que criticaba al Presidente Lusinchi por la situación que derivaba de las actuaciones de la señora Ibáñez. Señalaba Sáez Mérida que el caso no podía seguir siendo "tabú", pues era indudable que ella se había convertido en un foco de poder, no obstante que los medios de comunicación nada decían al respecto por las presiones que contra ellos se ejercía desde la presidencia de la república.

jeto de una golpiza por unos "desconocidos" –el Dr. Tarre siempre sostuvo que se trataba de agentes de la policía política– quienes le señalaron que ese era su merecido por las aludidas críticas.

Otro asunto que es menester referir en este elenco de atentados contra la libertad de expresión, fue la "salida del aire" en junio de 1986, del programa de entrevistas que conducía Marcel Granier **"Primer Plano"**, debido a las presiones del gobierno. En este espacio Granier conversaba sobre el acontecer político, social y económico de nuestro país con un invitado, generalmente de los más prestigiosos en las mencionadas áreas.

En similar sentido, la periodista Isa Dobles conoció los rigores del gobierno debido a los reproches que desde su programa radial, **"Botón de Arranque"**, hacía a la pareja Lusinchi-Ibáñez. Las presiones para tratar de sacar del aire dicho programa, el cual contaba con una inmensa audiencia, no se hicieron esperar. Incluso, Isa Dobles debió intentar una acción de amparo que, conocida por el Juzgado 4° de Primera Instancia en lo Civil, resolvió lo que se copia a continuación:

> "En atención a los anteriores razonamientos, se ordena la reanudación provisional del programa '*Botón de Arranque*' en la emisora Radio Suave dentro de su horario de transmisión, es decir 6:00 a 8:00 am y en tal sentido se ordena notificar a la señora Matilde Guiscafre de Robinson y Gabriel Antonio Robinson Castillo, en su carácter de Presidente y Director General, respectivamente, de la empresa Radio IMP, C.A., propiedad de Radio Suave para que inmediatamente y en las condiciones señaladas se proceda a la emisión del programa 'Botón de Arranque' bajo la responsabilidad de la señora Isabel Cecilia Oropeza de Dobles, a quien se le deberá facilitar el acceso a los estudios y garantizar la libre emisión del programa"[79].

Sin lugar a dudas, uno de los períodos más duros, difíciles u oscuros para la libertad de expresión durante la época de los gobiernos civiles que antecedieron a los "años de la revolución bolivariana", fue el de presidente Jaime Lusinchi.

---

[79]   *Cfr*. ORTIZ-ALVAREZ, Luis y HENRÍQUEZ MAIONICA, Giancarlo: "Las Grandes Decisiones de la Jurisprudencia de Amparo Constitucional (1969-2004). Editorial Sherwood. Caracas. 2004. pp 67-68

Concluimos este punto haciendo referencia a que fue el Reglamento sobre Concesiones para Televisoras y Radiodifusoras dictado por el presidente Jaime Lusinchi mediante el decreto N° 1.577 del 27 de mayo de 1987, publicado en la *Gaceta Oficial* N° 33.726 de esa misma fecha, el que llevó a veinte años el lapso de duración de las concesiones, incluyendo las que habían sido otorgadas con anterioridad. De la misma manera, y por lo que respecta al tiempo de duración de los permisos para el establecimiento y funcionamiento de las estaciones de radiodifusión sonora, el entonces Ministerio de Transporte y Comunicaciones, publicó en la misma Gaceta, la Resolución que estableció igual lapso.

G. *Segundo Gobierno de Carlos Andrés Pérez*

El presidente Carlos Andrés Pérez, presentó su candidatura presidencial para el período 1989-1994 y salió electo con una alta votación. Las promesas de contar nuevamente con la abundancia de su primer gobierno lo llevaron a la presidencia de la república para una segunda gestión de gobierno. Pero la necesidad de tomar medidas que resolvieran los problemas económicos y financieros, producto fundamentalmente del pago de la deuda externa, del déficit fiscal, del control de cambios, entre otros, que se venían acumulando desde la época de Herrera Campíns y que se incrementaron con el de Jaime Lusinchi, produjeron un estallido social a los veintinueve días de iniciado su segundo mandato, que ha sido conocido como "**El Caracazo**", es decir la violenta protesta contra las medidas económicas que instrumentó el presidente Pérez para encausar la economía del país siguiendo los lineamientos del Fondo Monetario Internacional. Esta protesta se tradujo en "saqueos" a los establecimientos comerciales por parte de sectores de la población, tanto de las clases bajas como de la clase media. Los disturbios ocurridos principalmente en la ciudad capital los días 27 y 28 de febrero, llevaron al gobierno a suspender, entre otras garantías constitucionales, la concerniente a la libertad de expresión.

En este segundo período presidencial de Carlos Andrés Pérez, se estableció abiertamente la censura y fueron atropellados numerosos periodistas, sobre todo a raíz de la inestabilidad política que produjeron los dos alzamientos militares del año 1992, el del 4 de febrero y el del 27 de noviembre, que también acarrearon la suspensión de las garantías constitucionales; una de ellas la libertad de expresión. Con base en esta extraordinaria medida, ediciones de los diarios "**El Nacional**" y "**Diario de Caracas**", así como de las revistas "**Elite**" de la Cadena Capriles y "**Z**" de Rafael Poleo fueron recogidas por el gobierno dado que contenían información que el gobierno había censurado. Todavía es objeto de comentarios la forma como "**El Nacional**" enfrentó la censura: dejando espacios en blanco, por ejemplo, en su primera página y dentro de esos espacios la expresión "censurado"

Un suceso muy singular luego del intento de golpe de estado del 4 de febrero de 1992, lo constituyó, por ejemplo, la visita que en persona hizo el entonces ministro de relaciones interiores, Luis Piñerúa Ordaz, a la emisora "**Radio Rumbos**" de gran sintonía nacional, con motivo de un "cacerolazo" que se había orquestado contra Carlos Andrés Pérez para presionar su renuncia a la presidencia de la república. Esta singular forma de demostrar descontento, fue de alguna manera silenciada por el gobierno, con excepción de la transmisión que, "en vivo" hizo "**Radio Rumbos**" de dicho "cacerolazo" y que, precisamente, motivó la aludida visita, para persuadir que prosiguiera la transmisión.

Antes de concluir este punto, no puede dejar de mencionarse el allanamiento –transmitido en vivo– de que fue objeto la emisora "**Radio Rumbos**" el día del segundo alzamiento militar contra el Presidente Pérez. En efecto, el 27 de noviembre de 1992, encontrándose al frente de los micrófonos el periodista Alexis Rosas, funcionarios de la DISIP, entraron violentamente al estudio donde se encontraba el prenombrado periodista, con la finalidad de silenciar la transmisión que desde allí se hacía acerca del estado en que se encontraba, en distintas partes del país, pero especialmente en la capital, la insurgencia de la aviación militar contra el gobierno nacional. El forcejeo entre periodistas, técnicos y policías se escuchó hasta que se produjo el silencio absoluto de la transmisión. Luego de dominado el golpe de Estado, se tuvo conocimiento que la orden la había impartido el Ministro de Relaciones Interiores, Luis Piñerúa Ordaz, toda vez que a través de la programación de ese día, se le suministraba sutilmente información a los rebeldes.

El presidente Carlos Andrés Pérez fue finalmente destituido por el Congreso en 1993, acusado de haber malversado del presupuesto del Ministerio de Relaciones Interiores, la suma de 250 millones de bolívares (unos 17.2 millones de dólares para aquella época, conforme al cambio preferencial de Bs 14,50 por dólar), correspondiente a gastos de seguridad y defensa del Estado. Durante la suspensión en el ejercicio de la primera magistratura, por haber hallado la Corte Suprema de Justicia méritos para enjuiciarlo[80], el Dr. Octavio Lepage fue designado por el Congreso de la República Presidente provisional por pocos días, concretamente del 20 de mayo al 5 de junio de 1993. Luego, el interinato, hasta la conclusión del período presidencial, recayó en el historiador, político, abogado y periodista, Dr. Ramón José Velázquez. Por supuesto que no hubo en su breve período de ejercicio de la presidencia de la república, ninguna restricción o limitación a la libertad de expresión.

H. *Segundo Gobierno de Rafael Caldera*

En 1994, el Dr. Rafael Caldera llega al poder por segunda vez en medio de una profunda crisis económica, producto de la estrepitosa caída del sistema bancario nacional por la intervención de que fue objeto, un año antes, el Banco Latino. En efecto, comenzando el año 1993, el Banco Latino, que era uno de los institutos financieros más importantes para aquella época, salió de la Cámara de Compensación y el Banco Central decretó su intervención. Esta medida trajo consigo, la intervención de una docena de bancos que, de una

---

[80] El Dr. Alberto Arteaga Sánchez, uno de sus abogados defensores, en la introducción del libro "*El Juicio al Presidente Carlos Andrés Pérez. La Decisión y los Votos Salvados en el Antejuicio de Mérito*", expresa lo siguiente: "La tramitación de este procedimiento previo o antejuicio, por su asombrosa celeridad -se inició el 11 de marzo de 1993 y la decisión se produjo apenas dos meses después- en el que no se oyó al Presidente ni a los ex Ministros, negándoseles la entrega de copias de la querella y otros recaudos; y que culminó en la separación temporal del Presidente por acuerdo del Senado, Cuerpo que no tuvo a la vista las actas del expediente, ni tampoco oyó al Presidente ni designó a Comisión alguna para que estudiara e informara sobre tan trascendental asunto, y que, en sesión convocada para el día siguiente a la decisión de la Corte, precipitadamente autorizó el enjuiciamiento del Primer Magistrado de la República, constituyen gravísimo precedente para el Estado de Derecho. La presión de la opinión pública, la violencia ejercida sobre la Corte y el acuerdo político para cambiar el orden establecido produjeron este insólito hecho carente de toda base jurídica." El texto citado aparecen la página 34 del mencionado libro.

u otra manera, guardaban alguna conexión comercial con el Latino. A su vez, este desplome financiero, propició una extraordinaria fuga de capitales y el quiebre de numerosas empresas.

Así inició su segundo mandato el presidente Caldera, inmerso en una grave crisis económica y con un sistema de partidos políticos horadado por sus propios errores. No hubo en este período, como política de Estado, cierres de emisoras, prohibición de circulación de medios impresos, persecuciones a comunicadores sociales, ni limitaciones o restricciones a la libertad de expresión. Sin embargo, el anunció que hizo Caldera de llevar a la VII Cumbre Iberoamericana de Jefes de Estado que se celebró en noviembre del año 1997, en Porlamar, el tema de la denominada "información veraz", despertó una reacción en contra muy fuerte, tanto en el ámbito nacional como en el internacional. La Sociedad Interamericana de Prensa, reaccionó de inmediato aduciendo que ello implicaba un carácter restrictivo o normativo para los medios de comunicación. En igual sentido, a lo interno del país, hubo pronunciamientos de diversos sectores del gremio de la comunicación y de la información que se oponían a dicha propuesta, con los mismos argumentos. El gobierno explicó en todas la formas posibles, principalmente a través del entonces Ministro de la Oficina Central de Información, Fernando Egaña, que el asunto era de carácter principista, eminentemente ético, no normativo ni restrictivo.

En la Declaración Final de la Cumbre, los mandatarios subrayaron el derecho de los pueblos a recibir una «información libre y veraz, y sin restricción alguna». Para esa fecha, faltaban casi dos años para que la Constitución de 1961, la de mayor duración en la historia de nuestro país perdiera su vigencia y fuera sustituida por la que nos rige desde 1999, la cual, como lo vimos en la primera parte de este trabajo, dispuso en su artículo 58 que *"La comunicación es libre y plural y comporta los deberes y responsabilidades que indique la ley. Toda persona tiene derecho a la información oportuna, veraz e imparcial, sin censura, de acuerdo con los principios de esta Constitución, así como a la réplica y rectificación cuando se vea afectada directamente por informaciones inexactas o agraviantes"*. (*Omissis*).

Para concluir este punto habría que señalar que, como lo sostuvieron en su momento los voceros del Presidente Caldera frente a las críticas relativas al tema de la "información veraz", la Exposición de Motivos del Texto Constitucional que nos rige, expresó en torno a la materia de la libertad de expresión lo que se copia de inmediato:

(La libertad de expresión quedó garantizada) "sin que sea posible censura alguna. Por ser consustancial con ese derecho, quien lo ejerza asume la plena responsabilidad por todo lo expresado. Así mismo, se reconoce el derecho a una **información veraz, oportuna, imparcial y sin censura**. Esta regulación responde a la necesidad de elevar a rango constitucional los parámetros éticos indispensables para el ejercicio del derecho a la información, con el objeto de que los medios de comunicación como parte de su actividad y de la responsabilidad que ella genera, establezcan mecanismos de autoevaluación informativa a los que tenga acceso toda persona, natural o jurídica, pública o privada, que se considere perjudicada por informaciones emitidas por los medios de comunicación y que tengan relación con ella, a fin de que se revise la veracidad y oportunidad de la información.

El derecho a la información veraz, oportuna, imparcial y sin censura, acogiendo una tendencia presente en derecho comparado, versa sobre hechos que constituyan información y que sean transmitidos por los medios de comunicación, no sobre las opiniones o juicios de valor que los medios de comunicación o periodistas ofrezcan sobre tales hechos." (El paréntesis y el sombreado es nuestro).

Salvo el pintoresco caso de un "adivino" que el 22 de setiembre de 1996 pronosticó la muerte del presidente Caldera durante el ejercicio de su mandato, lo cual le valió su detención por unas horas por parte de la policía política del país para las indagaciones de rigor, es absolutamente cierto que durante su segundo gobierno no hubo ningún tipo de pugnacidad, ni con los medios de comunicación, ni mucho menos con los periodistas.

5. *Constitución de 1999. Persecución de periodistas y de medios de comunicación como no había ocurrido jamás*

Esta Constitución citada en el epígrafe que antecede, la única en la historia de nuestro país surgida de un referéndum consultivo y de una Asamblea Nacional Constituyente, ha servido de sustento en el ámbito de la libertad de expresión y de información, hasta ahora, fundamentalmente a la llamada "Revolución Bolivariana", ya que desde que su fallecido líder asumió la conducción del país, el 2 de febrero de 1999, ninguna otra agrupación política ha logrado desplazarla del poder en las elecciones que se han llevado a cabo. En tal virtud, y sometidos al poder ejecutivo los restantes órganos del poder público, perseguidos como han sido los medios y los comunicadores independientes, la posibilidad de ejercer las garantías constitucionales del derecho de expresión y de información, establecidas en la Constitución, para quienes no comparten o no son afectos al "proceso revolucionario", se ha tornado en todos esos años en una actividad harto difícil de llevar a cabo, riesgosa y peligrosa. Por el contrario, el sector oficial comunica lo que quiere, sin limitaciones de tiempo ni de espacio, con el agravante de que distorsiona, falsea información e incluso difama sin medida a quienes levantan su voz de protesta por tantos excesos, que ni siquiera pueden ser denunciados ante las autoridades administrativas o judiciales por la sumisión de éstos, como ya señalamos, a los dictados del ejecutivo. Son tres períodos presidenciales, y el cuarto en curso, de una gestión ininterrumpida que ha trastornado la marcha normal de las instituciones y ha abusado del poder sin ningún tipo de rubor. El clientelismo y la corrupción han llegado a extremos jamás vistos, gracias a la ausencia de controles y a la excesiva discrecionalidad en el manejo de los fondos y bienes públicos. La violación a las garantías constitucionales de todos aquellos que expresen, de alguna manera, su disentimiento contra el gobierno, ha alcanzado dimensiones de escándalo nacional como lo evidencia la cantidad de gremios de profesionales, organizaciones sindicales, organizaciones empresariales, universidades –públicas y privadas– corporaciones académicas, agrupaciones políticas de diverso signo y personalidades que han reprochado a riesgo de su seguridad personal y de la de su familias, las acciones, muchas claramente delictivas, que las autoridades gubernamentales toman o han tomado en su contra por el sólo hecho, como se dijo, de disentir, criticar, discrepar de las políticas gubernamentales.

De manera especial pueden citarse en el plano nacional, las organizaciones no gubernamentales **PROVEA** y **ESPACIO PÚBLICO**, para señalar solo éstas ampliamente conocidas, que han denunciado en numerosas ocasiones esa política de persecución a medios y comunicadores que informan o reprueban la acción gubernamental. No sobra expresar que quien quiera revisar cronológicamente los innumerables casos de violaciones a las garantías constitucionales concernientes a la libertad de expresión y de información puede acceder a las páginas web de estas dos instituciones[81].

Pero es más, la inquietud por el aludido proceder de las autoridades gubernamentales, también ha llegado al plano internacional. Prueba de esto último han sido las actuaciones de la Comisión Interamericana de Derechos Humanos, tanto por vía de Informes sobre admisiones de casos, como en ejercicio de su potestad de dictar medidas cautelares, o bien por medio de la Relatoría de Libertad de Expresión, resguardando los derechos de ciudadanos u organizaciones venezolanas conculcados por funcionarios gubernamentales. De igual manera la alarma de lo que ocurre en nuestro país en materia de las citadas garantías constitucionales, ha encontrado eco través de voces de organizaciones como por ejemplo, la **Sociedad Interamericana de Prensa (SIP)**, ***Human Rigths Watch*** y **Reporteros sin Fronteras**[82]. De allí la afirmación que aparece al inicio del párrafo: la Constitución de 1999, *"ha servido de sustento en el ámbito de la libertad de expresión y de información, hasta ahora, fundamentalmente a la llamada "Revolución Bolivariana"*.

A. *Gobierno del "Socialismo del Siglo XXI". Hugo Chávez Frías y Nicolás Maduro*

La precitada "revolución bolivariana" o "Socialismo del siglo XXI" o simplemente "comunismo", como lo calificó Fidel Castro a principios del mes de agosto de 2010[83], fue la denominación que le dio el presidente Chávez a su gestión de gobierno, producto de los triunfos electorales alcanzados en las elecciones efectuadas en diciembre de 1998, 2001, 2006 y 2012 y que ha proseguido con Nicolás Maduro a raíz de las elecciones de abril de 2013, debido al fallecimiento del primero de los nombrados sin ni siquiera haber tomado posesión del cargo de Primer Magistrado del país para el cual fue electo en diciembre de 2012.

---

[81] *Cfr.* http://www.derechos.org.ve/; http://espaciopublico.org/

[82] *Cfr.* http://www.sipiapa.org/; http://www.hrw.org/es; http://es.rsf.org/

[83] *Cfr.* You Tube en la siguiente dirección electrónica: www.youtube.com/watch?v=v-p0d7hEgU0

Chávez llegó a la presidencia de la república para un mandato de cinco años que debía concluir en el año 2004, sin posibilidad de reelección inmediata, pues así lo establecía el artículo 184 de la Constitución de 1961. Una de las banderas electorales que él izó durante la campaña por la presidencia de la república fue la de la de convocar una Asamblea Constituyente para "refundar la república". Una vez que alcanzó la primera Magistratura del país, impulsó la citada convocatoria. La Asamblea electa procedió a redactar la Carta Magna que nos rige en la actualidad. Sin embargo, la gestión gubernamental durante los casi dieciséis años que, hasta la fecha, lleva instalada en el poder la "Revolución Socialista y Bolivariana del Siglo XXI", se ha caracterizado, entre otras cosas, por la extremadamente descarada violación sistemática del articulado del Texto Fundamental de la república; sobre todo, en el intento de llevar a Venezuela, a troche y moche, a un régimen comunista a la cubana. En efecto, la consulta para realizar tal transformación con apego a la legalidad, fue rechazada en la consulta del año 2007[84]. Sin embargo

---

[84] En enero de 2007, al tomar posesión de su segundo mandato presidencial que finalizaba en el 2013, Chávez le anunció al país que propondría una serie de reformas al texto Constitucional. Nombró una Comisión conformada prácticamente con miembros de los restantes órganos de los Poderes Públicos, que coordinó la elaboración del proyecto de acuerdo a las instrucciones que les giró el propio Chávez. Cumplidas todas las etapas de este proceso, por lo demás, absolutamente contrario al propio texto Constitucional, pues la envergadura de la transformación del Estado a la que aspiraba el Presidente exigía, no el mecanismo de la "reforma", sino la convocatoria de una Asamblea Nacional Constituyente, fue sancionada la reforma de la Constitución por la Asamblea Nacional. Sometida dicha "reforma" a referéndum consultivo el día 2 de diciembre de 2007, el pueblo rechazó la "reforma" propuesta. El Presidente y sus acólitos habían violado la Constitución de 1999 y el pueblo no lo secundó en sus aspiraciones. Una de ellas, por cierto, la de plasmar en el articulado de la Ley Fundamental de la república, la reelección indefinida. Pero el Presidente no cesó en su aspiración de modificar la Constitución para crear el Estado Socialista y Comunal conforme al modelo imperante en la Cuba Castrista. A través de Decretos Leyes, fue logrando, en diferentes fechas, prevalido de una Ley Habilitante, una legislación que desmonta la concepción de Estado de Derecho y de Justicia previsto en la Constitución de 1999. El andamiaje jurídico ya existe. El pueblo venezolano decidirá finalmente si está dispuesto a asumir o no el modelo de Estado Socialista, Comunal y Comunista similar al que existe en Cuba. En torno al papel que jugó la Corte Suprema de Justicia para que Venezuela entrara en un proceso Constituyente que condujo a la derogación de la Constitución de 1961 y a la aprobación de la de 1999, véase la

el Presidente Chávez no cesó en su empeño. Ello se ha venido logrando, no sólo por el talante antidemocrático que ha caracterizado el ejercicio del poder ejecutivo en todos estos años, sino también por la colaboración que tan descabellada e insólita aspiración, ha encontrado en los restantes órganos del poder público habida cuenta la sumisión de éstos al nombrado en primer término.

Los señalamientos que se harán seguidamente, sirven de marco de referencia a la aseveración precedente. Sin embargo, antes de abordar el referido punto, no está demás expresar que durante toda la campaña electoral que llevó por vez primera a la presidencia de la república al fallecido líder de la mencionada "revolución", éste se esmeró, en el ámbito concerniente al tema del presente trabajo, en promover la imagen de un hombre respetuoso de la libertad de expresión y de información. Ciertamente, y a título de ejemplo del aserto anterior, es proverbial la entrevista que le hizo el periodista Jorge Ramos del canal internacional de televisión **"Univisión"** un día antes de las elecciones de diciembre de 1998, ya que al contestar algunas preguntas relativas a la materia que nos ocupa fue categórico en afirmar que *"jamás sería capaz de cerrar un medio de comunicación privado"*[85].

---

obra del Profesor A.R. Brewer Carías *"Poder Constituyente Originario y Asamblea Nacional Constituyente"*. Editorial Jurídica Venezolana, Caracas, 1999. Acerca del rechazo que en el año 2007 le dio el pueblo de Venezuela a la propuesta presidencial de reformar la Constitución de 1999, véase también del Profesor Brewer, *"Historia Constitucional de Venezuela"*. Tomo II. Editorial Alfa. Caracas, 2008. pp.486 y ss. Sobre la sistemática violación de la Constitución de 1999 por parte del Presidente Chávez, "mediante golpes de Estado encubiertos o palmarios -pero judicialmente purificados-" como lo expresa el Profesor Asdrúbal Aguiar, y la colaboración de otros órganos del Poder Público, véase su obra "Historia *In*constitucional de Venezuela (1999-2012). Editorial Jurídica Venezolana, Caracas, 2012.

[85] La mencionada entrevista puede consultarse en You Tube en la siguiente dirección electrónica: http://www.youtube.com/watch?v=0n5I6gilHvE. Parcialmente aparece transcrita en la siguiente dirección electrónica: http://jorgeramos.com/conductor-del-canal-univision-jorge-ramos-periodista-deja-en-evidencia-que-chavez-hizo-lo-opuesto-a-lo-que-prometio-como-candidato/. Se accedió a estas direcciones el 12-7-2013.

En el "mea culpa" público, luego de los sucesos de abril de 2002[86], en una rueda de prensa con comunicadores nacionales e in-

---

[86] La expresión "los sucesos de abril de 2002", alude a una cadena de acontecimientos de protestas contra el gobierno del Presidente Chávez y contra su persona en particular, magnificados por la destitución que hizo por televisión de un grupo de gerentes de PDVSA, lo cual motivó la concentración de protesta más grande que haya habido en el país -se calcula por lo menos un millón de personas- que, saliendo de diferentes sitios se concentraron frente a una de las sedes de PDVSA frente al cubo negro, en Chuao. La arenga de algunos de los que estaban en la tarima allí colocada, cerca del mediodía del 11 de abril de 2002, fue la de marchar hacia Miraflores para solicitarle al presidente la renuncia. Voceros del gobierno, por su parte comenzaron a pedir a sus seguidores se concentraran en los alrededores de Miraflores para "defender al presidente y a la revolución". Cuando la primera avanzada de la multitudinaria marcha llegaba a las cercanías del Palacio de Miraflores, fueron recibidos por disparos hechos por seguidores del gobierno y por francotiradores afectos a éste. Al final de la tarde se pudo contabilizar veinte muertos y unos cien heridos. Las manifestaciones públicas de comandantes de los distintos componentes de las fuerzas armadas, retirándole su apoyo al presidente de la república por los sucesos de la tarde, hicieron que al final del día y comienzo del 12 de abril, por cadena de radio y televisión, el general en jefe Lucas Rincón Romero, el oficial de mayor jerarquía para ese momento en el país, expresara que el Alto Mando *"deploraba los sucesos acaecidos en la ciudad capital", razón por la cual, le habían pedido al Presidente de la República la renuncia de su cargo y este la había aceptado.* Lo que siguió luego fue muy confuso. En efecto, horas más tarde El Dr. Pedro Carmona Estanga, líder de Fedecámaras, y de la huelga con la que se presionaba la renuncia del presidente, apareció por televisión rodeado de militares, anunciando que se le había solicitado asumiera la conducción del país. En horas de la tarde de ese día 12, desde el Palacio de Miraflores, por cadena de radio y televisión, leyó un inconstitucional decreto mediante el cual, disolvía todos los poderes públicos y nombraba a los integrantes del ejecutivo nacional. En la mañana del día 13 de abril y en el resto de ese día, la noticia según la cual el presidente Chávez no había renunciado y que sería restablecido en su cargo, así como que con el mencionado Decreto, Carmona había dado un golpe de Estado, fue cobrando vigor y, finalmente, amaneciendo el día 14, los militares que habían depuesto al jefe del Estado, lo restituyeron en la presidencia de la república.

Una de las variadísimas versiones de lo ocurrido en esos días, puede seguirse en la siguiente dirección electrónica, consultada el 29 de julio de 2013: http://www.venelogia.com/archivos/460/

El 1º de abril de 2009, El Universal, publicó un reportaje sobre esos sucesos, acaecidos siete años antes, que puede consultarse en esta dirección electrónica:

252

ternacionales, con besos a un crucifijo de por medio, el aludido líder reiteró que no habría *"ni atropellos ni persecuciones ni abusos ni irrespeto a la libertad de expresión o de pensamientos"*[87].

Lo cierto del caso fue que, en el transcurso de los siguientes meses, de manera progresiva, el fallecido líder de la revolución bolivariana comenzó a tejer su prédica descalificatoria contra los dueños de los medios y contra los periodistas. Paulatinamente fue subiendo el tono de sus críticas a las informaciones sobre su gestión de gobierno, aparecidas en prensa radio y televisión que no eran de su agrado. El derecho de los ciudadanos a mantenerse informados, comenzó a ser violentado desde el mismo instante en que surgió la arenga de que el trabajo de los comunicadores no era serio. Lo siguiente fue acuñar la consigna que inmediatamente acogieron los seguidores de la revolución bolivariana: **"digan la verdad"**, cuando, precisamente, era la verdad lo que los comunicadores –no oficialistas– se esmeraban en difundir.

Producto de esa escalada, no tardaron en aparecer las amenazas, intimidaciones y las agresiones físicas contra los comunicadores. El discurso descalificador del presidente, elevaba su nivel como jamás había ocurrido. De la generalización pasó a la mención, con nombre y apellido de comunicadores y de dueños de medios de comunicación para descalificarlos de manera soez. Ya fuera en tono abiertamente agresivo o en forma de burla, unos y otros estaban en la mira del presidente.

De nada valieron las acciones judiciales que los afectados en el ejercicio de las garantías constitucionales relativas al derecho a la expresión y a la información ejercieron contra lo que comenzaba a

---

http://www.eluniversal.com/aniversario/100/ca12_art_dias-de-abril-estrem_12305 07.shtml

El 14 de abril de 2013, once años después de dichos sucesos, el general (R) Fernando Ochoa Antich, publicó un artículo en el diario El universal, que puede consultarse en la siguiente dirección electrónica: http://internacional.eluniversal. com/opinion/130414/insurreccion-o-desobediencia-militar

[87] La reseña de esa rueda de prensa se puede consultar en la siguiente dirección electrónica: http://eltiempo.com.ve/venezuela/politica/el-13-de-abril-la-revolucion-apreto-el-acelerador/49699

perfilarse como una política de estado. El control que sobre el Poder Judicial ha ejercido el Poder Ejecutivo a raíz de los sucesos de abril de 2002, se tradujo en una vía para ir construyendo unos "criterios jurisprudenciales", abiertamente inconstitucionales y francamente contradictorios con las decisiones de la Comisión Interamericana de Derechos Humanos y con las sentencias de la Corte Interamericana de Derechos Humanos en materia de libertad de expresión y de información.

A título de ejemplo de lo ocurrido en el ámbito de la "administración de justicia en Venezuela", referimos brevemente, los siguientes fallos:

> B. *La sentencia N° 1.013 dictada por la Sala Constitucional del Tribunal Supremo de Justicia el 12 de junio de 2001*

Esta decisión, que causó conmoción tanto en el ámbito interno como en el internacional, fue la primera que "interpretó" las normas relativas la garantía constitucional de la libertad de expresión y de información consagradas en el Texto Constitucional que había entrado en vigencia hacía apenas dos años.

La turbación que produjo esta sentencia, motivada por un amparo incoado por el periodista Elías Santana, luego que se le negara "el derecho a réplica" en el mismo programa –Aló Presidente– en el que el primer mandatario nacional lo había mencionado con nombre y apellido por cuestionar el procedimiento que adelantaba la Asamblea Nacional para proveer los cargos de Fiscal, Contralor y Defensor del Pueblo, no lo fue tanto por el hecho de que el amparo fuese desestimado *"in limine litis"*, omitiendo el trámite de ley en contravención a la propia doctrina de esa Sala sobre esa materia, pues más que por esta circunstancia, en verdad la precitada sentencia generó múltiples críticas debido a que se valió del caso para avanzar criterios sobre la libertad de expresión y de información sin que las partes los hubieran solicitado. Se adentró en un terreno que le permitió establecer –con criterio vinculante– diferencias entre la libertad de expresión y la de información, como si se tratara de dos categorías diferentes. Afirmó, erróneamente, que el derecho a réplica está relacionado, solamente, con el derecho a la información. Estableció que no obstante que la libertad expresión del pensamiento tiene carácter irrestricto, ésta puede ser restringida si se acude a un medio de comunicación, pues como éstos tienen limitaciones de tiempo y espacio, corresponderá al director del medio de que se trate seleccionar cuáles ideas u opiniones podrían ser comunicables masivamente. Invocó las llamadas "leyes de desacato" para establecer que el juez, en la hipótesis de infracciones a ésas leyes", podría dictaminar "responsabilidad penal", no obstante que la Comisión Interamericana de Derechos Humanos ha establecido que las "leyes de desacato" (Por ejemplo, injuria, insultos o amenazas a una autoridad en el ejercicio de sus funciones o con ocasión de ellas), son incompatibles con el artículo 13 de la Convención Americana de Derechos Humanos, ya que reprimen la libertad de expresión necesaria para el debido funcionamiento de una sociedad democrática. Finalmente, en abierta contradicción con el texto constitucional, admitió la posibilidad de la censura previa mediante textos legales que la consagren.

Absolutamente grave lo acontecido con esta sentencia que, repetimos, permitió echar las bases de lo que sería en muy corto plazo la política del estado venezolano con respecto a la libertad de expresión y de información.

C. *La sentencia 1942 del 15 de julio de 2003 de la Sala*
Constitucional del Tribunal Supremo de Justicia

En marzo de 2001, el Profesor de la Escuela de Derecho de la Universidad Central de Venezuela, Rafael Chavero, demandó la inconstitucionalidad de las disposiciones del Código Penal contentivas de los tipos delictivos dirigidos a penalizar con privación de libertad, aquellas expresiones ofensivas pronunciadas contra funcionarios públicos e instituciones del Estado, denominadas por la doctrina "leyes de desacato"; concretamente, demandó la inconstitucionalidad de los artículos 148, 149, 150, 151, 152, 223, 224, 225, 226, 227, 444, 445, 446, 447 y 450 del Código Penal, con el argumento de que el delito de "vilipendio", que en definitiva es de los que tratan dichas disposiciones, contrariaban el artículo 13 de la Convención Americana sobre Derechos Humanos, en la medida en que inhibían la crítica a la actuación de los funcionarios públicos, lo cual se traducía en limitaciones a la libertad de expresión. Adujo, además, que las normas demandadas eran contrarias a lo previsto en el artículo 13 de la Convención Americana sobre Derechos Humanos y que en el Informe Anual correspondiente al año 1994, la Comisión Interamericana de los Derechos Humanos había señalado que las leyes de desacato son incompatibles con el artículo 13 de la Convención Americana de los Derechos Humanos porque *"reprimen la libertad de expresión necesaria para el debido funcionamiento de una sociedad democrática (...) y que las leyes de desacato que todavía persisten en algunos países del hemisferio, constituyen una restricción ilegítima de la libertad de expresión y no son necesarias para asegurar el orden público en una sociedad democrática, de allí que recomienda su derogación o adecuación a los instrumentos internacionales"*.

En las consideraciones para decidir, la Sala Constitucional se explayó para apartarse de los criterios de la Comisión y de la Corte Interamericana de Derechos Humanos en la materia debatida. Para ello adujo, entre otras cosas lo que destacamos seguidamente:

"...Repite la Sala, que se trata de una prevalencia de las normas que conforman los Tratados, Pactos y Convenios (términos que son sinónimos) relativos a derechos humanos, pero no de los informes u opiniones de organismos internacionales, que pretendan interpretar el alcance de las normas de los instrumentos internacionales, ya que el artículo 23 constitucional es claro: la jerarquía constitucional de los Tratados, Pactos y Convenios se refiere a sus normas, las cuales, al integrarse a la Constitución vigente, el único capaz de interpretarlas, con miras al Derecho Venezolano, es el juez constitucional, conforme al artículo 335 de la vigente Constitución, en especial, al intérprete nato de la Constitución de 1999, y, que es la Sala Constitucional, y así se declara. Resulta así que es la Sala Constitucional quien determina cuáles normas sobre derechos humanos de esos tratados, pactos y convenios, prevalecen en el orden interno; al igual que cuáles derechos humanos no contemplados en los citados instrumentos internacionales tienen vigencia en Venezuela. (...) A las decisiones de esos organismos se les dará cumplimiento en el país, conforme a lo que establezcan la Constitución y las leyes, siempre que ellas no contraríen lo establecido en el artículo 7 de la vigente Constitución..."

La verdad es que la sentencia 1942, vino a inscribirse dentro de la línea que, desde el fallo 1013 de junio de 2001, comenzó a delinear la Sala Constitucional para coadyuvar en la conformación de una política de Estado, absolutamente restrictiva en materia de libertad de expresión y de información y contraria a las corriente democráticas, de avanzada, del resto de los países latinoamericanos, con excepción del Perú de la era Fujimori. En efecto, la sentencia 1942 desconoció el carácter vinculante de los tratados de derechos humanos; soslayó la obligación que atañe a los Estados de cumplir de buena fe las obligaciones internacionales que se derivan de un tratado, particularmente el relativo a las decisiones de los órganos internacionales de protección de los derechos humanos; dejó de lado la vasta jurisprudencia de la Corte Interamericana de Derechos Humanos en el ámbito de estos derechos. Sostuvo que las decisiones del Tribunal Supremo de Justicia en sus diferentes Salas no están sometidas a ninguna revisión por parte de instancias internacionales, con lo cual, soslayó los criterios de la doctrina nacional e internacional y la misma jurisprudencia de la Corte Interamericana de Derechos Humanos, conforme a la cual no procede invocar los conceptos de soberanía ni la conformidad con el ordenamiento jurídico interno para excluir la sujeción de determinados actos del Estado a la jurisdicción internacional, sobre todo en al ámbito de los derechos humanos.

De manera que este lamentable criterio de la Sala Constitucional, corroboró que como política de Estado contra las garantías constitucionales de la libertad de expresión y de información, la utilización de normas del Código Penal por parte del gobierno –expresión que utilizamos en su más amplio significado– para amedrentar e intimidar, es un arma que no está dispuesta a dejar de emplear para perseguir a la disidencia política. Recuérdese que el General Francisco Usón fue condenado a seis años de cárcel por la comisión del supuesto delito de vilipendio a la Fuerza Armada al explicar en el programa televisivo de la comunicadora Marta Colomina, la utilización de un lanzallamas en un lamentable "incidente" ocurrido en un cuartel del estado Zulia, donde varios soldados murieron quemados en una celda de castigo, supuestamente con el empleo de un lanzallamas.

D. *La sentencia 1939 dictada por la Sala Constitucional del Tribunal Supremo de Justicia el 12 de enero de 2009*

La escalada de los órganos de los Poderes Público –particularmente de la Sala Constitucional del Tribunal Supremo de Justicia– en contra del Sistema Interamericano de Protección de los Derechos Humanos del cual forma parte Venezuela, desde que suscribió en 1948 la Declaración Americana sobre Deberes y Derechos del Hombre y la Declaración Universal de Derechos Humanos, llegó a su culmen, podríamos decir, con la sentencia citada en el epígrafe, toda vez que la sentencia de la Corte Interamericana de Derechos Humanos, dictada el 5 de agosto de 2008, por medio de la cual se ordenó la reincorporación en sus respectivos cargos de los ex-magistrados de la Corte Primera de lo Contencioso Administrativo, Ana María Ruggeri Cova, Perkins Rocha Contreras y Juan Carlos Apitz B., echados arbitrariamente del ejercicio de sus funciones, fue desconocida y repudiada por la citada Sala Constitucional como también ocurrió con la condenatoria a la República Bolivariana de Venezuela al pago de las cantidades de dinero indemnizatorias por dicha ilegal e inconstitucional destitución de los prenombrados ex magistrados.

La Sala Constitucional, con unos irracionales e inadmisibles argumentos, sostuvo, entre otras cosas que, "...*la sentencia cuestionada pretende desconocer la firmeza de decisiones administrativas y judiciales que han adquirido la fuerza de la cosa juzgada, al ordenar la reincorporación de los jueces destituidos (...) En virtud de las consideraciones anteriores, esta Sala Constitucional <u>declara inejecutable el fallo</u> de la Corte Interamericana de Derechos Humanos, de fecha 5 de agosto de 2008, en la que se ordenó la reincorporación en el cargo de los ex-magistrados de la Corte Primera de lo Contencioso Administrativo Ana María Ruggeri Cova, Perkins Rocha Contreras y Juan Carlos Apitz B.; con fundamento en los artículos 7, 23, 25, 138, 156.32, el Capítulo III del Título V de la Constitución de la República y la jurisprudencia parcialmente transcrita de las Salas Constitucional y Político Administrativa. Así se decide. Asimismo, con fundamento en el principio de colaboración de poderes (artículo 136 eiusdem), se insta a la Asamblea Nacional para que proceda a dictar el Código de Ética del Juez y la*

Jueza Venezolanos, en los términos aludidos en la sentencia de esta Sala Constitucional Nº 1048 del 18 de mayo de 2006. Así se declara. Igualmente, con base en el mismo principio y de conformidad con lo dispuesto en el artículo 78 de la Convención Americana sobre Derechos Humanos, se <u>solicita al Ejecutivo Nacional proceda a denunciar esta Convención, ante la evidente usurpación de funciones en que ha incurrido la Corte Interamericana de los Derechos Humanos con el fallo objeto de la presente decisión; y el hecho de que tal actuación se fundamenta institucional y competencialmente en el aludido Tratado. Así se decide</u>." (El subrayado es nuestro).

No hay duda alguna que con esta sentencia, la Sala Constitucional, se puso al margen del derecho internacional público; olvidó, completamente, toda la evolución, y fortalecimiento que había habido en los últimos sesenta años, salvo el retroceso operado en el Perú de Fujimori, en materia de derechos humanos y creó las condiciones para que, como ocurrió, el 6 de septiembre de 2012 el canciller diera a conocer una comunicación enviada por el entonces presidente Chávez, argumentando su decisión de retirarse de la precitada Corte Interamericana de Derechos Humanos. Se trató de una flagrante violación de la Constitución que nos rige desde 1999, en la que está garantizada la posibilidad de acudir a instancias internacionales. A partir de ese deplorable proceder los venezolanos quedamos desprotegidos, con el agravante de que que nuestro Poder Judicial está subordinado al Poder Ejecutivo, carece de independencia y se ha transformado, cada vez más, en un arma de persecución política[88]. Aunado a lo anterior, veamos de inmediato una selección de las agresiones más notorias de que han sido objeto por el sector oficial, tanto los periodistas, como también los medios de comunicación social durante los años de la "Revolución Socialista del siglo XXI".

E. *Las Agresiones a los Comunicadores Sociales*

En efecto, desde altos funcionarios gubernamentales o de otros órganos del poder público, pasando por dirigentes del partido de

---

[88] En torno a este suceso véase la obra del Profesor Carlos Ayala Corao "La inejecución de las sentencias internacionales en la jurisprudencia constitucional de Venezuela (1999-2009). Fundación Manuel García Pelayo. Caracas. 2009.

gobierno, hasta del pueblo llano afecto a éste, hicieron sentir su reproche a los medios y a los comunicadores independientes, como no había ocurrido antes en nuestro país. Poco a poco, como consecuencia de las presiones ejercidas, el gobierno, fue alcanzando sus metas.

Las situaciones que vamos a reseñar seguidamente, constituyen una muestra absolutamente ínfima de lo que le ha acontecido a los comunicadores sociales en todos estos años de la "revolución socialista del siglo XXI". Basta con revisar la sección "medidas cautelares" dictadas por la Comisión Interamericana de Derechos Humanos a partir del año 2000, para tener una idea del drama que han tenido que vivir los profesionales de la comunicación en nuestro país. Comenzamos haciendo referencia a la inesperada salida de Carlos Blanco de la dirección de la revista **"Primicia"** en setiembre de 1999, atribuida entonces a presiones oficiales; luego, en diciembre de 1999, Teodoro Petkoff fue obligado a renunciar a la dirección del diario **"El Mundo"** dada la línea crítica que asumió este medio a la gestión oficial. Posteriormente, fue la periodista Ibeyise Pacheco quien comenzó a ser amenazada por vía telefónica por la postura crítica que tenía contra el gobierno desde el diario por ella dirigido **"Así es la Noticia"**. El 31 de enero de 2002, dos motorizados lanzaron un artefacto explosivo contra la sede del mencionado diario ocasionando daños a la puerta de su entrada y confusión, alarma y preocupación entre sus trabajadores.

El 12 de diciembre de 2002, un grupo de destacados profesionales de la comunicación entre los que destacaban Francisco (kico) Bautista, Mary Montes, Ibeyise Pacheco, Adolfo Herrera, Aquilino José Mata, Roberto Giusti, Nelson Bocaranda, Miriam Freilich, Cesar Miguel Rondón, Eva Gutiérrez, Salvatore Lomonaco, Alfredo Sánchez, Laureano Márquez, Claudio Nazoa, Luis Vezga Godoy, Enza Carbone, Manuel Felipe Sierra, Julio César Pineda y Eduardo Orozco, publicaron un comunicado en el que expresaban: *"condenamos las agresiones a nuestro ejercicio profesional dirigidas a debilitar a la libertad de expresión y en consecuencia a la democracia en nuestro país. En los últimos tres años, numéricamente estos hechos ya superan las 300 agresiones, la mayoría de ellas elevadas a las instancias internacionales, se han profundizado en las últimas dos semanas tanto en Caracas y en los medios de la provincia*" y, acto seguido pasaron a enumerar los hechos que consideran más graves, ocurridos tanto en la ciudad capital como en el interior del país[89].

Con posterioridad a los resultados del referéndum revocatorio del 15 de agosto de 2004[90], comunicadores que por su profesionalidad habían logrado en el transcurso del tiempo la más alta sintonía durante la transmisión de sus programas de televisión, pero que de una u otra manera no se identificaban con el gobierno y eran críticos de éste, dejaron progresivamente de salir al aire. Fue el caso de Napoleón Bravo con "**Noticias 24**" que se transmitía por **Venevisión**, (agosto de 2004, días después del referéndum revocatorio); con el de Marta Colomina, "**La Entrevista**" (marzo de 2005) y con el de César Miguel Rondón, "**30 Minutos**" (abril de 2005), éstos dos últimos transmitidos por **Televen**. La presión que el gobierno ejerció contra los propietarios de los mencionados medios de comunicación para que excluyeran de sus respectivas plantas televisivas a los mencionados comunicadores, logró su resultado.

En el caso de la periodista Marta Colomina es de destacar las innumerables amenazas anónimas de agresión de que fue objeto mientras estuvo al frente del precitado programa, llegándose a materializar una de ellas el día 27 de junio de 2003 con riesgo de pérdida de su vida. En efecto, en las primeras horas de la mañana de ese día, el vehículo en el que se desplazaba con dirección a **Televen** para realizar dicho programa, fue emboscado por un grupo de sujetos quienes lanzaron contra el parabrisas de su automóvil una bomba incendiaria que, afortunadamente, no logró penetrar al interior del vehículo[91].

Otra connotada periodista que, dadas las persecuciones en su contra, tuvo que apartarse de su oficio dentro del país, e incluso tuvo que tomar la vía del exilio, fue la ex directora del diario "**El Nuevo País**", Patricia Poleo.

---

[89] *Cfr.* http://www.analitica.com/va/sociedad/libertad/8013188.asp

[90] Una reseña de este importante suceso electoral, puede leerse en la siguiente dirección electrónica: http://www.elmundo.es/elmundo/2004/08/16/internacional/1092625067.html

[91] *Cfr.* http://www.caracasnine.com/cgi-local/content.cgi?l=esp&n=4

La combatividad de esta comunicadora y su frontal oposición al régimen, la llevó a indagar diversos hechos de corrupción por este propiciados, alentados o amparados, como lo fue, por ejemplo, la protección que agentes de nuestro gobierno le brindaron en Venezuela a Vladimiro Montesinos, alto ex funcionario del presidente peruano Alberto Fujimori y prófugo de la justicia de ese país. Pues bien, la investigación que ella realizó en torno a este hecho, la vertió en un libro intitulado *"Tras la Huella de Montesinos"* que le mereció el otorgamiento del premio "Rey de España 2001".

Un *affaire* que no puede soslayarse y que fue objeto de investigación por parte de Patricia Poleo fue el asesinato del Fiscal Danilo Anderson. Las primeras conclusiones de dicha investigación, al hacerlas públicas, le valieron que el gobierno, por intermedio del Fiscal General de la República, la acusara, conjuntamente con otras personas, de ser uno de los autores intelectuales del mencionado asesinato. El Fiscal General de la República se apoyó para su proceder, en la declaración de un testigo falso que luego reveló haber recibido dinero del Ministerio Público para formular dicha acusación[92].

Convencida de que era objeto de una acusación sin fundamento alguno, que procuraba ponerla tras las rejas por su labor periodística, burló el cerco de las autoridades y en diciembre del 2005 salió furtivamente de Venezuela en un peñero con destino a Curazao. Luego viajó a Miami donde reside en calidad de exiliada[93].

Otro caso que puede traerse a colación es el del periodista Gustavo Azócar, ampliamente conocido en el estado Táchira, habida cuenta de que ha sido en ese estado donde fundamentalmente ha ejercido su profesión. Su programa, informativo y de entrevistas en la televisión regional de esa entidad territorial, **"Café con Azocar"**, de alta sintonía, se transmitió de 7 a 8 am entre el 16 de setiembre de 2002 y el 6 de febrero de 2012, cuando "aparentemente por pre-

---

[92]   *Cfr.* http://www.analitica.com/va/politica/opinion/8973981.asp

[93]   *Cfr.*   http://diariovenezolano.blogspot.com/2007/10/patricia-poleo-soy-la-primera-balsera.html

siones ejercidas –según dijo– por el ministro de Interior y Justicia, y la ministra de Asuntos Penitenciarios, dejó de salir"[94].

El hecho de ser crítico de la "revolución bolivariana" y de muchos de sus personajes, aunado a la circunstancia de presentarse como candidato de la oposición en las elecciones para ocupar cargos nacionales o locales, le mereció una atroz persecución que lo llevó a la cárcel en varias oportunidades.

Gustavo Azócar obtuvo en el año 2003, medidas cautelares de protección emanadas de la Comisión Interamericana de Derechos Humanos[95], debido a la forma en que fue difamado por personeros del gobierno del estado Táchira, amén de las amenazas que se proferían en su contra, llegándose al extremo de haber sido víctima de un atentado con armas de fuego disparadas contra su vehículo en mayo de 2003. La Comisión Interamericana de Derechos Humanos se pronunció por la obligación que le incumbía al Estado venezolano de proteger sus derechos a la libertad de expresión, a la integridad personal y a la vida[96]. Por supuesto que ninguna de estas medidas fueron debidamente atendidas por el gobierno.

En noviembre de 2007, Azócar fue agredido por una dirigente y diputada del oficialismo mientras realizaba un programa en la televisión del citado estado. La irrupción por parte de la aludida parlamentaria en pleno estudio de televisión y la agresión de que

---

[94]   *Cfr.* Diario de los Andes en http://diariodelosandes.com/content/view/179421/105773/

[95]   Otros periodistas, así como trabajadores de la comunicación e incluso medios de comunicación, tuvieron igualmente que ocurrir a esa instancia internacional para lograr la protección que las autoridades de nuestro país les negaron, cuando no fueron esas mismas autoridades las que promovieron o fueron autoras directas de las respectivas agresiones. Pueden citarse, a título de ejemplo los casos de Luisiana Ríos, Armando Amaya, Antonio José Monroy, Laura Castellanos y Argenis Uribe. *Vid.* http://corteidh.or.cr/docs/medidas/rios_se_01.pdf; Marta Colomina y Liliana Velásquez Vid. http://www.corteidh.or.cr/docs/medidas/colomina_se_03.pdf. Gabriela Perozo y otros periodistas y trabajadores del canal de televisión Globovisión. *Vid.* http://www.corteidh.or.cr/docs/casos/articulos/seriec_195_esp.pdf

[96]   *Cfr.* http://www.cidh.org/annualrep/2003sp/cap.3e.htm

fue objeto, allí mismo, "en vivo y en directo", fue noticia nacional e internacional[97].

No ha escapado a la persecución contra los comunicadores desatada por la "revolución bolivariana", la periodista Marianela Salazar. En efecto, el 14 de marzo de 2006, todos los medios de comunicación del país, trajeron la siguiente noticia: *"La periodista Marianela Salazar será enjuiciada por el delito de calumnia en contra de José Vicente Rangel y Diosdado Cabello, quienes actualmente se desempeñan como vicepresidente de la República y gobernador del estado Miranda respectivamente, por decisión del Tribunal 45 de Control. El juzgado acogió la acusación de la fiscal 56 del Ministerio Público, Lisette Rodríguez, quien acusa a Salazar del delito antes mencionado por haber asegurado en su columna "Artillería de oficio", publicada en junio de 2003, que el entonces ministro de la Defensa, José Vicente Rangel, realizaba negociaciones para la compra de radares"*[98].

No es posible soslayar en esta sucesión de hechos atentatorios contra la libertad de expresión, la agresión –salvaje, con puños, patadas y palos– de que fue objeto un grupo de periodistas de la Cadena Capriles que habían salido a protestar contra la Ley de Educación, hecho ocurrido en agosto de 2009, por un grupo de sujetos que se identificaron como seguidores y simpatizantes de "la revolución"[99].

---

[97]   *Cfr*. El incidente arriba mencionado puede ser visto a través de la siguiente dirección electrónica: http://www.youtube.com/watch?v=So2xtMJPmUI

[98]   *Cfr*. http://www.analitica.com/mujeranalitica/noticias/3596997.asp

[99]   La noticia la reseñó la página Web del diario El Universal el jueves 13 de agosto de 2009 de la siguiente manera: "03:21 PM. Caracas.- Periodistas de la Cadena Capriles denunciaron que fueron agredidos hoy por un grupo de personas que se identificaron como simpatizantes de la revolución mientras protestaban en la avenida Urdaneta en contra de la discusión de la Ley Orgánica de Educación 12 de los comunicadores resultaron heridos, ocho de ellos de consideración. Los periodistas se encontraban en la esquina Veroes entregando volantes alusivos a su rechazo a la discusión por parte de la Asamblea Nacional de la referida ley, cuando estas personas se acercaron y los agredieron con golpes. Miguel Angel Capriles, presidente de la Cadena Capriles, condenó los sucesos e hizo un llamado a la tolerancia a todos los venezolanos." *Cfr*. http://www.eluniversal.com/2009/08/

Para concluir esta breve referencia de acciones directas contra comunicadores y contra medios, es preciso recordar los casos de los periodistas Rafael Poleo, Nelson Bocaranda Sardi y Leocenis García. En setiembre de 2009, Rafael Poleo, padre de la mencionada comunicadora Patricia Poleo, veterano periodista, editor de la Revista "ZETA" y director del diario "El Nuevo País", también tomó la vía del exilio, después que el Ministerio Público le hiciera una imputación por haber dicho en el programa "Aló Ciudadano" que se transmitía todas las tardes por "Globovisión", que el final del presidente de la república sería similar al del dictador italiano Benito Mussolini[100].

Por lo que respecta a Nelson Bocaranda Sardi, comunicador ampliamente conocido en Venezuela e internacionalmente, de una gran experiencia, sobre todo en radio y televisión, debe señalarse que tampoco ha escapado de los ataques de los personeros de la "revolución". Se le amenaza anónimamente, se le hostiga en el ejercicio de su profesión por contar con "fuentes" que le brindan la oportunidad de dar "tubazos", como ocurrió, por ejemplo, con la enfermedad y muerte del presidente Chávez. Nelson Bocaranda fue el primero en anunciar en su columna "Runrunes" que publica los días martes y jueves en el diario "El Universal", que el presidente padecía de cáncer. Las precisas y detalladas informaciones que fue emitiendo antes, durante y después de las intervenciones quirúrgicas a las que se sometió en Cuba el presidente fallecido, desconcertaba a los "revolucionarios" y a sus "voceros". Esta capacidad de informar sin poder ser desmentido, no se lo perdonó la cúpula de los "revolucionarios". De allí que Maduro, como lo hacía su predecesor, lo culpó públicamente de haber instigado actos de violencia, a través de un twitter, contra los Centros de Diagnóstico Integral (CDI) el día de las elecciones presidenciales del 14 de abril 2013.

13/pol_ava_agredidos-periodista_13A2616803.shtml; así como también: http://www.noticias24.com/actualidad/noticia/74778/un-total-de-12-periodistas-de-la-cadena-global-resultaron-heridos/

[100] *Cfr.* http://www.noticias24.com/actualidad/noticia/138066/rafael-poleo-desde-eeuu-chavez-morira-lejos-de-venezuela-no-yo/

Esta fue la acusación de Maduro: *"Un periodista llamado Nelson Bocaranda Sardi, que ha trabajado para el Departamento de Estado desde los años 70, ha trabajado con el gobierno de los Estados Unidos mucho tiempo, puso en su cuenta de Twitter que en los CDI (y) los médicos y médicas cubanas escondían las urnas electorales con los votos de los venezolanos del fraude que ellos denunciaban que se había hecho (...) y llamaron casi en cadena nacional, con la complicidad de muchos medios, a salir a rescatar esos votos. Lo puso. Ahí está, en su Twitter"*[101].

Esa denuncia fue suficiente para que la Fiscal General de la República escribiera un twitter el día 4 de julio de 2013, informando que Bocaranda Sardi había sido citado por el Ministerio Público "para que compareciera ante la Fiscalía 48 Nacional", y rindiera declaración acerca del caso denunciado por Maduro públicamente, no obstante que Bocaranda rechazó en diferentes momentos, reiteradamente, la acusación y quedó comprobado que jamás hubo actos de violencia contra los CDI. Es evidente que el amedrentamiento, como forma de lograr la autocensura, es contrario a la libertad de expresión e información.

La situación del periodista Leocenis García, no ha sido menos relevante. En efecto, el 21 de agosto de 2011, el periódico de su propiedad, **"Sexto Poder"**, hizo un montaje fotográfico en el que utilizó imágenes de las presidentas de los distintos órganos del Poder Público para esa fecha. El precitado montaje, acarreó las siguientes consecuencias: primero, la detención en la sede del Servicio Bolivariano de Inteligencia (Sebin) ubicado en el Helicoide, desde el mismo día de la aludida publicación, de la periodista Dinorah Girón, directora de dicho medio de comunicación; segundo, la prohibición de circulación de **"Sexto Poder"** y tercero, la orden de detención de Leocenis García. Los trabajadores del mencionado medio, no vacilaron en calificar estos hechos de "persecución política" y acotaron: "La medida marca un peligroso precedente porque, según la misma se puede cerrar un medio sin siquiera una

---

[101] *Cfr.* http://www.el-nacional.com/politica/Maduro-Bocaranda-estimular-violencia posterior_0_210579096.html

previa investigación, además viola el derecho a la libertad de expresión y el derecho al trabajo"[102].

Leocenis García se entregó a las autoridades varios días después de haber negociado su entrega a cambio de que pusieran en libertad a la periodista Dinorah Girón y no prohibieran la circulación de "Sexto Poder. Tres meses después fue dejado en libertad.

En mayo de 2013 Leocenis García volvió a la palestra pública. Esta vez se debió a las gestiones que tenía adelantadas con los propietarios del canal de televisión por cable "**Atel TV**", el cual iba a ser adquirido por García para operar con el nombre de "**Sexta Visión**". Lo cierto del caso fue que la operación se frustró, ya que antes de poder concretar la compra venta –el 21 de mayo de 2013– el canal fue cerrado por Conatel. La Sociedad Interamericana de Prensa denunció el hecho como "una violación a la libertad de expresión y un acto de coacción y de censura"; consecuencialmente, el 8 de junio de 2013, Leocenis García se plantó en huelga de hambre frente a la sede de la Organización de Estados Americanos (OEA) en Caracas, para terminar recluido el día 13 del mismo mes y año en una clínica debido a problemas renales derivados de la falta de alimentación.

Dos semanas después de los sucesos referidos con anterioridad, Leocenis García le anunció al país que le había notificado a la Comisión Nacional de Telecomunicaciones (Conatel), la adquisición de la emisora regional "**NovaTV**" a la que aspiraba convertir en un canal de televisión con cobertura nacional y que operaría con el nombre de "**6ta. Visión**". A tal respecto expresó lo siguiente: "Los medios no están para complacer al poder; los medios son antipoder, pero en Venezuela "hay testaferros del Gobierno que compran medios" y también "empresarios que queremos un canal nacional de televisión que sea independiente y que sirva a la gente y no al Gobierno"[103].

---

[102] http://www.eluniversal.com/2011/08/23/6to-poder-rechaza-fallo-politico-contra-el-semanario

[103] El texto completo de las declaraciones del periodista Leocenis García sobre esta adquisición, puede leerse en la dirección electrónica: http://www.noti

La respuesta del gobierno ante estos hechos no se hizo esperar, bajo la acusación que le hizo el Ministerio Público de "enriquecimiento ilícito por no haber justificado las cantidades de dinero que maneja en sus cuentas bancarias", el día 30 de julio de 2013, el prenombrado editor fue nuevamente privado de su libertad por miembros de la Dirección de Inteligencia Militar (DIM) en cumplimiento de una orden de aprehensión solicitada por el Ministerio Público y acordada por un tribunal.

Otra medida que acordó el tribunal que conoció del caso, fue "el congelamiento de las cuentas bancarias del 'Grupo Sexto Poder' y de García", lo cual trajo consigo el cierre del periódico **"Sexto Poder"** y la quiebra de la empresa editora, como lo denunciaron sus trabajadores en un comunicado fechado el 12 de agosto de 2013, cuyo texto, copiamos de seguidas:

> "Los periodistas, personal administrativo, obrero y demás trabajadores del Grupo 6to Poder rechazamos categóricamente el continuo uso del sistema judicial venezolano como herramienta de persecución política para silenciar la voz de los medios críticos e independientes en Venezuela.

> Condenamos los allanamientos efectuados por funcionarios de la Dirección General de Contra Inteligencia Militar contra la Gerente de Administración, Wendy Calles, como del Director General del Semanario 6to Poder, Alberto Rodríguez Palencia y la detención arbitraria de Bryan Acosta, jefe de Distribución de los productor editoriales del Grupo 6to Poder.

> Hacemos responsable al Gobierno Nacional de la vida e integridad de Bryan Acosta, quién fue detenido por funcionarios del Gobierno Nacional no identificados, a las afueras de su residencia en Antímano y aún desconocemos su paradero.

> Así mismo, exigimos el cese de la persecución, intimidación y hostigamiento contra los trabajadores del Grupo 6to Poder, quienes nuestro único delito ha sido trabajar inalcanzablemente por un país con más justicia, igualdad y equidad.

---

tarde.com/Pais/Leocenis-Garcia-compro-el-canal-Nova-TV-para-convertirlo-en-6ta-Vision/2013/06/25/203124

No somos parte de ninguna conspiración, nuestra arma son principios y valores que están de la mano con la democracia y el valor supremo de la libertad, las cuales, no tienen precio.

Responsabilizamos al presidente Nicolás Maduro; a su ministro de Interior, Justicia y Paz, Miguel Rodríguez Torres y a la Fiscal General de República, Luisa Ortega Díaz por la seguridad y vida de los trabajadores del Grupo 6to Poder y sus familias.

Hacemos un llamado de reflexión al Gobierno Nacional para que cese los atropellos y garantice nuestro derecho al trabajo como al ejercicio de nuestra profesión"[104].

El 28 de noviembre de 2013, Leocenis García, fue excarcelado y juzgado en libertad, habida cuenta su deteriorado estado de salud por la huelga de hambre a la que se sometió desde el mismo día de su detención. Su semanario "Sexto Poder", está nuevamente en circulación.

Como lo expresamos al inicio de este segmento, los casos antes reseñados son un porcentaje ínfimo de los ataques que han recibido los comunicadores sociales durante los años de la "Revolución Bolivariana del Siglo XXI".

F. *Las Agresiones a los Medios de Comunicación Social*

Como lo hemos afirmado precedentemente, además de las acciones directas de agresión física y moral contra los profesionales de la comunicación social, e incluso contra camarógrafos y otros trabajadores estrechamente vinculados con la labor de los periodistas y reporteros, los medios de comunicación social no han escapado a las acciones persecutorias de las autoridades y personeros oficiales dirigidas a que cesen en su labor informativa. Los casos que vamos a referir de inmediato, constituyen algunos ejemplos, quizás los más grotescos, de lo que a dichos medios le ha ocurrido.

---

[104] *Cfr.* http://50noticias.com/site/2013/08/comunicado-del-grupo-6to-poder-exigimos-que-cese-la-persecucion-contra-nuestros-periodistas/

a. *La Multa al diario "Tal Cual" por el contenido de un Editorial*

Por un editorial humorístico, escrito por Laureano Márquez, publicado el viernes 25 de noviembre de 2005 en el diario "**Tal Cual**" y que intituló "Querida Rosinés", hija del entonces presidente de la república, fueron condenados, tiempo después, por un Tribunal, a pagar una multa, tanto el articulista como el mencionado diario. El Tribunal consideró que se habían violado "la intimidad, la privacidad y la integridad" de la menor. Con una colecta pública que rebasó las expectativas de Teodoro Petkoff, director del mencionado diario, pudo satisfacerse la referida sanción, que en el caso del medio impreso tuvo *"el equivalente a 10 meses y 15 días del ingreso más alto de la nómina del vespertino"*, (para ese momento se calculó en aproximadamente 200 millones de bolívares), mientras que la de Laureano Márquez correspondió a *"10 meses y 15 días del ingreso que percibió el mes inmediatamente anterior a la imposición de la precitada sanción"*[105].

Dado lo elevado del monto de la sanción impuesta y la perentoriedad de su pago, Petkoff, como lo había anunciado tuvo que acudir a una colecta pública. Dijo entonces: "la sanción es excesiva y podría interpretarse como una acción represiva que no sólo busca acallar a un diario crítico e independiente, sino que marca la pauta de lo que ha ocurrido y sigue ocurriendo en Venezuela en materia de libertad de expresión".

b. *El Cierre de Radio Caracas Televisión (RCTV)*

Por supuesto que no es posible soslayar, en este resumen de hechos atentatorios contra la libertad de expresión en lo que va de "revolución bolivariana", el cierre de "**Radio Caracas Televisión**" y el de otras emisoras de televisión y de radio.

En efecto, el 27 de mayo de 2007, a las 12:00 de la noche, Radio Caracas Televisión salió del aire tal como lo había venido advirtiendo en diversas oportunidades el fallecido líder de la "revolución bolivariana" Con los más variados argumentos, fue anunciando lo

---

[105] El texto del citado artículo, puede ser consultado en la siguiente dirección electrónica: http://350ve.blogspot.com/2006/02/querida-rosins.html

que se materializaría en la fecha antes señalada. Adujo que era un canal que estaba al servicio del gobierno del presidente de los Estados Unidos para esa época, George W. Busch. En otro momento, manifestó que se requería una televisión "de servicio público". En junio de 2006, dijo que había ordenado "revisar las concesiones a las emisoras que caducaban en 2007 y que habían apoyado el golpe de en abril de 2002. Luego, en diciembre de 2006 –cinco meses antes del cierre– el presidente de la república señaló en cadena de radio y televisión: *"No habrá nueva concesión para ese canal golpista de televisión que se llama Radio Caracas Televisión"*.

Lo cierto es que el aludido líder de la revolución bolivariana rechazaba la línea independiente y crítica que tenía hacia su gestión de gobierno dicha planta televisiva y que se expresaba en sus programas informativos y de opinión. Su aberrante decisión obvió que allí laboraban, más de 8.000 personas entre artistas, técnicos y obreros, que, por supuesto, quedaron sin trabajo de manera inmediata y que era el canal de televisión que tenía para ese momento, 53 años de haber iniciado sus transmisiones.

La agresión a los dueños de RCTV, a sus directivos, artistas y a sus empleados, se tradujo, simultáneamente en una flagrante violación a la garantía constitucional de la libertad de información y de expresión de todos los venezolanos, a la libertad al trabajo, así como en una abusiva, ilegal e inconstitucional confiscación de las instalaciones y equipos del citado canal de televisión para lo cual contó con unas írritas y vergonzosas "sentencias" de la Sala Político Administrativa[106].

Dos meses después de la referida agresión, Radio Caracas Televisión, volvió al aire mediante suscripción paga con el nombre de "RCTV, Internacional". En efecto, el 16 de julio de 2007, las operadoras de cable incluyeron en su "parrilla de programas" este nuevo esfuerzo de los dueños y directivos de RCTV por seguir llevando a los hogares de los venezolanos su programación. La suscripción

---

[106] Un análisis de las aludidas sentencia realizado por el Profesor de Derecho Constitucional de la Universidad Metropolitana, Ricardo Antela, puede verse en la siguiente dirección electrónica, consultada el 26 de julio de 2013, que abajo se copia: http://lilianafasciani.blogspot.com/2007/05/anlisis-de-las-sentencias-del-tsj-en.html

comenzó a ascender de manera importante hasta que el 23 de enero de 2010, fue suspendida por las correspondientes autoridades gubernamentales, para lo cual adujeron en esta ocasión que RCTV Internacional incumplía la instrucción de sumarse a las "cadenas" presidenciales de radio y televisión.

No es posible dejar de referir que mientras RCTV padeció el calvario antes mencionado, a otros canales de la competencia, luego de eliminar programas con posturas críticas a la gestión del gobierno, se les renovó la concesión para proseguir sus emisiones. La política de castigos y recompensas funcionó totalmente.

c. La Multa al diario "El Nacional" por la publicación de una fotografía

El 13 de agosto de 2010, el diario "**El Nacional**" publicó una fotografía de la morgue de Bello Monte, en la que se apreciaba una cantidad de cadáveres –unos en el piso y otros colocados de a dos en una sola camilla– víctimas de la violencia existente en el país. La citada foto, fue acompañada con un texto en el que se indicaba que la Morgue de Bello Monte, "*ha recibido en los seis primeros meses de este año 2.177 cuerpos cuya causa de muerte es homicidio*". Por supuesto que la reacción de autoridades gubernamentales fue inmediata. El Director el Cuerpo de Investigaciones Científicas, Penales y Criminalísticas (CICPC) y también a Defensoría del Pueblo, solicitaron al Ministerio Público intentara las acciones correspondientes contra "**El Nacional**", en virtud de que dicha publicación "constituía un atentado contra la dignidad de las personas y, de manera particular, contra expresa disposiciones de la Ley Orgánica para la Protección de Niños, Niñas y Adolescentes (LOPNA)."

El Tribunal que conoció del caso –el 12º de Primera Instancia de Protección de Niños y Adolescentes– dictó el día 17 del mismo mes y año, una medida cautelar, consistente en prohibirle a todos los medios de comunicación del país, la publicación en el lapso de un mes, imágenes cuyo contenido podrían ser consideradas violentas. Pero al diario "**El Nacional**", le extendió la prohibición hasta que hubiera un pronunciamiento sobre el fondo del asunto Así, el mencionado diario quedó impedido de publicar "cualquier tipo de información y publicidad sobre hechos violentos y, de manera especial, imágenes que pudieran contrariar el bienestar psicológico de los niños y adolescentes."

Todo este suceso, no dejó de ser comentado por el presidente de la república fallecido, quien llegó a expresar que la publicación de la referida fotografía no constituía otra cosa que *"un intento desesperado de "El Nacional" por frenar y sabotear la revolución bolivariana"*.

El 20 de agosto de 2010, el juez 12 de Mediación y Sustanciación, si bien levantó la prohibición de difundir información y publicidad sobre hechos violentos, no lo hizo así con respecto al tema de las fotografías.

Por supuesto que la medida cautelar antes referida, fue totalmente violatoria de los artículos 57 y 58 de la Constitución que nos rige, ya que dichas disposiciones proscriben la censura previa en el ámbito de las opiniones e informaciones.

Ahora bien, el día 08 de agosto de 2013, casi tres años después de la publicación de la ya referida fotografía, el tribunal Tercero de Juicio con competencia en Protección de Niños, Niñas y Adolescentes, dictó la correspondiente decisión consistente en ratificar la prohibición de publicar imágenes violentas. Además, le impuso una multa al "**El Nacional**" equivalente al 1% de los ingresos brutos obtenidos durante 2009.

Sin lugar a dudas, se ha consumado una violación a la garantía constitucional relativa al derecho a difundir información veraz y a la libertad de expresión. De manera específica puede afirmarse que los artículos infringidos con el citado fallo son, por una parte, el artículo 57 constitucional que prohíbe la censura previa y, por la otra, el artículo 337, *ejusdem*, conforme al cual ni aun en la hipótesis de haberse decretado estado de excepción es posible restringir el derecho a la información. Este fallo viene a constituir otra evidencia de la sumisión del poder judicial a la rama ejecutiva.

d. *La Multa al diario "Tal Cual" por reproducir una fotografía*

Con la misma sentencia del día 08 de agosto de 2013, dictada por el tribunal Tercero de Juicio con competencia en Protección de Niños, Niñas y Adolescentes, el diario "**Tal Cual**" resultó igualmente sancionado por los mismos hechos que fue multado "**El Nacional**"; es decir, por reproducir la fotografía de la Morgue de Bello

Monte donde aparecen cadáveres de personas regadas en el suelo o apiñadas en camillas de un solo espacio. El monto de la mencionada sanción pecuniaria fue del "1% de los ingresos brutos del ejercicio de 2009".

Al conocerse esta decisión, el diario **"Tal Cual"**, publicó un editorial suscrito por Fernando Rodríguez, del cual destacamos los siguientes párrafos:

"El modus operandi es conocido. Se inicia una acción judicial, contra medios en este caso, se la congela hasta por años, y se la ejecuta cuando se considera que llega el momento adecuado para castigar o aplastar a los acusados. La tarea final la hace cualquier juececillo con cualquier argumento, de la noche a la mañana. Además ese tiempo entre la amenaza jurídica y su ejecución se supone que debe funcionar cual espada de Damocles, como estimulante de la autocensura (…) Recordemos que El Nacional la publicó primero (la referida fotografía) y cuando el gobierno arremetió contra éste nosotros decidimos publicarla en solidaridad y, sobre todo, en defensa de la libertad de expresión, siempre acosada o pateada de las más diversas y torvas maneras por este régimen. De manera que ese acto libertario no sólo nos enorgullece sino que debería indicar que no es por miedo que lograrán que dejemos de hablar claro y raspao. (…) la juez Araque llega a muy altas cimas del absurdo utilizando para la sentencia el artículo 234 de la LOPNA que, de cabo a rabo, está dirigido a la radio y a la televisión y es imposible adecuar mínimamente a la prensa escrita. La calidad de esta medida, sumada a otros acosos y ataques recientes a varios medios y periodistas, indica además de la consustancial vocación totalitaria del chavismo, un estado intenso de histeria gubernamental, seguramente inducido por la torrencial crisis que se abate sobre el país." (Paréntesis nuestro)[107]

Adicionalmente, y para concluir este puto, es preciso señalar, que no hay vocero del gobierno, comenzando por sus más altos jerarcas, que al aludir a quienes adversan la gestión del gobierno, sobre todo si son comunicadores sociales, no deje de emplear entre otros epítetos, aparte del de "escuálidos", el de "golpistas, "fascis-

---

[107] El texto completo de este editorial puede leerse en la siguiente dirección electrónica: http://www.noticias24.com/venezuela/noticia/186656/tal-cual-con-la-censura-a-el-nacional-se-evidencia-la-vocacion-totalitaria-del-chavismo/

tas", "oligarcas", "pitiyanquis", burgueses, "miembro de la CIA", "imperialistas", "jinetes del apocalipsis", todo ello en franca violación a las previsiones del artículo 21 de la vigente Constitución conforme al cual:

Todas las personas son iguales ante la ley; en consecuencia:

1. No se permitirán discriminaciones fundadas en la raza, el sexo, el credo, la condición social o aquellas que, en general, tengan por objeto o por resultado anular o menoscabar el reconocimiento, goce o ejercicio en condiciones de igualdad, de los derechos y libertades de toda persona.

2. (*Omissis*)

3. **Sólo se dará el trato oficial de ciudadano o ciudadana, salvo las fórmulas diplomáticas**.

(*Omissis*). (El Sombreado nuestro).

e. *El cierre de radioemisoras*

En adición a esta serie de sucesos contra la libertad de expresión –los más resaltantes e imborrables– es preciso traer a colación el anuncio que también vino haciendo el gobierno nacional varios meses antes de agosto del año 2009, en el sentido de que se encontraban revisando la legalidad de las concesiones con las que venían operando doscientas cuarenta (240) radioemisoras en todo el país. Pues bien, el viernes 31 de agosto del citado año, el ministro de obras públicas y director de la Comisión Nacional de Telecomunicaciones (Conatel) para la fecha, anunció el cierre de las primeras treinta y cuatro (34) emisoras de radio con el argumento de que "han faltado a los requisitos legales para operar"[108].

---

[108] Dichas emisoras de radio fueron las siguientes: "estado Amazonas: 1130 AM, 107,5 FM Orbita; estado Anzoátegui: 970 AM, Barcelona; Estado Bolívar: Upata, Canal 7 TV; Ciudad Bolívar: 96,9 FM. Estado Carabobo: Valencia: 100,1 FM; Puerto Cabello: 98,3 FM; Caracas CNB 102,3 FM; Delta Amacuro, Tucupita: 1270 AM; Falcón: Punto Fijo: CNB 100,1; Punto Fijo: 96,1 FM; 93,7 FM; Guárico: 99,1 FM; Mérida: 106,3 FM; Miranda: 1520 AM, 1550 AM, 97,1 FM; 92,1 FM; 1230 AM, Radio Barlovento, Caucagua; El Hatillo (Edo. Miranda) 96, 9 FM. Nueva Esparta (Porlamar) 99,1 FM, 92,9 FM, 1140 AM; Portuguesa (Aca-

El balance de lo que fue el año 2009 para la libertad de expresión en Venezuela, lo resumió el periodista del diario "**El Nacional**", Eduardo Méndez Sánchez, en un trabajo que salió publicado en dicho diario el 2 de enero de 2010. En el mencionado trabajo refiere detalladamente las agresiones a la libertad de expresión y de información; cita, entre otros, el cierre de emisoras, cárcel, violencia, agresiones físicas contra comunicadores y ataques a instalaciones de medios de comunicación[109].

Diecinueve días después del referido trabajo, o lo que es lo mismo el 21 de enero del citado año 2010, los medios de comunicación informaron ampliamente que "**El Supercanal del Centro**", del estado Aragua, propiedad del industrial Filippo Sindoni, víctima de la inseguridad dos años antes, no continuaría con sus emisiones, ya que el gobierno nacional había "declarado la extinción de la concesión por decaimiento del acto administrativo"[110].

f. *El Caso Globovisión*

En conexión con todo lo que antecede, hemos querido abordar, como veremos, más detalladamente el caso de la empresa "**GLOBOVISIÓN**", habida cuenta que debido a su línea independiente y a la circunstancia de ser un canal de televisión, fundamentalmente informativo las 24 horas del día, le acarreó, hasta hace muy poco, todo género de críticas y de acciones violentas, por parte del gobierno nacional e igualmente de militantes y simpatizantes de la "revolución bolivariana", como lo llegó a poner de manifiesto dicha empresa en un comunicado de fecha 12 de noviembre de 2009, que intituló "¡GLOBOVISIÓN en la Mira!". En aquella ocasión, dijo el

---

rigua) 1170 AM. Sucre: 103,3 FM, 600 AM. Táchira: 730 AM, 94,5 FM. Vargas: Canal 26 UHF, Catia La Mar. 106,9 FM. Zulia: 105,1 FM, 102,1 FM, 1430 AM, Ciudad Ojeda. 1300 AM, Santa Cruz de Mar".

Cfr. http://www.eluniversal.com/2009/07/31/pol_ava_conatel-retiro-conce_31 A2571083.shtml

[109] *Cfr.* Méndez Sánchez, Eduardo. "El Nacional". Caracas. Edición del sábado 2 de enero de 2010. Cuerpo Nación. p. 2."

[110] *Cfr.* "El Nacional", edición del sábado 23 de enero de 2020. p. Nación/2

mencionado canal de televisión lo que copiamos *in extenso* de inmediato, pues refleja con toda exactitud, lo que fue su lucha frente a los excesos del poder en su afán de controlar y limitar la libertad de expresión y de información:

"Durante los últimos años GLOBOVISIÓN, sus directivos y trabajadores han venido siendo víctimas de una campaña sistemática de ataques por parte de organismos y funcionarios del Estado venezolano; todo por ejercer el periodismo de manera independiente y crítica, en ejercicio de su derecho a la libre expresión.

Esas agresiones han tomado diferentes formas: ataques físicos y morales, discriminación, terrorismo judicial y penal, campaña de descrédito, impuestos y multas confiscatorias, procedimientos sancionatorios, entre otros. Ante esta situación, que ocurre bajo la mirada cómplice del sistema de justicia venezolano, GLOBOVISIÓN y su gente han logrado obtener protección del Sistema Interamericano de Derechos Humanos, así como apoyo de la comunidad nacional e internacional.

• En el último año en por lo menos 4 oportunidades el Presidente Chávez amenazó con revocar la concesión de GLOBOVISIÓN y arremetió contra sus Directores. El Presidente dio orden pública a CONATEL, la Fiscalía General y al Tribunal Supremo de Justicia a actuar contra el canal y sus directivos. Todos procedieron de inmediato a actuar contra GLOBOVISION.

• Los directivos de GLOBOVISION (Guillermo Zuloaga, Alberto Ravell, María Fernanda Flores y Nelson Mezerhane) tienen actualmente causas penales abiertas en su contra.

• Nelson Mezerhane fue acusado por homicidio, estuvo preso aproximadamente 2 meses. Su causa sigue abierta, "archivada" desde hace aproximadamente 3 años.

• Guillermo Zuloaga, Presidente de GLOBOVISIÓN, tiene dos causas penales abiertas en su contra. Pesan sobre él y su hijo las medidas de prohibición de salida del país y régimen de presentación. Su residencia fue allanada en 2 ocasiones. Su abogado fue también imputada (sic).

• Alberto Ravell tiene más de 5 causas penales en su contra. Entre los delitos que se le han atribuido resalta la incitación al magnicidio. Es objeto de persecución constante por la policía política del Estado.

• La sede de GLOBOVISIÓN ha sido atacada violentamente en más de 10 ocasiones, con uso de granadas, bombas y armas de fuego. Trabajadores del canal han resultado heridos. Entre los agresores figuran funcionarios públicos y afectos al Presidente Chávez; algunos de estos grupos se han trasladado en vehículos oficiales.

• Trabajadores de GLOBOVISION han sido víctimas de más de 250 agresiones físicas por parte de funcionarios policiales, militares o por seguidores del Presidente Chávez. Todas han sido denunciadas ante el Ministerio Público y la Defensoría del Pueblo.

• Los directivos y trabajadores de GLOBOVISION han sido objeto de más de 300 agresiones verbales por parte del Presidente de la República, altos funcionarios públicos y seguidores del Presidente. La Corte Interamericana de Derechos Humanos determinó que el discurso violento del Presidente y altos funcionarios contra GLOBOVISION genera las agresiones físicas de las que son víctimas sus trabajadores.

• Por todas las agresiones físicas de las que han sido objeto los trabajadores y la sede de GLOBOVISION desde el año 2001, ninguna persona había sido acusada. La primera acusación es la de Lina Ron, quien actualmente está sometida a juicio en libertad.

• En los últimos 14 meses CONATEL inició contra GLOBOVISIÓN seis (6) procedimientos sancionatorios. Todos están pendientes de decisión. En todos los casos las posibles sanciones son: suspensión de las transmisiones o revocatoria de la concesión.

• En el último año, el SENIAT multó a GLOBOVISIÓN por un monto de 5 millones, que a los pocos días fue doblado a más de 9 millones de bolívares.

• En el último año el Tribunal Supremo de Justicia dictó 4 decisiones contra GLOBOVISION, en casos todos que tenían años pendientes. A través de estas sentencias: (i) se incautaron definitivamente microondas de GLOBOVISION, (ii) se declararon liberadas frecuencias radioeléctricas que estaban reservadas a GLOBOVISION para expandir su cobertura, (iii) se le aplicó una multa a GLOBOVISION por aproximadamente 500 mil bolívares, que a los pocos días fue doblada.

• Desde hace aproximadamente seis (6) meses, todos los registradores se han negado a recibir actas de asamblea de accionistas de GLOBOVISION y sus empresas relacionadas. Por ello, a la fecha, GLOBOVISION, ni ninguna de sus empresas relacionadas ha podido registrar ninguna de sus actas.

• Desde el año 2002 los medios oficiales (radio, tv, prensa escrita, páginas web) llevan a cabo una campaña de descrédito e incitación a la violencia contra GLOBOVISION y su gente. Entre otros, se utiliza el lema "estamos en guerra contra GLOBOVISION".

• Ante la situación de agresiones y amenazas contra GLOBOVI-SION, la Corte Interamericana de Derechos Humanos dictó a favor de los directivos y trabajadores de GLOBOVISIÓN medidas especiales de protección (medidas provisionales). Dichas medidas vienen siendo desacatadas por el Gobierno del Presidente Chávez.

• Sólo este año la Fiscalía General ha iniciado más de 3 causas penales contra GLOBOVISION. Más de 40 trabajadores del canal han sido llamados a presentarse obligatoriamente ante el Ministerio Público a rendir declaración.

• En los últimos 14 meses, a 2 de los Productores Nacionales Independientes que difunden sus programas a través de las pantallas de GLOBOVISION, Aló Ciudadano y Buenas Noches se les ha iniciado paralelamente procedimientos sancionatorios en CONATEL y causas penales ante la Fiscalía General de la República.

• Desde hace más de siete (7) años, CONATEL no da respuesta a las solicitudes de permisos pendientes por parte de GLOBOVISION. Esto ha impedido que GLOBOVISION expanda su señal, tenga acceso a frecuencias de microondas e incluso tenga acceso al sector Mecedores en el Ávila para poder realizar transmisiones en vivo y directo.

• En los últimos años se han introducido aproximadamente 50 acciones de amparo contra GLOBOVISION por parte de seguidores del Presidente Chávez.

• En los últimos años GLOBOVISION ha sido objeto de reparos fiscales de diversos organismos (SENIAT, CONATEL, CNAC, SUMAT, INCE).

• En los últimos años a los periodistas de GLOBOVISION se les ha impedido el acceso a cubrir informaciones oficiales en por lo menos 40 oportunidades.

• Contra GLOBOVISION cursan aproximadamente 40 causas, entre juicios y procedimientos administrativos, iniciados por organismos públicos o por seguidores del Presidente Chávez ante diferentes tribunales, instancias y organismos públicos (CNE, Ministerios, tribunales de protección de menores, tribunales civiles, Tribunal Supremo de Justicia, etc.)".

En virtud de que el acoso sistemático contra GLOBOVISIÓN, por parte de las distintas autoridades gubernamentales, o a ellas plegadas, no cesó luego del comunicado antes transcrito, sino que prosiguió en los siguientes meses, el 12 de junio de 2010, la precitada empresa televisiva, publicó otro recuento de los ataques de que había sido objeto hasta esa fecha.

También en esta ocasión procedemos a copiar de dicho comunicado, la parte pertinente a las agresiones posteriores al 12 de junio de 2009:

"En fecha 6 de julio de 2010 las autoridades en materia bancaria del Estado venezolano intervinieron administrativamente a Sindicato Ávila, sociedad mercantil propietaria del 20% de las acciones de GLOBOVISIÓN y cuyo director y accionista, Nelson Mezerhane, es también director y accionista del Banco Federal. Esta intervención administrativa se realizó tras varias alocuciones del Presidente de la República en la que, inclusive, se especuló sobre el valor económico de GLOBOVISIÓN y se instó a sus directivos a "dar la cara" si no querían "perder sus propiedades".

• Los días 20 y 21 de julio de 2010, el Presidente de la República aseguró que nombraría como "representantes" del gobierno en la junta directiva de GLOBOVISIÓN a Mario Silva y a Alberto Nolia, conductores de los espacios "La Hojilla" y "Los Papeles de Mandinga" transmitidos por Venezolana de Televisión.

• El día 3 de diciembre de 2010 fue publicada la decisión de liquidar Sindicato Ávila. En la resolución que ordena la liquidación se afirma que Sindicato Ávila "no tiene activos" a pesar de que es del conocimiento público que esta sociedad tiene como patrimonio el 20% de las acciones de GLOBOVISIÓN. Visto este acto arbitrario e indebido los demás accionistas de GLOBOVISIÓN reclamaron ante SUDEBAN y FOGADE el derecho preferente de adquirir el paquete accionario de Sindicato Ávila. Hasta el momento el Estado ha evitado dar respuesta sobre esa exigencia.

• El 10 de diciembre de 2010 los periodistas y trabajadores de GLOBOVISIÓN se reunieron con el Presidente de FOGADE para exigir la venta de las acciones de GLOBOVISIÓN pertinentes a Sindicato Ávila. A la presente fecha tampoco han recibido respuesta alguna al respecto, aunque incluso enviaron una segunda comunicación solicitando información.

• El proceso de liquidación de Sindicato Ávila se ha caracterizado por las arbitrariedades, entre ellas la aprobación de la "Ley de Instituciones del Sector Bancario". Entre otras modificaciones, la Ley se refiere a la liquidación de activos, estableciéndose un derecho de preferencia a favor del Estado para la adquisición a título de propiedad de los activos de FOGADE. Así el Estado se asegura disponer de las acciones de GLOBOVISIÓN al momento de ejecutar el patrimonio de Sindicato Ávila.

• Al presente momento se desconoce el destino del 20% de las acciones de GLOBOVISIÓN que pertenecen a Sindicato Ávila, tras un proceso de liquidación plagado de arbitrariedades e irregularidades las cuales evidencian que se trata de una acción política contra un medio de comunicación y sus trabajadores, para silenciarlos a través del control accionario del mismo."

Adicional a lo que venimos de transcribir, debe tenerse presente que la cobertura que hizo GLOBOVISIÓN los días 12 y 13 de junio de 2011 del motín en la cárcel de El Rodeo, el cual permaneció bajo el control de los reclusos durante 26 días y que para recuperarlo se llevó a cabo una acción militar que dejó 22 personas muertas, le ocasionó una multa impuesta por CONATEL el 18 de octubre de ese mismo año, por una suma superior a los nueve millones de bolívares (Bs. 9.000.000,00), toda vez que el referido ente consideró que la transmisión "generó zozobra" entre los televidentes debido las entrevistas que hizo a las madres desconsoladas por ignorar la suerte de sus hijos reclusos e igualmente porque habría simulado "disparos o ráfagas de ametralladoras en las imágenes transmitidas." De nada valió que GLOBOVISIÓN demostrara que no hubo tergiversación de los hechos narrados y transmitidos en vivo "pues el canal del Estado (Venezolana de Televisión) también los trasmitió".

Al conocerse la decisión de CONATEL, sus directivos manifestaron que esa multa, dado su elevado monto, era impagable pues de tener que hacerlo "iría a la quiebra". Sin embargo, la multa fue pagada en su totalidad el día 29 de junio de 2012, para evitar las consecuencias de un embargo ejecutivo acordado por la Sala Político Administrativa del Tribunal Supremo de Justicia el día anterior, *"... sobre bienes propiedad de la empresa Globovisión Tele, C.A. por la cantidad de Veinticuatro Millones Cuatrocientos Veinticinco Mil Doscientos Dieciséis Bolívares con Cuarenta Céntimos (Bs.*

24.425.216,40); monto que resulta de sumar el doble de Nueve Millones Trescientos Noventa y Cuatro Mil Trescientos Catorce Bolívares (Bs. 9.394.314,00), cantidad impuesta por concepto de multa, lo que arroja la suma de Dieciocho Millones Setecientos Ochenta y Ocho Mil Seiscientos Veintiocho Bolívares (Bs. 18.788.628,00), más las costas de la ejecución estimadas prudencialmente en un treinta por ciento (30%) del último monto señalado, esto es, Cinco Millones Seiscientos Treinta y Seis Mil Quinientos Ochenta y Ocho Bolívares con Cuarenta Céntimos (Bs. 5.636.588,40)"[111].

El 11 de enero de 2013, el presidente de la Asamblea Nacional le solicitó en un acto público a Conatel, abriera un nuevo procedimiento administrativo a GLOBOVISIÓN por las transmisiones efectuadas durante diciembre y enero, relativas al texto del artículo 231 de la Constitución concerniente a la oportunidad en que el presidente electo debía tomar posesión del cargo. Recuérdese que para esa fecha, el presidente electo se encontraba hospitalizado en Cuba debido al cáncer que padecía. Algunas horas después de esta petición, el director del citado ente regulador, anunció la apertura del procedimiento requerido.

El año 2013 fue, después de todo lo ocurrido, la fecha límite para que GLOBOVISIÓN prosiguiera sus transmisiones, ya que el 02 de febrero del citado año, el gobierno nacional hizo pública la implantación de la Televisión Digital en nuestro país, así como la estaciones que podrían acceder a esta tecnología: todas las televisoras dirigidas y controladas por el Estado, así como también Venevisión, Televen, Meridiano y la Tele. GLOBOVISIÓN fue expresamente excluida. Ello motivó un comunicado de esa empresa advirtiendo que por esa razón se vería obligada a seguir transmitiendo en modo analógico hasta que el gobierno decretara la extinción definitiva de la emisión en esa modalidad de señal. Se trataba de una "muerte anunciada" ya que si el gobierno no llegaba a autorizar que GLOBOVISIÓN hiciera sus emisiones vía digital, al cesar las transmisiones analógicas, simplemente la precitada estación quedaría sin posibilidad alguna de enviar su señal.

---

[111] *Cfr.* sentencia de la SPA en la siguiente dirección electrónica: http://www.tsj.gov.ve/decisiones/spa/junio/00765-28612-2012-2012-0104.html

No acudía el gobierno al expediente de la revocatoria de la concesión o de la extinción de la misma –como lo hizo con RCTV– en vista del costo político que ello entrañaba. De una forma sesgada se preparaba el terreno para el asalto final.

En efecto, otro acto de hostigamiento tuvo lugar dos meses después. El 2 de abril de 2013, Conatel abrió un nuevo procedimiento administrativo a Globovisión –el décimo–, esta vez por haberse "pegado" a la "cadena" del gobierno sin audio durante los primeros seis minutos de transmisión. Adujo Conatel que ello "podría posiblemente constituir una interrupción a la referida alocución oficial".

Quizás todo esto explique el anuncio que hizo GLOBOVISIÓN en fecha 11 de marzo de 2013, de la existencia de una oferta de compra formal y una intención obligada de venta del canal que, en todo caso se materializaría luego de las elecciones presidenciales del 14 de abril de 2013. En una carta a sus trabajadores, Guillermo Zuloaga, el principal accionista de Globovisión hizo el referido anuncio[112].

El 13 de mayo, un mes después del anuncio de la aludida propuesta de compraventa, Carlos Zuloaga, Vicepresidente de Globlovisión dio a conocer que la venta del referido canal se había cerrado y que "sus nuevos dueños son los ciudadanos Raúl Gorrín, Juan Domingo Cordero y Gustavo Perdomo"[113].

La nueva Globovisión una vez en marcha, comenzó a experimentar algunas situaciones de importancia para lo que será el futuro de este canal; en contraste con la época en que se mantuvo firme, como una columna de hierro, ante los embates del poder, los nuevos dueños, iniciaron un paulatino proceso de acercamiento con el oficialismo. En efecto, entre las medidas adoptadas, pueden mencionarse las siguientes: El despido de Kiko Bautista, el 25 de mayo de 2013, por haber lamentado en un *tweets* la "salida del aire", el día

---

[112] El texto de la mencionada carta puede leerse en la siguiente dirección electrónica: http://globovision.com/articulo/globovision-informara-este-lunes-sobre-versiones-de-supuesta-venta-del-canal

[113] El documento donde se hizo este anuncio puede leerse en la siguiente dirección electrónica: http://globovision.com/articulo/carlos-zuloaga-la-venta-de-globovision-ya-se-cerro

anterior, del programa dominical que animaba el diputado Ismael García, "Aló Venezuela", y haber transmitido "en vivo y en directo" un acto de Henrique Capriles que tuvo lugar ese mismo día en la ciudad de Barquisimeto Este hecho trajo consigo la renuncia de los periodistas Carla Angola, Roland Carreño y Pedro Luis Flores. Razones de solidaridad y de rechazo a las nuevas políticas en materia de comunicación del canal, después de haber estado trabajando juntos por más de siete años, motivó que renunciaran a GLOBOVISIÓN y, por supuesto, dejara de verse, no sólo uno de los programas bandera del canal, sino también uno de los de mayor sintonía en la programación nocturna de la televisión venezolana: "Buenas Noches".

La nueva Globovisión también perdió el equipo de periodistas que hicieron proyectar al canal como la referencia informativa e independiente en todos estos años de "revolución bolivariana". En efecto, aparte de María Fernanda Flores, quien ocupó desde sus inicios el cargo de Vice presidenta ejecutiva y se fue del canal el 15 de abril de 2013, es decir, entre la fecha del anuncio de su compra venta y la de su materialización, siguieron con el transcurrir de los días: Lysber Ramos, Gerente de Información y Lina De Amicis, Gerente de Programación. Los micros "Usted lo Vio" y "Aunque usted no lo crea", a través de los cuales se ponían de manifiesto las contradicciones, disparates e incongruencias de personeros de la "revolución bolivariana", dejaron de transmitirse. Luego, el 7 de junio de ese mismo año, se supo de la renuncia de la comunicadora Elsy Barroeta quien se desempeñó como Directora de prensa del canal.

Siete días después de la anterior renuncia, concretamente el 13 de junio, se conoció el despido de que fue objeto la conocida comunicadora Nitu Pérez Osuna, conductora del estelar programa dominical "Yo Prometo". Al confirmar la noticia de su despido, señaló: "El oscurantismo busca silenciar a quienes piensan contrario al gobierno". "Lo grave no es que me hayan botado, sino que soy la periodista número diez que sale del canal. Lentamente están sacando una camada de periodistas que defienden la libertad de expresión"[114].

---

[114] *Cfr.* http://www.eluniversal.com/arte-y-entretenimiento/130614/nitu-perez-osuna-ellos-saben-que-no-bajo-el-tono

No obstante que Globovisión no es el mismo canal del pasado y que sus nuevos propietarios tratan de darle mayor cabida a los actos e información que provienen del sector oficial en detrimento de las noticias que contrarían la propaganda gubernamental; que las notas de prensa divulgan cierta inclinación hacia dicho sector y que al parecer existe la prohibición de transmitir "en vivo y en directo" cualquier acto de Henrique Capriles, no dejó de sorprender la reprimenda que Nicolás Maduro le dio a Globovisión el día 3 de agosto de 2013, por haber transmitido actos de apoyo al diputado Mardo[115]. Maduro dijo que "Globovisión continua conspirando contra la paz de este país". El diario "El Impulso" de la ciudad de Barquisimeto, reseñó esta noticia así: "El Presidente aseguró que en el mencionado canal 'tapan la corrupción, se hacen cómplices de los corruptos, así de sencillo', dijo, al tiempo que pidió al pueblo 'no dejarse engañar por los supuestos nuevos dueños de Globovisión, están en la misma línea de corrupción y de conspiración contra la patria'"[116]. El día 5 del mimo mes, el conductor del programa "Aló Ciudadano", que transmitía diariamente Globovisión, respondió la agresión de Maduro. Esto dijo Leopoldo Castillo: "Yo no puedo aceptar, en nombre de los trabajadores de Globovisión, que aquí somos corruptos o somos cómplices, no asignamos dinero, no damos contratos, no otorgamos concesiones, tenemos un horario de trabajo y una responsabilidad que, en mi caso, es pública y notoria, estoy haciendo uso de mi derecho a la defensa"[117].

---

[115] El diputado Richard Mardo del partido Primero Justicia, integrante del bloque parlamentario de la oposición democrática fue despojado de su inmunidad parlamentaria por el sector oficialista de la Asamblea Nacional en la sesión del día 30 de julio de 2013, en abierta violación a lo que en esa materia prevé la Constitución que nos rige, pues dicho despojo no se produjo con el voto calificado de los diputados, sino con la aprobación de la mayoría simple que dicho sector detenta.

[116] *Cfr.* http://elimpulso.com/articulo/maduro-globovision-continua-conspirando-contra-la-paz-de-este-pais#

[117] El texto completo de lo expresado por el Sr. Leopoldo Castillo, puede leerse en la siguiente dirección electrónica: http://www.venprensa.com.ve/?p=40673

Trece días después de haber manifestado su rechazo a las imputaciones de Nicolás Maduro, el viernes 16 de agosto de 2013, Leopoldo Catillo, anunció casi al final del programa de ese día, que concluía su ciclo de doce años ininterrumpidos al frente de "Aló Ciudadano". Con unas emotivas palabras –sin explicar específicamente qué las había motivado– se despidió de la teleaudiencia y de su equipo de trabajo: *"Me voy sin ninguna tristeza en el alma ni ningún sabor amargo en mi boca (...) y sé que la vida volverá a que nos crucemos nuevamente y quién sabe, yo les pueda decir gracias por estar ahí. Buenas noches y que descansen"*[118].

Es posible que Leopoldo Castillo no imaginara la reacción que su despedida iba a producir entre el personal de Globovisión, particularmente entre los comunicadores sociales de esa planta televisiva. Lo cierto del caso fue que los locutores del noticiero estelar de las nueve de la noche no lo presentaron ese día; en su lugar, la pantalla de Globovisión ofreció a los televidentes programas de archivo. A través de la red de Twitter comenzaron inmediatamente a publicarse noticias, tales como que a los comunicadores Román Lozinski, Sasha Ackerman y Jorge Luis Pérez Valery, se les había prohibido la entrada al canal. También se supo, extraoficialmente que Juan Domingo Cordero, había renunciado a la presidencia de canal y que lo sustituiría Gustavo Perdomo, otro de los accionistas.

Ese mismo día, la prensa matutina había traído la noticia según la cual no continuarían dentro de la programación de dicho canal, "Radar de los barrios" y "Del dicho al hecho", ambos conducidos por el comunicador Jesús "Chúo" Torrealba. Apenas unas horas antes se había sabido que el programa "Tocando fondo", bajo la responsabilidad de la comunicadora Ana Karina Villalba, tampoco se volvería a transmitir.

El día 20 de agosto, luego de un fin de semana pleno de todo tipo de rumores acerca de la situación de Globovisión, los periodistas María Elena Lavaud, Norberto Mazza, María Isabel Párraga, Rober-

---

[118] La palabras de despedidas de Leopoldo Castillo pueden leerse en la siguiente dirección electrónica: http://globovision.com/articulo/el-ciudadano-leopol do-castillo-hara-anuncio-hoy-a-las-745-p-m

to Giusti, Ana Karina Villalba, Román Lozinski, Alba Cecilia Mujica y Gladys Rodríguez, dieron a conocer el siguiente comunicado:

"En esta hora menguada de la libertad de expresión, nosotros, anclas fundadores de un proyecto que sin duda marcó precedentes en la historia del periodismo venezolano, queremos compartir con la opinión pública lo siguiente:

En marzo pasado fuimos sorprendidos con la noticia de la venta irreversible del único canal informativo de Venezuela. Se nos dijo que en manos de sus dueños fundadores, el proyecto era jurídica y económicamente inviable. Cinco meses después, con pleno y absoluto conocimiento de causa, tenemos que alertar a la población venezolana: Globovision es moral, ética y periodísticamente inviable.

Progresivamente hemos visto cambios y condiciones inaceptables para el libre ejercicio de nuestra profesión: la promesa básica del equilibrio, que por cierto siempre hemos intentado tener, se ha convertido en censura a noticias y programas; lista negra de invitados; intentos de imponer preguntas a algunos periodistas; irrespeto a la integridad; menosprecio al ejercicio profesional e injustificado desequilibrio en el balance de los espacios de noticias.

Vemos con estupor cómo directivos del canal han manifestado su intención de eliminar "la denuncia" de la programación. Observamos con profunda tristeza y preocupación que los programas de corte social están desapareciendo. La pantalla de hoy es elocuente.

¿Ante qué estamos? Estamos ante la amenaza más seria que ha sufrido la libertad de expresión en los últimos tiempos. No se trata del caso puntual de Globovisión. Se trata de que Venezuela, en el momento más crítico de su historia política reciente, se está quedando sin medios libres e independientes y a merced de una sola visión de país.

Nuestro compromiso de hoy es el compromiso de siempre; buscar y decir la verdad; ser la voz de los que no la tienen; escuchar sus denuncias; interpretar sus necesidades; gestionar soluciones y ser interlocutores del pueblo y los centros de poder. La verdad nos hace libres, pero también incómodos para todos los gobiernos.

Reivindicamos los principios fundamentales de nuestra profesión: 'El periodista tiene la verdad como norma irrenunciable (...) y como profesional está obligado a actuar de manera que ese principio sea compartido y aceptado por todos'. Artículo 4 Código de Ética del Ejercicio Profesional del Periodista.

'El periodista se debe fundamentalmente al pueblo, el cual tiene derecho a recibir información (...). Artículo 6 Código de Ética del Ejercicio Profesional del Periodista.

'El periodista está obligado a respetar y defender la verdad, la libertad de expresión y el desarrollo autónomo e independiente de nuestro pueblo (...).' Artículo 5 Código de Ética del Ejercicio Profesional del Periodista"[119].

El desenlace de toda esta cadena de acontecimientos, para el primer canal de noticias de Venezuela, no fue otro que la pérdida para la democracia y para el ejercicio del periodismo sin sumisión al gobierno, de un verdadero bastión de la libertad de información y de expresión. Los que resistieron hasta donde les fue posible y los que todavía pudieran estar resistiendo, les cabe la satisfacción del deber cumplido.

Globovisión, sus originales propietarios, sus comunicadores, técnicos y personal en general, quedaron marcados para siempre, en la historia del periodismo venezolano, como el ejemplo a seguir de todo aquel que quiera defender los valores de la democracia; como los que bregaron por presentar el acontecer nacional e internacional ceñidos a los principios del ejercicio del periodismo, a riego de su seguridad personal, de su seguridad económica e incluso a riego de sus propias vidas.

G. *La situación derivada de la conformación de la denominada "Hegemonía Comunicacional y del uso desmedido de los medios que lo integran*

La otra cara de este resumen de hechos directos contra la libertad de expresión y de información, dada la forma sesgada y carente de objetividad de presentar las noticias, aparte de ser instrumentos de lucha política desde donde se hacen campañas para favorecer abierta y descaradamente la posición oficial o falsear las posturas de la oposición democrática, lo constituye el uso exorbitante, exagerado, colosal y desmedido del espectro radioeléctrico por el fallecido líder de la "revolución bolivariana" –y también por su sucesor–.

---

[119] *Cfr.* http://www.el-nacional.com/sociedad/Pronunciamiento-trabajadores-Globovision-Hora-Menguada_0_248975301.html

Por lo que respecta a la forma como utilizó la radio y la televisión el presidente fallecido para comunicar –lo que quisiera–, fundamentalmente a la población venezolana, debe señalarse que sin precedentes de ninguna índole dicho uso fue abusivo a más no poder. La llamada "Cadena Oficial", es decir la obligación de todos los medios privados de dejar de lado su programación y compromisos comerciales para conectarse con la red oficial de radio y televisión para transmitir con carácter obligatorio desde los anuncios oficiales que él hacía, tales como nombramientos o remoción de funcionarios, promesas de obras a ejecutarse, estampas de su infancia o de su época de cadete o de oficial de las Fuerzas Armadas, propaganda política; incluso para mostrar sus cualidades como cantante o recitador de versos, regaños a sus copartidarios y burlas y agresiones a líderes políticos de nuestro país o de países extranjeros, representantes de los sectores de la industria y del comercio, guías espirituales de diferentes religiones, es especial de la Iglesia Católica, sin exceptuar a mandatarios de otras naciones, fue característico de su gestión de gobierno.

Según datos elaborados por la organización "Reporteros sin Fronteras", "el presidente fallecido, entre el 2 de febrero de 1999, fecha de su primera investidura, y el 19 de diciembre de 2008, acudió a la vía de las "Cadenas" en mil ochocientas dieciséis (1.816) ocasiones totalizando un mil ciento setenta y nueve (1.179) horas de antena, lo que equivalió a cuarenta y nueve (49) días enteros."

Para el 2 de febrero de 2010, es decir cuando se conmemoraba los once años de haber llegado al poder, el presidente fallecido alcanzó la cadena número dos mil (2000), lo cual equivalió a haber hablado durante todo ese tiempo y por medio de la "cadena oficial", un día sí y otro no. Esta práctica no ha cesado con su sucesor; entre el día de su ascensión al poder –15 de abril de 2013– y el 15 de noviembre del mismo año, Maduro encadenó los medios de comunicación durante noventa (90) horas y veintisiete (27) minutos. Luego, entre el 16 de noviembre, día de inicio de la campaña electoral concerniente a las elecciones del 8 de diciembre de 2013 y el 29 de noviembre de ese mismo año, el tiempo en el que Maduro utilizó la "Cadena Oficial" para hacer proselitismo político en favor de sus correligionarios, fue de nueve (09) horas, diez (10) minutos y veintidós (22) segundos[120].

Atinente, a la conformación de la plataforma de medios de comunicación pertenecientes al sector oficial, debe expresarse que por medio de Andrés Izarra, designado Ministro de Comunicación e Información en el año 2004, el gobierno de la revolución bolivariana anunció lo que en lo sucesivo sería la política informativa; es decir, el empleo del mayor número posible de medios de comunicación dirigidos a contrarrestar o neutralizar las informaciones aparecidas en los medios independientes con los cuales no estuviera de acuerdo el gobierno; a lograr lo que el ministro Izarra llamó en ese momento, "la hegemonía comunicacional", no sólo para difundir noticias y opiniones favorables al gobierno, sino también para tergiversar sucesos, intimidar a la oposición, a los comunicadores y a los dueños de medios y a generar entre éstos últimos autocensura.

Se encuentran conformando esta plataforma comunicacional, entre otros, los siguientes medios radiales y televisivos: "Venezolana de Televisión VTV", "TELESUR", "VIVE", "ANTV", "Radio Mundial C. A.", "Radio Zulia C.A.", "Radio Margarita C.A.", "Radiodifusora Los Andes" "Radio Nacional de Venezuela", "Agencia Venezolana de Noticias, C.A.", "La Radio del Sur C.A.", "TEVES", "Ávila TV", "Correo del Orinoco", "VEA", "EDUMEDIA", "A.N. Radio", "Villa del Cine", "CNTI", "Cendit", "RedTV", "Colombeia", "Conciencia TV"[121] y, desde el 28 de diciembre de 2013, la televisora de la Fuerza Armada Nacional Bolivariana (TvFanb).

Pero es más, al lado de los medios oficiales existentes para el año 1999, se encuentran ahora los llamados "Medios Paraestatales o Medios Parapúblicos" mejor conocidos como "Medios Alternativos y Comunitarios"; es decir, los que se han venido estructurando paulatinamente con el apoyo que a éstos les brinda el Estado, aun cuando no podría afirmarse que sean de propiedad directa suya. El citado apoyo es prestado fundamentalmente a través del otorgamiento de

---

[120] *Cfr*. http://monitoreociudadano.org/cadenometro/

[121] *Cfr*. http://www.minci.gob.ve/category/comunitarios/; http://www.cona tel.gob.ve/#total

la concesión, suministro de publicidad, tecnología, dotación de sedes y, de forma especial, con los recursos que reciben por vía del presupuesto nacional. Más de doscientas cincuenta emisoras comunitarias han surgido al amparo del "Socialismo del Siglo XXI"[122]. En cuanto a prensa escrita, pueden citarse entre otros, los siguientes periódicos: "Marea Roja"; "KrayacK", "El Negrero", "El Petarazo", "Acontecer", "…Y Ahora" y la "Voz de Cabruta/Caicara".

Los medios oficiales en su totalidad, integrados bajo el denominado "Sistema Bolivariano de Comunicación e Información"[123] pasan en la actualidad de setecientos[124].

---

[122] *Cfr.* "Ministerio del Poder Popular para la Comunicación. Proyecto de Ley de Presupuesto 2013

La información proyecto: cód. n. e: 118517 cód. ppto: 360058000. Fortalecimiento de los medios alternativos y comunitarios. Unidad de medida: medio alternativo comunitario cantidad: fem. (0) más (0) total (150); asignación presupuestaria: 2.826.870. Directriz estratégica: profundización de la democracia protagónica revolucionaria. Objetivo estratégico: utilizar los medios de comunicación, como instrumentos de formación en valores ciudadanos. Objetivos específicos: fortalecer los medios alternativos y comunitarios. Resultado: fortalecimiento de los medios alternativos y comunitarios. Resumen de créditos presupuestarios (en bolívares): Presupuesto 2013: 4.01. Gastos de personal 2.246.557. 4.03. Servicios no personales 580.313. Total: 2.826.870."

[123] *Cfr. Gaceta Oficial* N° 9.422 del 19 de marzo de 2013 y la siguiente dirección electrónica http://www.radiomundial.com.ve/article/desde-este-s%C3%A1bado-comunidades-se-podr%C3%A1n-registrar-en-la-p%C3%A1gina-del-sib ci-audio: "El Sistema Bolivariano de Información y Comunicación es un sistema para integrar, socializar y ejecutar la política comunicacional del Gobierno Bolivariano con eficacia, eficiencia y calidad revolucionaria. Incluye ámbitos de la comunicación más allá de los medios convencionales, como la comunicación directa y la comunicación de calle. Asimismo, impulsa la construcción colectiva de contenidos basados en los valores socialistas y la identidad de nuestros pueblos. Se crea para fortalecer la soberanía comunicacional de Venezuela."

[124] "El SIBCI, es parte de una estrategia comunicacional de calle, que tiene como actor principal al Pueblo, siendo parte de una resultante, que debe confrontar la realidad con su verdad contundente, contra las mentiras de los medios de la derecha. Parte de este tema lo estamos desarrollando en la (sic) contenido del diplomado, partiendo de un excelente material denominado "La Otra Comunicación" (agitación y propaganda), donde partiendo de la triunfante experiencia de la revolución de octubre en la antigua Unión de Repúblicas Socialistas Soviéticas

Para concluir este punto, es pertinente poner de manifiesto que dentro de los objetivo del llamado "Ley del Plan de la Patria. Segundo Plan Socialista de Desarrollo Económico y Social de la Nación 2013-2019", se encuentra: "*1.1.5.9. Conformar un sistema de medios que contribuya a la organización sectorial para la defensa integral de la Patria, con énfasis en la consolidación de nuevos medios y formas de producir contenidos en la frontera con relevancia de los valores patrióticos y socialistas*"[125].

De manera que la conformación y consolidación de la "Hegemonía Comunicacional", es una realidad avasallante y excluyente de los medios independientes del ramo de las comunicaciones.

> H. *El conjunto de normas de rango legal y sub legal que han sido dictadas para incidir restrictivamente en el ámbito de las garantías constitucionales relativas a la libertad de expresión y de información*

Adicional a las vías precedentemente referidas en los puntos que anteceden, empleadas por la "Revolución del Socialismo del Siglo XXI" para reducir al mínimo la garantía de la libertad de expresión y de información, la legislación dictada, fundamentalmente con tal propósito, ha jugado un papel muy importante.

(URSS), nos recrea la acción comunicacional de la vanguardia del partido, en articulación con la acción del gobierno, haciendo las salvedades históricas y sociológicas con aquella realidad, planteo como propuesta teórica, que el SIBCI, se debe pasease en esta perspectiva, manteniendo la autonomía de los colectivos y demás movimientos sociales, cerrando filas en la defensa de la Patria en la acción comunicacional unísona. La guerra de IV generación, deja como un juego de niños la realidad de 1917 que confrontaron los compañeros bolcheviques, pero su acción militante y comprometida con la patria, es el eje transversal, y lo que queremos resaltar, más allá, de lo que se pueda, calificar como ortodoxia política, hay que revindicar la acción de todo un pueblo contra la agresión imperialista, como lo confronta hoy, el pueblo venezolano y todos los pueblos que luchan contra la explotación." El anterior texto fue tomado del medio electrónico pro oficialista, denominado "Difunde la verdad", ubicable en la siguiente dirección electrónica: http://www.difundelaverdad.org.ve/opinion/el-sibci-propaga-y-organiza/#.UhJyZ tLCb_A

[125] *Cfr. Gaceta Oficial* de la República Bolivariana de Venezuela N° 6.118 Extraordinario, 4 de diciembre de 2013.

En efecto, aparte de leyes especiales sobre la materia, también se han dictado normas de rango sub legal que han venido a conformar un andamiaje jurídico que le da fundamento a las acciones dirigidas contra los medios de comunicación privados para controlarlos a su antojo o para que se autocensuren al extremo. Veamos, seguidamente, cuál ha sido esa legislación.

a.   *"Ley de Telecomunicaciones del año 2000"*

Lo primero que hay que señalar al abordar este punto, es que la Ley Orgánica de Telecomunicaciones aprobada en Junio del año 2000, convirtió a la Comisión Nacional de Telecomunicaciones (CONATEL), que existía desde 1991, en el organismo clave en la política de control de los medios informativos privados. Lo manifestamos de esta manera, ya que nunca se ha visto actuación alguna de dicho ente contra medios estatales, no porque no haya habido oportunidades para un accionar ejemplarizante cuando de ofender la moral pública, denigrar de personas e instituciones de la manera más soez y prevalida de encontrarse al amparo de todos los órganos de los poderes públicos, se trata. En efecto, durante el tiempo en que estuvieron al aire los programas oficialistas "La Hojilla" y "Los Papeles de Mandinga", se constituyeron en dos ejemplos de lo que es el abuso del poder, habida cuenta que desde allí –prácticamente como política de Estado– empleando para ello el canal de televisión de todos los venezolanos, se mancilló hasta más no poder a todo el que disintiera del "Socialismo del Siglo XXI"[126].

No hubo forma de que CONATEL actuara para exigir de los conductores de dichos programas la sujeción a la Constitución y demás leyes de la república conexas con la materia: la Ley Orgánica de Telecomunicaciones, y a partir de 2004, la Ley de Responsabilidad en Radio y Televisión". Ambos programas fueron sacados de la programación de VTV a mediados de año 2013 –luego de la ausen-

---

[126] "El conductor del programa "La Hojilla", fue exonerado de responsabilidad penal por el proceso que le seguía Miguel Henrique Otero, presidente de "El Nacional", por haberse referido a él en uno de sus programas como "hijo de puta", expresión que hasta la fecha había sido considerada ofensiva. La juez que conoció de la causa argumentó que ésta no es difamatoria ni injuriante, sino que corresponde al ejercicio de la libertad de expresión". *Cfr.* Informe21.com en la siguiente dirección electrónica: http://informe21.com/node/109987

cia del presidente fallecido– por criticar políticas y personalidades de la "Revolución Bolivariana", pero no porque transgredieran –como lo hicieron– el ordenamiento jurídico hasta el extremo.

De manera que la Ley Orgánica de Telecomunicaciones transformó a CONATEL en un instituto dotado de personalidad jurídica, patrimonio propio e independiente del fisco nacional, con autonomía técnica, financiera, organizativa, normativa y administrativa[127], el cual, desde el 9 de diciembre de 2013, es un ente adscrito administrativamente al Ministerio del Poder Popular para la Comunicación e Información (MINCI), que tiene, entre otros, objetivos: ejecutar políticas de regulación y promoción en materia de responsabilidad social en los servicios de radio, televisión y medios electrónicos; ejecutar políticas de fomento de las producciones nacionales y programas especialmente dirigidos a niños, niñas y adolescentes, en el ámbito de aplicación de la Ley; abrir de oficio o a instancia de parte, los procedimientos administrativos derivados de la Ley, así como aplicar las sanciones y dictar los demás actos a que hubiere lugar de conformidad con lo previsto en la Ley de Responsabilidad en Radio, Televisión y Medios Electrónicos[128].

La aprobación de la Ley Orgánica de Telecomunicaciones, trajo consigo la derogatoria de la Ley de Telecomunicaciones del año 1940, que rigió la materia de las comunicaciones por más de sesenta años. La elaboración del citado texto legal se produjo en un momento en el que el "gobierno Bolivariano", no se había manifestado proclive a adoptar el comunismo, ni a enfrentar a la disidencia por medio del *apartheid* que, luego de los sucesos de año 2002, estableció contra sus opositores. Por ello, el proyecto de la citada Ley fue consultado con los diferentes sectores vinculados a la materia; incluso, su articulado propugnó la libre competencia en la provisión de servicios de telecomunicaciones para erradicar la tendencia monopólica existente hasta ese momento en el sector de las comunicaciones.

---

[127] El 5 de Septiembre de 1991, por Decreto N° 1.826, el Presidente Carlos Andrés Pérez creó la Comisión Nacional de Telecomunicaciones, organismo autónomo, sin personalidad jurídica y con jerarquía de una Dirección General Sectorial, adscrito al Despacho del Ministro de Transporte y Comunicaciones.

[128] *Cfr.* Artículo 19 de la Ley RESORTE

En efecto, la Ley Orgánica de Telecomunicaciones del año 2000, previó la posibilidad de que personas de cualquier nacionalidad, siempre que estuvieran domiciliadas en el país, sin perjuicio de lo dispuesto en los tratados internacionales suscritos y ratificados por la República, podían ser destinatarias de las habilitaciones administrativas para realizar actividades de telecomunicaciones, así como de concesiones para el uso y explotación del espectro radioeléctrico. Se estableció, además, que la participación de la inversión extranjera en el ámbito de las telecomunicaciones sólo podrá limitarse en el caso de los servicios de radiodifusión sonora y televisión abierta.

La Ley Orgánica de Telecomunicaciones fue publicada en la *Gaceta Oficial* N° 36.970 del 12 junio del año 2000, rigió hasta el 28 de diciembre de 2010, fecha en que la *Gaceta Oficial*. N° 6.015, Extraordinaria, de esa misma data, dio cuenta de la reforma parcial de que fue objeto. Debido a un error material en el que se incurrió en esa ocasión, fue reimpresa en la *Gaceta Oficial* N° 39.610 del 07 de febrero de 2011.

La vigente Ley Orgánica de Telecomunicaciones consta de doce títulos que tratan sobre las siguientes materias: Título I, Disposiciones Generales; Título II, De los Derechos y Deberes de los Usuarios y Operadores; Título III, De la Prestación de Servicios y del Establecimiento y Explotación de Redes de Telecomunicaciones; Título IV, De la Administración Pública y Telecomunicaciones; Título V, Del Desarrollo del Sector Telecomunicaciones; Título VI, De los Recursos Limitados; Título VII, De la Interconexión; Título VIII, De los Radioaficionados; Título IX, De la Homologación y Certificación; Título X, De los Precios y Las Tarifas; Título XI, De los Impuestos Tasas y Contribuciones Especiales y Título XII, Del Régimen Sancionatorio. Los citados Títulos comprenden ciento ochenta y nueve artículos; tiene, además, doce disposiciones transitorias, una disposición derogatoria y veintiún disposiciones finales.

Dentro de las características que tiene esta versión reformada a fínales de 2010 y reimpresa su publicación, como hemos dicho, en el 2011, se pueden anotar las siguientes:

a. El órgano rector en telecomunicaciones, sigue siendo la Comisión Nacional de Telecomunicaciones (CONATEL), que es un Instituto Autónomo dotado de autonomía técnica, financiera, organizativa y administrativa.

b. Se amplían las potestades sancionatorias restrictivas del Estado sobre la totalidad del sector atinente a los servicios o redes que administran medios de radio o televisión, y toda la actividad de comunicación que se realiza a través del espectro radioeléctrico del país.

c. El régimen sancionatorio por las infracciones al articulado de la Ley, sigue estando a cargo de CONATEL.

d. La Ley declara como "servicio e interés público", el establecimiento o explotación de las redes de telecomunicaciones y la prestación de servicios de "radio, televisión y producción nacional audiovisual o sonora", para cuyo ejercicio se requerirá la obtención de un título por habilitación administrativa, concesión o permiso emitidos por CONATEL.

e. La duración de las habilitaciones administrativas no podrá exceder de quince años y pueden ser renovadas por un tiempo igual, siempre que su titular haya cumplido con las previsiones de la Ley y de la propia habilitación.

f. En materia sancionatoria, las posibilidades de su aplicación a los que se encuentran sujetos a la Ley son excesivamente amplias, la discrecionalidad abunda y el empleo de "conceptos jurídicos indeterminados" para calificar una situación como irregular y motivar la aplicación de la sanciones es excesiva. Por ejemplo, el artículo 107 dispone que *No se otorgará la concesión de uso del espectro radioeléctrico a quienes, a pesar de haber sido escogidos de conformidad con las modalidades establecidas en la Ley, sin embargo estén incurso en los siguientes supuestos:*

(*Omissis*).

5. Cuando surjan circunstancias atinentes a la seguridad del Estado, que a juicio del Presidente o Presidenta de la República, hagan inconveniente su otorgamiento".

Por su parte, el artículo 170 expresa que "Sin perjuicio de las multas que corresponda aplicar de conformidad con lo previsto en esta Ley, serán sancionados con la revocatoria de la habilitación administrativa o concesión, según el caso:

(*Omissis*).

1. El que incumpla los parámetros de calidad, cobertura y eficiencia que determine la Comisión Nacional de Telecomunicaciones".

Para concluir este punto, otro ejemplo de estas amplias potestades restrictivas, sancionatorias y de control a las que nos venimos refiriendo, la encontramos en la siguiente disposición:

"Artículo 191. Disposición Final primera: No se otorgarán habilitaciones administrativas, concesiones o permisos a personas naturales o jurídicas que hubieren ostentado una habilitación, concesión o permiso revocado..."

Como lo afirmamos precedentemente, los tres ejemplos que anteceden son elocuentes y demostrativos de las facultades sancionatorias que están presentes en la Ley de Telecomunicaciones a las que puede recurrir el ente rector en esta materia y que se traducen, a no dudarlo, en limitaciones o restricciones a las garantías constitucionales relativas a la libertad de expresión y de información.

b. *"Ley de Responsabilidad Social en Radio, Televisión y Medios Electrónicos" del 22 de diciembre de 2010, reimpresa el 07 de febrero de 2011*

El texto legal arriba mencionado se inserta dentro de la escalada legislativa dirigida, fundamentalmente, a restringir las garantías constitucionales relativas a la libertad de expresión y de información. Fue publicada por vez primera en la Gaceta Oficial, el 7 de diciembre de 2004, como "Ley de Responsabilidad Social en Radio, Televisión" y entró a regir, por disponerlo así la propia Ley, el 8 de diciembre de 2004[129]. Fue reformada parcialmente el 12 de diciembre de 2005[130] y luego fue objeto de otra reforma parcial, el 22 de diciembre de 2010[131]. Esta última reforma comenzó por cambiar el nombre de la Ley. Pasó a denominarse desde entonces, "Ley de

---

[129] *Cfr. Gaceta Oficial* N° 38.081 del 07-12-2004

[130] *Cfr. Gaceta Oficial* N° 38.333 del12-12-2005

[131] *Cfr. Gaceta Oficial* N° 39.579 del 22-12-2010

Responsabilidad Social en Radio, Televisión y Medios Electrónicos". Esta versión fue reimpresa el 7 de febrero de 2011[132] por los errores que contenía la aludida publicación del 22 de diciembre de 2010.

Se trata de un texto legal conformado por 35 artículos comprendidos en 7 capítulos, 10 disposiciones transitorias y 2 disposiciones finales, que regula el funcionamiento y el contenido de los mensajes de los diferentes medios de comunicación en sus versiones de radio, televisión y medios electrónicos, léase "internet", no obstante que este vocablo no aparece en ninguna parte de su articulado.

Su objeto y ámbito de aplicación, según reza lo establecido en el artículo 1, es el siguiente:

> *"establecer, en la difusión y recepción de mensajes, la responsabilidad social de los prestadores de los servicios de radio y televisión, proveedores de medios electrónicos, los anunciantes, los productores y productoras nacionales independientes y los usuarios y usuarias, para fomentar el equilibrio democrático entre sus deberes, derechos e intereses a los fines de promover la justicia social y de contribuir con la formación de la ciudadanía, la democracia, la paz, los derechos humanos, la cultura, la educación, la salud y el desarrollo social y económico de la Nación, de conformidad con las normas y principios constitucionales de la legislación para la protección integral de los niños, niñas y adolescentes, la cultura, la educación, la seguridad social, la libre competencia y la Ley Orgánica de Telecomunicaciones".*

Tal como ocurría con los textos que la antecedieron, el artículo 5 clasifica los programas que se transmiten a través de la radio, de la televisión y de los medios electrónicos, en cinco (05) tipos diferentes. Estos son: en primer lugar, los programa culturales y educativos; en segundo lugar, los programas informativos; en tercer lugar, los programas de opinión; en cuarto lugar, los programas recreativos o deportivos y, en quinto y último lugar, los denominados programas mixtos. Cada una de las diferentes categorías precedentemente referidas, cuenta con su correspondiente descripción definito-

---

[132] *Cfr. Gaceta Oficial* N° 39.610 del 07-02-11

298

ria, caracterizada por la ambigüedad, e imprecisión al momento de establecer dichas categorías. Esta es una de las principales críticas que ha merecido, desde un primer momento, este instrumento legal.

El artículo 6, por su parte, es otra de las normas que raya, *in extremis*, en la vaguedad e imprecisión al *"definir, a los efectos de ley"* lo que debe entenderse por *"elementos de lenguaje"*, *"elementos de salud"*, *"elementos de sexo"* y *"elementos de violencia"*, para lo cual crea categorías que identifica con las letras "A", "B" y "C".

Para que se pueda apreciar el señalamiento que hacemos acerca de esta disposición, copiamos de la categoría *"elementos de salud"*, la explicación que hace la norma en los literales "a" y "b", descriptivos del citado elemento:

"a) Tipo "A". Textos, imágenes o sonidos utilizados para la divulgación de información, opinión o conocimientos sobre la prevención, tratamiento o erradicación del consumo de alcohol, tabaco, sustancias estupefacientes o psicotrópicas, así como de la práctica compulsiva de juegos de envite y azar y de otras conductas adictivas que puedan ser presenciados por niños, niñas y adolescentes <u>sin que se requiera la orientación de madres, padres, representantes o responsables</u>. " (El subrayado es nuestro).

"b) Tipo "B". Textos, imágenes o sonidos utilizados para la divulgación de información, opinión o conocimientos sobre la prevención, tratamiento o erradicación del consumo de alcohol, tabaco, sustancias estupefacientes o psicotrópicas, así como de la práctica compulsiva de juegos de envite y azar y de otras conductas adictivas, que de ser presenciados por niños, niñas y adolescentes <u>requieran la orientación de sus madres, padres, representantes o responsables</u>. " (El subrayado es nuestro).

La nota distintiva entre los literales "a" y "b" que preceden, descriptivos como categorías "A" y "B" del concepto **elementos de salud**, viene dado porque los "niños", "niñas" y "adolescentes" requieran o no "la orientación <u>de sus madres, padres, representantes o responsables</u>".

La pregunta que de inmediato surge y que deben formularse "los prestadores de los servicios de radio y televisión, proveedores de medios electrónicos, los anunciantes, los productores y productoras nacionales independientes y los usuarios y usuarias" ante esta descripción del concepto "elementos de salud", y en un hipotético programa de "opinión", por ejemplo, sobre "el tratamiento" de la "práctica compulsiva de juegos de envite y azar y de otras conductas adictivas", es si ese programa se subsume en la categoría "A" o en la "B" por requerir la "orientación de sus madres, padres, representantes o responsables". Dicho de otra manera, ¿cuál es el límite –en un programa de opinión de la señalada índole– que determinará la orientación o no de las "madres, padres, representantes o responsables" de los "niños", "niñas" y "adolescentes", radioescuchas o telespectadores?

La Ley a la que nos venimos refiriendo le otorga un papel de superioridad al Estado, como si éste fuera una especie de ente rector de toda la sociedad, lo cual se observa en el conjunto de disposiciones atributivas de facultades que, por excesivas, se traducen en un verdadero atentado a las garantías constitucionales en materia de libertad de información y de expresión. Tales facultades son, por lo demás, inaceptables en una verdadera democracia y en un verdadero Estado de derecho y de justicia.

Aludimos, por ejemplo, a la previsión contenida en el artículo 7, atinente al señalamiento de los tipos, bloques de horario y restricciones por horario; a la regulación establecida en el artículo 8 que fija los tiempos para publicidad, propaganda y promociones; al precepto contenido en el artículo 9, concerniente a las restricciones en materia de publicidad y propaganda; al artículo 10, que es el que establece las modalidades de acceso del estado a espacios gratuitos y obligatorios y la expresa prohibición a los prestadores de servicio de interferir los mensajes y alocuciones del Estado y, finalmente, el artículo 17, relativo a la llamada "democratización de los servicios de difusión por suscripción", en el que se exige de forma gratuita un canal de transmisión para producción nacional independiente y comunitario, con predominio de programas culturales y educativos, que será gestionado por el órgano competente del Estado en la materia.

En efecto, como hemos visto, la ley le otorga al Gobierno la potestad de clasificar los mensajes por su propia cuenta y según su criterio. Como consecuencia de ello, puede ordenar severas medidas cautelares de prohibición de acceso a fuentes de contenido, con el agravante de que sólo por medio de actos administrativos pueden tomarse tales medidas, haciendo juez y parte al censor y al habilitador del servicio.

Por todo esto, el régimen sancionatorio establecido en el artículo 28 y siguientes de la ley es corrosivamente punitivo. Revela, abiertamente y sin ambages, el papel de especie de *"Pater familias"* en que sitúa al Estado para que sea éste el que, finalmente, termine decidiendo qué emisora radial debe escucharse o qué canal de televisión debe ser sintonizado. Ciertamente, los artículos 28 y 29 prevén 90 diferentes tipos de sanciones, susceptibles de ser aplicadas por la autoridad competente.

A título de ejemplo de hechos que pueden acarrear sanciones de multas, copiamos la establecida en el artículo 29, según el cual *"Los sujetos de aplicación de esta Ley, serán sancionados:*

1) Con multa de hasta un 10% de los ingresos brutos causados en el ejercicio fiscal inmediatamente anterior a aquél en el cual se cometió la infracción, y/o suspensión hasta por setenta y dos horas continúas de sus transmisiones, cuando difundan mensajes que:

a) Promuevan, hagan apología o inciten a alteraciones del orden público;

b) Promuevan, hagan apología o inciten al delito;

c) Inciten o promuevan el odio o la intolerancia por razones religiosas, políticas, por diferencia de género, por racismo o xenofobia.

d) Promuevan la discriminación;

e) Utilicen el anonimato.

f) Constituyan propaganda de Guerra.

g) Fomenten la zozobra en la ciudadanía o alteren el orden público.

h) Desconozcan las autoridades legítimamente constituidas.

2. Con revocatoria de la habilitación y concesión, cuando difundan mensajes que:

a) Promuevan, hagan apología, inciten o constituyan propaganda de guerra;

b) Sean contrarios a la seguridad de la Nación;

c) Induzcan al homicidio.

Igualmente serán sancionados con la revocatoria de la habilitación administrativa y concesión, cuando haya reincidencia en la sanción del numeral 1 de este artículo, referida a la suspensión hasta por setenta y dos horas continuas".

El penúltimo párrafo del mismo artículo 29, expresa que "las sanciones previstas en el numeral 1 serán aplicadas por el Directorio de Responsabilidad Social, de conformidad con el procedimiento establecido en esta Ley. La sanción prevista en el numeral 2 será aplicada por el órgano de adscripción de la Comisión Nacional de Telecomunicaciones, en ambos casos la decisión se emitirá dentro de los treinta días hábiles siguientes a la recepción del expediente por el órgano competente".

De todo lo que antecede puede afirmarse, sin lugar a dudas, que con la Ley de Responsabilidad Social en Radio, Televisión y Medios Electrónicos están seriamente comprometidos los principios de imparcialidad, autonomía, independencia y pluralismo de los órganos encargados de regular las telecomunicaciones en nuestro país. En un país con una verdadera democracia, su concepción ha debido ser que los medios de comunicación no estén subordinados, controlados o manipulados por los intereses del gobierno de turno.

Antes de concluir las breves consideraciones que hemos venido haciendo, es necesario señalar que el Directorio de Responsabilidad Social, previsto en el artículo 20, está conformado por el Director General de la Comisión Nacional de Telecomunicaciones, quien lo presidirá, y un representante por cada uno de los organismos siguientes: el Ministerio del Poder Popular u organismo con competencia en materia para la Comunicación y la Información, el Ministerio del Poder Popular u organismo con competencia en materia de Cultura, Ministerio del Poder Popular u organismo con competencia en materia Educación y Deporte, Ministerio del Poder Popular u organismo con competencia en materia de Pueblos Indígenas, el ente u organismo con competencia en materia de protección al consumidor y al usuario, el Instituto Nacional de la Mujer, el Consejo Nacional de Derechos de Niños, Niñas y Adolescentes, un representante por las iglesias, dos representantes de las organizaciones de los usuarios y usuarias inscritas ante la Comisión Nacional de Telecomunicaciones, y un docente en representación de las escuelas de comunicación social de las universidades nacionales. Siendo esto así, es evidente que el sector oficial es el que detenta la mayoría y sus actuaciones estarán dirigidas a satisfacer –como hasta ahora ha ocurrido– los intereses políticos partidistas del gobierno de la "revolución bolivariana".

El Directorio de Responsabilidad Social tiene, entre otras atribuciones, plenas competencias en materia de discusión y aprobación de las normas técnicas derivadas de la Ley de Responsabilidad Social en Radio, Televisión y Medios Electrónicos; en lo concerniente a la imposición de las sanciones que ella prevé; en la discusión y aprobación de las recomendaciones que se deban proponer a la persona titular del órgano de adscripción de la Comisión Nacional de Telecomunicaciones, en cuanto a la revocatoria de habilitaciones o no renovación de las concesiones, así como la aprobación y erogación de recursos del Fondo de Responsabilidad Social, y, por último, las demás que se deriven de la Ley

De manera que, además de todo lo anteriormente expresado, el Directorio de Responsabilidad Social, en el cual el ejecutivo, como vimos, tiene la potestad de nombrar a la mayoría de sus integrantes, no requiere de éstos la condición ser conocedores de la materia ni independientes. En cambio, los medios de comunicación, de radio y televisión, que son regulados a través de esta ley, su posibilidad de participación es prácticamente insignificante.

En conclusión, la Ley ha dado sus frutos en lo atinente a la imposición de multas y a lograr, como ha ocurrido, que la autocensura se imponga permanentemente para evitar la imposición de las elevadas sanciones pecuniarias antes mencionadas. No hay duda alguna que las reformas introducidas tanto en esta Ley como en la Ley Orgánica de Telecomunicaciones, estuvieron orientadas a conferir poderes adicionales a los que dichos textos legales ya habían otorgado en sus versiones primigenias a los organismos reguladores ya mencionados; así como nuevas responsabilidades principalmente a la emisoras de radio y a los canales de televisión, incluso a los de suscripción "por cable", a los medios electrónicos y también a los proveedores de servicios, sin excluir a los propios usuarios de la red global internet.

c. *"Ley Orgánica para la Protección del Niño,*
Niña y del Adolescente"

Abstracción hecha de que el Estado tiene entre sus obligaciones la de proteger íntegramente la vida, la formación y educación de los niños y adolescentes y la de velar por su sano desarrollo y crecimiento, es evidente que una información no acorde con esos supremos intereses puede afectar, a unos y otros, y es absolutamente procedente y lógico que se adopten medidas para lograrlo de manera plena y eficaz.

Por ello, bajo la vigencia de la Constitución de 1961, se dictó la Ley Orgánica para la Protección del Niño y del Adolescente que fue publicada en la *Gaceta Oficial* N° 5.266 Extraordinario del 02 de octubre de 1998. Este texto legal, previó una *vacacio legis* de dos años, de manera que su artículo 683° dispuso que entraría en vigencia el primero de abril del año 2000.

El precitado texto legal, especie de Código de Menores por la diversidad de materias que comprendió y reguló en un articulado superior a las seiscientas disposiciones, tuvo el buen cuidado de prever en su articulado, normas expresas que, inevitablemente eran limitativas de la garantía de la libertad de expresión establecida en el artículo 66 de la referida Constitución de 1961, pero que encontraban asidero en el artículo 74, ejusdem, según el cual "La maternidad será protegida, sea cual fuere el estado civil de la madre. Se dictarán las medidas necesarias para asegurar a todo niño, sin discriminación alguna, protección integral desde su concepción hasta su completo desarrollo, para que este se realice en condiciones materiales y morales favorables."

Así las cosas, el legislador ordinario de la época conjugó las dos garantías constitucionales señaladas, y con el equilibrio que la materia demandaba, incorporó en la precitada Ley Orgánica de Protección de Niños y Adolescentes, disposiciones respecto de las cuales la exposición de motivos, señaló lo que se trasunta de inmediato:

"Existe consenso entre la sociedad y las autoridades estatales sobre la gravedad del problema de los niños y adolescentes y la información a la que tiene acceso. A pesar que esta Ley no es la llamada a solventarlo en su globalidad, se consideró oportuno establecer algunas limitaciones en torno al tema, debido a que por imperativo de la

Convención se debe consagrar expresamente y proteger los derechos de la libertad de expresión y de la información. En este sentido se estableció en el artículo 68 que todos los niños y adolescentes tienen derecho a recibir, buscar y utilizar todo tipo de información pero siempre que esta sea acorde con su desarrollo y bajo los límites que les corresponde establecer a los padres, representantes y responsables. <u>Fundados en estas importantes limitaciones a este derecho, se desarrolló una serie de restricciones al acceso a determinadas informaciones y medios.</u> Para complementar estas limitaciones se estableció algunas disposiciones para impulsar una política pública de producción de informaciones dirigidas específicamente a niños y adolescentes." (El Subrayado es nuestro).

Ejemplos de las restricciones a la que hace mención la exposición de motivos de la precitada ley, fueron, entre otros, los artículos que se copian seguidamente:

"Artículo 70. Mensajes de los medios de comunicación acordes con necesidades de los niños, niñas y adolescentes.

Los medios de comunicación de cobertura nacional, estadal y local tienen la obligación de difundir mensajes dirigidos exclusivamente a los niños, niñas y adolescentes, que atiendan a sus necesidades informativas, entre ellas: las educativas, culturales, científicas, artísticas, recreacionales y deportivas. Asimismo, deben promover la difusión de los derechos, garantías y deberes de los niños, niñas y adolescentes.

Artículo 71. Garantía de mensajes e informaciones adecuadas.

Durante el horario recomendado o destinado a público de niños, niñas y adolescentes o a todo público, las emisoras de radio y televisión sólo podrán presentar o exhibir programas, publicidad y propagandas que hayan sido consideradas adecuadas para niños, niñas y adolescentes, por el órgano competente.

Ningún programa no apto para niño, niña y adolescente, podrá ser anunciado o promocionado en la programación dirigida a público de niños, niñas y adolescentes o a todo público.

Artículo 72. Programaciones dirigidas a niños, niñas y adolescentes.

Las emisoras de radio y televisión tienen la obligación de presentar programaciones de la más alta calidad con finalidades informativa, educativa, artística, cultural y de entretenimiento, dirigidas exclusivamente al público de niños, niñas y adolescentes, en un mínimo de tres horas diarias, dentro de las cuales una hora debe corresponder a programaciones nacionales de la más alta calidad.

Artículo 73. Del Fomento a la creación, producción y difusión de información dirigida a niños, niñas y adolescentes.

El Estado debe fomentar la creación, producción y difusión de materiales informativos, libros, publicaciones, obras artísticas y producciones audiovisuales, radiofónicas y multimedia dirigidas a los niños, niñas y adolescentes, que sean de la más alta calidad, plurales y que promuevan los valores de paz, democracia, libertad, tolerancia, igualdad entre las personas y sexos, así como el respeto a su padre, madre, representantes o responsables y a su identidad nacional y cultural.

Parágrafo Primero. El Estado debe establecer políticas a tal efecto y asegurar presupuesto suficiente, asignado específicamente para cumplir este objetivo.

Parágrafo Segundo. El órgano rector definirá las orientaciones generales a seguir por el Estado en materia de fomento de materiales informativos, libros, publicaciones, obras artísticas y producciones audiovisuales, radiofónicas y multimedia dirigidas a los niños, niñas y adolescentes. Asimismo, establecerá los requisitos generales en relación con el contenido, género y formatos que estos deben cumplir para recibir recursos financieros y asistencia del Estado.

Artículo 74. Envoltura para los medios que contengan informaciones e imágenes inadecuadas para niños, niñas y adolescentes.

Los soportes impresos o audiovisuales, libros, publicaciones, videos, ilustraciones, fotografías, lecturas y crónicas que sean inadecuados para los niños, niñas y adolescentes, deben tener una envoltura que selle su contenido y una advertencia que informe sobre el mismo. Cuando las portadas o empaques de éstos contengan informaciones o imágenes pornográficas, deben tener envoltura opaca.

Artículo 75. Informaciones e imágenes prohibidas en medios dirigidos a niños, niñas y adolescentes.

Los soportes impresos o audiovisuales, libros, publicaciones, videos, ilustraciones, fotografías, lecturas y crónicas dirigidos a niños, niñas y adolescentes no podrán contener informaciones e imágenes que promuevan o inciten a la violencia, o al uso de armas, tabaco o sustancias alcohólicas, estupefacientes o psicotrópicas.

Artículo 76. Acceso a espectáculos públicos, salas y lugares de exhibición.

Todos los niños, niñas y adolescentes pueden tener acceso a los espectáculos públicos, salas y lugares que exhiban producciones clasificadas como adecuadas para su edad.

Artículo 77. Información sobre espectáculos públicos, exhibiciones y programas.

Los y las responsables de los espectáculos públicos, salas y lugares públicos de exhibición deben fijar, de forma visible en la entrada del lugar, información detallada sobre la naturaleza del espectáculo o de la exhibición y su clasificación por edad requerida para el ingreso.

Ningún programa televisivo o radiofónico será presentado o exhibido sin aviso de su clasificación, antes de su transmisión o presentación.

Artículo 79. Prohibiciones para la protección de los derechos de información y a un entorno sano.

Se prohíbe:

a) Admitir a niños, niñas y adolescentes en espectáculos o en salas de exhibición cinematográficas, videográficas, televisivas, multimedia u otros espectáculos similares, así como en lugares públicos o privados donde se exhiban mensajes y producciones cuando éstos hayan sido clasificados como no adecuados para su edad.

b) Vender o facilitar de cualquier forma a niños, niñas y adolescentes o exhibir públicamente, por cualquiera de los multimedia existentes o por crearse, libros, revistas, programas y mensajes audiovisuales, información y datos en redes que sean pornográficos, presenten apología a la violencia o al delito, promuevan o inciten al uso de tabaco, sustancias alcohólicas, estupefacientes o psicotrópicas; o que atenten contra su integridad personal o su salud mental o moral.

c) Difundir por cualquier medio de información o comunicación, durante la programación dirigida a los niños, niñas y adolescentes o a todo público, programas, mensajes, publicidad, propaganda o promociones de cualquier índole, que promuevan el terror en los niños, niñas y adolescentes, que atenten contra la convivencia humana o la nacionalidad, o que los inciten a la deformación del lenguaje, irrespeto de la dignidad de las personas, indisciplina, odio, discriminación o racismo.

d) Propiciar o permitir la participación de niños, niñas y adolescentes en espectáculos públicos o privados, obras de teatro y artísticas, películas, vídeos, programas televisivos, radiofónicos y multimedia, o en sus ensayos, que sean contrarios a las buenas costumbres o puedan afectar su salud, integridad o vida.

e) Utilizar a niños, niñas y adolescentes en mensajes comerciales donde se exalte el vicio, malas costumbres, falsos valores, se manipule la información con fines contrarios al respeto a la dignidad de las personas o se promueva o incite al uso o adquisición de productos nocivos para la salud o aquellos considerados innecesarios o suntuarios.

f) Alojar a un niño, niña o adolescente no acompañado por su padre, madre, representantes o responsables o sin la autorización escrita de éstos o de autoridad competente en hotel, pensión, motel o establecimientos semejantes."

La Ley Orgánica de Protección de Niños y Adolescentes a la que nos hemos venido refiriendo fue objeto de una modificación bajo la vigencia de la Constitución de 1999. Así, en fecha 10 de diciembre de 2007, quedó derogada con la entrada en vigor de la "La Ley Orgánica de Protección de Niños, Niñas y Adolescentes" que entró a regir en esa misma fecha. Aparte de cambiarle el nombre a este texto legal para agregar en el título el vocablo "Niña", procedió a sustituir los montos de las sanciones de multas para que quedaran expresadas en Unidades Tributarias, pero en la parte que nos concierne por su relación con el contenido del presente trabajo, no hubo cambios. Las restricciones que ya figuraban para los medios de comunicación con respecto al manejo de información que, de una u otra manera pudiera afectar a los niños y adolescentes, permaneció inalterable.

Esta es una de esas materias que pone de manifiesto que el derecho a la información y la libertad de expresión, no es un derecho absoluto y que puede encontrar límites y restricciones como las que han quedado plasmadas precedentemente. De igual manera debe tenerse presente que una interpretación errada, acomodaticia y tergiversada, con propósitos o fines dirigidos a afectar la libre expresión de las ideas, puede traducirse en restricciones indebidas como sucedió con los casos del editorial humorístico del diario "Tal Cual" y la fotografía de "El Nacional", reproducida por el mismo diario "Tal Cual", referidos con anterioridad.

d. *Las Reformas del Código Penal*

En el año 2005[133] el Código Penal fue objeto de una importante reforma. Sin lugar a dudas, la animó el propósito de perseguir, fundamentalmente, a la disidencia política, toda vez que los llamados "delitos de desacato", es decir, los que penalizan la difusión de opiniones sobre funcionarios o el funcionamiento de las instituciones, no solamente no fueron eliminados conforme a las recomendaciones de la Convención Americana sobre Derechos Humanos, sino que de manera exagerada fueron aumentados la cuantía de la pena aplicable en la mayoría de los artículos reformados. Así ocurrió, por ejemplo, en los casos de los delitos de "difamación" e "injuria" que penalizan declaraciones que causan "daño" a la reputación de los funcionarios públicos, no obstante que, como lo ha venido sosteniendo la doctrina y la jurisprudencia de los organismos y tribunales concernientes a la materia de protección de los derecho humanos, esas figuras delictivas, deben despenalizarse porque no justifican restricciones a la libertad de expresión.

En efecto, los artículos, 147, 148 y 149 del referido Código Penal vinieron a prever castigos con una severidad inusitada por las "ofensas, de palabra o por escrito" o el "irrespeto", que se haga contra el Presidente, el Vicepresidente, los Ministros, Gobernadores de estados y miembros del Tribunal Supremo, los diputados de la Asamblea Nacional, los Rectores del Consejo Nacional Electoral, el Procurador General, el Fiscal General, el Defensor del Pueblo, el Contralor General de la República y los miembros del alto mando militar. La pena de prisión, para el caso de que el ofendido o irrespetado fuere el Presidente, oscila entre seis a treinta meses si la ofensa fuere grave, y con la mitad de ésta si fuere leve. La pena se aumentará en una tercera parte si la ofensa se hubiere hecho públicamente[134]. Si se tratare de los demás funcionarios antes menciona-

---

[133] *Cfr. Gaceta Oficial* N° 5.768 Extraordinario del miércoles 13 de abril de 2005 que reimprime la Reforma Parcial del Código Penal que había tenido lugar el 16 de marzo del mismo año 2005 (*G.O.* N° 5763 Extraordinario). En este Código citado en último término, fueron numerosos los errores, de fondo y de forma, en los que incurrió la Asamblea Nacional al sancionar dicha reforma.

[134] Artículo 147

dos, la referida pena se reducirá a su mitad, y a su tercera parte si se trata de los Alcaldes de los municipios[135].

Por si fuere poco, el Código dispone que quien "vilipendiare públicamente a la Asamblea Nacional, al Tribunal Supremo de Justicia o al Gabinete o Consejo de Ministros, así como a alguno de los consejos (SIC) legislativos de los estados o algunos de los tribunales superiores, será castigado con prisión de quince días a diez meses. En la mitad de dicha pena incurrirán los que cometieren los hechos a que se refiere este artículo, con respecto a los consejos (SIC) municipales. La pena se aumentará proporcionalmente en la mitad, si la ofensa se hubiere cometido hallándose las expresadas corporaciones en ejercicio de sus funciones oficiales"[136].

No puede existir duda alguna, que esta reforma ha traído consigo, fundamentalmente en los medios de comunicación, la llamada autocensura; y en el resto de los ciudadanos, un efecto inhibidor para criticar los frecuentes abusos de poder en que incurren quienes nos gobiernan, sin distingo de cuál es el órgano del poder público autor del atropello.

Antes de concluir este punto y en conexión con lo precedentemente expuesto, vale la pena tener presente que el general en situación de retiro, Francisco Usón, fue condenado a cinco años y seis meses de prisión por explicar cómo funcionaba un lanzallamas en el programa de televisión que conducía la comunicadora social en Televen, Marta Colomina.

Dicho comentario lo hizo, a propósito de un incidente ocurrido en Fuerte Mara, en el estado Zulia, en el que dos soldados resultaron muertos por quemaduras y otros seis resultaron gravemente heridos también por el fuego que abrazo sus cuerpos, debido a que la celda en que se encontraban detenidos, por castigos disciplinarios, fue atacada con un lanzallamas por alguien que, desde el exterior, activó esta arma contra los soldados allí recluidos. El comentario explicativo del general Usón, acerca del funcionamiento del lanzallamas, fue considerado injurioso para la Fuerza Armada, y, por tal razón, fue su condena.

---

[135] Artículo 148

[136] Artículo 149

310

Ahora bien, en virtud de que él general Francisco Usón, acudió al sistema interamericano de protección de los derechos humanos, la Corte Interamericana de Derechos Humanos sentenció que *"que la imposición de una responsabilidad ulterior al señor Usón Ramírez por el delito de injuria contra las Fuerzas Armadas violó su derecho a la libertad de expresión, ya que en la restricción a dicho derecho no se respetaron las exigencias de legalidad, idoneidad, necesidad y proporcionalidad. Consecuentemente, el Estado violó el principio de legalidad y el derecho a la libertad de expresión reconocidos en los artículos 9 y 13.1 y 13.2 de la Convención Americana, respectivamente, en relación con la obligación general de respetar y garantizar los derechos y libertades dispuesta en el artículo 1.1 de dicho tratado y el deber de adoptar disposiciones de derecho interno estipulado en el artículo 2 del mismo, en perjuicio del señor Usón Ramírez"*. La decisión dispuso, además, que el Estado venezolano debía cancelar, a título indemnizatorio, 100.000 dólares al general retirado y emplazó al Estado venezolano a que, "en un plazo razonable" modificara el artículo 505 del Código de Justicia Militar[137].

La Declaración Conjunta de los Relatores del OEA, ONU y Europa en el año 2002, ya había hecho claro un pronunciamiento conforme al cual "la difamación penal no es una restricción justificable de la libertad de expresión; debe derogarse la legislación penal sobre difamación y sustituirse, conforme sea necesario, por leyes civiles de difamación apropiadas"[138].

e. *Ley Contra los Ilícitos Cambiarios*

En fecha 14 de setiembre de 2005, apareció publicada en la Gaceta Oficial, el texto legal indicado en el acápite que antecede, cuyo objeto fue "establecer los supuestos de hecho que constituyen ilícitos cambiarios y sus respectivas sanciones". En efecto, se trata del instrumento legal por medio del cual se tipifican una serie de hechos que pueden ser considerados como delitos penales o ilícitos

---

[137] *Cfr.* http://www.corteidh.or.cr/tablas/fichas/usonramirez.pdf

[138] *Cfr.* http://www.oas.org/es/cidh/expresion/showarticle.asp?artID=87&lID =2

administrativos con sus respectivas sanciones, tanto penales como pecuniarias, respectivamente, derivadas de la situación de control de cambio existente en nuestro país desde el 5 de febrero de 2003, fecha en la cual se decretó el control de la paridad cambiaria; es decir, el control sobre la compra y la venta de divisas, con las subsecuentes restricciones para la libre convertibilidad de la moneda. Esta Ley fue reformada según consta en la *Gaceta Oficial* Extraordinaria N° 5.867 del 28 de diciembre de 2007 con el propósito de corregir algunas distorsiones en el ámbito económico que se produjeron con la aplicación de la Ley de 2005, reimpresa "por errores del ente emisor en la *Gaceta Oficial* del 27 de febrero de 2008, y precisar algunas normas relativas a la materia sancionatoria.

Uno de los artículos cuya redacción fue modificada en el ámbito mencionado en último término, fue el artículo 14 de la Ley del 2005, el cual pasó a ser el 19 en la versión reimpresa en 2008. El contenido de estos artículos viola las garantías de la libertad de expresión y de información al prohibir, tanto a personas naturales como jurídicas, todo tipo de oferta relativa a la compra o la venta de bienes y servicios en divisas. La sanción que acarreaba la infracción a esta norma era la imposición de "una multa del doble al equivalente en bolívares del monto de la oferta

Con la finalidad de regular con mayor precisión la prohibición precedentemente mencionada, la ley modificada en el 2007 y reimpresa como dijimos en el 2008, trajo otro artículo del siguiente tenor:

> "Artículo 17. Las personas naturales o jurídicas que ofrezcan, anuncien, divulguen de forma escrita, audiovisual, radioeléctrica, informática o por cualquier otro medio, información financiera o bursátil sobre las cotizaciones de divisas diferentes al valor oficial, serán sancionadas con una multa de mil unidades tributarias (1.000 U.T.).
>
> En caso de reincidencia la sanción será el doble de lo establecido en este artículo".

La Ley Contra los Ilícitos cambiarios fue nuevamente modificada en los años 2010 y 2013, según consta en la Gacetas Oficiales números 5975, Extraordinario de fecha 17 de mayo de 2010 y en la *Gaceta Oficial* Extraordinaria N° 6.117 del 04 de diciembre de 2013, respectivamente. Esta última versión de la mencionada Ley se hizo con el objeto de despenalizar la realización de operaciones relacionadas con moneda extranjera, limitadas al ofrecimiento, enajenación, transferencia, recepción de divisas por cualquier monto efectuados a través de personas naturales cuya residencia habitual sea la República y que tengan cuentas bancarias en moneda extranjera en la Banca Pública y la concerniente a la obligación de declarar ante CADIVI los dólares americanos que ingresen o egresen al país, por montos superiores a los diez mil dólares ($ 10.000,00).

Desde la entrada en vigor de la Ley en referencia en el año 2005, se pudo apreciar, claramente, el carácter exageradamente punitivo de este instrumento legal, caracterizado, sobre todo, por las trabas impuestas al sector productivo del país para realizar sus actividades comerciales y de importación de bienes; y por la propensión dirigida a evitar la divulgación del precio dólar paralelo que inevitablemente, en todo régimen de control de la libre convertibilidad de la moneda, se cotiza en el llamado "mercado negro".

El afán de evitar cualquier anuncio sobre la depreciación de nuestra moneda frente al dólar americano, principalmente, llevó al gobierno nacional en noviembre de 2013, a "bloquear" las páginas de internet que informan sobre la cotización del "dólar paralelo". Así, lo anuncio al país Nicolás Maduro el día 9 de noviembre de 2013, al expresar que "las páginas Dólar Today, Lechuga Verde, entre otras que publican precios del dólar paralelo, quedan fuera de Internet en Venezuela."

No contento con la anterior petición, el día 19 del citado mes y año la agencia de noticias Reuters dio cuenta de la solicitud que había hecho "el gobierno nacional a la red social Twitter de bloquear de inmediato una lista de usuarios y de enlaces a páginas web, con el argumento de que violan una ley que prohíbe divulgar el precio del dólar en el mercado paralelo en un país con un férreo control de cambios"[139].

Por ello, no sobra señalar que en fecha 1º de junio de 2011, los relatores especiales de libertad de expresión de las Américas, Europa, África, y las Naciones Unidas en una Declaración Conjunta sostuvieron "que los Estados tienen la obligación de promover el acce-

---

[139] *Cfr.* http://lta.reuters.com/article/domesticNews/idLTASIE9AI05M201 31119

so universal a Internet y no pueden justificar bajo ninguna razón la interrupción de ese servicio a la población, ni siquiera por razones de orden público o seguridad nacional. En principio, cualquier medida que limite el acceso a la red es ilegítima, a menos que cumpla con los estrictos requisitos que establecen los estándares internacionales para ese tipo de acciones"[140].

f.   *La Normativa de Rango Sublegal*

Sumado a todo lo anterior, el 1º de junio de 2010 fue emitido el Decreto Nº 7454, publicado en la *Gaceta Oficial* Nº 39.436 de esa misma fecha, mediante el cual se creó el **"Centro de Estudios Situacionales de La Nación" (CESNA)** con el propósito, así lo establece su artículo 5º, numeral 1º, de "Recopilar, procesar, analizar e integrar permanentemente las informaciones de interés del Ejecutivo Nacional suministradas por las instituciones del Estado y la sociedad, relacionadas con la situación actual sobre cualquier aspecto de interés nacional y sus tendencias de desarrollo". Se trata, ni más de menos de una estructura que con el pretexto de controlar los contenidos que puedan ser considerados lesivos a la estabilidad de la República, fácilmente podrían desviarse para restringir a capricho de la autoridad, la libertad de expresión.

El mencionado Decreto que dio vida al mencionado "Centro", fue derogado tres años después, en forma expresa, al disponerse la creación del **"Centro Estratégico de Seguridad y Protección de la Patria" (CESPPA)**. Ciertamente, por medio del Decreto Nº 458 del 07 de octubre de 2013, publicado en la *Gaceta Oficial* Nº 40.266 de idéntica fecha, que fue reimpresa diecisiete días después, se instituyó el prenombrado Centro Estratégico de Seguridad y Protección de la Patria que, al igual que el que le antecedió, creaba demasiada suspicacia con respecto a la suerte de la libertad de expresión en nuestro país.

En efecto, sin crear alarmas innecesarias, no deja de llamar la atención una norma como la que se copia seguidamente, máxime si se tiene presente el papel que ha jugado "la Revolución Socialista de Siglo XXI, con respecto al tema de la libertad de expresión.

---

[140]   *Cfr.* http://www.oas.org/es/cidh/expresion/showarticle.asp?artID=848&

Se trata del artículo 9 que dice así: "*El Director o Directora del Centro Estratégico de Seguridad y Protección de la Patria (en la versión primigenia "El Presidente o Presidenta") podrá declarar el carácter de reservada, clasificada o de divulgación limitada a cualesquiera información, hecho o circunstancia, que en cumplimiento de sus funciones tenga conocimiento o sea tramitada en el Centro Estratégico de Seguridad y Protección de la Patria, de conformidad con lo establecido en el artículo 59 de la Ley Orgánica de Procedimientos Administrativos y el artículo 171 del Decreto con Rango, Valor y Fuerza de Ley Orgánica de la Administración Pública.*" (El Paréntesis es nuestro).

En efecto, esta disposición faculta al Director del **CESPPA** para irrumpir, flagrantemente, contra las garantías constitucionales de la libertad de expresión y de información, so pretexto de preservar los "intereses de la Patria"

El Decreto en referencia fue reimpreso, como ya se dijo, "por fallas en los originales," según consta en la *Gaceta Oficial* 40.279 de fecha 24 de octubre; y, probablemente, atendiendo las críticas que, una vez publicado el mencionado Decreto, desató en diversos sectores de la colectividad, en especial el relativo a la esfera de los comunicadores sociales, se suprimió la expresión que aparecía en su artículo 3, según la cual la actividad que estaba llamada a realizar el Centro estaba dirigida a controlar "las informaciones de interés para el nivel estratégico de la nación, asociadas a la <u>actividad enemiga interna</u> o externa". (El subrayado es nuestro). En otras palabras, la norma en comento servía de base para calificar de "enemigo interno" cualquier actividad realizada por opositores a la gestión del régimen, con todas las consecuencias que una calificación de la señalada índole encierra. Pero el transcrito artículo 9, salvo el cambio de nombre de quien está al frente, antes "Presidente" y ahora "Director", se mantuvo sin modificación de ninguna índole, lo cual, como hemos dicho sirve de fundamento para que Director del CESPPA pueda declarar el carácter de reservada, clasificada y de divulgación limitada a cualesquiera información, hecho o circunstancia, que él estime pertinente.

No puede existir ninguna duda en cuanto a que los precitados instrumentos jurídicos de rango sublegal antes mencionados, contienen normas que son absolutamente inconstitucionales; que chocan, abierta y de manera franca, con los artículos 57, 58 y 337 de nuestro Texto Fundamental, ya que contrarían el carácter libre y plural de la comunicación, restringen el libre derecho a emplear cualquier forma de expresión y de comunicación y limitan el derecho a estar informado, incluso en estado de excepción como quedó dicho anteriormente.

Antes de concluir este punto, es preciso señalar que para la fecha de conclusión del presente trabajo, durante el gobierno de Nicolás Maduro, aparte de los hechos puntuales precedentemente referidos, se le pueden sumar una serie de actos contrarios a la Constitución en el ámbito de la libertad de expresión y de información, como lo han denunciado las propias víctimas o destinatarios de las agresiones emanadas directamente del gobierno nacional o de partidarios suyos. Entre otros, pueden mencionarse los siguientes:

1. El 10 de octubre de 2013, con ocasión de una noticia publicada el en diario 2001 de Caracas, sobre el suministro de gasolina a los vehículos automotores, Maduro entró en cólera y dijo: "Denuncio este titular (La gasolina la echan con Gotero) y sí en la aplicación de la ley se tiene que ir al castigo, signifique lo que signifique, que se vaya pero no se puede permitir, hay que defender la sociedad de estos bandidos, de estos delincuentes que la atacan desde los medios de comunicación"[141]. La Fiscal General de la República, sin ton ni son, el mismo día, "ordenó abrir una investigación al Diario 2001 por "crear zozobra" a la población, en referencia al suministro de combustible en el país"[142].

2. El domingo 27 de octubre de 2013, en un amplio reportaje, el periodista de El Universal, Francisco Olivares, daba cuenta de la cadena de ataques –y de cómo estos se han intensificado– desde que Maduro asumió la presidencia de la república, primero como encargado, debido a la ausencia del presidente fallecido y luego como presidente de la república, con posterioridad al proceso electoral que lo entronizó en la primera magistratura del país. Denunció Olivares que "Desde enero hasta octubre se han registrado 158 ataques a la libertad de ex-

---

[141] *Cfr.*   http://www.correodelorinoco.gob.ve/tema-dia/maduro-exige-que-se-aplique-castigo-que-sea-necesario-al-diario-2001/

[142] *Cfr.*   http://www.eluniversal.com/nacional-y-politica/131010/ministerio-publico-inicio-investigacion-contra-el-diario-2001

presión, desde amenazas, agresiones físicas a periodistas, detenciones, procesos judiciales y censura."[143]

3. El sábado 9 de noviembre de 2013, los medios de comunicación dieron a conocer la noticia de la detención que había tenido lugar, dos días, antes en la ciudad de San Cristóbal, estado Táchira, del periodista Jim Moody Wyss, corresponsal del diario Miami Herald, quien vino al país hacer reportajes especiales sobre las elecciones municipales del 8 de Diciembre[144].

4. "Los periodistas Luis Guillermo Carvajal de "**DAT TV**" y Kervin García de "**Noticias 24**" de Carabobo formalizaron ante el Ministerio Público la denuncia sobre las agresiones físicas y verbales que recibieron por parte de funcionarios de la Guardia Nacional cuando se disponían a cubrir la llegada al país del candidato de la MUD, Miguel Cocchiola, el 26 de noviembre de 2013[145].

5. "Agresión y detención de tres periodistas del diario "2001", a quienes les confiscaron sus materiales de trabajo durante la cobertura de la feria navideña en Fuerte Tiuna", el día 29 de noviembre de noviembre de 2013[146].

6. El 3 de diciembre de 2013, "Periodistas de Carabobo protestaron agresiones de fuerza pública". Así tituló el diario "**El Universal**" las agresiones contra un "equipo periodístico de Noticias 24 Carabobo, que resultó atacado al reseñar desmontaje de propaganda de un candidato a la alcaldía de Valencia para colocar en su lugar la de otro candidato de una tolda política contraria".

7. El 03 de enero de 2014, el presidente editor de "**El Nacional**", Miguel Henrique Otero, publicó en la página Nación / 3 de su periódico, un remitido intitulado "Tercer Comunicado", dirigido al Presidente de la Comisión de Divisas (CADIVI) en el que le expresa que la "*C.A. Editora El Nacional, ha cumplido con todos los requisitos de Ley para obtener divisas*". Le recuerda que fue en mayo de 2013, la

---

[143] *Cfr.* http://www.eluniversal.com/nacional-y-politica/131027/prohibido-expresarse

[144] *Cfr.* El Nacional. Edición del 9/11/2013, p. Nación / 3

[145] *Cfr.* http://www.eluniversal.com/nacional-y-politica/131129/periodistas-de-carabobo-denunciaron-agresiones-ante-fiscalia-imp

[146] *Cfr.* http://www.talcualdigital.com/nota/visor.aspx?id=94488&tipo=AVA

última vez "*que le fueron liquidadas divisas preferenciales para la adquisición de bobinas de papel*"; que tal omisión afecta a la empresa, a sus trabajadores así como "*al principio fundamental del periodismo: informar; y el derecho que tiene el pueblo venezolano de estar informado, que es un valor democrático*". Concluye solicitando la liquidación por el monto requerido.

8. El 05 de enero de 2014, el texto del remitido mencionado en el numeral que antecede, pero con el título de "Cuarto Comunicado" y con fecha del precitado día 5 del mes en curso, fue publicado en la página **8** del cuerpo "Ciudadanos" de "**El Nacional**". Así, la empresa editora del prenombrado diario, ratificó el contenido de los anteriores comunicados.

9. El mismo día 05 de enero de 2014, el diario "**El Impulso**" de Barquisimeto, el "Decano de la Prensa Nacional", habida cuenta sus 111 años de fundados (01 de enero de 1904), publicó un dramático editorial en torno al mismo tema de la carencia de papel que está confrontando en la actualidad, por la falta de dólares preferenciales, no obstante los planteamientos que oportunamente le ha hecho a las autoridades competentes a ese respecto. Seguidamente transcribimos un párrafo de dicho editorial: "EL IMPULSO ha sido expuesto a celebrar sus 110 años de fundado con su existencia de papel a punto de agotarse. Las bobinas a nuestra disposición apenas alcanzan para unas tres semanas, y eso gracias a los malabares, onerosos sacrificios económicos, y lastimosos recortes que nos hemos visto forzados a practicar en la paginación, así como en las diferentes secciones (*omissis*). Es, como lo hemos denunciado, y volvemos a hacerlo, un trato discriminatorio, por tanto ilegal, relacionado, no cabe duda, con la línea editorial de este diario, sencillamente independiente, no subordinado a régimen alguno a lo largo de toda su centenaria existencia.". Huelga cualquier comentario."

De manera que, en particular, los diarios "**El Nacional**", que ya dejó de publicar el cuerpo "Papel Literario" por carencia de papel, y "**El Impulso**", por las mismas razones, redujo páginas y secciones se han visto imposibilitados de continuar imprimiendo de manera normal los cuerpos de sus ediciones; es decir, por la carencia de dólares preferenciales para adquirir las correspondientes bobinas de papel.

El asunto ha sido grave y atentatorio contra la libertad de expresión y de información, como lo dice en su editorial "**El Impulso**", si se tiene en cuenta que va en aumento el número de diarios que, afectados por la carencia de papel, han venido cerrando sus puertas, como consecuencia de que CADIVI no ha hecho entrega de dólares preferenciales que les permita proveerse de papel. La mayoría de los periódicos afectados son de la provincia venezolana. Es el caso de "**De Frente**", del estado Barinas; "**El Diario de Sucre**", del estado Sucre. También en el oriente del país, cerraron el pasado mes de setiembre, "**El Sol de Maturín**" y "**Antorcha**". En cuanto a los que se han visto en la necesidad de disminuir su tiraje se encuentran "**La Verdad**", "**Versión Final**" y "**Qué Pasa**" en el estado Zulia, así como "**La Hora**" y "**El Caribazo**", en Nueva Esparta.

El año 2014 fue particularmente grave para todos los medios de comunicación. La Asociación Civil "Espacio Público" en su informe correspondiente a ese año, señaló lo siguiente: "En materia de libertad de expresión, el 2014 fue cuantitativamente el peor año para las garantías al derecho humano a la libertad de expresión. De enero a diciembre, se documentó un total de 579 violaciones a la libertad de expresión, que corresponden a 350 denuncias/casos. Esta cifra representa la más alta registrada en Venezuela desde, al menos, los últimos 20 años (…) El tipo de violación más recurrente fue la censura sumando 145 violaciones de este tipo (25,04%). En segundo lugar las agresiones en 93 ocasiones (16,06%) y en tercer lugar la intimidación aplicada 88 veces (15,20%). Las amenazas, ataques y agresiones constituyeron los tipos de violaciones que más aumentaron con respecto al año 2013. Las víctimas se incrementaron en un 47% con respecto al año anterior."

Si a todo lo anterior se agrega que el día 5 de julio de 2014, el diario "**El Universal**" confirmó que había sido vendido a la firma española de inversiones Epalisticia, razón por la cual pasaba a estar bajo la presidencia del Ingeniero Jesús Abreu Anselmi, y que a partir de ese momento comenzaron a presionar la salida de aquellos comunicadores que les resultaba "incómodos", no es complicado entender la crisis por la que atraviesa la libertad de expresión y de información. La nueva gerencia de "**El Universal**" prescindió de más de cuarenta articulistas e incluso de la caricaturista Rayma Suprani, amén de las presiones que ha seguido ejerciendo a sus comunicadores de planta para "matizar" información que pueda resultar desagradable para el gobierno nacional.

La pérdida para la prensa libre del diario "**El Universal**", se produjo casi un año después que la Cadena Capriles, editora de los diarios "**Últimas Noticias**", "**El Mundo, Economía y Negocios**", "**Líder en Deportes**" y la Revista "**Dominical**", fuera vendida a unas personas cuya identidad todavía es desconocida para sus trabajadores. Desde entonces, por lo menos cincuenta periodistas fueron despedidos u obligados a renunciar; entre estos pueden mencionarse a Tamoa Calzadilla, Laura Weffer y Lisseth Boon.

Por si todo lo anterior fuere poco, en la semana comprendida entre el 19 y el 24 de enero de 2015, se supo oficialmente que el diario "**Tal Cual**", circulará hasta el venidero 27 de febrero debido al "cerco económico y a los anunciantes", particularmente porque no ha podido superar la crónica escasez de papel y las presiones contra sus periodistas; la otra noticia que tuvo lugar en esa semana fue la que provino de Ricardo Degwitz, accionista mayoritario de Editorial Notitarde, quien reveló que el diario "**Notitarde**", había sido adquirido por el empresario español José Rodríguez Álvarez.

Como puede observarse, la situación de la prensa escrita es extremadamente difícil. La Libertad de expresión y de Información a través de esos medios pende, en los actuales momentos, de un hilo muy delgado: la disposición de las autoridades gubernamentales de facilitar los dólares para que los medios de comunicación impresos, puedan proseguir su labor informativa.

Por todo lo precedentemente expuesto cabe formular las siguientes preguntas con las cuales concluimos este trabajo: ¿cuáles serán las próximas acciones gubernamentales en contra de la libertad de expresión y de información?; ¿hasta dónde avanzará el Estado en su papel contralor y restrictivo de las garantías constitucionales atinentes a la libertad de información y de expresión?; ¿cerrarán sus puertas, en fecha próxima, "**El Impulso**" y "**El Nacional**" porque el gobierno no les suministra dólares por ser diarios independientes? ¿está dispuesto el pueblo venezolano, forjador de libertades, a dejarse avasallar sin oponer resistencia a los embates contra las citadas garantías constitucionales?

TERCERA PARTE:

CONCLUSIONES

Son muchas y muy variadas las circunstancias o elementos que deben tomarse en cuenta para hacer un verdadero balance de la situación de la libertad de expresión y de información en nuestro país, particularmente durante todos los años que lleva la "revolución bolivariana" en el poder. Lo que hemos referido en la última parte de este trabajo, concerniente a dichas libertades bajo la vigencia de la Constitución de 1999, es sólo una pequeña muestra del largo listado de agresiones, desviaciones, excesos y escándalos cometidos por el gobierno, con el apoyo de las otras ramas del Poder Público, sobre todo del Poder Judicial, sin el cual ello no hubiere sido posible. Dicho de otro modo, la violación a las garantías constitucionales en estos últimos quince años, ha sido posibles porque los demás órganos de los poderes públicos lo han consentido, por acción u omisión.

Ahora bien, paradójicamente, esa lucha o confrontación por no dejarse avasallar que han tenido durante todo ese tiempo los medios de comunicación, sus propietarios y, sobre todo, los profesionales de la comunicación, con el gobierno y con los restantes órganos de los Poderes Públicos, ha contribuido a enaltecer, todavía más, la profesión de comunicador social. Los que no se han plegado al gobierno y a sus desafueros contra la libertad de expresión y de información, tienen que sentirse orgullosos de la lucha que han llevado a cabo por la prevalencia de tan importantes e imperecederos derechos humanos.

En contraste con el derrumbe que han sufrido las instituciones venezolanas, los principios que las rigen y los hombres que las dirigen, los medios de comunicación –los independientes, los que se resisten a claudicar ante los embates del poder– han irradiado a la sociedad democrática de nuestro país una luz de esperanza, de fortaleza, de indoblegable valor para luchar por el rescate de la democracia y de la vigencia del Estado de Derecho. Esa luz no se apagará tan fácilmente. Por el contrario, cuando se restablezca la legalidad de las actuaciones de los órganos del Poder Público y exista, además, independencia en el Poder Judicial y en los restantes órganos de dichos Poderes, los medios de comunicación y los comunicadores, brillarán en forma resplandeciente, sin que nada pueda opacarlos de nuevo. De ello estamos absolutamente convencidos.

Caracas, 05 de febrero de 2014

BIBLIOGRAFÍA

AGUDO FREITES, Raul. *"La Reglamentación Legal de la Comunicación en Venezuela"*. Ediciones de la Facultad de Humanidades y Educación de la Universidad Central de Venezuela. Caracas, 1976.

AGUIAR, Asdrúbal. "Historia *In*constitucional de Venezuela (1999-2012). Editorial Jurídica Venezolana, Caracas, 2012.

————————————"La República de Partidos" en la obra colectiva *"De la Revolución Restauradora a la Revolución Bolivariana"*. Ediciones UCAB- Diario El Universal- Caracas, 2009.

————————————*"Nacimiento y Afirmación de la República Militar. La Fragua de Venezuela como Estado Nación. 1901-1935"*, en la obra colectiva *"De la Revolución Restauradora a la Revolución Bolivariana"*. Ediciones UCAB -Diario El Universal- Caracas, 2009.

ALTEZ, Rogelio. *"Antonio Leocadio Guzmán"*. Nº 52. Biblioteca Biográfica Venezolana. Ediciones El Nacional. Caracas, 2007.

ARAGÓN REYES, Manuel. *"Constitución y Control del Poder"*. Universidad Externado de Colombia, 1999.

ARRÁIZ LUCCA, Rafael. *"Venezuela: 1830 a Nuestros Días"*. 2ª edición, Editorial Alfa. Caracas, 2007.

AYALA CORAO, Carlos. *"La inejecución de las sentencias internacionales en la jurisprudencia constitucional de Venezuela (1999-2009)*. Fundación Manuel García Pelayo. Caracas, 2009.

AYALA CORAO, Carlos. "La Comisión Interamericana de Derechos Humanos" en la obra colectiva *Venezuela y el Sistema Interamericano de Derechos Humanos. Libro Homenaje al Dr. Alirio Abreu Burelli*. Konrad Adenauer Stiftung y Universidad Monteávila. Caracas, 2011.

_______________"*Del Diálogo Jurisprudencial al Control de Constitucionalidad*". Editorial Jurídica Venezolana. Colección Estudios Jurídicos N° 98. Caracas. 2013.

BARALT, Rafael María y DÍAZ, Ramón. "*Resumen de la Historia de Venezuela*". Tomo II. Imprenta de H. Fournier y Cía. París, 1841.

BERMÚDEZ B. Nilda., ROMERO, María M. "*Historia de un diario zuliano decimonónico: El Fonógrafo; Sus aportes en el estudio de la cotidianidad maracaibera*". ÁGORA -Trujillo. Venezuela. ISSN 1316-7790-AÑO 9- N° 18 -JULIO-DICIEMBRE-2006.

BREWER-CARÍAS, Allan Randolph. "*Historia Constitucional de Venezuela*". Tomo II. Editorial Alfa. Caracas, 2008.

_______________"*La crisis de la democracia venezolana, la Carta Democrática Interamericana y los sucesos de abril de 2002*". Los Libros de EL NACIONAL. Caracas, 2002.

_______________"*Poder Constituyente Originario y Asamblea Nacional Constituyente*". Editorial Jurídica Venezolana, Caracas, 1999.

_______________ "*La Crisis de La Democracia Venezolana, La Carta Democrática Interamericana y Los Sucesos de Abril de 2002*". Los Libros de EL NACIONAL. Caracas, 2002.

_______________ "*La Constitución de 1999. Derecho Constitucional Venezolano*". Tomo I. Cuarta Edición Colección Textos Legislativos N° 20. Editorial Jurídica Venezolana, Caracas, 2004.

_______________ "*Las Constituciones de Venezuela*". Coedición de la Universidad Católica del Táchira, (Venezuela), Centro de Estudios Constitucionales e Instituto de Estudios de Administración Local (Madrid), 1985.

BOLÍVAR, Simón. *"Obras Completas de Bolívar"*, Vol. III. E. Requena Mira. Librero Editor. Caracas, s/f,

CABALLERO, Manuel. *"La Crisis de la Venezuela Contemporánea"* (1903-1992)". 5ª edición. Alfadil Ediciones. Caracas, 2007.

CALDERA, Rafael: *"Los Causahabientes"*. De Carabobo a Punto Fijo". 2ª edición. Editorial Panapo. Caracas, 1999.

CALIC, Edouard. *"Hitler sin Mascara (Conversaciones Secretas)"*. Colección Rotativa. Plaza & Janes Editores. Barcelona, España, 1970.

CANELÓN, Juan Saturno. *"Biografía de José Miguel Sanz"*. Colección Biografías Escolares. Ministerio de Educación. Caracas, 1973.

CARRILLO BATALLA, Tomás Enrique. *"Cuentas Nacionales de Venezuela 1874-1914"*. Concepción, dirección y conducción de la investigación. Ediciones del Banco Central de Venezuela. Caracas, 2002.

CASAL, Jesús María. *"Derechos Humanos, Equidad y Acceso a la Justicia"*. Instituto Latinoamericano de Investigaciones Sociales (ILDIS). Caracas, 2005.

CASTRO LEIVA, Luis. *"El Dilema Octubrista: 1945-1987"*. Cuadernos Lagoven. Serie Cuatro Repúblicas. Departamento de Relaciones Públicas de Lagoven S.A. Caracas, 1988.

CONSALVI, Simón Alberto. *"La Gaceta de América, 1935"*. Diario "El Nacional". Caracas. Edición del 22-7-2012. p. "siete días 7".

——————————— *"Juan Vicente Gómez"* N° 59. Biblioteca Biográfica Venezolana. C.A. Editora El Nacional. Caracas, 2007. pp. 88 y 89.

——————————— *"Rómulo Gallegos"* N° 41. Biblioteca Biográfica Venezolana. C.A. Editora El Nacional. Caracas, 2006.

D' HÉRGUERT, J. Saert. *"Prensa Barquisimetana"* en la obra colectiva "Materiales para la Historia del Periodismo en Venezuela Durante el Siglo XIX". Ediciones de la Escuela de Periodismo de la Universidad Central de Venezuela. Caracas, 1950.

DÁVILA, Luis Ricardo. *"César Zumeta"*. Nº 34. Biblioteca Biográfica Venezolana. Ediciones El Nacional. Caracas, 2006.

DE SAGREDO Y BRÚ, José López. *"Índice de Periódicos y Revistas Publicados en el Estado Zulia, desde 1821 hasta 1948"*, en la obra colectiva "Materiales para la Historia del Periodismo en Venezuela Durante el Siglo XIX". Ediciones de la Escuela de Periodismo de la Universidad Central de Venezuela. Caracas, 1950.

DÍAZ SÁNCHEZ, Ramón. *"Guzmán, Elipse de una ambición de Poder"*. Tomo II. 5ª edición. Editorial Mediterráneo. Caracas. Madrid, 1969.

DÍAZ-PLAJA, Fernando. *"La Europa de Lenin"*. Colección Rotativa. Plaza & Janes Editores. Barcelona, España, 1970.

DONIS RÍOS, Manuel. *"Ezequiel Zamora"*. Biblioteca Biográfica Ediciones El Nacional. Nº 72. Caracas, 2007.

_______________*"Ramón Ignacio Méndez"*. Biblioteca Biográfica Venezolana Nº 20 Ediciones El Nacional. Caracas, 2005.

ERMINY ARISMENDI, Santos. *"La imprenta y el periodismo en Carúpano"*, en la obra colectiva "Materiales para la Historia del Periodismo en Venezuela Durante el Siglo XIX". Ediciones de la Escuela de Periodismo de la Universidad Central de Venezuela. Caracas, 1950.

FAÚNDEZ LEDESMA, Héctor. *"El Sistema Interamericano de Protección de los Derechos Humanos. Aspectos institucionales y procesales"*. Instituto Interamericano de Derechos Humanos. Segunda edición revisada y puesta al día. San José de Costa Rica, 1999.

FERNÁNDEZ HERES, Rafael. *"La Intolerancia Condenada por un Tribunal Caraqueño en 1826"*, Universidad Nacional Abierta. Revista 'UNA Documenta'. Año 14. Vol. 2. Caracas, 2000.

GARCÍA CHUECO, Héctor. *"Un Olvidado Redactor de La 'Gazeta De Caracas'"*. Diario "La Esfera. Caracas, 8 de junio de 1925.

GARCÍA PONCE, Antonio. *"Cipriano Castro"*. Nº 30. Biblioteca Biográfica Venezolana. Ediciones El Nacional. Caracas, 2006.

_______________ "*Isaías Medina Angarita*". Nº 5. Biblioteca Biográfica Venezolana. C.A. Editora El Nacional. Caracas, 2005.

GARCÍA PONCE, Guillermo y CAMACHO BARRIOS, Francisco. "*El Diario Desconocido de una Dictadura*". Publicaciones Seleven. Caracas, 1980.

GIL FORTOUL, José. "*Historia Constitucional de Venezuela*". Quinta edición. Ediciones SALES. Caracas, 1964.

GÓMEZ, Carlos Alarico. "*José Tadeo Monagas*". Nº 26. Biblioteca Biográfica Venezolana. Ediciones El Nacional. Caracas, 2007.

GONZÁLEZ DE LUCA, María Elena. "*Antonio Guzmán Blanco*". Biblioteca Biográfica Ediciones El Nacional. Nº 53. Caracas, 2007.

GONZÁLEZ G, Eloy. "*Informe sobre el Periodismo en Venezuela*" en la obra colectiva "Materiales para la Historia del Periodismo en Venezuela Durante el Siglo XIX", Ediciones de la Escuela de Periodismo de la Universidad Central de Venezuela. Caracas, 1950.

GONZÁLEZ, Juan Vicente. "*Biografía de José Félix Ribas*". Editorial González González. Caracas, 1956.

GRASES, PEDRO. Compilación, Prólogo y Notas de "*Materiales para la Historia del Periodismo en Venezuela Durante el Siglo XIX*", Ediciones de la Escuela de Periodismo de la Universidad Central de Venezuela. Caracas, 1950.

GUERRA, S Rafael. "*Apuntes para la Historia del Periodismo de Carabobo*", en la obra colectiva "Materiales para la Historia del Periodismo en Venezuela Durante el Siglo XIX", compilación y Prólogo de Pedro Grases, Ediciones de la Escuela de Periodismo de la Universidad Central de Venezuela. Caracas, 1950.

HURTADO LEÑA, Miguel. "*Manuel Felipe de Tovar*". Biblioteca Biográfica Ediciones El Nacional. Nº 86. Caracas, 2007.

SAERT D' HÉRGUERT, J. "*Prensa Barquisimetana*"; en la obra colectiva "Materiales para la Historia del Periodismo en Venezuela Durante el Siglo XIX", compilación y Prólogo de Pedro Grases, Ediciones de la Escuela de Periodismo de la Universidad Central de Venezuela. Caracas, 1950.

KEY AYALA, Santiago. "El Material sin firma del Semanario de Caracas" en la obra colectiva "Materiales para la Historia del Periodismo en Venezuela Durante el Siglo XIX", compilación y Prólogo de Pedro Grases, Ediciones de la Escuela de Periodismo de la Universidad Central de Venezuela. Caracas, 1950.

MACHADO de ACEDO, Clemy. "Eleazar López Contreras". N° 18. Biblioteca Biográfica Venezolana. C.A. Editora El Nacional. Caracas, 2007.

MACHADO José E. "Lista de Algunos Periódicos que vieron la luz en Caracas de 1808 a 1900", en la obra colectiva "Materiales para la Historia del Periodismo en Venezuela Durante el Siglo XIX", Ediciones de la Escuela de Periodismo de la Universidad Central de Venezuela. Caracas, 1950.

MONTESQUIEU. "El Espíritu de las Leyes". Quinta Edición. Editorial Porrúa, S.A. México, 1982.

MORÓN, Guillermo. "Los Presidentes de Venezuela. 1811-1979". Meneven, Filial de Petróleos de Venezuela S. A. Caracas, 1979.

ORLANDO S, Freddy J. "Contribución al Estudio de la Legislación Venezolana Dirigida a Sancionar los Hechos de Corrupción". Edición conjunta UCV-UCAB, Caracas. 2011.

ORTIZ-ÁLVAREZ, Luis y HENRÍQUEZ MAIONICA, Giancarlo. "Las Grandes Decisiones de la Jurisprudencia de Amparo Constitucional (1969-2004). Editorial Sherwood. Caracas, 2004.

OTÁLVORA, Edgar C. *"Raimundo Andueza Palacio"*. N° 39. Biblioteca Biográfica Venezolana. Ediciones El Nacional. Caracas, 2006.

PALENZUELA, Juan Carlos. *"Leoncio Martínez"*. N° 21. Biblioteca Biográfica Venezolana. Ediciones El Nacional. Caracas, 2005.

PÉREZ MARCANO, Héctor. *"La Lucha Armada en Venezuela en la Década de los 60 del siglo XX: Sus consecuencias en el Proceso Político Venezolano"*, en la obra colectiva "De la Revolución Restauradora a la Revolución Bolivariana". Edición conjunta UCAB y Diario El Universal. Caracas, 2009.

PICÓN SALAS, Mariano. *"Suma de Venezuela"*. Ediciones de la Contraloría General de la República. Caracas, 1984.

PINO ITURRIETA, Elías. *"Simón Bolívar"* Nº 100. Biblioteca Biográfica Venezolana. Ediciones El Nacional. Caracas, 2010.

__________________ *"Venezuela Metida en Cintura 1900-1945"*. Caracas. Ediciones del Departamento de Relaciones Públicas de Lagoven S. A. 1988.

PLANCHART MANRIQUE, Gustavo. *"Estudio sobre la Constitución de 1961"*, citado por Brewer Carías Allan Randolph, en *Las Constituciones de Venezuela"*. Coedición de la Universidad Católica del Táchira, (Venezuela), Centro de Estudios Constitucionales e Instituto de Estudios de Administración Local (Madrid), 1885.

ARRÁIZ LUCCA, Rafael. *"Venezuela: 1830 a Nuestros Días"*. 2ª edición, Editorial Alfa. Caracas, 2007. p. 93.

RATTO-CIARLO José. *"Historia Caraqueña del Periodismo Venezolano"*. Ediciones del Cuatricentenario de Caracas. Caracas, 1967.

__________________ *"Libertad de Prensa en Venezuela durante la guerra de emancipación hasta la Batalla de Carabobo"*. Biblioteca de Historia del Ejército, Caracas, 1972.

RAYNERO, Lucía. *"Juan Vicente González"*. Nº 31. Biblioteca Biográfica Venezolana. Ediciones El Nacional. Caracas, 2006.

RUIZ CHATAING, David. *"Ignacio Andrade"*. Nº 22. Biblioteca Biográfica Venezolana. Ediciones El Nacional. Caracas, 2005.

SÁEZ MÉRIDA, Simón. "La Dictadura Perezjimenista. Cara y Cruz". Fondo Editorial Almargen. Caracas, 2005.

SALCEDO BASTARDO, J.L. *"Historia Fundamental de Venezuela"*. 5ª edición. (1ª reimpresión). Actualizada. Universidad Central de Venezuela y Ediciones del Banco Central de Venezuela. Caracas, 1976.

SÁNCHEZ, Manuel Segundo. *"La Prensa Periódica de la Revolución Emancipadora"*. En la obra "Materiales para la Historia del Periodismo en Venezuela Durante el Siglo XIX", Ediciones de la Escuela de Periodismo de la Universidad Central de Venezuela. Caracas, 1950.

ERMINY ARISMENDI, Santos. *"La imprenta y el periodismo en Carúpano"*, en la obra colectiva "Materiales para la Historia del Periodismo en Venezuela Durante el Siglo XIX", compilación y Prólogo de Pedro Grases, Ediciones de la Escuela de Periodismo de la Universidad Central de Venezuela. Caracas, 1950.

SIERRA, Manuel Felipe. *"Marcos Pérez Jiménez"*. Biblioteca Biográfica Ediciones El Nacional. Nº 112. Caracas, 2009.

SILVA MONTAÑEZ, Ismael. *"Imprentas y periódicos Caroreños"* en la obra colectiva "Materiales para la Historia del Periodismo en Venezuela Durante el Siglo XIX", compilación y Prólogo de Pedro Grases, Ediciones de la Escuela de Periodismo de la Universidad Central de Venezuela. Caracas, 1950.

STRAKA, Tomás. *"Julián Castro"*. Nº 55. Biblioteca Biográfica Venezolana. Ediciones El Nacional. Caracas, 2007.

TOSTA, Virgilio. *"Fermín Toro"*, Tipografía Americana, Caracas, 1954.

USLAR PIETRI, Arturo. "Apuntes de Economía Venezolana" en 1944". Serie Presencia, Nº 11, Ediciones de la Contraloría General de la República. Caracas, 1983.

VELÁSQUEZ, Ramón J. *"Cipriano Castro (1899-1908)"*, en la obra colectiva "De la Revolución Restauradora a la Revolución Bolivariana" UCAB- Diario El Universal. Caracas, 2009.

_______________*"La Caída del Liberalismo Amarillo. Tiempo y Drama de Antonio Paredes"*. Ediciones de la Contraloría General de la República. Caracas, 1972.

_______________ *"Joaquín Crespo"*. Nº 1. Tomo II. Biblioteca Biográfica Venezolana. Ediciones El Nacional. Caracas, S/F. p. 22.

Otros Documentos:

BREWER CARÍAS, Allan R. Estudio Preliminar acerca de la obra *"Interesting Official Documents Relating to the United Provinces of Venezuela. Londres 1812/ "Documentos interesantes relativos a Caracas. Londres 1812"*, Editorial Jurídica Venezolana. Caracas, 2012.

___________________Ponencia presentada el 23 de noviembre de 2012 en la ciudad de Cádiz, en el marco del VI Simposio Internacional sobre la Constitución de Cádiz, "Los hombres de Cádiz y de las Américas. Bases de la identidad social y política hispanoamericana", en: http://www.allanbrewercarias.com

"Cuerpo de Leyes de la República de Colombia". Caracas, en la imprenta de Valentín Espinal. 1840".

"100 años de la *Gaceta Oficial* 1872-1972 y sus Precursores 1808-1827". Oficina Central de Información. Caracas, 1972.

BATALLAN, Lorenzo. *"Hablan del Presidente"*. Diario El Nacional, edición del día 1º de febrero de 1974.

BLANCO MUÑÓZ, Agustín. *Habla el General*. Centro de Estudios de Historia Actual, Consejo de Desarrollo Científico y Humanístico UCV, Editorial José Martí. Caracas 1983

CASTRO, Fidel. Entrevista. www.youtube.com/watch?v=v-p0d7hEgU0.

CHIOSSONE, Tulio. Discurso pronunciado en el homenaje de la Contraloría General de la República al general en jefe Eleazar López Contreras el 15 de julio de 1981, el cual está recogido en un folleto intitulado "Homenaje de la Contraloría General de la República al General en Jefe Eleazar López Contreras". Ediciones de la Contraloría General de la República. Caracas, 1981.

DE FELICE, Renzo. *"El fascismo, ¿Un totalitarismo a la italiana?"* 1988. En http://www.claseshistoria.com/fascismos/%2Bcontrolcomunicacion.htm

Entrevista de Pedro García Otero a Teodoro Petkoff, en el diario "El Universal" de Caracas, edición del 21 de octubre de 2007.

Gran Crónica de la Segunda Guerra Mundial". Tomo 2, Segunda Edición, Selecciones del *Reader's Digest*. Madrid. 1965.

HERNÁNDEZ G., José Ignacio. Estudio Preliminar acerca de la obra "Interesting Official Documents Relating to the United Provinces of Venezuela. Londres 1812/ "Documentos interesantes relativos a Caracas. Londres 1812", Editorial Jurídica Venezolana. Caracas, 2012.

Leyes y Decretos Reglamentarios de los Estados Unidos de Venezuela. Tomos I, II, II, IV. Caracas, 1943.

Texto *"Pensamiento Conservador (1815-1898)"*, con prólogo de José Luis Romero y Compilación, notas y cronología de José Luis Romero y Luis Alberto Romero. 2ª. Edición. Biblioteca Ayacucho, Caracas, 1986.

PINO ITURRIETA, Elías. "El Correo del Orinoco. Conviene un análisis profundo de sus contenidos, a los cuales no les ha faltado la manipulación". "El Universal. Caracas. Edición del 01 de julio de 2012. Opinión; 4-8

Recopilación de Leyes y Decretos de Venezuela. Formada de orden del Ilustre Americano Antonio Guzmán Blanco. Tomos I, II y III. Imprenta de "La Opinión Nacional" Caracas, 1874.

SCHAEL, Alfredo. *¿Con el Estilo Político de Las Ruedas de Prensa creó Caldera una Necesidad en el País?* Diario El Universal 27 de febrero de 1974

Páginas Web:

http://alainet.org/images/Ley%20Org%C3%A1nica%20Comunicaci%C3%B3n.pdf.

http://www.corteidh.or.cr/tablas/20087.pdf

http://www.eluniversal.com/2010/09/22/pol_ava_asdrubal-aguiar -aler_22A4505491

http://angelalmarza.files.wordpress.com/2012/02/gaceta-de-colombia-1827.pdf.

http://www.bcv.org.ve/Upload/Publicaciones/CuentasNac1874-1914.pdf.

http://mundoinso.wordpress.com/tag/primera-emisora-de-radio-de-venezuela/

http://www.eluniversal.com/nacional-y-politica/131228/presidente-maduro-inauguro-televisora-de-la-fanb

http://www.centroperiodismodigital.org/sitio/sites/default/files/Freedom_Expression_Spanish.pdf

http://www.claseshistoria.com/fascismos/%2Bcontrolcomunicacion.htm

http://200.2.12.132/SVI/images/stories/prensainde/pdf/garcia_h.pdf

http://saber.ucab.edu.ve/bitstream/handle/123456789/28521/GC_18110806.pdf?sequence=1

http://www.bibliotecanacional.gov.co/recursos_user/digitalizados/fpineda_176_pza8_9.pdf

http://es.scribd.com/doc/83238737/Calla-Serpiente-El-Proceso-a-La-Serpiente-de-Moises-1826-Aveledo

http://saber.ucab.edu.ve/bitstream/handle/123456789/26588/GC_18211025.pdf?sequence=1

http://angelalmarza.wordpress.com/2012/02/19/gaceta-de-colombia-1821-1831/

http://angelalmarza.files.wordpress.com/2012/07/rmbaralt-resumen-de-la-historia-de-venezuela-ii-1841.pdf.

http://www.saber.ula.ve/bitstream/123456789/26091/1/articulo4.pdf.

http://www.saber.ula.ve/bitstream/123456789/17662/2/articulo7.pdf

http://jorgeramos.com/conductor-del-canal-univision-jorge-ramos-periodista-deja-en-evidencia-que-chavez-hizo-lo-opuesto-a-lo-que-prometio-como-candidato/.

http://www.venelogia.com/archivos/460/

http://www.eluniversal.com/aniversario/100/ca12_art_dias-de-abril-estrem_1230507.shtml

http://internacional.eluniversal.com/opinion/130414/insurreccion-o-desobediencia-militar

http://eltiempo.com.ve/venezuela/politica/el-13-de-abril-la-revolucion-apreto-el-acelerador/49699

http://www.analitica.com/va/sociedad/libertad/8013188.asp

http://www.elmundo.es/elmundo/2004/08/16/internacional/109
2625067.html

http://www.caracasnine.com/cgi-local/content.cgi?l=esp&n=4

http://www.analitica.com/va/politica/opinion/8973981.asp

http://diariovenezolano.blogspot.com/2007/10/patricia-poleo-
soy-la-primera-balsera.html

http://diariodelosandes.com/content/view/179421/105773/

http://corteidh.or.cr/docs/medidas/rios_se_01.pdf;

http://www.corteidh.or.cr/docs/medidas/colomina_se_03.pdf.

http://www.corteidh.or.cr/docs/casos/articulos/seriec_195_esp.
pdf

http://www.cidh.org/annualrep/2003sp/cap.3e.htm

http://www.youtube.com/watch?v=So2xtMJPmUI

http://www.analitica.com/mujeranalitica/noticias/3596997.asp

http://www.eluniversal.com/2009/08/13/pol_ava_agredidos-pe
riodista_13A2616803.shtml

http://www.noticias24.com/actualidad/noticia/74778/un-total-
de-12-periodistas-de-la-cadena-global-resultaron-heridos/

http://www.noticias24.com/actualidad/noticia/138066/rafael-po
leo-desde-eeuu-chavez-morira-lejos-de-venezuela-no-yo/

http://www.el-nacional.com/politica/Maduro-Bocaranda-estimu
lar-violencia posterior_0_210579096.html

http://www.notitarde.com/Pais/Leocenis-Garcia-compro-el-ca
nal-Nova-TV-para-convertirlo-en-6ta-Vision/2013/06/25/203124

http://50noticias.com/site/2013/08/comunicado-del-grupo-6to-
poder-exigimos-que-cese-la-persecucion-contra-nuestros-periodis
tas/

http://350ve.blogspot.com/2006/02/querida-rosins.html

http://www.noticias24.com/actualidad/noticia/3068/petkoff-mo
nta-una-colecta-publica-para-pagar-la-multa/

http://lilianafasciani.blogspot.com/2007/05/anlisis-de-las-sentencias-del-tsj-en.html

http://www.el-nacional.com/milagros_socorro/foto-morgue_0_242975870.html

http://www.noticias24.com/venezuela/noticia/186656/tal-cual-con-la-censura-a-el-nacional-se-evidencia-la-vocacion-totalitaria-del-chavismo/

http://www.eluniversal.com/2009/07/31/pol_ava_conatel-retiro-conce_31A2571083.shtml

http://www.tsj.gov.ve/decisiones/spa/junio/00765-28612-2012-2012-0104.html

http://globovision.com/articulo/globovision-informara-este-lunes-sobre-versiones-de-supuesta-venta-del-canal

http://globovision.com/articulo/carlos-zuloaga-la-venta-de-globovision-ya-se-cerro

http://www.eluniversal.com/arte-y-entretenimiento/130614/nitu-perez-osuna-ellos-saben-que-no-bajo-el-tono

http://elimpulso.com/articulo/maduro-globovision-continua-conspirando-contra-la-paz-de-este-pais#

http://www.venprensa.com.ve/?p=40673

http://globovision.com/articulo/el-ciudadano-leopoldo-castillo-hara-anuncio-hoy-a-las-745-p-m

http://www.ultimasnoticias.com.ve/noticias/actualidad/politica/a-lozinski-le-negaron-la-entrada-a-globovision.aspx#ixzz2cLoovsMn

http://www.el-nacional.com/sociedad/Pronunciamiento-trabajadores-Globovision-Hora-Menguada_0_248975301.html

http://monitoreociudadano.org/cadenometro/

http://www.minci.gob.ve/category/comunitarios/;

http://www.conatel.gob.ve/#total

http://www.radiomundial.com.ve/article/desde-este-s%C3%A1
bado-comunidades-se-podr%C3%A1n-registrar-en-la-p%C3%A1gi
na-del-sibci-audio:

http://www.difundelaverdad.org.ve/opinion/el-sibci-propaga-y-
organiza/#.UhJyZtLCb_A

http://informe21.com/node/109987

http://www.corteidh.or.cr/tablas/fichas/usonramirez.pdf

http://www.oas.org/es/cidh/expresion/showarticle.asp?artID=87
&lID=2

http://lta.reuters.com/article/domesticNews/idLTASIE9AI05M2
0131119

http://www.oas.org/es/cidh/expresion/showarticle.asp?artID=84
8&

http://www.correodelorinoco.gob.ve/tema-dia/maduro-exige-
que-se-aplique-castigo-que-sea-necesario-al-diario-2001/

http://www.eluniversal.com/nacional-y-politica/131010/minis
terio-publico-inicio-investigacion-contra-el-diario-2001

http://www.eluniversal.com/nacional-y-politica/131027/prohi
bido-expresarse

http://www.eluniversal.com/nacional-y-politica/131129/perio
distas-de-carabobo-denunciaron-agresiones-ante-fiscalia-imp

http://www.talcualdigital.com/nota/visor.aspx?id=94488&tipo=
AVA

http://www.eluniversal.com/nacional-y-politica/131203/perio
distas-de-carabobo-protestaron-agresiones-de-fuerza-publica

http://espaciopublico.org/

http://www.derechos.org.ve/

PRIMERA PARTE:

EL TRATAMIENTO QUE SE LE HA DADO A LA
LIBERTAD DE EXPRESIÓN EN LOS DIFERENTES TEXTOS
CONSTITUCIONALES DE VENEZUELA

SEGUNDA PARTE:

LAS REGULACIONES, VIOLACIONES Y RESTRICCIONES A LA LIBERTAD DE EXPRESIÓN EN DIFERENTES ÉPOCAS Y GOBIERNOS

TERCERA PARTE: